中国城乡发展的道路

费孝通 著

上海人民出版社

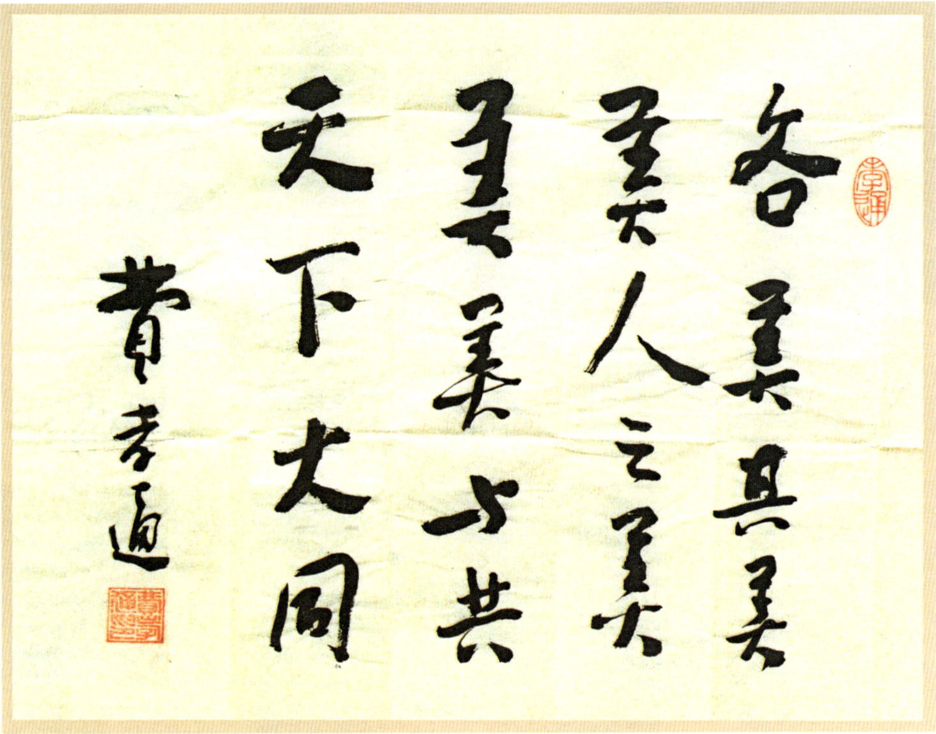

费孝通手书：“各美其美，美人之美，美美与共，天下大同”

1936年初夏，费孝通和开弦弓村的两个孩子合影。居中的男孩与下图居中的青年是同一人，现年88岁

1957年，费孝通重访开弦弓村

1981年10月，费孝通三访开弦弓村，依然由水路而来

1982年1月，费孝通四访开弦弓村，和姐姐费达生（右戴帽者）与乡亲畅谈

1996年，费孝通第十九次访开弦弓村，考察农家丝织厂

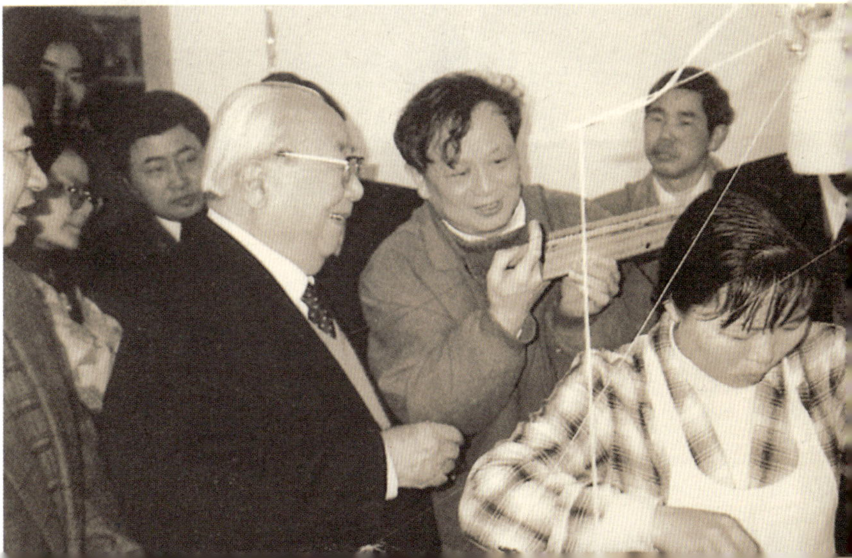

1984年8月，费孝通在内蒙古草原蒙古包访问牧民

1985年，费孝通在海南岛三亚市黎族同胞聚居的村落访问农户

1987年，费孝通和助手在内蒙古呼伦贝尔盟的嘎仙洞察看行程和路线

1988年，费孝通在内蒙古作田野调查

1990年5月，费孝通重返“云南三村”(禄村、易村、玉村)的禄村时，与当地老乡攀谈

1991年6月，费孝通访问四川省凉山少数民族地区

1994年，费孝通在温州苍南县灵溪镇考察专业市场

1995年9月，费孝通在临夏回族自治州三甲集羊毛批发市场考察

1995年11月5日，费孝通在吴江盛泽镇听吴江工艺织造厂厂长介绍企业发展情况(张祖道摄)

1997年，费孝通与钱伟长(中)、丁石孙(右)在京九铁路考察途中

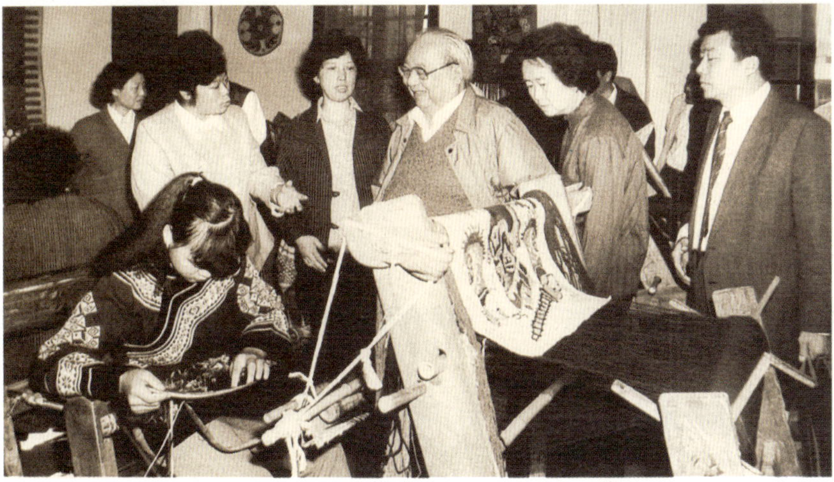

1997年10月，费孝通考察湖南省吉首少数民族的民间织锦手工艺品生产

1998年，费孝通考察温州德力西集团

1999年12月，费孝通在惠州市考察乡镇工业

2003年8月，费孝通七访定西，在巉口村农家话变化（宋有德摄）

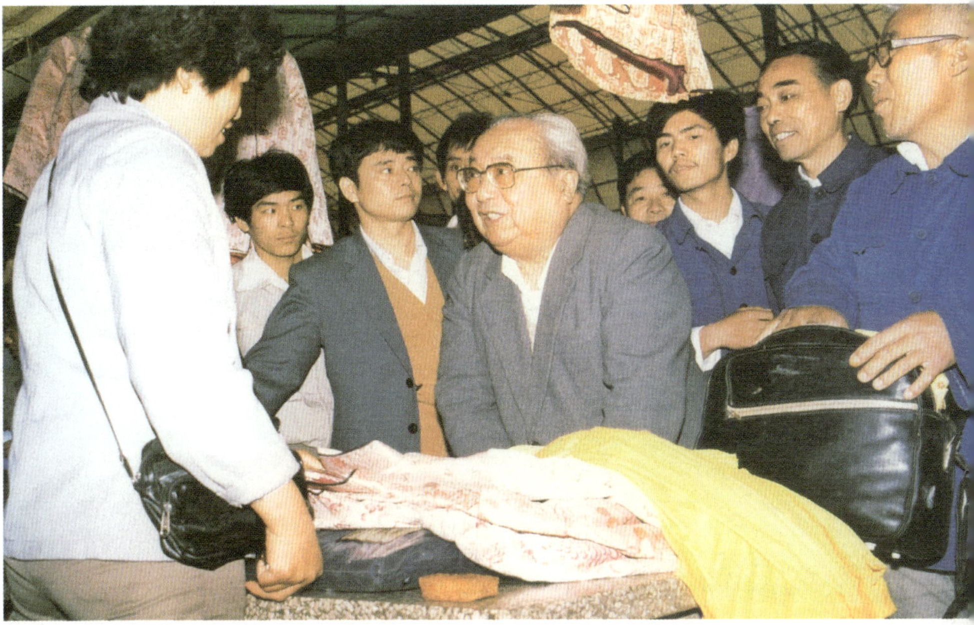

费孝通在做市场考察

费孝通在农村考察

费孝通深入农户了解手工编织竹帘生产情况，并在现场学习操作

费孝通在山东某工厂考察

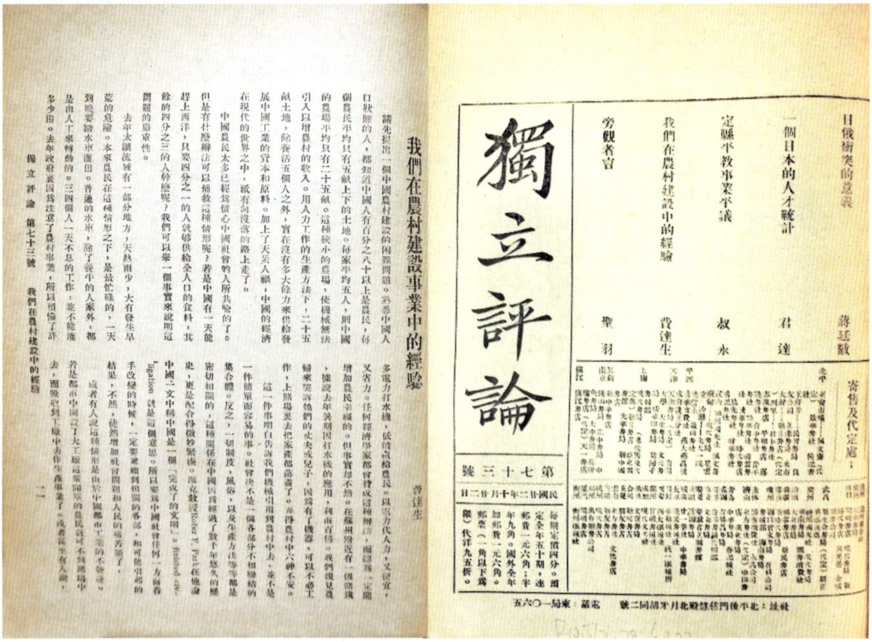

獨立評論

第七十三號

民國廿二年十月廿二日

日俄衝突的意義　蔣廷黻

一個日本的人才統計　君達

定縣平教事業平議　叔永

我們在農村建設中的經驗　費達生

旁觀者言　聖羽

寄售及代定處：

每期定價四分。預定全年五十期，連郵費一元六角；半年九角。國外全年加郵費一元六角。郵票（一角以下爲限）代洋九五折。

社址：北平後門慈慧殿北月牙胡同二號　電話：東局一〇六五

我們在農村建設事業中的經驗

費達生

請先提出一個中國農村建設的困難問題。熟悉中國人口狀態的人，都知道中國人有百分之八十以上是農民，每個農民平均只有五畝上下的土地。每家平均五人，則中國的農場平均只有二十五畝。這種狹小的農場，使機械無法引入以增農村的收入。用人力工作的生產方法下，二十五畝土地，除養活五個人之外，實在沒有多大餘力來供給發展中國工業的資本和原料。加上了天災人禍，中國的經濟在現代的世界之中，祇有向沒落的路上走了。

中國農民太多已經爲留心中國社會的人所共喻的了。但是有什麼辦法可以補救這種情形呢？若是中國有一天能趕上西洋，只要四分之一的人就够供給全人口的食料，其餘的四分之三的人幹麼呢？我們可以舉一個事實來說明這問題的嚴重性。

去年太湖流域有一部分地方，天熱雨少，大有發生旱荒的危險。本來農民在這種情形之下，是最忙碌的，一天到晚要踏水車灌田。普通的水車，除了養牛的人家外，都是由人工來轉動的。三四個人一天不息的工作，並不能灌多少田。去年政府裏因爲注意了農村事業，所以預備了許多電力打水機，低價貸給農民。以電力代人力，又便宜，又省力。任何經濟學家都會贊成這種辦法，而認爲一定能增加農民幸福的。但事實卻不然。在蘇州附近有一個賭鎮，據說去年暑期因打水機的應用，利市百倍。我們親見農婦來哭訴她們的丈夫或兒子，因爲有了機器，可以不必工作，上賭場裏去把家產都蕩盡了。弄得農村中六神不安。

這一件事明白告訴我們機械引用到農村中去，並不是一件簡單而容易的事。社會決不是一個各部分不相聯結的集合體。反之，一切制度，風俗，以及生產方法等等都是密切相關的，這種關係在中國因爲經過了數千年悠久的歷史，更是配合得微妙緊湊。派克教授Robert E. Park在他論中國一文中稱中國是一個「完成了的文明」a finished civilization 就是這個意思。所以要爲中國社會任何一方面着手改變的時候，一定要兼顧到相關的各部，和可能引起的結果，不然，徒然增加社會問題和人民的痛苦罷了。

或者有人說這種情形是由於中國都市工業的不發達。若是都市中設了大工廠這班閒空的農民就可不到賭場中去，而吸收到工廠中去作生產事業了。或者以爲有人說，

獨立評論　第七十三號　我們在農村建設中的經驗　二一

费孝通代姐姐费达生撰写的文章《我们在乡村建设事业中的经验》，1933年10月22日，以费达生的名义在《独立评论》第73号上发表

（第三張）　中華民國二十三年五月十日　大公報　（星期四）　（第十一版）

鄉村建設

第九期

復興絲業的先聲

费孝通代姐姐费达生撰写的文章《复兴丝业的先声》，1934年5月10日，以费达生的名义在《大公报·乡村建设》上发表

從社會變遷到人口研究

費孝通

1937年4月14日，费孝通在天津《益世报·社会研究》上发表《从社会变迁到人口研究》

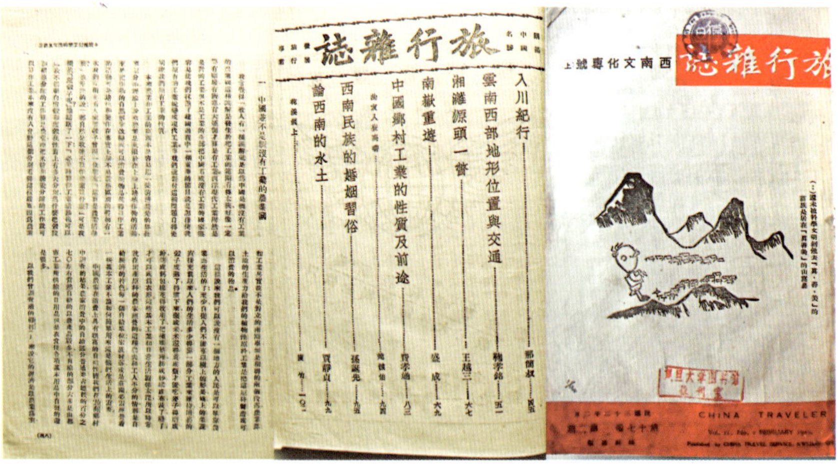

旅行雜誌

入川紀行

雲南西部地形位置與交通

湘灕源頭一瞥

南嶽重遊

中國鄉村工業的性質及前途……費孝通

西南民族的婚姻習俗

論西南的水土

1943年2月，费孝通在《旅行杂志》上发表《中国乡村工业的性质及前途》

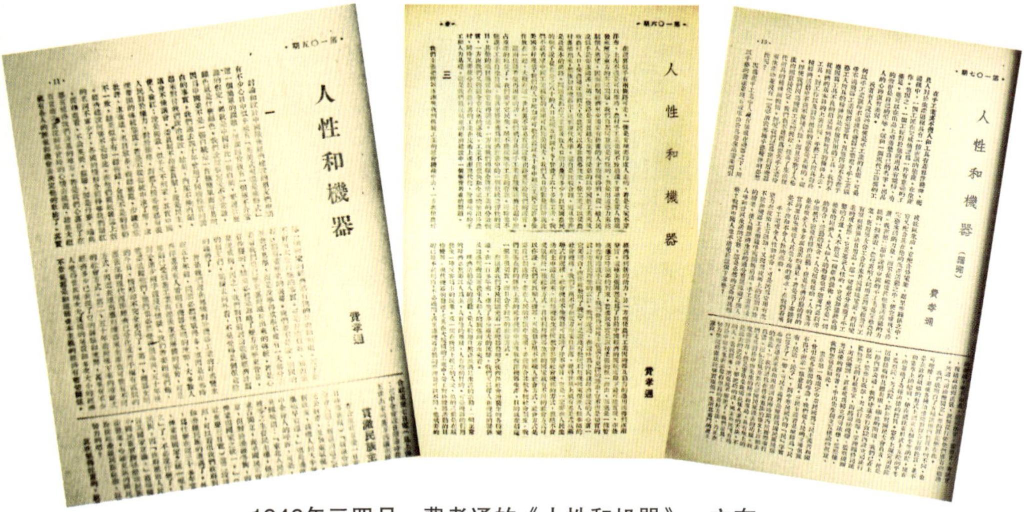

1946年三四月，费孝通的《人性和机器》一文在
《再生周刊》第105、106、107期上连载

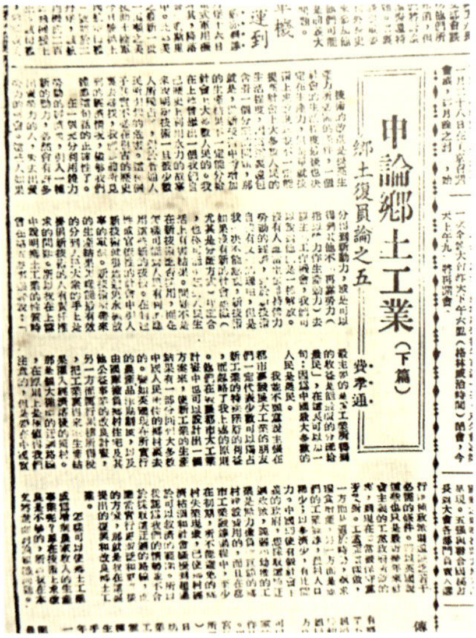

申論鄉土工業（下篇）

鄉土復員論之五

費孝通

费孝通的《申论乡土工业》一文分上、中、下篇，1948年3月14日和4月15日、18日在《大公报》上发表，本篇为下篇

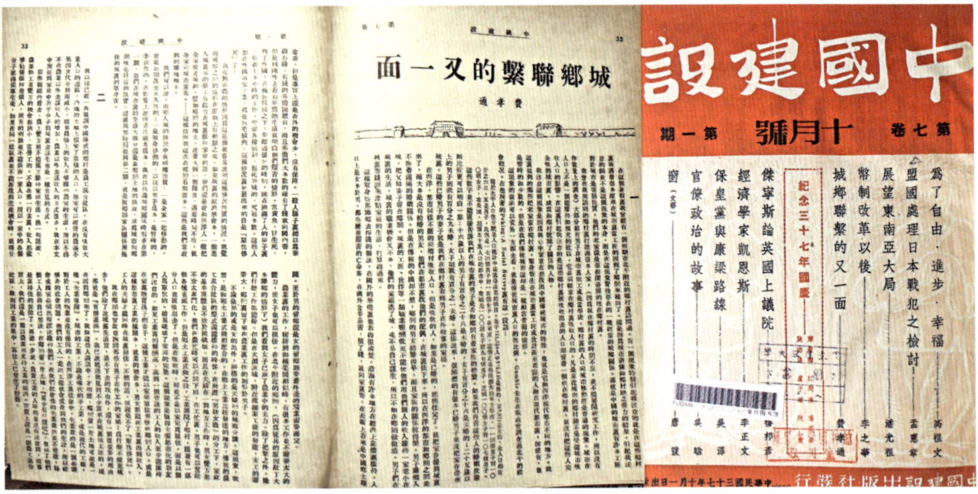

中國建設

第七卷　十月號　第一期

為了自由·進步·幸福……高祖文

盟國處理日本戰犯之檢討……孟憲章

展望東南亞大局……潘光祖

幣制改革以後……李之華

城鄉聯繫的又一面……費孝通

紀念三十七年國慶

傑寧斯論英國上議院……張邦彥

經濟學家凱恩斯……李正文

保皇黨與康梁路線……吳澤

官僚政治的故事……吳晗

窗（文藝）……唐弢

中華民國三十七年十月一日出版

中國建設出版社發行

城鄉聯繫的又一面

費孝通

1948年10月3日，费孝通在《中国建设》发表《城乡联系的又一面》

中国城乡发展的道路

——我一生的研究课题(代序)

70年代末80年代初，中国农村改革以农村家庭联产承包责任制为突破口迅速推向全国，接着促使部分地区乡镇企业异军突起，现在乡镇企业已经成为全国农村经济的一大支柱，在我国整个国民经济中也是一支不可忽视的重要力量，而被认为是“达到小康水平的必由之路”。中国城乡发展已找到一条有自己特色的道路，全国农民绝大多数已经脱贫，走向较高的生活水平。

近10年多来乡镇企业一直是我的一个重要的研究对象，并且有一个很长的背景，可说是我学术生涯中的一个主要部分，今天请允许我借此机会谈谈我这项研究的经过。

我最早到中国农村进行实地调查研究是在1936年。那是我从瑶山调查受伤以后，回家乡养病时，在吴江县庙港乡开弦弓村开始的。我所以选择开弦弓村，是接受家姐费达生的建议，她在这村里帮助农民办了一个生丝精制运销合作社，那是我国农民自己办的最早的乡镇企业之一。它引起了我的研究兴趣。那时我住在合作社的工厂里，看到农民在机器上缫丝，就想到这不是现代工业进入了农村么？我心里十分激动。我在该村调查了一个多月，便启程赴英国留学，在去伦敦的船上，把开弦弓村调查的资料整理成篇，并为该村起了个学名叫“江村”。

我在伦敦政治经济学院人类学系攻读博士学位时，根据这项调查材料撰写了论文。在这期间我的导师马林诺斯基正在研究文化的变迁问题，他十分重视农业社会转向工业社会的过程。我在他的指导下以“江村”为具体实例，描述了现代文化进入传统农村文化的过程。他在这篇论文出版时写的序言中说：对社会的改革“如果要组织有效果的行动并达到预期的目的，必须对社会制度的功能进行细致分析，而且要同它们意欲满足的需要结合起来分析，也要同它们的运转所依赖的其他制度联系起来分析，以达到对情况适当的阐述。这就是社会科学者的工作，所以社会科学应该在指导文化变迁中起指导的作用”。他认为有关蚕丝业的那章是最成功的一章，“它介绍了家庭企业如何有计划地变革成为合作工厂，以适应现代形势的需要。它证明，社会学需要研究社会工程的有关实际问题”。他对我在这些方面的鼓励对我后来的研究工作起了重要的指导作用。

人类学的发展到30年代，已碰到了研究文化变迁，变化接触的现象和现代文化的传播问题。我在留英之前，已经和燕京大学社会学系的一辈学生，在吴文藻先生的启发下，开始探索用实地观察的研究方法去认识中国社会，如杨庆堃的《山东邹平的贸易系统》，徐雍舜的《河北农村社区的诉讼》，林耀华的《福州的族村》，廖泰初的《动变中的中国农村教育》，李有义的《山西的土地制度》，黄石的《河北农民的风俗》，郑安仑的《福建和海外地区移民的关系问题》等等。所以马林诺斯基说，“中国社会学界已独立自发地组织起一场对文化变迁的应用人类学的真正问题进行学术上攻关的运动。这一学术攻关表达了我梦寐以求的愿望”。马氏所支持的用现在的语言来说就是“理论联系实际的研究为社会改革服务”。这个方针可以说一直贯彻在我一生的学术工作之中没有动摇过。

我们当时已经注意到中国农民在现代文化传播接触中，已无法维持原有的生活方式，出现了种种问题，主要的是农民的生活日益贫困。我在《江村经济》的结论里说：“中国农村的基本问题，简单地说，就是农民的收入降低到不足以维持最低生活水平所需的程度。中国农村真正的问题是农民的饥饿问题。”而穷困的根源一是土地制度的不合理，其出路是改革土地制度。其次是人口的不断增长。要在土地有限的农村里维持这么多人口，一方面必须控制人口的继续增长，另一方面是要为充分利用农村里的劳动力从事各式各样的生产活动。可是当时的环境，一方面受到传统土地制度的束缚，另一方面又有外来势力和西方新技术的竞争，中国农民陷入极其贫困的境地。这种历史的现实促使我产生了尽力使中国农民脱贫致富的使命感。也为我后来一生“志在富民”扎下根子。

由于在实地观察江村时，看到了一个以合作为原则来发展小型工厂的实验，引起了我极大的兴趣。我认为这是个在发展农村经济上具有重要意义的实验。这就是当时我对乡镇企业最初的接触和理解，简单地说，我从开弦弓村实地调查中，明确地感觉到农村需要现代工业。可是，我并没有注意到这个合作工厂建立和存在，有其特殊的条件，就是它有家姐费达生所在女子蚕业学校技术推广部的支持，引进了科学技术和工厂管理，并帮助培养人才和组织生产。这是当时一般农村不可能都具有的条件。更重要的是我没有注意到当时在国民党统治下，在土地制度没有改变，在商品生产上国外有强大的竞争力，这些实验固然取得了成绩，但由于客观条件不具备，这个小小的实验改变不了整个地区的农村面貌。

1938 年，我在伦敦政治经济学院毕业后，怀着继续研究中国农村的愿望，暑假即急忙回国。但是我的家乡已经被日本军队占领，江村的小型丝厂已被夷为平地。我只能进入抗战后方的昆明。在昆明云南大学在吴文藻先生的支持下建立了一个小小的研究中心，继续进行云南省的内地农村调查。内地农村调查使我们进一步看到在一个人口众多，土地有限的国家里，要进一步提高农民的生活水平，重点应当放在发展乡村工业上。我在介绍云南农村调查的 *Earthbound China* 一书中，再一次更明确地提出了这个见解。现在回头来看，我的这项改变农民穷困的见解，尽管是从实际调查中得来的结论，但从整个局面来说，其实还是书生论政，纸上空谈。这也使得我抛弃了不问政治的态度，而投身于当时的民主运动。从此我的学术研究工作也和广义的政治分不开了。我当时提倡的“实用社会学或人类学”，其实也就是中国传统的学以致用，政学不分的。

到全国解放后，在50年代初的三年国民经济恢复时期，我国农村成功地实现土地改革和农业恢复的目标。第一个五年计划时期，又使农业得以顺利发展，并且引导农民走上合作化道路。但是那时没有发展农村小型工业的政策。由于苏联模式的影响，在“以粮为纲”的口号指导下，农村主要是去搞粮食来支持城市发展大工业。

1957年我重访江村，看到当时农业上有了发展，粮食增产了，我感到高兴，但是为那种忽视副业和没有恢复乡村工业的情况忧心忡忡。农民自己有了土地使用权，但手中无钱，市镇上商品交换日益萧条，小城镇也萎缩了。针对这种情况我认为农村里应当提倡恢复副业和发展小型工业。我在《重访江村》一文中这样说：“农业显著地增产是不是提高了农民的收入呢？为什么农业增产了60%，而还有人感觉到日子没有以前好过呢？问题出在没有发展副业上。”同时，我重新提出了“乡土工业”问题，讲到村子里办小工厂的好处。但是这种主张与当时的政策相抵触，不但没有被接受，在反右时还受到了批判。

直到70年代，这种限制农村单纯搞粮食生产的政策受到了事实的挑战。这项严重的挑战来自人口的不断加速增长。单纯依靠种植粮食的低收入，使广大农民在那不断增长的人口面前无法维持他们已有的生活水平。解放时我国人口5.4亿，经过32年到1980年已接近10亿，增加了81%，每年平均增长19%，1978年全国粮食比1949年固然增长了169.2%，但按人口平均仅增长了52%，经过解放以来30多年，到1980年中国谷类的个人平均配额仅有580斤。以这一个仅够糊口的粮食来维持农民全部的生活费是远远不够的，何况各地区的产量不平衡，绝大部分地区的农民所得低于平均数，因而贫困重又成了农村的主要问题。这种严重的处境曾在60年代发生了全国性的“困难年”，饿死的农民成千上万，接着是“文革”时期，全国经济到了崩溃的边缘。我在这20多年中由于我的言论和当时的政策相抵触，被划为“右派”，失去了继续实地研究工作的条件。

80年代初，我的社会和政治地位恢复了，社会学也恢复了，于是又重新开始我的农村调查研究工作。1981年我三访江村。那时江村个人全年平均收入已接近300元，位于全国的前列，大约是全国平均水平的三倍。而三年前，即1978年江村个人平均收入还只有114元，为什么在短短的三年里这个村子的农民会这样快的富裕起来？我看到家庭副业恢复了，集体小工厂办起来了。从农村经济新结构中农、副、工三方面来看，发展前途最大的显然是工业。

使我特别兴奋的是在这里看到了我几十年前所想象的目标已在现实中出现，而且为今后中国经济的特点显露了苗头。在人口这样众多的国家，多种多样的企业不应当集中在少数都市里，应当尽可能分散到广大的农村里去，我称之为“工业下乡”。工业下乡同样可以在国家经济结构中增加工业的比重，但是在人口分布上却不致过分集中，甚至可以不产生大量脱离农业生产的劳动者。在这个意义，为具体实现工农结合，消除工农差距的社会开辟了道路。《三访江村》是我在英国的老师R.Firth为我去伦敦接受“赫胥黎奖章”作演讲出的题目，他建议我讲讲江村在半个世纪里的变化，这次演讲也决定了我其后10年的研究课题，即中国城乡发展的道路。

1982年以后，我的研究领域逐步扩大，首先是从农村到集镇。提高了一个层次。由于我是从农村出发去研究集镇的，因而我的着眼点一开始并没有限于集镇本身，而首先把它看作是城乡的结合部，称之为小城镇，并提出了对小城镇“类别、层次、兴衰、分布、发展”的10字研究课目。我研究的地域也从家乡的一个村，扩大到包括七大镇、十几个小镇的吴江县。我把单枪匹马的个人研究改变为组织队伍的集体研究，打下了以后建设研究中心的基础。

80年代初期已是中国各地小城镇复兴的时刻，我注意到家乡吴江县各个集镇上的人口无不在迅速增加，追究过去，了解到它们都曾在50年代进入过一个衰落时期，人口下降，70年代后期陷入谷底，出现冷冷清清的局面。嗣后前前后后出现了生机，当我们1981年去调查时，这些集镇的面貌正在发生明显的变化，出现了欣欣向荣的势头。

费孝通考察吴江市七都镇镇容

这些集镇怎么会兴旺起来的呢？ 这个问题吸引了我，我注意到当时正在有如异军突起的发展着的乡镇企业，因为这些是公社和生产队所办的工业，所以一般都称作“社队工业”。 集镇是社办工厂集中的地方。 这时集镇上新办的工厂纷纷到农村里去吸引农民出来当工人，集镇的人口也就多起来了。 工业带来了繁荣，集镇上新的建筑一座座盖了起来，面貌大变。 农村里也由于生产大队或生产队办了工厂，收入增加了，农民生活改善了。

这里特别要提出的是人口问题。 70 年代中期中国人口压力越来越大，虽然提出了人口控制的号召，但已出生的人口已相当多。 由于严格控制城乡人口迁移，用行政手段划清城乡户口，农村户口不能向城里迁移，于是农村中“隐藏”着大量的剩余劳动力。 城乡户口的隔离迫使农民另找出路。

这条出路就是人口不走向城市集中而把工业拉进农村，使农村里的剩余的农业劳动力可以向自办的工业转移。 通过农村工业化来改善农村经济状况，以提高农民生活，这应当说是中国农民逼上梁山，自己闯出来的一条生路。

正是那时客观上存在了发展农村工业的具体条件，一方面“文革”失败，政策改变了。公社制取消后，农民可以在粮食生产之外，生产其他的产品，副业、工业都产生了。另一方面在“文革”中一批大城市的技工和知识分子下乡，提供了兴办工业必需的知识和技术。在这些条件下，江苏省主要是苏南于1984年形成了兴办乡镇工业的高潮。

值得特别注意的是，由于这些乡镇工业办得好，因而富裕起来的乡村，农副业收入所占的比例不断降低，而在绝对数字上却相应地增长，增长速度也较工业不发达的乡村为快。这个事实应当大书特书，因为它向人们展示出我们中国在发展经济道路上的一种崭新的特点：中国社会的工业化是在农业繁荣的基础上发生、发展的，而且又促进了农业的繁荣和发展，走上现代化的道路。

这个特点的重要意义要和西方早年工业化历史相对照就容易看清楚了。欧洲工业化初期，在集中于都市里的机器工业兴起的同时，农村都濒于破产，农民失去土地，不得不背井离乡涌进城市，充当新兴工业的劳动后备军。西方国家现代工业的成长是以农村的萧条和崩溃为代价的。这是西方工业化的道路。在当前历史条件下，中国是决没有可能走这条道路的。不能想象上亿的农民，拥入城市来发展工业。中国要工业化只能走一条迥然不同的道路。农民在农业繁荣的基础上，以巨大的热情兴办集体所有制的乡镇工业。这种乡镇工业以巩固、促进和辅助农业经济为前提，农、副、工齐头并进，协调发展，开创了农村繁荣兴盛的新局面。这种工业化的道路，从具体历史发展来看，并不是从理论上推论出来的结果，而是农民群众在实际生活中自己的创造。

从实际出发进行研究来促进实际的发展是我行之有效的工作方针。工业下乡，发展乡镇企业都不是我的创造，而是中国历史上发生的事实。我作为一个研究工作者只是抓住这个历史事实进行分析、表达和传播，使人们能理解其在社会发展中的正面和反面的作用，从而通过对社会舆论的影响，对社会客观进程发生作用，从广义来说也可以包括在政治活动范畴之内。

在80年代农村经济大发展中，由于乡镇企业的兴起，在比较发达的地区，不论过去属于哪一种类型的乡镇都走了工业化的道路，几乎都成了以乡镇企业为基础的小城镇，但是各地条件不同，所走的具体路子各有特点。这个客观的历史事实使我产生了“模式”这个概念。模式是从发展的路子上说的，因为各地的乡镇所具备的地理、历史、社会、文化等条件不同，在向现代化经济发展的过程中采取了不同的路子，不同的发展路子，也就是不同的历史进程，就是我们所说的不同发展模式。

1984年我走出苏南，进入苏北调查，看到了两地发展上的差距，起初还以为是先后不同。1986年在温州考察时，才进一步明白地区间的区别可以出于客观条件不同而所走的路子也不同，因而提出“发展模式”的概念。模式是指“在一定地区，一定历史条件，具有特色的经济发展的路子”。这个概念使我们的研究工作推进了一步，要求我们从整体出发探索每个地区的背景、条件所形成的和其他地区相区别的发展上的特色，从而引导我们进入不同模式的比较。

这个概念有它的实用价值，它防止了全盘照搬的办法，所以我们提出了“因地制宜，不同模式”的观点。后来在1988年，我在两广调查时，对当地农村迅速向珠江模式靠拢的事实，发现我所提出的这个发展模式的概念多少带有一点静态的意味，没有照顾到条件本身是个变数。而且路子尽管不同，不能排斥相互交叉和学习。所以我在《四年思路回顾》一文中又提出了“随势应变，不失时机”的观点，在发展模式的概念中注入了动态的观点。

提出发展模式的概念是有利于采用比较研究的方法。但也必须防止偏重于各模式之“异”，而忽视其所“同”。各种模式之所以能相互比较，是因为它们是在共同基础上出发，又向同一目的前进的，共同基础是我们传统的小农经济，同一目的是脱贫致富，振兴中华。概括起来看，乡镇企业的发展，必须具备劳动力、资金、原料、市场、技术和管理等条件，它们的来源可以不同，办法可以各异，但缺一不可。怎样把农村中潜在的巨大的剩余劳动力转化成生产力是我国农村经济发展共同的关键问题，但转化的办法有所不同。

对各种模式进行比较分析时，我们注意到内地和边区的农民即使有劳动力和启动资金，工厂还是办不起来的。乡镇企业必须有现代工业的制造技术和管理知识以及市场信息，而这些在农业传统里是得不到的，必须向工商业中心的城市中去引进，所以靠近城市的乡村比较容易发展乡镇工业。这说明了农民内发的要求还是要结合了外援才能办工业。这个事实使我们注意到城乡之间的关系，逐步走向城乡关系的研究。

80年代初，我国在广东和福建建立了经济特区，试行具体的对外开放政策，进一步推动了广东珠江三角洲农村经济的发展，出现了新的发展模式，使我们意识到在中国农村发展中出现了外联和内发的不同性质。外联是指资金、经营、运销靠国外投入，不靠国外的是内发。这两种不同性质的模式又互相渗透，互相结合，90年代初期在沿海各省成为发展方向的外向型企业。

乡镇企业的发育是一个很生动的过程。这是一个农村里商品经济的生长过程。自给自足的小农经济商品流动数量和范围极小，往往采取日中为市的赶集的方式。工业下乡后情况就基本上起了变化，工业品需要广阔的市场，从低级到高级，从小规模到大规模，从国内到国外。农业经济纳入了商品经济，农村的小细胞已成为世界总体的构成部分。乡镇企业的发展促进中国市场的发展，具有极深刻的历史意义。

我在这十几年里从农村体制改革后遍地开花的家庭企业和局限在乡村小天地里的小型社队工业，一直看到正在发展中的大城市的开发区，上亿农民不同程度地离农投工，广大乡镇已换上了小城市的面貌，农村生产力大大增加，人民生活普遍提高。我们这个小农经济的国家已出现了城乡一体化的宏伟前景。也许这勾画出了我国进入改革开放时期中走出的一条具有中国特色的现代化道路。我不能不有生逢盛世之感，在我的晚年竟能亲眼看到中华民族这样深刻和伟大的变化，说实话是我完全没有预想到的。

1991年乡镇企业总产值突破了1.1万亿元，这1万亿元意味着在全国工业总产值中“三分天下有其一”，从发展速度看，乡镇企业从1984年的1 000多亿元到1991年的1.1万亿元仅用了7年，而我国从1952年的1 000多亿元社会总产值达到1983年的1万亿元用了31年。在乡镇企业发达的江苏省它的产值已占全省工业总产值的一半以上了。

这1万亿元意味着乡镇企业在工业产值上已与国营企业平分秋色，而成为我国经济的“半壁江山”，乡镇企业已不再是国营工业的补充和调剂，而是我国经济建设中的一支生力军。在近三年的治理整顿期间，乡镇企业在十分困难的情况下仍以每年10%以上的增长速度发展，远远超过了全国工业年平均增长的速度。江苏省苏州市等乡镇企业发达地区的年增长则在30%以上。

这1万亿元还意味着打破了我国历史上长期形成的“农村搞农业，城市搞工业”的经济结构，乡镇企业使农村走向城镇化，工农差距在缩小，城乡差别也在逐步消失。农民自觉自愿、兴高采烈，但也是千辛万苦的，在没有花国家一分钱的投资下，自我完成了从农民到工人的角色转换。约有1亿农业劳动力转移到了乡镇企业，相当于我国前30年城市工业吸收劳动力的总和。日本一位教授评价中国农民的这一伟大创举时说：“乡镇企业的迅速发展可以看成是在中国各地出现的一次静悄悄的产业革命，它使中国农村地区的经济社会生活发生迅速变化。”“这是中国正在进行的使农村地区实现工业化的一种新尝试。乡镇企业的成功，对其他发展中国家来说，也具有重要的意义。”

现在比较发达地区的乡镇企业已向现代工业发展，从初期的“船小好调头”到“联舟抗风浪”，已发生了历史性的变化，把眼光转向质量、品种、效益和开拓国际市场，发展合资企业上来，开辟高新技术产品，以便在国内外的市场竞争中保持后劲，永远立于不败之地。如江苏省的乡镇企业出现了联合兼并的势头，形成了6 000多个较大的骨干企业，其产值和利税均占全省乡村集体工业的55%以上，其中200家企业达到国家规定的大中型企业标准，近百家涉足高科技领域。

由于同国营大中企业、高等院校及科研所的横向联合，给乡镇企业注入了新的活力，并发展了外向型经济，使众多乡镇企业有了发展的新天地。江苏省乡镇企业创办的“三资”企业累计上千家，其中以“嫁接型”企业为主。所谓嫁接型即把外资和技术甚至经营管理嫁接到原来的社队集体企业的基础上，这种嫁接形式的转变在广东省很多，被称之为“造船出海”，不同于“三来一补”的“借船出海”。更可喜的是已出现了跨出国门外，到国外办厂的乡镇企业，显示出中国农民面向世界的伟大气魄。

费孝通考察吴江市庙港镇工业发展情况

引人注目的，1991年涌现出一批以乡镇企业为主体的，农业、商业、工业、建筑、运输、服务全面发展的乡(镇)，人口在10万以下，产值接近或超过10亿元，其中江苏的盛泽镇突破了15亿元，还有产值达

2 亿元，而人口在 1 000 上下的村。江苏省 1984 年有 6 个工农业产值超亿元的乡，8 年后就发展到了 550 个，现在全国有了 2 093 个，以巨大的经济实力成为我国农村向现代化迈进的中坚力量。这些亿元乡镇占全国乡镇总数 3.77%，人口总数占全国农村人口总数 6.5%，社会总产值占全国农村社会总产值 26.8%。乡镇企业产值占全国乡镇企业产值的 28.86%。乡镇企业使 2 亿农村人口有了固定收入和过上安定的生活。

但就全国来看，农村经济发展是很不平衡的。我国的中、西部人口 7.2 亿，集中了全国 63%的人口。其中农业人口 5.77 亿，占全国农业人口 64.4%。城市人口 1.4 亿，占全国城市人口 57.4%。中西部农业劳动力占全国农业劳动力 76.2%，我国的劳动力大部分集中在中西部，而且基本上是以从事农业为主。

在我国经济发展中，宏观上形成了东（指经济较发达地区，它包括京、津、沪、辽、冀、鲁、苏、浙、闽、粤 10 省市）、中（指经济发展中地区，它包括黑、吉、晋、陕、豫、川、湘、鄂、皖、赣 10 省）、西（指经济欠发展地区，它包括蒙、宁、甘、青、藏、新、滇、贵、桂、琼 10 省区）在经济发展上的差距，而且差距相当大，这个差距不是差在资源上，而是在经济发展水平上，由于乡镇企业在地区上发展不平衡，各地区农民收入差距很大。东部的农民人均收入为 812 元，而中西部只有 527 元，东部是中西部的 1.54 倍。差距是显而易见的。

为了实现我国第二步战略目标，使全国人民生活水平达到小康，中西部地区能否从现有较低的发展水平跃上一个新台阶，有一个大的突破和大的发展，是一个决定的因素。

1984 年我开始边区研究，在内蒙古和大西北进行社会调查，始终关注这一有关大局的东西差距问题，提出了“以东支西、以西资东、互惠互利、共同繁荣”的意见。“支”是指资金、技术上的支持，“资”是指原材料和能源的供应。

就边区本身来看，那里的现代工业基本上是靠外边的力量兴办起来的，有抗战时期从沿海地区迁入的现代工业，新中国成立后在苏联帮助下建立的重点企业，还有 60 年代为国防需要而兴建的许多三线企业。这些具有现代机器装备的大中企业，依靠行政力量搬进或兴建在原以农、牧为主的经济不发达地区，形成一个个平地起家的大小新兴城市。它们和周围乡村在经济社会各方面很少联系，有点像海洋里的孤岛。

80 年代大中企业的体制改革使得孤岛上的企业要开门出来找出路了。正在这时四周的乡村也要求发展乡镇企业，双方走到一块来了，由大中企业提供信息、技术和部分设备，乡村提供土地、劳动力和部分资金，合作办中小型乡镇企业，走“城乡一体”或“一厂两制”的路子。这是城市把工业扩散到农村，农民把工业引进乡村在中西部发展中的重要突破口。

我在看到沿海和边区的农村发展的差距时，对全国经济这盘棋的格局有了初步的综合印象，那就是经济水平由西向东梯阶形的上升和现代工业的由东向西的逐步延伸。进一步考察我看到这个经济梯阶正表现在作为工商业中心的城镇的规模和密度上的差别。在沿海分布着一系列工商业较发展的城市，而且都拥有经济水平较发达的腹地，特别是长江和珠江的三角洲已出现接近小康水平的地区。而在边区，正如上文中所说的那些孤岛式的新兴城市大多还停留在点上没有扩散成面。这幅画面促使我从着重在比较农村发展路子的“模式”研究，更上一层楼，联系上了经济区域的概念，注意到它们空间分布的格局。

1987 年我在甘肃调查时，看到了在青海和甘肃接境的祁连山两麓居住着许多人数较少的民族，如裕固、土、撒拉、保安、东乡等少数民族和人数较多的回族。它们正处在青藏高原和黄土高原之间，形成了一条夹在藏族和汉族之间的民族走廊。在经济上正是牧业和农业的接触和过渡地带。当时我从回族聚居的甘肃临夏，越过省界到青海的海东地区，这里正是明代以来茶马贸易业中心——河州的故地。我当时就意识到要发展这个地区的经济，大概只有利用它特有的历史传统，恢复它作为农牧贸易的集散地。所以提出了两地建立成一个经济协作区来发展农、牧两大区域之间的贸易。这个建议在我的研究工作中标志着进入区域发展研究的开始。在临夏和海东协作区基础上，1988 年我又进一步提出建立包括青海、甘肃两省和宁夏、内蒙古两个民族自治区的黄河上游多民族经济开发区的建议。这个建议得到了四省、区和中央的支持，已经实行了四年，取得了一定的实效。

区域发展的概念丰富了我对中国城乡研究的内容。这个概念并不取代发展模式的概念，而是城乡协调概念的进一步发展。经济发展区域是城乡协作在空间的具体表现，可以各有其发展的模式。80 年代后期，也许可以说我的研究工作又进入了一个新的层次。1988 年在南岭山脉的考察中，我把开发这一片瑶族聚居的山区的希望寄托在珠江三角洲的经济扩散上，而提出了以香港为中心的三个环形带的区域格局。可以说在我研究工作的历程中，从“珠江模式”走上了研究珠江三角洲区域发展的方向，直到最近我在《珠江模式的再认识》中提出的港、珠经济一体的观点。

1991 年我开始了以发展山区经济为重点的研究计划，首先走访了四川、云南两省接界的大小凉山，考察后我提出了采取“一点一线一面”的发展方针，即以攀枝花的工业中心为启动力，联合凉山自治州开发成昆路一线的丰富资源，开辟通向东南亚的南方丝绸之路，来推动西南云贵高原的全面发展。这也表明了我的研究着眼点正逐步从微观分析确立模式走上宏观思考区域规划的路子。当然这不是一种观点和方法的转变，而是我城乡研究本身的生长发育，逐步丰富的表现。这个方向也和中国经济和社会发展的历程更进一步地结合了起来，并更直接的发挥了以科学知识来支持社会发展的作用。

1990 年结合我这几年在长江三角洲的调查研究为这地区进一步发展提出了建立长江三角洲经济开发区的建议。最近为了配合改革开放政策的进一步发展，我在前年建立长江三角洲开发区的建议基础上，更具体地提出了以上海为龙头，江、浙为两翼、长江为脊梁，以南丝绸之路和西出阳关的欧亚大陆桥为尾闾的宏观设想。

至此，综合过去一连串有关区域发展的建议，已逐步接近“全国一盘棋”的整体设想。

今天我在这里提出我们最近的研究方向，是想说明社会科学的研究工作说到底是研究者所接触到的社会变动的反映，我个人这一生的研究过程离开了中国这几十年的历史变化连我自己也是无法理解的。看来科学不可能也不应当脱离现实，也很难超越现实，所能要求于科学工作者的可能只是忠于现实，就是从现实出发，而不以主观愿望来歪曲现实。我也相信只有实事求是得来的知识，才能成为促进人们生活的知识。强调知识的实用性，我不认为是贬低了它的品质，而恰恰相反这正是科学知识可贵之处。

我30年代从事社会学和人类学以来，已经半个多世纪，除了由于政治原因停业了有20多年外，我并没有放弃过实地观察的研究机会。但是现在回顾一下，我所接触的问题还主要限于中国农民怎样解决他们基本物质需要的问题，通俗地说是解决农民的温饱问题，也可以概括说是人对资源的利用和分配的问题，人和人共同生存的问题。这些问题都属于人文生态的层次。这几年，也可能是因为我已进入了老年，越来越感觉到人的研究不能满足于这个层次了。所以在前年国外的朋友们在东京为庆祝我80岁生日而召开的讨论会上，我说当前人们已迫切需要一个共同认可和理解的价值体系，才能继续共同生存下去。并且预言21世纪由于这地球上人和人之间信息传递工具的迅速改进，互相反应的频率越来越高，集体活动的空间越来越小，原有的可以互不相干的秩序，已经过时。必须建立的新秩序不仅需要一个能保证人类继续生存下去的公正的生态格局，而且还需要一个所有人类均能遂生乐业，发扬人生价值的心态秩序。

说起了这个心态层次的人的研究，我不能不想到今天我们在此以举行这个学术讲座会的形式来纪念的潘光旦老师。我紧紧跟随他学习了有30多年，经常听他根据儒家的中庸之道反复阐发的“位育论”。位就是安其所，育就是遂其生。在全球性的大社会中要使人人能安其所、遂其生，就不仅是个共存的秩序而且也是个共荣的秩序。也就是说不仅是个生态秩序而且是个心态秩序。

当前世界的形势发展已使人们觉悟到生态秩序的日形紧张，但是很多人还没有觉悟到更为迫切的心态秩序的危机。人类历史发展到今天正应当有潘光旦先生这样的学者来广泛地宣讲他的“位育论”，而这样一位学者今天已成了我们共同缅怀的先哲了。我作为他的一个及门弟子，而没有能把他对建设人类心态秩序的课题阐述发挥，真心感到无穷的内疚。今天我只能把这根接力棒递给下一代的学者了。如果天假以年，在我这一生中还有一段生存的时间，还是极愿意在已有生态研究的基础上，更上一层次，为心态研究做一点破题和开路的工作。我想就用这个对自己今后的愿望来结束这次关于我过去近半个世纪对中国城乡研究经过的汇报吧。

1992 年 7 月 6 日

目录

中国城镇和乡村的关系

中国区域发展的设想

中国农村工业化的道路

本篇关键词

乡土社会　以农民为本　人多地少，工农相辅　科技下乡　工业下乡　乡土(村)工业　乡镇企业　亦工亦农　农工结合体　城、镇、乡三级工业网　无农不稳，无工不富　有工则富，无商不活　离土不离乡　离土又离乡　以农促工，以工补(建)农　人文生态　草根工业　重兴茶马互市，重开丝绸之路　左右开弓，两个市场　小商品，大市场

● 中国的手工业是农业经济中不能分的部分……五亩之宅必须植之以桑，而且还要自己养猪养鸡，修网捕鱼，入山打猎，这样在男耕女织的传统农工合作方式中才能得到过得去的生活。几千年来，在这种小农生产中，手工业已成了农家经济中不可或缺的副业了。

● 我们提出这要费考虑的问题是因为要迁就现实。吴先生因之说我们对于手工业“留恋”，对于机器工业“厌恶”。我记得好像汤德明先生对我们也有类似的批评，甚至称我们这种是乌托邦式的空想，加上略带轻蔑性的“费孝通的王国”的按语。

● 今后农村经济继续发展的新路子，一是要确保农业，没有饭吃不行；二是要发展副业和工业。工业一上马，管理得好，就可以改变我们原来的经济水平。

● 做活人口这块棋，有两个眼。一个是作为农村经济文化中心的小城镇，发挥“人口蓄水池”的作用，一个是边区开发，东西部地区共同繁荣。创造几亿人的就业岗位，摆脱贫困，社会才能安定。

● 工业的进一步发展把农民一批批地吸走，农业劳力的紧紧导致土地经营的相对集中，工业的利润则为农业的集约经营减轻负担和增强技术服务提供经济力量，而农业的规模经济又反过来以释放更多劳力的方式促进工业进一步发展和飞跃。这就是我对草根工业的意义和农业发展的前景动力的认识。

● 中国工业化，要从农村开始。

● 将来的历史学家者也许会指出发展乡镇企业这一条工业化的道路确实是具有中国特点的创造。它是从农民的草根上长出来的工业，不像早年西方工业化那样曾引起工农矛盾和城乡矛盾。相反地在中国这一条工业化的道路上见到的是工农相辅、城乡协作。

● 三次访问定西，我一直被“怎样脱贫”这个问题占住了心思。我深切感到逢灾放赈的办法是不能解决根本问题的，所以一再呼吁扶贫工作要改变“输血”为“造血”的方针，就是说要扶助贫困地区恢复生态平衡，自力更生地建立有发展前途的经济基础。

我们在农村建设事业中的经验*

请先提出一个中国农村建设的困难问题。熟悉中国人口状态的人，都知道中国人有80%以上是农民，每个农民平均只有5亩上下的土地。每家平均5人，则中国的农场平均只有25亩。这种狭小的农场，使机械无法引入以增农村的收入。用人力工作的生产方法下，25亩土地，除养活5个人以外，实在没有多大余力来供给发展中国工业的资本和原料。加上了天灾人祸，中国的经济在现代的世界之中，只有向没落的路上走了。

中国农民太多已经为留心中国社会的人所共喻的了。但是有什么办法可以补救这种情形呢？若是中国有一天能赶上西洋，只要1/4的人就够供给全人口的食料，其余的3/4的人干什么呢？我们可以举一个事实来说明这问题的严重性。

去年太湖流域有一部分地方，天热雨少，大有发生旱荒的危险。本来农民在这种情形之下，是最忙碌的，一天到晚要踏水车灌田。普通的水车，除了养牛的人家外，都是由人工来转动的。三四个人一天

---

* 30年代初，作者姐姐费达生在农村推广科学养蚕，办小工业，这使当时的作者深受鼓舞。为了宣传她们的这种实践和敬业精神，作者以姐姐的名义撰写了此文。

不息地工作，并不能灌多少田。去年政府里因为注意了农村事业，所以预备了许多电力打水机，低价租给农民。以电力代人力，又便宜，又省力。任何经济学家都会赞成这种办法，而认为一定能增加农民幸福的。但事实却不然。在苏州附近有一个赌镇，据说去年暑期因打水机的应用，利市百倍。我们亲见农妇来哭诉她们的丈夫或儿子，因为有了机器，可以不必工作，上赌场里去把家产都荡尽了，弄得农村中六神不安。

这一件事明白告诉我们机械引用到农村中去，并不是一件简单而容易的事。社会决不是一个各部分不相联结的集合体。反之，一切制度，风俗，以及生产方法等等都是密切相关的，这种关系在中国因为经过了数千年悠久的历史，更是配合得微妙紧凑。派克教授 Robert E. Park 在他论中国一文中称中国是一个“完成了的文明”（a finished civilization）就是这个意思。所以要为中国社会任何一方面着手改变的时候，一定要兼顾到相关的各部和可能引起的结果，不然，徒然增加社会问题和人民的痛苦罢了。

或者有人说这种情形是由于中国都市工业的不发达。若是都市中开设了大工厂，这辈闲空的农民就可不到赌场中去，而吸收到工厂中去做生产事业了。或者甚至有人说，上述现象是农业革命和工业革命时所免不了的，等农村人口过剩的压力增加到相当程度，都市的工业自会发达。欧洲近代史的初叶不就给我们很好的证据么？但是我们觉得作这些说法的人，似乎应当考虑到现在世界经济的状况和中国所处的地位。用我们幼稚的技术，微弱的资本，要和列强争一日之长，若没有可以凭借的特长，似乎是很难的。换一句话说，我们要追上欧洲的资本主义的社会组织似乎已太迟了。就以熟知的纺织业为例罢，欧战时，因世界竞争的力量薄弱，居然发达一时，但等到欧美能力恢复后就一蹶不振了。这是证明中国并不是没有发达资本主义经济制度的才能，而是没有机会。

在讨论中国乡村和城市的问题时，还有一点应当注意的，就是中国的都市实有两种不同的性质。第一种是旧式的“城市”，如苏州等是。这种城市的发生并不是由于工商的发达，而是在于一辈脱离土地工作，依收租为生的地主们安全的要求。从经济上论，这是一种消费的集团。第二种是新兴的都会，如上海等是，它们是西洋文明东渡的产物，是现代的，最重要的是工业和商业，所以可说是生产的集团。论中国都乡关系的，往往不分别此种差异，熟悉前者的，常认为两者在经济上是冲突的。消费者的增加，资本的耗费，自然对于农村有极坏的影响。熟悉后者的，则认为两者是相成的，因工业和农业本来互相赖以发达的。

以为发展都市可以吸收乡村过剩人口的，自然是指新兴的都会。但是新兴的都会在中国却有一种特别的性质，就是政治上、经济上，因租界的存在大都不能认为是中国的。除非承认外国经济及政治的侵略对于中国实际生活上是有利，而我们愿意享受这种利益的话，我们似乎不能认为上海式的都会的发达是一件可以引起自慰的事。这一点，在这里不能深论，希望有机会再作另文讨论。

要建设中国农村，势必引用新式生产方法，应用机械，而直接地把机械送到农村去时常会发生很多不良的社会结果。一方面都市的工业，受外国的资本主义经济势力的阻遏不能发达。新兴都会的发达，在族国主义的立场上论，又是和中国有害无利的事。至此我们还有什么办法呢？我们相信这个问题一定已经绞尽了多少人的脑汁了。我们觉得解决问题的最好的办法，还是做实际的试验。试验的结果，才是最佳的答案。所以在这里我们愿意将我们10年来在这些问题上工作的经验，贡献于国人，以作解决此种问题的参考。

在民国十二年(1923年)时，我们在江苏省立女子蚕业学校(浒墅关)推广部担任推广改良太湖流域一带蚕丝事业时，有机会可以时常到农民中去讲演和劝导。我们讲的不是任何空洞的主义或是任何不可捉摸的传说，只是告诉他们如何可以增进他们蚕事收入的方法，如教他们把蚕室消毒，饲育的适当时间等。我们教他们的方法是经过科学的核准的，所以听我们的人，实际上就能获得利益。以科学的技术去取得农民的信仰并不是十分困难的事，因为科学知识的本身已给我们正确的保证。所以在十四年时受我们训练的各户所缫的丝，比土丝市价增加了1/4。十五年开弦弓村(属吴江县)就有70多个女子愿意上我们的学校受特别的技术训练。这年的改良丝价比土丝增高1/3。于是全村轰动，都愿意接受我们的指导了。

但是我们不久就觉得发展农村第一虽需要科学的生产技术，但单是技术是不够的。因为我们有一种成见，觉得一切科学上的发明，应当用来平均的增加一般人的幸福，不应当专为少数人谋利，甚至使多数人受苦。以养蚕制丝而言，我们愿意尽我们先得的科学知识用来促进农民一般的利益。但是要达到这目的，单靠技术的改进就感不足，而一定须有一个适当的社会制度了。

我们觉得人生中最使人鼓舞而能获到最大安慰的，也许就在为人服务后，人家对自己的感激。这种精神上的粮食使我们有勇气能为我们理想的新制度做10年的工作，我想的新制度的原则是很简单的，就是要使每个参加工作的人，都能得到最公平的报酬。同时在经济活动上，要能和资本主义经济制度的营业丝厂相竞争而不致失败。我们绝对认为社会工作的人不能一天不注意社会价值的问题。经济生活和其他的生活一般，不过是人类要达到一种目的而发生的活动方式。所以我们不能不时顾到“这一种目的”。这目的就是美满的人生，是社会的价值。同时在我们的经验深信一个为社会服务的人，至少一方面要有一种社会价值的鉴别力，一方面要有一种宗教性质的热忱。在我们这一种小小的事业中，我们几十个人能放弃安闲的小姐生活，在烈日暴风中奔波，而觉得乐在其中的，在我个人看来，除了一种宗教性质的热忱之外，是没有凭借的。素来没有宗教训练的中国人，使他不能在血液中散发出一种不为自己打算而为人服务的热忱，或是中国前途最大的一个障碍。

民国十五年时，我们因为技术上的方便，已实行稚蚕公育，就是在幼蚕时代，各家所饲育的蚕放在一起，大家轮流负责，一则可以省事，二则可以便于监督。到十七年因为木机所制的丝，切断太多，不能卖高价钱，所以在技术上已需要用汽力推动的缫丝机的设备。于是我们就在这个时期，规定生丝精制运销合作社的章程，先在开弦弓实行。合作社最重要的性质，就是一切生产器具俱由参加工作的农民所有；一切管理及行政的权力，由合作员掌握；一切利益由合作员公平分配。这计划制定之后，不数日，加入该社的农民，就有400余户。经济方面不足之数，由我们四处设法筹划，再由学校方面借一座引擎，按期付款，预期五年之内一切债务及机械俱由利益项下拨清。开弦弓生丝精制运销有限合作社就是这样在民国十八年成立的。

详细办法在这里不能详述，简单地说来，各合作员共同饲育稚蚕，长大后分开于各户，由指导到各户监督，结茧后共同烘茧，存藏于合作社内，先取价若干，俟制丝出售后，全价归回。合作员中选有训练者充当缫丝工人，由技术员指导，缫丝工人及职员和其他工厂一般，俱按期付工资。

普通没有到农村中去过实地工作的人，常以为农民是愚笨不可教的。但是从我们经验看来，农民是最善良而驯服的人，并且很聪明。像这种复杂的合作事业，现在一切都已由他们自己办理，我们除运销及技术上加以指导外，一切都归农民自己负责。该社成立已经四年，这四年并不是一帆风顺的安静年头。国际市场的停滞，丝业的衰落，直接给这小小的试验以巨大的威吓。但是在这四年的经历中却给我们发现了它特具的能力，使它可以竖立，并且可以解决在本文开篇时所提出问题的参考。我们可以先把它和营业丝厂比一比。

制丝业中最大问题是在原料。若一厂不能控制它所收原料的性质和品种，它的产品总不易得到圆满的结果。但是在营业丝厂，这种控制是极困难的。因为蚕户没有组织，就不易使他们养一样的种和受技术上的监督。虽则现在已有工厂用各种方法来达到这个目的，但决不像合作社的容易。合作社的稚蚕是公育的，同一品种的。饲育时受指导和监督，凡合作社员就有服从指导的义务，不然合作社就可有加以强制的权力。

第二点，是它费用的较轻，费用较轻是由于多方面的原因。在原料方面，我们不必有大注流动资本去购买；运输方面，须到制丝成了之后才往外运，分量很轻，费用颇少；设备方面，地价低，租息轻；人工方面，因生活程度低，劳动成本亦低。凡此种种都使成本减低。据他们三年的报告是：

十八年，每担成本1 088元，出售最高价1 200两，该年纯利总额10 800元。

十九年，每担成本1 444元，出售最高价1 100两，该年虚亏3 010元。

二十年，每担成本1 253元，出售最高价1 010两，该年虚亏4 183元。

十九、二十两年的虚亏并不是赔本性质。因为每年要拨回开办时的债款和付清每股东应得的利息。这两年虽则因丝价的跌落，但是尚能于还债付息后，只差了几千元的数目。

第三点是这种组织的经济伸缩力。这是它最大的长处。它使在里面工作的人，不成为一个单纯的工人。她们依旧是儿子的母亲，丈夫的妻子，享受着各方面的社会生活。不使经济生活片面发展，成一座生产的工具，失却为人的资格。因为她们参加这种经济活动，并不需要她们全部生活的新调适；工厂就在那乡间，同伴就是本来的邻里，每天回家可以享受家庭的幸福。在另一方面这种经济制度亦因是获得它的伸缩性。譬如茧子已缫完，就可宣布停厂，工人就可在家里，经营其他事务。不如城里工人一旦没有工做，就发生生活失调的痛苦。在工作忙的时候，工人们都很自愿地加工赶制，因为她们所具的态度和营业丝厂中的工人不同。她们的工作好像是为了自己，愈努力愈满足，所以绝不会发生罢工的风潮。态度上的转变，使许多都市中劳工问题不会发生，同时使这种组织成一富于伸缩性的机体。

第四点是它的生存价值大。富于伸缩性的机体遇到打击的时候，容易维持。最显明的一件事，就是一切营业丝厂非每年能获到利益，就不能维持，因为股东的目的，并不在给工人们工作的机会，而在股息的收入。资本主义愈发达的地方，资本向高利的流动率愈大。所以企业家一定要使他的工厂能维持一定高度的利率，不然立刻会有倒闭的危险。但合作社则不然，它们的目的，大部分在维持工作的机会。只要每人能有工作做获得工资，虽则合作社的资产负债表上有虚亏的数目，亦是愿意极力维持的。易言之，合作社的维持是建筑在活动的每人生活实际的利益，而营业丝厂则建筑在股东的息上。两者相去自然很远，结果就是前者的生存价值大了。

我们把合作社和营业丝厂相比较，目的是在说明中国要和世界资本主义的经济制度相竞争时，这是可能的生路。我们的制度根本上是要使经济生活融合于整个生活之中，使我们能以生活程度的伸缩力求和资本主义的谋利主义相竞争。这实在就是苏俄现在实行的原则。他们用国家的力量来达到这个目的。我们政府的腐败，不易使人有什么希望，而我们所试验的制度的确亦是一条可以达到这目的的路，也许比较上更适合于缺乏国家观念，以家庭为基础的中国社会。

其次，我们要讨论的，就是如何引机械进入农村的问题。我们从丝业入手，一方面固然是由于我们特殊处境的原因，但是所以能不发生像抽水机一般的情形，是值得我们留意的。我们并不把机械直接去代替已吸收了多量人的事业，同时我们所吸收大半是女工。女子在村中本来是很忙的，她们的功能是琐杂的，所以本来缫土丝的妇女，因现在有了机械缫丝，不必再做这种工，并不会觉得无事可做而去胡闹。而且，在乡村中家庭的组织很重要，家庭的经济常是公共的。所以一家中若本来有两个缫土丝，现在只要有一个人去缫机械丝，在一家的总收入上并无出入。在二人的经济生活上就不会发生什么改变，只是一个人可以有空余来管理旁的事务罢了。在这种富于调剂力的办法中，机械才能慢慢地输入农村，成为农民生产的工具。我记得几年前燕大教授泰娄氏就在中国评论报上发生提倡农村小规模的副业。从副业入手，非但是增加农村收入的良法，亦是采用机械的平坦大道。

我们把这一些经验贡献于关心和参加农村运动的人，虽则这些办法只能适合于太湖流域的丝业，但我们希望同一原则可以应用于其他地方，其他性质的事业上。本来，我们深信一切办法只有从实地试验中来，人家的成绩只能作参考的材料罢了。农村运动最重大的条件，还是在从事此种运动的人能有服务的热忱和技术的训练。没有服务的热忱，不以事业的成功为人生中重大安慰者，很不容易到农村中去受种种生活上的困苦。没有技术的训练，就是到农村中去，亦是不容易获得农民的信仰，实际上，不会发生什么重大效果的。

1933 年 10 月 22 日

复兴丝业的先声*

很多人这样说，丝业是已经走到尽头路，没有希望了。所以在现在而再讲丝业，似乎是很不合宜。看报，到处都是丝厂停工倒闭；市价紧缩，狂跌消息。这些都好像足以证实丝业是真的没有希望了。但是我们不敢作这种失望，并且亦觉得不必作这种失望。我们有生路。

凡是在江浙农村里做过一些实地考察的人，一定会明了丝业若果真没了希望是多么严重的一件事。简单地说，在江苏南部，浙江北部，太湖流域一带的农民，除了饭米之外的一切开支，是大部倚于蚕丝业的收获。虽说农村中重要的职业是耕地，但是耕地所得，免去了奇重的赋税以外，在丰年，只够一家人的饭米而已；收成不好的年头，连饭米还无着。但是什么东西维持着农民的生活呢？在江浙是蚕丝。若果真蚕丝是没有了希望的话，什么东西能代替它来维持农民的生活，是很难说了。若蚕丝是一条绝路，同时又没有继起的副业，江浙的农民将靠什么来生活？生活不了时，会引起什么样的扰动？这种扰动对于中国整个的运命，会有什么影响？这些问题，决不是杞人忧天之类，若

---

* 作者以姐姐费达生名义撰写本文，批评丝业悲观论调，大声疾呼注意工业制度问题，要在中国本土建筑起一个切当的，新的工业社会组织来拉开 20 世纪人类历史的序幕。

不及早预防，迟早会逼到我们头上来的。所以我们实在不敢作不负责任的失望，而愿为丝业的前途作一彻底的盘算。

当然若是事实是已到了尽头，我们不作失望，失望还是避不了。所以我们一定要看一看实在的情形，是不是真是和一般印象中的那样悲惨。丝厂停工、倒闭是事实；市价紧缩、狂跌是事实。但这些事实的背后是不是指明丝业本身没有复兴的可能，还是有其他可以设法补救的原因使其如是？其实若把眼光稍放大一些，看看日本的情形，我们就会见到另一幅图画。虽说世界经济的不景气，使生丝市场大大的打了折扣，但是日本生丝的出口总额，依旧占输出货的首位。它们国民经济依旧靠了丝业才能维持。

市场的衰落，对于一工业的影响并不是普通一律的。它只是一种选择力，把该工业的末梢加以淘汰罢了。我们中国的丝业在最幼稚的技术之下生产，又在最幼稚的经济组织中运销，如何能不发生丝厂倒闭、市价狂跌的现象呢？这是一个工业发达过程中免不了的淘汰作用。淘汰作用，对于整个工业本身而言，是有益，是必需，目的是指向着更伟大的将来的，决不是失望的张本。不幸的只是我们中国刚是在末梢，刚是处于选择力发威的焦点，刚是受到发生淘汰作用的场合。所以若就整个世界的丝业论，说丝业已是走到绝路，是欺人之谈，是有作用的反宣传。试问，钢铁业在不景气中同样的受到衰落的影响，何以没有人说钢铁没有前途呢？

问题并不在丝业本身已经走到绝路没有，只是我们中国的丝业确已达到了绝大的危机而已。退一步讲，倘若我们的丝业的技术和组织能比得上日本，使我们所产的生丝在世界市场上与日本有同样的活跃，则丝业即使已是中国一注赔本的生意，亦是很可置日本死命的一着。但是日本不怕我们。他们用国家的力量来统制生产运销，用多少人的才智来改良技术。他们独占了市场，暴增了工业的选择力，使中国的农村，一天一天地走上破产的末路。他们正不必用刀枪来并吞，我们自己的饥民自会替他们来毁灭我们的国家，我们的民族。

但是我们并不为此抱着失望，因为我们相信要是问题是在己，在我们自己会不会改善丝业，则我们只处于险地，而非绝境，总有打出一条生路，展开一个新局面的可能。本来，现在的局面在大势之下已是无可维持的了。不是工厂继续倒闭，市价继续狂跌，丝业整个停顿，农民发生扰动，就是我们创一条簇新的大道。在这道上复兴我们的丝业，繁荣我们的农村，把淘汰减止的运命交付我们的仇敌去承当。我们有把握的望着这生路，因为在生存竞争中最后的胜利，还是属于最能吃苦的人。我们同胞生活的素朴、节俭和耐苦，不是已给我们最可靠的保证了么？

现在谈救济丝业的人，多是在想如何以维持这残破的旧局面，而不知这个旧局面，不论其是好是坏，总是无法维持的了。经济的战场上，哪里能容姑息的存在，生死是那样的干脆！要是我不能自觅新路，依旧安居于世界丝业的末梢，就是榨干了国民剩余的精力，多发几次公债，甚至支取了将来的幸福，来借外款，亦是无济于事。现在中国的丝业，已不成为国民经济的泉源，而是一个大累！

丝业是江浙农民的生命线，丝业本身并没有到绝境，我们自己不会利用它，把它弄成了一个大累，我们第二步要怎样办？这是我们的问题，是需要我们努力的地方。救中国，救中国，这才是应当着手的具体救中国的一端。

我们为此会磨难自己，为此会受到种种困苦，但是经 10 年的工作，我们已稍稍理出了一个头绪。我们愿意贡献于留意农村建设的人，更愿意接受一切同情于我们工作者的指教。

我们所谓复兴丝业，并不是指营业丝厂的资本家，企业家能借丝业多挣一些利益。我们是说要使丝业能安定在农村中，使其成为维持农民生计的一项主要副业。我们不是以丝业成为几个人发财的捷径，就算满足。我们是要使它能成为大众谋生活增进的工具。在《我们在农村建设事业中的经验》一文中曾说：

我们有一种成见，觉得一切科学上的发明，应当用来平均的增加一般人的幸福，不应当专为少数人谋利，甚至使多数人受苦。

我们本这成见来规定丝业复兴的意义。同时更相信惟有建筑在大众利益上的经济制度，是可以永久的。亦惟有这种制度会增进一般人民的幸福，以增强一国的实力。

我们要把丝业安定在农村中，并不是出于迷信农村。贯彻丝业的农村副业性是有理由的。丝业本来是农村的副业。陶希圣先生在燕大社会学会演讲中国工业和农业分合时，称纺织业是农村抵抗城市的一条最后战线。丝业在中国的历史上，开始脱离农村，是最近几十年的事。若都市靠了它技术的方便，代替农村来经营丝业，使本来可以维持生活的农民，都成了饥民，成了负债的人，结果是使农民守不住耕地，向都市集中。在农村方面言，是经济的破产，在都市方面言，是劳动后备队的陡增，影响到都市劳动者的生机。

丝业从农村移到城市之后，所发生的种种社会现象，当然可以用其他如农村救济等等社会工作来补救。在另一社会制度中，把都市的财富，用国家的力量，或慈善的名义，重新分散到农村中去。但是这种绕弯的办法，实是不若直接及早防止丝业都市化的简便和合理，何况在我们现在的政治状况下，要和美国一般建筑起一个完善可行的绕弯办法，亦是近乎不可能的事呢？所以在中国丝业开始工业化时，我们大声疾呼，要注意制度的问题。我们不要把工业看成了一个可以单独发展的东西，不要以为工业的发展一定有利于国家及人民的。若没有了完善的制度，势必踏英美的覆辙，形成一个畸形的社会，最后的生存惟有在战争中讨取，在毁灭过程上去求喘息。

在这种理想之下，我们要寻出一个新的丝业组织，而要这新组织须包满着可以滋长繁荣的条件。我们并没有忘记世界的不景气，我们并没有小视人造丝的劲敌，更并没有忽视了已有的资本主义制度下的丝厂。在一场竞争的角力中，我们的新组织一定要有它独具的才能，始能获得最后生存的权利。在构思和试验中，我们已深切感觉到，我们中国国民所遭遇的问题，实在远超于选择哪一种主义，抄袭哪一种成法。当19世纪世界文化遇到危机的时候，我们要在中国的本土上建筑起一个切当的，新的社会组织，来展开20世纪人类历史的序幕。就是在最小的一个角里，我们亦可以看到我们的重任和巨艰。但是我们要抬着头，勇敢地向前走，新时代的创造是在血汗中，不是在叫嚣中，更不是在标语上！

对于这种理想的工业制度的试验，是起于民国十二年(1923年)。简略的经过情形，已在《独立评论》中发表过，在此只能做更简单的介绍。民国十二年在江苏省立女子实业学校(浒墅关)推广部担任推广改良太湖流域一带蚕业事业时，我们直接走到了农村中去。最初我们是只限于育蚕指导，在育蚕的方法上个别指导农村各家的蚕事。民国十五年，因技术上的方便，实行农民小单位的稚蚕公育，稚蚕公育就是在幼蚕时代，各家所饲育的蚕放在一起，大家轮流负责。这样一则可以省事，二则便于监督。这是由技术上确立合作制度的最初试验。我们每年推广合作，以达到大规模育蚕的目的。在工作中使农民认识共同负责，共同工作的效率和利益。但是育蚕根本是一种农业，所以合作的程度是很有限的。

蚕养得好，立刻把茧子卖出去，不一定获得好价，因为蛹没有烘死，不能囤积待价，茧商很容易从中垄断，农民辛苦了一春，劳动的结果，却给茧商，以至于丝商，不很费力而获得大利的机会。在我们看来这是一种不公平。而且这种不公平在增进丝业的效率和性质上是不必需的。所以我们就进行农民合作烘茧和制丝。制丝是一项现代工业，它的成效是系于技术。所以要达到农民自己来缫丝，由茧成丝的一节所获得的利益，仍旧回到农民的手中的目的，却包含着很多复杂的问题。制度和技术二者之间，须有适合的配置。我们至今仍在耐心的试验中，离着成功的日子，也许还远着。在此极情愿把试验的经过一述，并且提出我们现有进行的计划。

第一步我们要达到的，是要把丝业留住在农村中，使它成为繁荣农村的一种副业。所以我们一定要就农村设厂，不能在都市中设厂而招农民离乡，使丝业脱离农村。要在乡立厂，这厂的规模，就受该地人口的限制。这是都市工业和乡村工业的一个根本分歧点。都市工业是以人去就机器，乡村工业是以机器去就人。但是工业的规模是直接影响其技术和效率。大规模的常比小规模的占便宜。所以一方要以机器去就人，一方又要能利用最新式的技术，于是我们需要寻求一最小规模，最大效率的工厂单位了。

我们秉此目标，在吴江县，震泽区，开弦弓村来实行我们的试验。民国十八年成立“开弦弓生丝精制运销有限合作社”。开弦弓合作社一方面是要试验出一个普通农村所能维持作为自己生产机关的现代丝厂的单位。一方面我们要实现“一切生产器具俱由参加工作的农民所有，一切管理及行政的权力，由合作员掌握，一切利益由合作员公平分配”的经济制度。我们要借这一种制度，使每一滴农民的血汗，成为养他自己生命和幸福的养料。

详细的办法，在此无法详述。简单地说来，各合作员共同饲育稚蚕，长大后分开于各户，由指导员到各户监督。结茧后，共同烘茧，尽藏于合作社内，先取价若干，俟制丝出售后，全部归回。合作员中选训练及格者充当缫丝工人，由技术员指导缫丝。工人及职员和其他工厂一般，俱按期支付工资。

这合作社自从民国十八年以来，由该村农民自己负责，在我们指导之下维持至今。在这几年中，正逢着丝业的大衰落。但是这小小的一个芽，没有在大风浪中夭折，实在是使我们养它的人引以自慰的事。而且在这风浪中，它的确表示了它一些吃得风浪的特长所在，使我们把它看做大时代的试验的人，更是觉得有兴趣。它的特长，我们已在《独立评论》中申述过。我们不嫌重复，再从简一述：

一、原料统一　改良生丝最感困难的，莫若茧了品种不一。普通营业丝厂并不能直接支配养蚕者所择的品种，若在收茧时，坚欲品种一律，非但费事，而且在原料的供给及价额上均要受很大损失。在合作丝厂中原料统一是不成问题的，所出生丝的品质，自可以超过营业丝厂。据日本日开氏调查横滨之生丝间屋计33处，以昭和元年(1926年)六月至二年五月之实况，制丝合作社所出产生丝最优级为日金123.30圆，而营业丝厂同量之出品，值86.60圆。相差有36.70圆之大(见早川直濑：《组合制丝之理论实际》，第27页)，我们在这里引用日本的统计，一则是因为中国尚没有精细的调查，二则我们是要比较技术相同的不同制度中所有的差异。

二、费用较轻　在原料方面，合作社可免去大注流动资本去购买茧子，加以利息轻，运费省，地价贱，工人生活程度低，都可使费用减低。据日本长野县调查报告，生丝每担之生产费，营业制丝为458.76圆；合作制丝为402.09圆。后者较前者计少56.67圆(见千坂高与：《农村蚕丝经营之共同化》，第239～240页)。

三、经济伸缩力较高　这是合作社最大的长处。因为它是农村的副业，一切工人并不完全生活在这一项活动上。茧子完了，就可停工。工人在家中依旧有其他生产事业可做，不会和营业丝厂一般，造成工人失业的恐慌。而且营业丝厂非每年获利，就不能维持，因为股东的目的并不在给工人生产的机会，而是在股息的收入。资本主义愈发达的地方，资本跟着利息而流动的速率亦愈大。所以企业家一定要使他们的工厂能维持一定高度的利率，不然立刻会有倒闭的危险。但是我们的合作社则不然，他们的目的，大部分在维持工作机会。把茧子做成丝，把丝卖出去，每人多可获得他的工资，实际增加一村的总收入。只要每个人在这机构中，能把有多余的劳力换成生产品、对于农民实际生活总是有利益的，总是要维持的。

这几个特点，我们认为是值得注意的，因为我们在上文中说过，丝业的前途并不是平坦大道，是要在竞争的角力中，夺取我们的生路。我们要获胜，决不能无所依靠。当然，单靠上述的几点，是还远不足以言入场宣战。陶孟和先生赐阅了我们在《独立评论》发表的文章之后，曾在给我们的信上提到说："贵处所成功者只在社会与生产两方面，而在价格、市场、金融诸方面，当然还不得不受现存组织的压迫，而我觉得后者是非常重要。"我们完全承认陶先生的意见。我们相信全盘丝业的谋得生路，是需要以整个国家作单位来统制的。但是我们现在所试验的范围尚小，而许多比生丝商业更切近的、技术的、工业的和社会的问题，那么地需要尽力对付，使我们的注意力一时无法再来兼顾到商业的和政治的问题上去。而且我们深知自己能力的限制。我们的训练原本是技术的。我们在实际工作之下，早已发觉建设中国远不是单纯的技术足够。对于社会机构的认识，和对于社会价值的鉴别，都是需要常备的能力。所以我们惟有虚心地在实地观察中累积我们的知识，在宗教性质的热忱中去坚持我们的理想。在这小小 10 年中，我们虽则有了长进，但是还是不足以负起复兴丝业的全盘责任，因为陶先生所提出的"非常重要"的问题，我们自问的确还没有到能有把握对付的时候。但是我们愿虚心地接受指导，希望有一天能负起更大的责任。

同时我们因此觉得若是一个真心是要救中国，有理想，肯努力的人，是到处会寻得到他能尽力的地方。各人在自己的能力所及之处，做一些实际于民有益的事，大家合起来，我们不信中国任何一项在衰败中的事业，是振兴不起来的。我们不必希望在一个人的手中把整个的中国，一天之内，建设得富丽堂皇。我们只有在一滴一滴的血汗中，在切实的成就中，来创造新天地。我们很感触地读到派克教授说的话："这似乎是一定的，中国的将来是将慢慢地在梦想中，在渴望中，在切实的成就中，及在青年们逐渐产生的习俗中，获得它的体形。"

我们现在所遭遇的困难，还是技术上的，及生产和分配制度上的问题。我们觉得开弦弓合作社的规模过小，在技术上，不易追上日本技术的发达。不能追上日本的原因，根本还是在农村的小经济组织，没有资本来担负现代式生产机关的设备和改良。虽则我们用借债的方式开办了这合作社，但是每年应付的利息，使农民感觉到负担过重，维持很费力量。哪里谈得到改良。我们明了投资者的苦衷，利息是倚于信用，而农村的信用是不足以获得长期低利的借款。在这种种困难之下，我们开始再计划一个比较更完善的制度。

我们预备选择一个已有育蚕合作基础的较大区域，成立一规模较大的生丝代缫所。生丝代缫所是一个纯粹的技术机关，代育蚕的农民缫丝。它的经济责任由国家或地方的公共机关来担负，使其信用较强。在长期中，把生产资本慢慢在费用中折旧抽算，平均分派于要求代缫的农民。技术方面，一方面因规模较大，可以获得很大的方便，而且可以脱离商业的牵掣，在国家或其他公共机关支助及监督之下，专心于增加效率，改良品质。技术的进步可使丝业有一天能和日本做殊死的竞争。

至于运销事宜，本来不必和缫丝技术合并的。它可以由农民再组织合作社来经营。所得价值，除缫丝的费用外，全部归农民所得。生产和运销双方，在国家力量可及时，很容易地加以统制。这种制度一方可以获得技术改进的方便，一方以因其利益分配的原因则仍以农民为本位，中间人没有取利的机会，所以经济上使丝业仍留住在农村中，作为增加农民收入的副业。

这是我们在开弦弓试验生产合作社之后的改进。因为它还是一种创新，能否如意活动，在实现前，似难逆料。但从理论上讲，比较普通生产合作社似已进步了一些。我们是要从私家资本的基础上，移到公家资本的基础上去。这种制度逐渐推广，可以形成一种国家经济统制的新方式。我们这些结果是从实际工作中得来的，不知国内外的经济学家，能否给我们相当的指导。

在社会方面，我们在实地工作中，亦发生种种感想，可以一述作为本文的结束。

我们现在所做的农村工作，一方可说是“建设”，另一方面亦可说是“破坏”。我们为了要增进人民的生产效率来维持农村经济，所以不能不运用新的技术，新的组织进去。这并不是一件喜事，实是一出很大的悲剧。我们不若19世纪的西洋思想一般，敢于率直的承认一切新的变化，本身是一种可喜的进步，是促进人类幸福的标记。幸福在我们看来莫过于心地的安宁，而心地的安宁需要外界的支持，需要社会的平衡。社会变迁中，社会的扰乱和不安是不能免的现象。至少在这一段落中，在旧的解组，新的形成之间，社会中各人都会感觉到失调的痛苦和烦闷，感觉到生命的重量。这些痛苦虽指向未来的幸福，但本身至多亦是“不能免的罪过”；是时代的劫数，是天命。我们在破坏一个古旧的文化，要从旧地上另起新屋，好像一个接生的医生，要看见母亲的呻吟和痉挛。我们引用一个新的技术到农村中去，就是我们十二分的谨慎，亦会触起种种在我们社会知识浅薄的人所“意想不到”的结果。可以举一个实例来说：我们制丝的工人，都是女子。在纯粹经济上论，这是极有利的事，但是因为女子收入的增高，在原有的家庭组织中不可避免地引起了许多新问题。婆媳、夫妻之间的关系，需要一种新的调适。而社会的新调适时常是盲目地进行，以致造成了许多个人感情生活失和的事件。它们的严重性常能使一个抱着慈善志愿而下乡的小姐，怀疑到自己工作的价值。

这只是告诉我们：我们的社会知识太缺乏。社会知识的缺乏，非但会引起不良的副作用，甚而会影响到建设事业的本身。譬如我们已在《独立评论》中提到的抽水机事件，就反而促进了乡村的破产了。社会是多么灵巧的一个组织，哪里经得起硬手硬脚的尝试？

我们希望现在做社会研究的人，能详细地把中国社会的结构，就其活动的有机性，作一明白的描述，使从事建设的人能有所参考。

从事技术改造的人，一方面固然要慎重，但是对于不可避免的社会失调，则只能硬一硬心肠，把未来的光明来照亮目前的黑暗。用我们全副的心力，来开创一个新的局面。

正因为社会是一个有机体，若要免除或减少变迁时代中的失调痛苦，惟有从多方入手的办法。在目前讲求或试验农村建设的地方，很多是犯了单刀直入，破坏了原有社会的有机性，弄到一盘碎局，无从收拾。整个的中国，不就是如此么？正因为对社会制度缺乏了解，想单从政治来建设中国，以致造下了今日河山破碎的惨局。以大例小，是一般的。而且我们自己已经深切地觉到了在一般人民知识不足维持一种新制度时，这种制度迟早会“蜕形”。我们用了多少力量要维持开弦弓的合作社，防止它性质的转变，最后觉得若是我们不立刻从教育上，及其他种种社会事业上着手作调适工夫，我们一不留心，它的性质随时就会变样。但是我们哪里有多少手脚，能同时在一个地方来做多方面的工作呢？这是只有望于国内有志之士的合作了。真的要建设一个农村，是多么一件困难的事业！就是鞠躬尽瘁于其中，失败的机会还是那么多。要是再有人用来作谋一己私利的机会，中国农村建设的前途，真是难言的了。

我们所做的是复兴丝业的开端工作。因为我们自己阅历的浅薄，学识的简陋，常使我们觉到有心无力的痛苦。但是在这短短10年的经验中，我们认定丝业的复兴是应当向农村中去发展，使它成为安定农村经济的副业。我们更在建设新丝业的道路上，获得了新时代的消息。我们工作的意义决不是限于使农民增加一些金钱上的利益。它是指向一种新的公平的社会组织，一种平衡的文化。或者有人会笑我们夸大，但是我们这一点信仰是必需的。在这信仰上，我们才能为国家，为我同胞服务。我们曾说：

> 在我们这一种小小的事业中，我们几十个人能放弃安闲的小姐生活，在烈日暴风中奔波，而觉得乐在其中的，在我个人看来，除了一种宗教性质的热忱之外，是没有凭借的。素来没有宗教训练的中国人，使他不能在血液中散发出一种不为自己打算而为人服务的热忱，或是中国前途最大的一个障碍。

我们在这种信仰中，忘记了失败。当然我们也许在这一生中不能成就，但这并不是走错了路，只是我们自己能力不足。我们相信，在这路上，会有不绝的继续者，而且要在这道路上，获得最后的成功。在这方向，在这精神中，中国要在人类的历史上，再度地放着异彩。我们更相信一切真实在农村中工作的人，一定了解我们，给我们同情和助力！

1934 年 5 月 10 日

中国乡村工业*

1939年的暑假，之毅和我一同到禄村去做调查工作。我们睡在一间房里，晚上，隔着两层蚊帐，上下纵横地谈起来。年轻人总是善于做梦的。有一次他突然从床上坐起来，撩开了帐子，点了一支烟，很兴奋地和我说："我想到一个风景优美，与世隔绝的小天地里去住上一年。一家一家都混熟了。你不要来管我，好像忘了我一般。可是我有一天忽然回来了，写好了一本书。"这本是之毅的性格，默默的，装得好像很平庸，可是他在预备，在干，无声无息的，等待有那么一天，叫人对他刮目相视。床头的梦语，谁也不当正经话，说完也就过了。可是，隔不上几天，他要我一同去看张大舅，听他讲绿叶江的神话。似乎是在江的尽头，有一个桃花源似的去处。红红的山岩，像是给天火烧过。大江就在这山坳里滚滚地流，两岸长着几十里不断的翠竹，丛丛密密，把天都遮住了。就在这地方，有着无数的纸坊，家家都造纸。张大舅讲得出了神，"我和你们一同去，我认得这地方。你们调查好了，开个大工厂，我来帮你们办事。"张大舅的口才把我们都说动

---

* 本文是作者为张之毅著《易村手工业》所作的序，首次系统地论述了中国乡村工业的理论与实践及其地位和作用。

了。隔不上两个月，之毅和我两匹马就在高山险峰上盘旋着向这动人的易村出发了。

易村对于我们的引诱，当然不止是红的山，绿的竹。更具有魅力的是它所代表的那种农村经济的结构。在我们研究计划中，早就写下了要调查一个以手工业为基础的内地农村。一方面可以和太湖附近有手工业的江村作一比较，一方面可以和以农业为主的禄村作一比较。从各方面打听下来，易村正是我们理想的研究对象。因之，我们不辞劳苦地走访这个村子。实在的易村，并不和传说的易村那样家家户户造纸。可是，我们住定了一看，发现它比我们所预期的更有意思，因为它不但有造土纸的作坊工业，还有织篾器的家庭手工业。正可做一个比较研究。

我们不久就离开了易村，之毅准备了一下，单身匹马一个人再去。他就在这外人罕至的小山坳里默默地进行他的工作。易村的工作环境，实在比我们所有的工作地方都困苦。不但我们曾好几天除了花生外，没有任何其他可以下饭的东西，而且人地生疏，没有半点捷径。一切都得硬硬地打入这个陌生的社区中去。这自是一件极不容易的事。之毅初次加入我们的队伍，就派着这个苦差。他离开我时，我不免为他担心。那年年底，之毅饱受风尘地回来了，没有说半句怨言。他和我住在一起，一行一行地写下了这份报告。禄村小楼上的一句梦话，居然成了事实，至少也可算是我们这几年艰苦生活中的一点小小的安慰。

在这份报告中，之毅很仔细地解剖了易村的经济结构。更在整个结构中，点明乡村工业所占的位置。他好像是在显微镜下对一个标本做了一番极周到的观察，并且一一为我们描画了下来。可是我们的目的，却并不是如张大舅所说的一般，调查了可以去开一所造纸厂，我们对于易村本身可说并没有特别的兴趣。我们所发生兴趣的，还是乡村工业的本身，易村只是我们研究这个问题时的一个标本罢了。我读完了这本报告，很想借这个机会，根据之毅研究的结果，对于中国乡村工业问题说几句话，用以指明之毅这次研究对于我们了解中国乡村工业上所有的贡献。

一、 工业和农业的界线

我常觉得一般人把工业的范围看得太狭，好像一定要有厂房，有机器，有大烟囱，才算是有工业。 西洋现代工业固然是最新的工业，但不是工业的全部。 把工业的范围看得太狭，很容易使我们抹煞了建国过程中一个重要的节目，就是怎样使我们原有的工业蜕变成现代工业。 要我们能对付这个问题，自得先明了我们原有工业的性质。

本来农业和工业的区别就不是容易用一条清清楚楚的界线来划分的。 理论上说来，农业是只限于在土地上培植作物的活动。 至于把作物的自然形态改变成可以消费的物品，就得算作工业的活动。 可是培植和制作，在事实上却不易严格区别的。 比如有一次我们在田里看人家掼谷子，曾问一位朋友，“这算是农业活动么?”他坚决的说：“那自然是，收获不算作农业算什么?”可是我问他，“碾谷子呢?”他踌躇了一下：“必要时，算作工业活动也可以。”我不很明白掼谷和碾谷在性质上有多大分别。 为什么把谷粒和稻穗分离的工作算是农业；而把米粒和糠秕分离的工作，就可以算作工业。 本来，没有人会对这个分别看得这样严重，因为农业和工业其实并不是对立的两回事，而是相联的两个段落。 农业靠土地的生产力给我们植物性的原料，工业是把这原料制造成可以消费的物品。

这样说来，我们可以说没有一个地方的人民是可以单靠农业而生活的了。 至少，自从人们不能专以树上的鲜果，地上的菜蔬直接充饥以来，人们的生活多少得靠一部分工业来维持。 田里的谷子成熟了，得掼下来，碾成米。 米还得煮成饭才能吃。 麦子得磨成粉，烤成面包。 棉花得收集了，把纤维整理，纺成纱，织成布，裁了，缝了，才可以成为衣服。这些基本工业和日常生活关系太深，所以时常就在出产原料的农家经营的。这种农夫和工人不分的情形，是自给经济的特色。每一个自给单位，家族，村落，或是庄园，必须经营着一些基本工业，不论如何简单，用来满足他们生活上的需要。

中国农家在消费上具有很高的自给性。据我们在云南乡村中调查的结果，农家消费中的自给部分普通要占总数的70%左右。当然自给的农产品较多，不自给的部分大多是由都市工业所供给的日用品，但是衣食住各项基本用品中，自制的还是很多。

以我们曾调查过的禄村来说。它的经济是以农业为主，在村子里除了四家外，全是耕田的。他们每家所做的工作也差不多。以特殊工艺作副业的只占全村户数的10%。普通人家并不是不需要木器，竹器，陶器和棉织物，他们除了直接到村外去购买外，大部分是靠自己来制作的。我们邻居姓刘的那位朋友，家里的厨房和马槽是自己动手盖的；屋里的草垫，竹筐是自己编的；身上的衣服，是太太缝的。这种不求人的自给经济，把很多工业活动普遍的分散到每个农家。中国并不是没有工业，只是工业太分散，每个农民多少同时是个工人。

农家不但因为求生活的自给多少都做一些工业活动，而且他们所不自给的消费品，也大都是从别的农家中买来的。都市工业的不发达，使我们种种用品，好像衣着，陶器，木器等等都在乡村中生产。凡是有特殊原料的乡村，总是附带着有制造该种原料的乡村工业。靠河边有竹林的地方，有造纸和织篾器的工业。有陶土的地方，就有瓷器的工业。宜于植桑养蚕的地方，有缫丝，织绸的工业。这种地域性专门工业的发展，并不一定引起工业和农业的分手，这类工业依旧分散在多数的农家。在家庭经济上，农业和工业互相依赖的程度反而更形密切。中国的传统工业，就是这样分散在乡村中。我们不能说中国没有工业。中国原有工业普遍地和广大地和农民发生密切的关系。

二、 工业帮着农业来养活庞大的乡村人口

中国乡村中工业的发达并不是偶然的。在农村经济中工业是必要的部分，原因是在中国农业并不能单独养活乡村中的人口。之毅在本书中说得很清楚。在这个分析中，“至少我们可以明了乡村工业的一个特性，就是它是用来帮助农业维持我们庞大的乡村人口的。这在易村是十分显然的，若是没有手工业，易村就不易有这样多的人活着。”这是在显微镜下检查易村这标本的结论。这结论却很能适用于其他有手工业的乡村。

人多地少是中国乡村的普遍现象。乡村人口密度太高，农田分割得十分细碎。依普通的估计，每家平均所有土地已不到 30 华亩。在土质肥沃的地方，各人所能分得的地更少。多年前翁文灏先生曾说：中原区每人得 6 亩，扬子区每人得 4 亩 7 分，丘陵区及东南沿海区每人得 11 亩，四川盆地区每人得 6 亩半。若专就耕种的土地说，他曾引 Baker 的估计说：每个人可以分得耕地的数目是，直隶 4 亩，江苏 2 亩半，广东 1 亩半，所以平均每个人大约只得 3 亩田地。他接着又说，这 3 亩田地若种麦子，每亩只出 6 斗，3 亩共有 1 石 8 斗，如何能使一个人免于饥饿。[1]在种稻的区域中，人口更密，每人可分得土地更少，平均不过 2 亩左右。最好的水田，每亩产米 3 石，而每个人每年要吃 2 石半。虽则从字面上看，种 2 亩水田的农夫，应当还有些剩余来作别项费用。但是农民中，尤其是水稻区，有 80%左右是佃户。他们得贡献一半以上的产量给住在市镇上，时常不事生产的地主，每人所余也只够一饱了。我在江村调查时，当地人民异口同声地说：这地方的田要是丰收，也不过给人一些饭米罢了。这句话似乎是很确当的。

---

[1] 翁文灏：《中国人口分布与土地利用》，《独立评论》，第 314 号。

饭米固然是日常所必需的，但是单单吃饱并不是健全的生活。我们还要穿，还要住，病了要医药。人死了要埋葬，过时过节还得烧一些纸钱。这些费用在江村可以说其中有80%是在农业外筹来的。依之毅的调查，易村的情形也相似，全村只有11家单靠农田上的收入，在食用外还有剩余，其余42家却有亏空。估计全村食用，单靠农田上的供给，每年尚差谷子470石左右。这笔账就得以工业来填补了。

人多地少，农业不能维持生活而得求助于工业的，不只是江村和易村。广西的宾阳又是一例："宾阳乃广西省著名之手工艺区……该地因人稠地稀，土地生产力远不足以供养全县之人口，故人民除种田外，多从事一种手工艺，以为副业。往往一村之内，全村居民均赖此为生，该村即以此种小工艺而著闻于当地。"[1]调查山西农村的李有义先生也说："上郭村的农民在耕田之外，都有一两种副业。特别是小农，他常要靠副业的收入补耕田收入的不足……这种主要的副业是纺织。"[2]农民因生活的压迫，不能不乞助于工业，而乡村工业却帮助了农业来维持中国这样庞大的乡村人口。

可是乡村里为什么要维持这样庞大的人口呢？这可以从两方面来说，一是在都市工业没有发达的社区里，除了乡村，人民并没有更好的去处。农业固然养活不了这样多的人口，可是单靠工业也养活不了。之毅在织篾器的一章中已算给我们看：在这些穷苦的农民，不论耕田或是织篾器，所得的其实都不过是一些糊口的工资，在劳动报酬十分低落的情形下，他们没有出卖劳力的机会时固然要死，即有出卖的机会，也只能免于一死罢了。加以市场狭小，运输困难，手工业的利益不能高，出品不能多。他们不能离开土地，单独靠工业谋生。

另一方面是农业在现有的技术下，非拖住大批人口在乡村中不成。我在《禄村农田》里已分析过农业里的劳动是有季候性的。农田上的

[1] 千家驹、韩德章、吴半农：《广西省经济概况》，第54页。
[2] 李有义：《山西上郭村的经济组织》，燕京大学硕士论文，未出版。

工作受植物生长的限制，每节农作都有很紧促的期限，早不得，迟亦不得。比如插秧，从立夏到芒种这一段时期最适宜，过了夏至，在禄村就不能插了。在这30天到40天之间，这节农作都得结束。人少了就忙不过来。所以劳力得老是养着以备急需时候之用。紧急的时候一过就闲了。所以乡村人口不能太大的减低，因之乡村中永有这种矛盾的存在：一方面要拖住大批的人口，一方面又不能在农业里利用他们所有的劳力，一方面又不能以农业里的收入来养活他们。

之毅在第三章里把农业里劳力过剩的情形，分析得很明白，所以他把易村织篾器的工业称作："在农闲基础上用来解决生计困难的工业。"这是个十分得当的定义。这表明乡村工业不是一个单独的问题，而是密切关联着农业技术和人民生计的复杂问题的一环。

三、乡村工业的两种形式

在农闲基础上用来解决生计困难的工业，固然是中国乡村工业的一种基本形式，但是在乡村中的工业，却并不止于这一种形式。之毅在本书中最重要的贡献，也许是在他利用易村的材料充分说明了乡村工业的另一种形式，那就是他所称的作坊工业。这种形式，以我国人说，在以前是常常忽略的，虽则一经之毅说明，我立刻想到母亲说到她幼年生活时，常常提起的油坊和米行来。这实是我们传统乡村工业中的一个重要形式。

织篾器所代表的家庭手工业，是发生在人多地少的乡村中。它是利用过剩的劳力。而造土纸所代表的作坊工业，是发生在土地贫瘠的乡村中，它是利用过剩的资本。之毅曾为此详细分析易村土地吸收资本的能力。易村农业本是先天不足。红页岩的冲积地已够贫乏，加上了肥料的缺乏，生产力自然更难增加，在这种情形下，所谓投资，其实是等于多加劳力。易村农业里所用劳力，实在已经极多，每单位土地上所用劳力总数已超过禄村；和Buck的估计相比，相差更多。[1]若是在易村土地再要加工，所增加的产额，已不够恢复所费劳力的消耗。这种土地实在已经到了经济学上所谓耕种边际了。

易村土地虽然贫瘠，可是因为土地权分配得不平均，一辈拥有较大农场的人家，还是能累积资金，这笔资金既然不容易吸收到土地里去，于是逼着他们去寻求利用这笔资金的门路，这样发生了造纸的作坊工业。

农业里所累积下的资金，变作乡村工业的资本，在和都市靠近的乡村中即不易发达。以江村为例，全村大部是佃户，因有田较多的地主已经全数迁入市镇。乡村的居民，每年要在地租上输出大部分资金到市镇上去。因之，乡村本身并没有剩余的大宗资本来本乡发展工业。作坊工业是发生在市镇中。更因大都会的兴起和洋货的畅销，市镇上的作坊，也入于式微的趋势。可是，内地的情形则不同，乡村离市镇和都会太远。交通不便，洋货的势力较弱，所以像易村这种只有 50 多户的小村子中，还能保有 9 个土纸作坊，固定资本竟超过 1.8 万元（以 1939 年市价折合），这很可说是内地乡村的特色。

织篾器所代表的那种家庭手工业并不能吸收资本。它的特点，就在不需要值钱的设备。所以之毅比较这两种形式的乡村工业时说："织篾器不需要很大的资本。一把砍刀值不了几块钱，而且可以用上十几年也不坏。竹料自己家里就可以长，所需不多，即使要向人买也不过几块钱。几天之内就可以把篾器织好，卖出去。所以我说织篾器这种工业中主要的成本是劳力。作坊工业不同。它需要相当的设备，所需资本也相当大。所谓作坊工业，我是指那种有一专门工作场所的工业。织篾器只要一方空场，下雨时在卧室里，在厨房里都可以工作。而造土纸就得有个专门为原料加工的池塘和碾房，专门舀纸的木棚，和专门烤纸的炕房。这些有专门设备的作坊工业，资本才成了一个重要

[1] Hsiao tung Fei, Agricultural Labor in a Yunnan Village, *Nan Kai Social and Economic Quarterly*, Vol.XII, Nos.1～2, 第 151 页, Footnote 5.

的生产要素。”

作坊工业利用较进步的技术，利用人力以外的动力，大批地购进原料，更大批地生产商品，使它可以得到经营的利益。易村的土纸坊，投资的利息高至6分，比农业利息高上五倍。可是作坊工业既需资本，没有资本的贫民也就没有沾光的机会。得到这种高利的是工具的所有者，而不是生产劳动者。这是和家庭手工业的一个重要分别，也可以说是资本主义经济的起点。可是作坊工业在传统的运输和贸易机构中并不能一帆风顺地发展。它和农业的联系也很深，因为所用的原料常是当地的产物。这些产物因土地的限制不能尽量地扩充，因之也限制了这类工业扩充的可能性。太湖流域的土丝行、菜油行、轧米行都受着原料的限制不能发展成大工业。若是作坊工业可以算是我们传统经济中资本主义的萌芽，则这萌芽在运输困难和市场狭小的阻碍下被遏制了。易村的土纸作坊充分地显示了中国传统资本主义所以不能发达的原因。

作坊工业在乡村中发达起来，成了一个累积资金的机构。这笔资金既不能在工业里反复的再生产，最后依旧得向土地里钻。之毅在末章里说明了这两种工业对于农民生活上影响的差别。家庭手工业是救济他们的力量，使他们不致有劳力没处出卖的苦衷。但是作坊工业却刚刚相反。它成了一只攫取土地权的魔手，向着贫农伸去，这样促成了乡村中贫富的对立。

四、都市工业和乡村工业

易村是一个内地乡村。所谓内地不单是指它地理的位置，也指它经济的处境。内地是表示和现代工商业接触较浅的地方，可是现代工商业的势力一日千里的向内地侵入，内地的范围日渐缩小。当百年前，沿海诸省也属内地，可是到现在，西南诸省也快要抛脱内地的称号了。

内地经济基本上代表着和西洋接触前，我们中国传统经济的一般方式。沿海诸省近百年来所遭遇的变故，也正是内地诸省不久将来很可能的命运。所以在此，我们不妨转到沿海诸省乡村去看一看在那些地方乡村工业所发生的问题。

沿海诸省乡村工业的处境，我在《江村经济》中已经叙述过。简单地说来，就是都市工业的发达促成乡村工业的崩溃。从世界经济史上看，工业中心都市的兴起，是工业革命后的产物。工业从乡村集中到都市来，主要的原因，是工业所用动力的改变。利用体力来生产的手工业，集中到都市中去，是没有多大利益的。在人口集中的地方，地价高，生活费用高，生产成本因之也高。原料运输费用既大，工场管理上也多麻烦。集中的工场所以会发生，推究其源，是出于蒸汽力代替体力的结果。利用蒸汽力来作工业的动力，限制了工作场所的面积。我们要记得每一个轮子的转动，在蒸汽动力下，都不能脱离和动力机直接或间接相联的皮带。这根皮带决定了机器的位置和可能的距离。在手工业中是工具来就人力；在机器工业利用蒸汽动力的时代，是人力来就工具。因之，动力的改变，产生了都市，集中了劳工，把工业和农业的地缘拆散，工业脱离了乡村独立了起来。

都市工业和乡村工业在这个时代是大规模机器生产和小规模手工生产的分别。我在这里不必再去分析为什么大规模机器生产因成本低，技术精，出品良，把小规模手工生产压下去的原因。这已是普通的常识，也是可以目击的事实。当然，我并不是说一切手工业都立脚不住。我们所需要的用品中有些并不是机器所能做的。表现个性的艺术品就是一个例子。可是机器本身的日趋精巧，不能做的东西为数已日趋减少。手工业所守得住的壁垒实在是已经很可怜了。我们只要想一想：大规模的食品和服装工厂的发达，使那些和个人癖好密切相关的用品，也已经有趋于标准化的危险了。

我们现在所要讨论的问题，若是在机器工业和手工业间作一选择，或是在比较大规模生产和小规模生产的利弊，我想很少人能站在乡村工业方面说半句硬话。大规模的机器生产固然有它的缺点，可是这些缺点并不足以作为维持小规模手工业生产的理由。我们现在所要注意的是都市工业兴起后对于乡村经济的影响。这些影响若是有害于民生的，我们得用什么方法来加以补救，这是第一层。乡村工业本身是否必须以手工业为基础？我们能不能改变乡村工业的性质使它可以和都市工业并存？这是第二层。

从乡村工业到都市工业是世界经济史上的普遍现象。可是在中国却另外还有一种新的意义。因为中国本国的都市工业，在西洋先进工业的压力下无法发展。我们关税不能自主，领海及内河航行权已送给外国，加上了历年来厘金特税的缚束，国外输入的工业品在市场上到处占着优势。只要看历年洋货进口量的增加，1931 年比 1911 年增加三倍，和入超的提高，1931 年比 1911 年提高六倍，就能知道我们国家经济处境的危险。

国际贸易上的劣势有两方面是和我们乡村工业有关的。一方面是我们以前可以自给的日用品改用了洋货。比如，我们以前的布是由自己纺的纱自己织成的。可是到了清末光绪年间，机纺洋纱已开始代替了土纺的棉纱。接着手工业的织布机输入，促进了织布工业的发展，成为一种重要的乡村工业。河北高阳一带曾是华北织布业中心，在欧战期间，外国布匹入口减少，曾有一度兴盛的时期。可是“欧战停止后，外国棉布，又复畅进，夺去了高阳布一部分的销路”。[1]

另一方面是手工输出品的下跌，我们对外输出的货物，除了农业原料外，以手工业品为主。但是手工业品质不易改良，所以不易和国外机器出品相竞争。我们的输出，也因之日形跌落。以茶叶说，1911 年输出 148 万担，到 1931 年只剩了 65 万担；以丝说，民国十九年比十七年减少了 20%，1934 年竟不到 1920 年的 1/5。

在这些简单数字的背后，却包含着无数可悲可痛的故事。我已经说过农业和工业在乡村中的联系，是人的生活把它们结住的。工业固

[1] 吴知：《乡村织布工业的一个研究》，第 17 页。

然可以撒手入城，甚至出国，可是一般农民的生活却怎样呢？若是都市的工业是在国内发展的，情形也许可以不同一些，因为新兴都市可以调剂乡村的经济需要。在中国不幸的是都市和乡村之间横着一道国界。整个的大趋势是中国经济的彻底农业化。我在上文业已指明农业中国等于是个饥饿中国。把工业集中到了国外，或外资统治下的"孤岛"上，是剥夺我们广大民众的生活凭借。手工业衰落的过程怎能不成为我们民族的一段伤心史。

我在江村就目睹这段伤心史的表现，这里用不着重述。我们见到农家因为收入的减少，不能不举债度日，在高利贷的活动下，土地权整批的向外流，全村差不多成了一个佃户的集团。土地问题日趋严重，最后竟引成了一个政治性的争斗。我虽不敢说，在抗战前乡村经济的崩溃全是由于手工业的衰落，但是乡村工业的破坏，农民部分的失业，自然是乡村不安和政治扰乱的一个原因。国外工业利用其政治上的特权，尽量作经济上的侵略，而在手工业衰落的渡船上，转变成国内政治的不安。

在抗战之前，政府对于这个局面所持政策，不外"镇压叛乱"和救济农民两项。问题的症结是在国家工业没有办法。要有办法，非先抵住外国工业的势力不成。抗战军兴，整个局面才算改观。

五、乡村工业的复兴和前途

抗战把我们所有在沿海的一些小小的都市工业根本就破坏了。同时政府着手限制进口货物，很多本来仰给于外国的日用品不能大量的输入。又因外汇上涨，洋货价格飞跳，想买的也买不起，于是日用品的供给不能不自谋解决。后方都市在敌机轰炸之下，不易建立起来，即是大规模的工厂，也都向乡村中求隐蔽。而且在国防需要下，政府能力所能维持的工业，大都偏于军需性质。从沿海迁入的和从国外购得的机器，为数既少，自不能不大部用来充实国防工业。日用品的制造，只能留给乡村工业了。这样，乡村工业顿时脱离了洋货和机器产品的竞争，走上了繁荣之路。我固然没有统计材料可以用来表示后方乡村工业发展的实况，但凭我们日常的观察，在大都市附近的乡村中，到处可以听到各种手工机器的声音。而且经营这些工业的，没有不是谋得大大的利益。

在抗战期间，农业和工业配合的需要益见显著。征兵的结果，在乡村中吸去了大批的劳力。而粮食问题的严重，又使我们不能让农业衰落。同时，新工业激速的发展，工厂里莫不感觉到劳工缺乏之苦。后方人力有限，如何合理地分配到农业和工业里去，成了一个急迫的问题。这提醒了农业和工业共用同一劳力供给的需要。我在上文中已说过农业所要的劳力，是季候性。工业固然没有季候性，但是在小型的工厂中，即使在农忙时停一两个月工也不致有重大的损失。

抗战转变了乡村的处境，不但挽回了一落千丈的衰势，而且因战时的特殊局面，工业不能不疏散。又为了要兼顾农工双方的生产，要尽量利用后方的人力，不能不提倡农民来兼营工业。可是抗战结束之后，乡村工业还有它的前途么？

抗战胜利结束后，在短期间农业技术不会有重要的改变，换言之，战后和战前一般，农业依旧需要季候性的劳力供给，乡村中不能不有大量人口用以应付短期的农忙。乡村人口虽或可以因都市工业的兴起而略见减少，但并不易在人地比率上有重要的修改。每家所分得的土地还是很少，农业单独依旧不能维持这庞大的乡村人口。于是，我们必须考虑：假使乡村工业的效率的确无法追上都市工业，从工业本身着想，都市工业较为合宜，我们是否值得以降低广大乡村里农民的生活程度，来换取我们的新工业？

从事实上说，中国现代工业的发展，因资本和资源的限制，也决不会太快的。而且受了这次抗战的教训，我们今后工业建设自应从重工业下手，轻工业的建立在时间上很可能要比重工业慢一个时期。因之，在这个时期中，抗战中所造成的形势会继续维持，而且因为安全有了保障，小型机器可以由本国工厂中自行制造后，乡村工业可以更为发达。

有人可以为将来的乡村工业发愁。假定大规模生产对小规模生产在经济上占绝对优势，则将来我们大规模的轻工业，若有一天发达起来，小规模的乡村工业不是又要重演战前的悲剧了么？因之，我们对于这假定还得推考一下。

大规模生产之所以经济，最重要的是在动力和机器的利用。我在上文中已说过，工业集中的原因，得推源到蒸汽动力的应用。自从电力和内燃机的采用成为工业的动力后，大规模的集中工场，就不一定占有特殊的便宜了。单位较小的制造机，用电力来推动的，就不必要挤在一个工场中了。这样造成了工业由集中而分散的新趋势。

我并不是说一切工业都能分散，工业中确有不可以分散的。可是也确有一部分工业，只要分散的工场在运输上和经营上有配合的系统，它在技术上就不致绝对地不能和大规模的集中工场相抗衡。这样，我们的新工业并不一定全部都要集中在都市中了。若是留着一切可能留在乡村中的，设法限制不必需的集中，则我们的都市工业和乡村工业不致有尖锐的冲突了。

这样说来，乡村工业是可以有前途的，可是有前途的乡村工业，却决不是战前那种纯粹以体力作动力的生产方式，也决不是每家或每个作坊各自为政的生产方法。除非乡村工业在技术上和在组织上变了质，它才能存在，才能立足在战后的新世界里。

六、乡村工业的变质

乡村工业在技术上需要改良，那是无可避免的。乡村工业的变质第一步是在引用机器，使乡村工业并不完全等于手工生产。可是怎样去改良乡村工业的技术，怎样引用机器，怎样使它依旧适合于在乡村中经营，依旧能和农业相配合，那却是值得提出来讨论的问题。关于这问题，韩德章先生曾发表过一篇重要的文章，[1]我在这里不妨把他的意思择要介绍一下：

在一件工业品的制造过程中，有些部分可以由手工来做，有些部分则最好用机器来做。若是我们能把那些不一定要机器做的保留在农家，而把须机器做的集中到小型工厂里去，则出品的质地可以不因部分的手工制造而不易改良。韩先生曾举例说："以制糖而论，旧法榨糖，蔗汁混入杂质颇多。煮糖之际，一部分蔗糖经高温而转化，以致减少结晶糖的出量，且旧法制造白糖，只凭重力滤去糖蜜，耗费时日，仍难获纯净的产品。倘使改用机器榨蔗，用压滤机除去杂质，用真空釜浓缩蔗汁，用离心力分蜜机去除糖蜜，则上述诸困难迎刃而解。这样新式作业一样可以用小规模的设备在农村生产。战前浙江金华蔗糖合作社的联合社，曾建议筹设小规模机器制糖工厂，其全副机器设备，均可采用国产，且代价不过数千元，轻而易举。同时这种小规模的机器制糖设备还有一种长处，就是每种工具均能单独使用，可以随时同手工作业配合。如用土榨榨得蔗汁，亦可以用真空釜浓缩，人工煮制的带蜜糖，亦可用离心力分蜜机去除糖蜜。人工不足的作业，可用机器代替，节余的人工，仍可从事其他不必需机器的工作，因此在这样的糖厂里，可以用小规模的设备，完成大规模的作业，可称一举两得。战时农村手工业的局部利用机器，已有显著的效果，如四川铜梁实验制纸工厂，采用机器打浆，手工抄纸，成绩斐然可观。因为在制纸工程中，用手工打浆，人工最费，而机器抄纸设备最昂。今以机器打浆，手工抄纸，则截长补短，恰到好处。由此类推。烧瓷程序中之舂泥部分，织帆布或麻袋程序中之打麻部分，亦可以设法利用机器，而以手工完成其余不费人力的部分。战时生产资金筹措不易，生产工具输入困难，农村工业所含有的手工生产并不一定需要全部用机器代替，只要取占人工或人工不能达到良好效能的部分应用机器及动力，已可认为满意。"

[1] 韩德章：《战时农村工业的新动向》，《今日评论》，第4卷第17期。

把比较要精制的部分交给机器生产，则手工业不一定要完成整个生产过程，出产消费品。它可以就农产加工，以供各种新工业原料之用。“如制造油漆，油墨，洋烛，假漆，滑润油，漆布，肥皂所需之植物油料，制炼精糖所需之土糖，制酒精所需之糖蜜(制土糖之副产)，制调味粉所需之面筋，制蚊香所需之除虫菊粉等等，都可以用农村手工业的方式先行农产加工，再供新式工业原料之用。类此的例证很多，不必一一列举。”

“反过来看，在农村里织布，织袜，织毛线衣，以及制造熟皮器，漆器，金属器，抽纱，挑花，丝绣，毛毯，地毡，人造果汁，混成酒等等，都是以新式工业所生产的半制造品为原料，施以加工，而制成可供直接消费的制造品。可知若干农村工业借着新式工业的树立而存在。如能利用二者之特性，取得密切的联系，平衡发展，则吾国工业化的推动，必能加速。”

以上所说的是就制造过程中纵的分段，使那些不必需机器的部分留给手工业，借以利用乡村里多余的劳力。制造过程横的方面也有能分成各部门分别在小型工厂中进行的。韩先生曾举例说：“如同电话线所用的绝缘珠，室内电灯路所用电压的陶瓷器，在配合材料及制型方面都不需要十分严格规定，都可以在窑业的农村中生产。”有一次和韩先生讨论这问题时，他还举出日本的自行车制造，是把各部分零件分散到乡村家庭中，用简单的电力机器制造；然后到总厂去装配，因之价钱可以便宜。他还提起天津的小型铁工厂，时常担任军火零件的制造。这些例子说明若我们把制造过程拆断了，其中有不少部分是不需要大机器的。都可以分配到用电力推动的小型工厂或用体力的家庭工场中去制造，结果，以前乡村工业在技术上所受的限制就破除了。

在韩先生所提出乡村工业部分机器化的方案中，有一点特别值得我们注意的，就是在本书中之毅所分别的家庭手工业和作坊工业在技术上是可以联系成相辅的生产部分。在我们传统经济中，这两种乡村工业的方式，是可以说各不相关，而且有时是相冲突的。这种分立或冲突，使乡村社会中发生对立的两种阶级，也是我们乡村中各种社会问题的根源。韩先生所主张的联系，实在不止于技术上的配合，更重要的还是在组织上的统一。

乡村工业的变质，主要是在利用动力和机器，变了质的乡村工业，在它的结构中，生产工具的成本一定要加大，因之，决不是一个在生计压迫下的农民所能购备。他在新式乡村工业中所能得到的利益，还是限于保留于手工生产的部分。机器生产部分所获得的利益，统统会归到占有生产工具的富户手里。这种分配方式，正和本书中所描写的方式相同。因之，我们可以说，家庭手工业和作坊工业若单在技术上加以联系，对于乡村经济的贡献，是决不会太大的。反之，这种新式乡村工业的发展，反而会引起乡村社会中贫富的悬殊。之毅在本书中所描写的情形，正是给我们新式乡村工业的一个警告。

家庭手工业和作坊工业在组织上要谋联系，就得采取合作方式。作坊里生产工具的所有权，不使它集中在少数有资本的人手里，而分散到所有参加生产的农民手上。这一点正是现在工合运动的宗旨，已有充分的发挥，我在这里不多申说了。

用合作方式来组织的乡村工业，就可以避免如之毅在末章所说的，作坊工业成为集中土地权的魔手了。作坊工业成为集中土地权的魔手，是发生于两个原因：一是作坊工业有极限，工业里累积下的资金，因为在少数人手中，不能在消费中用去，因之又得向土地中投去。二是一般农民生计的压迫，他们不能不借钱来维持生活，以致入了那只金融的魔手。作坊工业若是在合作方式中组织起来，则在这工业中所得到的利益，可以分散到一辈需要钱用的农民手上，花在消费之中。他们生计既有了保障，也不必借钱了，这非但安定了工业，也安定了乡村里的土地问题。

云南大学社会学系研究室，

魁阁，古城，呈贡，云南。

1941 年 9 月

人性和机器

——中国手工业的前途

一

讨论和设计中国战后经济建设的朋友们中间有不少心目中似乎只有“英美式呢还是苏联式”这一个简单的课题。这课题背后有一个极不合常识的假定，那就是中国好比一张白纸，要染什么颜色就是什么颜色。我们说这假定是不合常识的，因为中国并不是一张白纸，是一件极简单而容易明白的事实。我们过去 40 年曾用了同样性质的课题来对付我们的政治建设，结果，内阁不像内阁，议会不像议会，委员制不像委员制；说是民主，使人脸红；说是独裁，似乎又不到家。其实中国人民对于权力，对于法律，对于人情等等都有根深蒂固的传统态度。若是不从传统中求了解，求批评，求改造，名目愈多，视听愈乱，步骤也愈不一致，结果似乎有一错皆错，全局不是的形势。经济建设何尝不是如此。在我们报纸杂志上新的名词不算少了，各国的情形介绍得够我们眼红。从好处看，不论英美、苏联，即是丹麦、瑞典都有值得我们羡慕的地方。若是我们心里存了在百货商店里采办年货时的心情去挑选，结果大概只有依各人的脾气和机会去决定他的取舍了。其实每一个国家的经济都有它的长处和短处。天下并不会有太合理想的事实。可是长处也好，短处也好，都有着历史的根蒂。我们并不是说，别国的长处不易学，而是说学得成学不成有一大部分还要看我们自己历史里所滋长出来的传统。若是心存抄袭的，结果必然是忽略了双方的历史背景，画虎成狗。因之，我们对目前讨论战后经济计划的朋友们，眼睛太向外看，不免觉得是个很危险的趋势了。

若是我们现在那种对于机器工业的好感发生在50年前，问题必然简单得多，原因是在那时西洋还没有人看明白机器文明的流弊，大多数人虽则已受到新工业兴起后生活解体的威胁，可是对于进步两字还没有怀疑。我们若要跟他们跑，若要追踪他们，他们也必然觉得很高兴。50年后的今日，情形却不完全相同了。第一，在机器文明里发生的现代西洋经济已分化成若干极有区别的形式。因而表现出应用机器来生产也可能有不同的社会方式。第二，50年前所传下来的西欧式经济已多少表现出了它的弱点和流弊，甚至有不少人觉得世界两次大规模的屠杀和多次大小的经济不景气都是和这种资本主义的经济有密切关系。从资本主义经济中所产生出来的社会主义本身不但有许多不同的派别，同时即以试验最有成绩的苏联说，也有许多人觉得以经济民主来牺牲政治民主是否值得还大成问题。无论所说、所论、所怀疑、所攻击的有没有理由，在我们看来，那些即使想全盘来西化中国经济的人，也不免有些惶惑。至少单说西化，单说现代化，甚至单说采用机器文明都没有明白的含义了。也因之，我们的心思，我们的笔墨大多转向这许多模型方面去，以致对于自身究竟是什么样子的问题反而搁置了起来。

若是我们再等50年才发生现在的问题，也许又容易得到解答了，因为西洋社会在这50年中非解决他们因引用机器来生产而发生的许多社会政治等问题不可。到目前很多机器文明的弱点已经逐渐明朗，这些弱点，一一都逐渐克服了，会产生一个比较可以持久的社会体系来。从这方面看去，社会主义其实就是对资本主义的一种修正。苏联、美国、英国在这次战后必然都得改组它们的经济。譬如美国的TVA，英国的贝佛瑞芝方案，都是向着同一方向的企图。我们若可以置身世外，等它们理出了一个头绪来之后，再依法炮制，也可以方便得多。

可是，我们是活在现在，不在50年前，不在50年后。我们是处在人类已有了，用了机器来生产，可是还没有找出怎样利用机器去增加他们幸福的时代。若是我们单看到机器生产力的庞大而觉得一到手就可以登龙上天，那是幼稚园里的天真，若是我们怕这东西一引用到我们生活中会出乱子而加以拒绝，那又是修道院里的自罔。机器这东西不接受不可，可是接受了我们问题可多了。我们先得准备着不怕烦恼的心理，训练我们肯观察，肯调适，肯思想的能力，还有一点更重要的是认清这是一个时代的责任。我们要在我们的环境中，包括地理和历史的双重限度中，去寻出一个方式使我们能利用西洋所发生的机器生产来增加我们生活中的幸福。我们的生活是主体，也只有我们自己有这问题，有这责任，也有这解决的能力。

我们说这一番引论目的是在使读者能明了我们为什么提出久已被人所遗弃和遗忘的手工业来要求重加检讨，而且进一步想替它在我们中国新工业的建设中找一个应有，或相当重要的地位。

我们将要从下列几方面来讨论这问题：第一是我们战后经济建设中能不能不重视手工业？第二是机器工业在西洋社会表现了些什么弱点？这些弱点的根源在哪里？第三是手工业在什么部分有它不合于现代要求的弱点？又在什么部分有它可以填补现代机器工业不足的长处？第四是手工业在战后经济建设中应处什么地位？

二

我们并不愿意抽象地来比较手工业和机器工业的长短，更不愿意像有些学者认为手工业是必然会淘汰而根本不加以注意。我们重视手工业的原因是手工业一直到现在是我们最大多数人民所倚以为生的职业。手工业的崩溃是中国百年来经济的致命伤。若是我们战后的经济建设的目的不是在装点门面，不是在为少数人谋发财的机会，而是在安定民生，主要的问题应当是：新工业的建设和手工业应该发生什么关系？是否会像以往一般促进手工业的加速崩溃；手工业崩溃不要紧，我们并没有理由去姑息它，可是新工业兴起是否能解决因手工业崩溃而引起大量人民的失业和贫困的现象？这是攸关民生的大问题，假若不详细探讨，大量失业的发生会使任何建设计划在没有完成之前中断！

中国的手工业是农业经济中不能分的部分。中国是一个土地稀少、人口众多的国家。每一家人所能分得到的土地极少，不过在30华亩左右，甚至在土地比较肥沃的地带，一家人能有10多亩田已经算是小康之家了。在这样小的农场上即使克勤克俭，不让土地休闲，春秋两季的种植，结果也不过是使这家人有一口日常的食粮吃，其他的开销不能指望土地直接来供给，所以我们的农民并不能专靠农田生活的。五亩之宅必须植之以桑，而且还要自己养猪养鸡，修网捕鱼，入山打猎，这样在男耕女织的传统农工合作方式中才能得到过得去的生活。几千年来，在这种小农生产中，手工业已成了农家经济中不可或缺的副业了。

让我们加重地说中国几千年来并不是没有工业的国家。我们中国人民曾从手工业中获得我们生活上所需的各种制造品，在相当高的文化水准上并不感觉到严重的缺乏。现在大家口口声声说中国需要工业化，这并不是说，以前没有工业，现在才从西洋学来了工业；实在的意思是中国工业的技术需要改良，需要现代化罢了。要正名的话，应该说是中国工业的现代化，才比较正确。

从理论上说来，农业和工业是相辅相助的。都市的兴起，人口集中在都市里，增加农产品的需要，促进工业原料品的生产，都市的繁荣也就是农村的繁荣。这个理论本身没有可以反驳的地方，可是在中国却不完全合用，原因就是在中国农民并不是专业的农民，而是兼营手艺的农民。在都市工业兴起过程中，农民身份中应得的利益尚没有收到时，手艺工人身份中的打击却已经降临。农村手工业的崩溃使农家经济发生困难，因而过渡到农业经营本身；资本缺乏、肥料不足、生产降落、土地权外流。都市兴起虽没有直接打击农业，但从手工业的桥梁上，这打击终于降到农业本身。

我们充分承认现代机器工业在成本在出品的质地上比了手工业具有压倒的优势。机器所用的是无生能力，富有累积性和正确性。手工业用的是有生能力，限于一个人的，或若干人能加得起来的体力。这种能力不但不易累积，而且不易正确。机器生产因之超越了手艺生产。人工要和机器去竞争，真有如挑夫对飞机火车一般望尘莫及，若单就抽象的手工业和机器工业来讲，手工业确是处在不利到无法抬头的地位。

这样讲来，我们中国的经济已犯了一种绝症：农业本身养不活农村里的人口，而以往用来帮助农业来养活庞大农村人口的手工业，又因机器的发明而沦于不可救药的地位。手工业没有了希望，也就等于说中国农村经济没有了希望。中国大部分人民是在农村里住的，所以也是中国大部分人民的危机。

在这里似乎有两条路可走，一条是甘地要印度人走的，若是大家不穿洋布，土布不还是可以维持，农村手工业也就不致崩溃？甘地是从人性出发来解答东方的共同问题。我们自然同意这是可能的，但是用道德力来控制个人欲望，因而控制经济，至少需要有修养的人才能做得到。从一般人民说似乎是要求过甚。第二条路是吴景超先生等所提倡的以中国新工业来吸收农村人口，使农场面积扩大，使农民可以专靠农业谋生，使工业可以从农村里抽出来，然后加以机器化，达到现代水准。这自是比较合理，而且也许是最基本的出路。问题是都市工业能吸收人口的力量有多少。以美国农民的例子说，从80%的人口比例改到40%多曾费了60多年工夫。我们不敢希望中国工业扩张的速率可以比美国大，我们人口的数量开始就比美国多好几倍，我们的人口增加率可能在最近50年中超过美国。这许多条件放在一起，大概在这一世纪里不容易实现这条出路里所给我们的诺言。

这两条路若都觉得困难的话，我们只有承认手工业在战后经济计划中所占重要的地位了。我们要安定民生，绝不能抹煞手工业的存在。同时也不能让手工业自生自灭。它甚至将要成为经济计划中一个很缺乏弹性的项目，其他的项目应当和它取得调适。一方面我们得顾全传统工业的分散性质，一方面我们又得顾全它技术的落后。工业不能很快和全部地抽出于农村，同时又要使分散在农村里的工业在技术上逐渐现代化，脱离纯粹的手工和人力基础。这是我们战后初期的经济建设中一个极费考虑的问题。

三

我们主张把机器逐渐吸收到传统工业的社会机构中去，一方面使农村经济得到新的活力，另一方面使农村工业因机器及动力的应用而逐渐变质。这种主张固然是为了目前中国经济的现状而拟下最可能实现，亦最适应当时需要的对策。若迁就事实是这种主张的惟一理由，那只是一种暂时性的过渡手段罢了。我们觉得这种主张还有更深的理由。它不但是切实的设计而且是理想的设计。我们说过，在这时为中国谋经济建设的人心里一定要明白，西洋虽发明了机器，可是还没有发明利用机器来促进人类幸福的社会机构。我们千万不可在这方面妄自菲薄，觉得世界上只有英美式或苏联式的选择。社会机构不像机器可以过了洋不变质。它是一定要在人民生活的土中滋长出来。利用机器生产固然会影响社会机构的方式，但绝不会只限制于一种社会方式。目前利用机器生产的国家就有不同的社会方式可以作证。我们可以输入机器，可是也许绝不能输入社会方式，社会方式是要自己创造的，要在人民的习惯中生根，要能配合其他各种社会制度。我们主张在旧的传统工业的社会机构中去吸收西洋机器生产，目的就在创造一个非但切实，而且合乎理想的社会方式。

在这里我们得放开眼光看一看机器发明之后西洋社会所发生的各种变迁，在100多年来，产生了多少重大的流弊，我们可以从人和机器的关系及由应用机器而发生人和人的关系两方面来看。

经济活动是人的活动，是人利用自然资源来满足生活的活动；一个正常的经济必然是要以人为主。人有他的尊严，人有他的目的。可是机器的利用发生一种反客为主的现象。从一个在机器上做工的人说，他的活动是在服侍机器。现代机器的发达，尤其在大规模的工厂中，劳工对于机器活动的目的已经不能明白，不必过问，甚至连机器活动的原理也可以不问，他只要按着所规定的动作去和机器配合就够了。这是机器文明中的一个极重要的发明：发明了生产活动，人和机器都在内，可以合理地配合起来，在最有效的方式中进行，人的活动可以规律化到和机器一般。这种把人的活动隶属到机器活动之下，是一个现代的观念，在这观念中曾创造了空前的效率。可是人毕竟是人，在一个人发现自身的活动没有了目的，成了另一个人或另一个东西的奴隶时，心理上必然会有衷心的反感。哈佛大学工业研究所费了10多年的时间发现了现代工业里的工人生理上易于疲乏和社会上易于发生不安的基本原因就在这种有意或无意的反感。

一个人的健全生活须有一个生活上各部门的配合。这配合靠一个综合各种活动的目的。在现代机器生产中，因为机器的庞大发展，自身有了一个生产的目的，根据这生产目的配合了机器和人的活动。为了求合理化，参加这活动的人把他们一部分的活动，在被雇的一段时间中，在整个生活中分割出来隶属于这个超出于他所关心及所了解的生产目的之下。当然，每个参加生产活动的劳工都有一个参加的目的，如养家，如得到较高生活等，但是这些个人的目的和生产活动的目的却不相符合。从生产活动本身讲，缺乏了一个综合的目的；从每个人讲，生产活动成了达到另一目的的手段，对于手段本身缺乏了热忱和兴趣。于是为了生产目的去配合机器和人的活动起见，不能不用消极的动机，定下各种规则，甚至以工资的升降，和失业的威胁，加诸劳工身上。使他们不能不出售和交付他们一部分的生活，从事于不感兴趣的任务之上。现代工业为了生产过程中活动的配合牺牲了参加这活动中每个人生活上的配合。这些人失去了生活的完整，不但影响到生产活动的效率，而且因而发生个人人格的失调和由这些人所组成的社会的波动和不安。人和机器之间并没有完善的调适。

研究现代资本主义的学者们业已指出这个制度中的基本精神并不是从人本观念上发生的。造成资本主义的固然出于生产力的膨胀，使人能在消费之余累积财富为再生产之用。可是若是生产的目的终究是在人的享受，则资本主义终必受限制。资本主义的能无限发展是因为在生产过程中生产本身是目的；生产，再生产，使经济活动的动力脱离个人享受而入于财富的累积本身，使利益成为决定生产的枢纽，推其极，使生产工具控制了人。在资本主义中与其说生产工具是私有的，其实不如说生产工具是自有的，因为握有生产工具的私人并没有支配它的力量，它是向着累积的方向而活动的。人和机器的失调，人和机器的成为奴隶和主人的关系中才发生真正的资本主义。

机器不再是工具而是利用人力的主人，人才是机器的工具。在这种情形之中，人和人的关系也发生了失调。很多人认为现代工业中人和人的失调是表现在阶级冲突中，其实所谓劳资的冲突不过是人和机器的冲突。生产工具的所有者并不像中世纪的封主为了自身生产的享受来剥削农奴，他在劳工身上得到剩余价值并不消费在奢侈的私人享受中，而是被吸收在再生产的资本中（正统的资本家是一个为资本服务的忠仆，绝不是一个纨袴子弟）。在机器文明中所引起人和人的失调最严重的是在参加生产活动的各分子之间。

机器成了控制人类活动的主体时，因为机器活动的方便，移动了人的位置。当机器活动利用蒸汽的动力时，各部生产机的位置必须靠近发动机。于是服侍机器的人也必然集居在发动机的附近。这样在工业兴起过程中发生了百万人口以上的大都市，在表面上看来，那摩天高楼，那如梳的烟囱象征了现代文明的发达，但是从人和人的关系上看去，人类碰着了社会生活解体的危机。人是不能单独生活的，在单独生活中人会失去生活的意义。人之所以生活是为了别人，没有了对别人的责任，自己的生活意义跟着就会消失。这就是说个人人格的完整需要靠一个自己可以扩大所及的社区作支持。自从机器把人口反复筛动之后，它集合了许多痛痒不相关的人在一起工作。在他们之间只有工作活动上的联系，而没有道义上的关切。现代都市中住着的是一个个生无人疼，死无人哭的孤魂。在形式上尽管热闹，可是在每个人的心头有的是寂寞。他们可以有一个表面上复杂的共同秩序，可是并没有一个内心中契洽的共同目的。机器文明把社区生活的完整性销毁了。无怪法国的社会学泰斗勒普雷和涂尔干要称这种没有宗教，自杀率日高的都市生活作社会病态的例子了。

我们还没有害过现代文明的病症，在局外只看见他们飞机飞得快，坦克上的大炮射程远；我们可以羡慕伦敦片刻蝶恋圆场，纽约百乐大道的灯光明亮，可是我们应当问问这些“伟大”象征的背后生活着的人有什么感觉。那些正在梦想在 5 年、10 年之后可以赶上西洋工业生产的人，怎能了解为什么会有像威洛克这样不知趣的人来警告我们，要我们不要被这些西洋机器文明的外表迷了眼睛。威洛克这种警告引起了不少反驳的言论那是可以预测的。没有受过西洋机器文明苦处的人不会接受这些警告。可是既有这种警告，至少也该使我们定神想一想，机器文明也许并不会引领我们上天堂的罢。

四

我们指出机器在西洋对于个人对于社会有它的罪过，并不是想抹煞它的贡献：机器的贡献大家是熟知的，它把人民的生活程度提高了，它把国家的实力强化了。我们在这里不必多说。同时我们要声明的，我们尽管承认机器文明有它的流弊，我们并不必因噎废食根本不要机器。西洋人利用机器发生的弊病正可以给我们东方人一个借镜，使我们利用机器时可以及早防范。在这里让我们重复说一次：利用机器时可以有不同的社会方式，并不是一定要西洋朋友所走过的旧路而一成不变的。

若从机器文明的弊病上去和传统手工业相对照，我们既可以发现机器文明之所短正是手工业之长。手工业中人和工具的关系是：人是主，工具是客。而且在主客之间充满着伙伴精神。再说得深刻一些，一个手艺工匠十分爱护他的工具，因为他明了只有从他的工具里可以充分发挥他的手艺，表现他的人格。这是人对于物最正确的态度。人和物不是对立的，不像现代文明中，人和机器一般的隐藏着恶感；人和物是相成的，人在物里完成他的生活。

在手工业里不但人和工具有着伙伴精神，而且人对于生产过程具有一种表演的态度。在生产过程中，一个工匠在完成他认为一件有意义的工作。也因之，一个工匠对于他的出品有期待，有满足。他可以在出品上刻着他自己的名字。出品的毁誉是自己的荣辱。这和一个现代工厂里的工人的心理很有差别。

或者有人说这些即使是手工业的长处。可是何以手工业竞争不过现代机器工业呢？手工业竞争不过机器工业固然是事实，但原因却不是在手艺工人所具的精神而是在他所用的工具。我们不应把工具不良所得的结果加到他所具的精神上去。从经济的基本目的上批判，手艺工人所具对于工具，对于工作以及对于出品的态度是正确的。这种经济活动中不但不摧残人性，而且完善了人格。即使我们因为机器工业的兴起，提高了生活程度而愿意接受它，我们也不妨因为丧失手工业时代所具的精神而惋惜。何况我们认为在利用机器来生产时并没有一定要销毁那种手艺精神的必然性呢？

因为在手工业中人没有屈服在机器之下，所以手艺的发达并没有破坏由于其他生活需要而引成的社区生活。它配合于家庭、邻里等关系之中，它又配合在其他的生产活动之中，使它成为支持完整生活的力量，而不是破坏其他生活活动的力量。我们在第二节中说明中国的手工业是完整农村经济的一个要素，农村里的人利用农闲来经营手工业，更用男女分工合作来共同组织家庭，利用家有原料来制造日用品。这一切都充分表现了手工业的成全性，它是迁就人性的。它是加强社会联系的力量。人不能是一个经济动物，更不是一个抽象的经济人。人和人的联系也不能专门是利害的结合，活动的配合。人是很复杂的，人的生活中固然不能没有经济活动，但是经济活动的目的是在成全人多方面生活的满足。若是为了客观财富的累积来牺牲人其他方面的要求，在我们看来是不合理和不合人性的悲剧。

手工业成全人性和社会。可是因为它用有生能力在技术上有限制，又因为技术上的限制以致不能和机器工业相竞争而开始崩溃。手工业崩溃的结果，使人类经济生活的过分发展障碍了个人人格和社区生活的完整。这是必然的定命的路线么？我们中国人也不能免于这个下落么？

五

若是手工业的前途是无可挽救的，我们放弃手工业又必然要接受集中都市的机器工业，则我们的问题是如何在现代工业中恢复人和机器以及在利用机器时人和人的正确关系。这就是一般西洋朋友们现在焦心思虑的问题。在他们机器工业已经出了毛病，所以只有对症下药的一步步加以修改。社会主义就是一部分的修改。他们要在被机器所拆散的个人间重新树起相互的责任来。美国 TVA 这种大计划是想把机器所拆散的社区生活重新恢复起来，我们是否要先把传统经济精神破坏了之后再去设法恢复呢？还是在引用机器进入我们生产过程时就把传统精神保持住呢？

认为非先破坏，然后再恢复的人也并不是没有理由的，因为他们相信在那种手艺精神下机器是引用不进来的。要引用机器就必得大规模的集中在都市中。要解决农村问题先得把农工两业分开来。农工混在一个人身上，或混在一个社区里是两败俱伤。我们自然不否认工业中有许多种类是非大规模不成的，至少在技术许可的条件下，还不能想象一个分散在农村中的钢铁工业，可是我们却希望别人也同意我们说有许多种类工业，尤其是各种日用品的制造业，在技术上是很可能分散在小单位中经营的，纺织、制衣、造鞋、榨油、炼糖，这一类的制造工业在电力的应用中，不但可以分散，而且分散并不限制机器的利用。

在这些工业中，分散生产和集中生产哪种有利，并不是空洞可以讨论的，最好是要在当地加以计划。可是在原则上有理由可以使我们相信，分散生产决不会绝对的不及集中生产。因为即使在西洋工业国家，最近也为了工作效率及成本起见逐渐采取分散的形式了。

新工业发展到现在既然已在形式上不一定需要集中，则我们在技术上已有了维持手工业的精神和社会方式而改进技术的可能了。在这可能性之下，我们愿意为中国经济建设思考的朋友们能转过眼来看看中国经济的传统形态，而发现分散工业在广大农村中，使我们一大部分可以分散的工业和农村配合来维持大多数人民的生活，是一条比较最切实的出路，而且这条出路里可以避免西洋机器文明所引起对于个人和社会的不良影响。这最切实的出路也是一条合于理想的出路，因为在这种方式中所组织出来的经济是合于人性的，是促进人类幸福的，是可以实现机器的真正功效的经济。

建设中国的新经济本是一件复杂的工作。单靠大工厂的树立不够，单靠农村工业的复兴也不会够，可是因为现在一般舆论太忽略农村手工业，所以我们愿意提出这个意见。我们深切希望大家不要一口咬定说手工业是绝对没有出路，随之而兴的必然是都市的大工业。也许最切实同时最合宜的出路却是一个调和的方式，维持多数小工业在农村里，只在农村里容不下的工业才在都市中发展起来。至于如何可以在小工业里输入现代技术，那是要很多有技术知识的人耐心去研究的。我们农村经济的安定就得靠这一种人才，这种人得像传教士一般肯耐苦肯不求名利地把新技术传入农村，向农村输血，农村的繁荣才是中国的繁荣，也是中国政治局面安定的最有效的保证。

1946 年 3 月 25 日

小康经济

——敬答吴景超先生对《人性和机器》的批评

前两年的冬天，在昆明青云街的小茶馆里和袁方先生闲谈，他说要到成都去开手工业讨论会，我们接着说了很多关于中国手工业的话。后来张之毅、张乐群两位先生又参加了我们的谈话，说完了派着我把这番话写下来，由袁先生带到成都去，算是我们共同的意见，在那里的讨论会中宣读。后来这篇文章印成了时代评论的小册，我加上了一个题目：《人性和机器》。抗战胜利了，这小册又在生活书店印了一次，所以颇有流传。

事隔两年，我回到北平整理旧书时，吴景超先生在旁边，因为我们在这小册里提到吴先生工业化的主张，所以把它借给了吴先生，不久吴先生在《经济评论》第1卷第20期上发表了一篇《中国手工业的前途》，同时口头约我作文答复。因为疏懒，一直拖着没有写。在昆明时，汤德明先生也曾写过一篇很长的批评在报纸上发表过，后来听说在《理论与现实》上又重刊了一次，我也没有答，总好像欠了一笔债似的。不久以前社会学会开年会，同人们要吴先生和我口头上讨论一次，承蒙大家注意这问题，很热烈地有一番辩论。后来我又在《手工艺》刊物上读到了一篇为我抱不平的文章。愈积我想说的话愈多，虽则关于这问题的意见还是没有出我所写的那本小册，在这小册以前为张之毅先生的《易村手工业》（商务）的序（后来重印在我的《内地的农村》里）。在这里再度把这些泛泛无甚高见的论调提出来说说，也许并不是多余的，因为在这里的确有几个有关中国经济建设的基本问题，值得多加讨论，虽则我很明白现在谈建设似乎还是不切实际的纸上文章，但是迟早我们还得碰着这些问题的——是为引。

两种看法的相同和相异处

对于中国今后建设工业可以，同时亦应该采取的方针，尤其有关乡村工业应该在全部计划中占什么地位和应该是什么性质等问题上，吴景超先生的看法和我们以往已经发表的看法有相当的出入，因之曾引起了吴先生对于《人性和机器》一书的批评。但是看法虽则有出入，在很多基本出发点上，我觉得我们是相同的。为避免我们的讨论流入枝节问题上去，不妨把我们基本相同点先择要一提：

一、我们都不满意于当前的经济现状，而且都认为改善的方针必须以提高人民生活程度为目的。

二、“如想提高人民的生活程度，决不可忽略生产方法的改良。”

三、当我们眼望着将来时，都愿意“使现在的小村庄都可以转变而为一种工农混合的新社区”。

吴先生的看法和我们有出入的地方可归成下列几点：

一、我们不愿意在生产方法改良过程中忽略了乡村手工业的地位，而吴先生则认为“手工业一定是逐渐衰微而终于消灭”。所以“当机立断”“手工业在中国是没有前途的”。

二、我们认为“生产方法”不但包括“技术”而且包括社会方式。

我们亦认为“利用机器时可以有不同的社会方式，并不是一定要走西洋(英美)所走过的旧路一成不变的”，因为在西洋的机器文明中“人和机器之间并没有完善的调适”。所以“我们的问题是如何在现代工业中恢复人和机器以及在利用机器时人和人的正确关系”？吴先生虽则没有对西洋(英美)资本主义的社会方式说过什么话，但是对于“近代文明”则认为是有趣而且享受丰富。“近代文明”和“机器工业”都是都市产生的。而都市是自由的园地，“你可以对于自己的生活，照着自己的爱好去安排，而不受固有的物质环境及风俗传统所束缚”。吴先生所理想的就是现代美国的都市生活。他的希望是怎样使中国也变成像现在的美国一般。

三、在我们考虑怎样建立人和机器的健全关系中，我们在传统手工业中看到若干值得保留和发挥的要素，这些要素在我们看来是可以和利用机器并行不悖。这要素就是“手艺精神”。我们认为在乡村工业的形式中机器生产和手艺精神是配合得拢的。吴先生也主张分散工业。可是他这样主张是出于不得已的，怕原子弹的破坏，所以工业不得不逃避下乡。他接下去觉得这不得已的办法也有好处，因为可以使农村都市化。这样，“近代文明也连带下乡，也带给在乡村中的人民一种更有趣的生活，更丰富的享受”。

同异之点交代清楚，我可以接下去一说为什么我们并不能完全同意于吴先生的看法了。

问题是怎样在当前复兴工业

我们在《人性和机器》里第二节开头就说：“我们并不愿意抽象地来比较手工业和机器工业的长短。”所谓“抽象”就是脱离了具体的社会背景的意思。我在社会学年会讨论时曾说：“如果原子能征服了月球，吴先生和我一同去设计一个建设方案，我相信我们不会有什么不同的意见的；每个人所想象的天堂离不了树上长满葡萄，河里流着牛乳那一套。可是我们现在要应付的是吴先生描写在《劫后灾黎》一书里的中国。”

当吴先生眼睛看到这具体的中国，心里想着美国的“近代文明”时，他说了：“我们可以断言，在最近两三代，我们即使朝野一心，努力于工业化……决不能达到美国的生活水准。”又说：“在两三代之内想赶上英美等国家，大约是不可能的。”（见《工业化过程中的资本与人口》，《观察》第3卷第3期）这等于说要在两三代里中国工业做到美国的机器化大约是不可能的了。吴先生一方面说手工业终必消灭，另一方面又说机器化不可能，在两三代内中国岂不是会成工业真空了么？吴先生可以不讨论这两三代内的事，轻轻地用“逐渐衰微”四字一笔勾销，而我们所关心的却不是两三代之后的事。我们早说：“若是我们再等50年才发生现在的问题，也许又容易得到解答了……可是，我们是活在现在，不在50年前，不在50年后。”

我们并不否认手工业“逐渐衰微”的事实，我们说过：“手工业的崩溃是中国百年来经济的致命伤……手工业崩溃不要紧，我们并没有理由去姑息它，可是新工业兴起是否能解决因手工业崩溃而引起大量人民的失业和贫困的现象？”因为“手工业一直到现在是我们最大多数人民所倚以为生的职业”。

关于最后的一点，吴先生要我们放心：“机器工业的出现，并不产生失业问题。”他用西洋的历史作保证，更从经济理论上说明机器工业是造业的，不是消灭职业的。

吴先生给我们信证是不够的，因为我们是在中国，是两三代之内的中国。这个中国一方面大量销售，或承受救济的舶来机器制造品，而自己是没有大规模的机器工业的国家；另一方面所有那一点集中在少数都市里的机器工业所得到的收入并不一定投资在中国的。关于第二点吴先生也许可以说过这是特殊情形：资金外流虽则中国几十年常见之事，而且于今为甚，但是今后可以改变。但是吴先生却自己承认兴立大规模的机器工业很难不借外资。既借外资就不能限制由于外资所得利益不外流。这种机器工业在所在国造业力量是否可以赶得上被机器所代替的失业速度？这是问题的第一层。如果再加上第一方面所引起的失业，我相信即使乐观的看法也不易被把国界除外的理论保证所说服的。何况吴先生所用的理论是根据“竞争的经济社会”，这个根据在现在实际世界上还有多少存在，更是一个值得考虑的问题。

当然，这个问题的讨论，现在来讲未免太早，吴先生所给我们的保证是以中国能有大规模的机器工业为前提的，当在两三代之后才能实现。我们所发愁的是过去几十年来和现在还是继续发生的“手工业的崩溃”所引起的失业现象。这现象我们虽则拿不出统计来，但是吴先生大概也不会否认是事实吧。即使我们找不到像西洋一般有“失业工人”，但是我们确知在农村中有着更多的闲手：停了布机的媳妇们，靠着扁担没有人雇的街头挑夫——都应当算作“失业”的，甚至“失业”项下还得包括找不到工作去当兵的人。

吴先生退了一步说：“假如机器工业真能造成大规模的失业，那么无论把它设立在什么地方，失业是终不可免的。”这话在理论上说又是颠扑不破的。可是吴先生并没有考虑到实有的社会圜局。让我先举一个例子：停了布机的媳妇们，依吴先生的说法本来可以进城去“转业”的，城里更自由，更有趣。但是在非到不得已时，很少乡下媳妇们会听吴先生的理论指导。这倒并不是她们不懂这理论，不会打算，而是她们并不只是单纯的“经纪人”。她们到城里去了，留下孩子在家不放心；在田里做工的丈夫也得有人烧饭给他吃。这一套“媳妇”的责任并不能使她追求“自由”。如果她可以不必离家，依旧能找得到事做时，她是可以“转业”的，那就是把小型工厂开到乡下去可以减少失业的一个例子。

我们的问题是比较现实而具体的，中国乡村里以往有分散而普遍的手工业，后来因为竞争不过都市里，尤其是西洋都市里的机器工业，以致这些手工业无法或不易维持——这是事实。这事实引起了现在在乡村里住的人生产的机会减少了(或说失业),因之收入也减少了(或说贫困)。我们面临这现状怎么办?怎样去增加他们的生产机会?怎样去提高他们的收入?怎样去增进他们的生活程度?

吴先生可以说这和他所提理论毫不冲突,因为目前我们看到的失业现象是出于生产缩紧,如果我们有了大规模的机器工业,失业现象就没有了。我们不应因为机器工业发生之后在中国发生失业现象而恨起机器工业来,其实只有机器工业才能解决这大家不满意的情形。造成失业的是“工业衰落”,应付的对策是“扩大工业”。

这正是我们在《人性和机器》以及《易村手工业》序里一再申说的要点:“让我们加重地说,中国几千年来并不是没有工业的国家。”“整个的大趋势是中国经济的彻底农业化。”“农业中国等于是个饥饿中国。把工业集中到了国外,或外资经济下的‘孤岛’上,是剥夺我们广大民众的生活凭藉”——我们的问题是怎样重建中国人民赖以为生的工业。

关于乡村工业的概念

这样说来,我们和吴先生的看法应当相同了,却又不然。不同的原因是吴先生看得远,我们看得近;吴先生心肠硬,我们心肠软;吴先生要根本解决,我们却在想过渡办法;吴先生一说起“改良生产方式”立刻想“以机械来代替古老的筋肉”,我们却想慢慢以机械代替工人。我们曾说:“一方面我们得顾全传统工业的分散性质,一方面我们又得顾全它技术的落后。工业不能很快和全部地抽出于农村,同时又要使分散在农村里的工业,技术上逐渐现代化,脱离纯粹的手工和人力基础。这是我们战后初期的经济建设中一个极费考虑的问题。”

我们提出这要费考虑的问题是因为要迁就现实。吴先生因之说我们对手工业“留恋”,对于机器工业“厌恶”。我记得好像汤德明先生对我们也有类似的批评,甚至称我们这种是乌托邦式的空想,加上略带轻蔑性的“费孝通的王国”的按语。在我们自己看来倒是我们太缺乏了“空想”的能力，也太缺乏了对任何社会方式及技术本身的留恋和厌恶之感。我们是极平庸地想从最可能实行的有效方式中去提高最大多数人民的生活程度罢了。

如果吴先生能指示我们比我们这种平庸的过渡办法更有效的捷径，我们绝不“留恋”于我们所想到的逐渐把机器吸收到乡村里去的办法。我们毫无成见，但是我们也得说，我们并不能满足于两三代之后才兑现的诺言，也不能满足历史逻辑自会决定我们前途的定命论。

其实吴先生也同意，至少在过渡时期，我们所建议的逐渐把机器吸收到乡村里去的办法。但是却在名称上却不愿用这讨厌的“手工业”三字去形容这部分机器化了的乡村工业。他曾说我们显然把农村工业和农村手工业两个概念混为一谈。他下着明白的定义说：“如果用的是有生能力就是手工业，如用的是无生能力就是机器工业。”他又说：“农村的工业可以是手工业，也可以是机器工业。”其实吴先生所同意我们的那种乡村工业，既不是手工业也不是机器工业，而是二者的混合形式，同时用有生能力和无生能力的。称它乡村手工业如嫌亏待了它，称它乡村机器工业也未免过分抬举了它，所以我们常用二者的通称“乡村工业”。乡村工业并非不是手工业即是机器工业，常常可以既是手工业又是机器工业。如果我们想为自己辩护时，正可以说，这并非概念上的混淆，而是事实上的复杂。

更有进者，吴先生只从“动力”一项要素来辨别手工业和机器工业，可是这两种形式的工业的区别并不只限于“动力”要素。就字论字，手工和机器都是指制造时所用的设备或工具(双手可说是生物机体上天生的工具)。推动的是有生能力，推动机器的是无生能力。动力的性质其实并不包括这两个字的本身。显然的，手摇机也可说是“机器”，而动力是有生能力。

我这样说并非主张“望文生义”，或是有意吹毛求疵，而是想说明这两种形式的工业如果要加以严密的定义时，似乎不应只限于动力一个要素。依普遍的文化论说，这是两种制度，包括物质基础，社会组织形态。惟有从这三方面同时去说明方能算有了完整的概念。

利用机器的社会方式

这种看法使我们注意到“手工业”所包括的我们所谓“手艺精神”，因而我们在讨论“中国手工业前途”时提出了人性和机器的基本问题来了。

吴先生并没有考虑到我们对于现代资本主义中人和机器及由利用机器而发生人和人的关系的分析。他把我们对于现代文明中的一部分社会制度的批评看成我们对于整个现代文明的批评，因而把“甚至于与他最亲密的妻子都是别人替他安排”的传统文化来和“可以选择自己的妻子”的现代文明相比较，结论自然“在都市中住惯的人都不愿再回到乡村中去，连费先生等都包括在内”——这种批评我们认为不公允的。

我们的看法在《人性和机器》中曾简单地说明。吴先生既引用了我们一段结论，我们似乎不能不把发生这段结论的意见不避冗长之嫌引用在这里：

> 经济活动是的人活动，是人利用自然资源来满足生活的活动；一个正常的经济必然是要以人为主。人有他的尊严，人有他的目的。可是机器的利用发生一种反客为主的现象。从一个在机器上做工的人说，他的活动是在服侍机器。现代机器的发达，尤其在大规模的工业中，劳工对于机器活动的目的已经不能明白，不必过问，甚至连机器活动的原理也可以不问，他只要按着所规定的动作去和机器配合就够了。这是机器文明中的一个极重要的发明：发明了生产活动，人和机器在内，可以合理地配合起来，在最有效的方式中进行，人的活动可以规律化得同机器一般。这种把人的活动隶属到机器活动之

下,是一个现代的观念,在这观念中曾创造了空前的效率。可是人毕竟是人,在一个人发现自身的活动没有了目的,成了另一个人或另一个东西的奴隶时,心理上必然会有衷心的反感。哈佛大学工业研究所费了10多年的时间发现了现代工业里的工人生理上易于疲乏和社会上易于发生不安的基本原因就在这种有意或无意的反感。

一个人的健全生活必须有一个生活上各部门的配合。这配合靠一个综合各种活动的目的。在现代机器生产中,因为机器的庞大发展,自身有了一个生产的目的,根据这生产目的配合了机器和人的活动。为了求合理化,参加这种活动的人把他们一部分的活动在被雇的一段时间中,在整个生活中割出来隶属于这个超出于他所关心及所了解的生产目的之下。当然,每个参加生产活动的劳工都有一个参加的目的,如养家,如得到较高生活等,但是这些个人的目的和生产活动的目的却不相符合的。从生产活动本身讲,缺乏了一个综合的目的,从每个人讲,生产活动成了达到另一目的的手段,对于手段本身缺乏了热忱和兴趣。于是为了生产目的去配合各机器和人的活动起见,不能不用消极的动机定下各种规则,甚至以工资的升降和失业的威胁加诸于劳工身上,使他们不能不出售和交付他们一部分的生活,从事于不感兴趣的任务之上。现代工业为了生产过程中活动的配合牺牲了参加这活动中每个人生活上的配合。这些人失去了生活的完整,不但影响到生产活动的效率,而且因而发生个人人格的失调,和由这些人所组成的社会波动和不安。人和机器之间并没有完善地调适。

研究现代资本主义的学者们业已指出这个制度中的基本精神并不是从人本观念上发生的。造成资本主义的固然出于生产力的膨胀,使人能在消费之余累积财富为再生产之用。可是若是生产的目的终究是在人的享受,则资本主义终必受限制。资本主义的无限发展是因为在生产过程中生产本是目的;生产,再生产,使经济活动力脱离个人享受而入余财富的累积本身,使利益成为决定生产的枢纽,推其极,使生产工具控制了人。

另外我在《初访美国》的第六章《机器和疲乏》和为史国衡《昆厂劳工》所写的后记中，对这层意见都有发挥。在这里我愿意再说一遍，在欧美工业先进国家所采取利用机器生产的那种资本主义社会方式只是许多可能方式中的一种。资本主义社会方式从历史上说是和机器工业同时发生，而且曾有密切关系。没有机器发生，生产能力不能膨胀，资本不易累积，不易再生产，生产工具不易脱离所有者；没有资本主义，机器工业不易因资本不断用手生产而获得迅速发展。所以从历史上说二者是相配合的。但是历史上的相配合并不是说二者不可分。社会主义的出现就是利用机器来生产的另一种社会方式。因之我们对于在资本主义中机器所引起人格及社会的失调的批评并不是对机器本身的批评。我们并不是认为机器脱离了相配的社会方式有任何作用的。因之有若干朋友认为我们“反对机器生产”，那是出于误解我们的意见。

还有一点和吴先生及若干朋友不相同的是在：我们认为任何一个国家所能采取的社会制度必然受该国文化和社会处境所影响，所以我们认为我们的课题并不是“英美式呢，还是苏联式呢？”而是以增加人民生活程度为目的。熟察我们自己的历史背景及社会情况，设计一个能利用机器生产的中国式的社会方式。

我们在设计时，欧美各种国家的经验是我们参考材料。我们得取长去短地得到最适合于我们自己的方式。我对于资本主义社会方式中机器和人的关系的批评是从这个观点上发生的。至于我们批评得对不对那是应当提出来讨论的，但是如果有因为我们对欧美经济方式不满意而就认为我们“留恋于过去，不愿求进步”，那是我们不愿意接受的。

平庸的理想

吴先生同意我们乡村工业变质逐渐应用机器的主张。可是同一主张背后的理由却不同的。他说:“如果我们能将工业的位置作一有计划地分配,则在原子时代,设立工业于乡村,是有国防的理由的……原子弹对于都市的破坏之大使我们深切地认识,把工业集中于少数都市,从国防的观点看去,实在是很不安全的。

“另外我们还有一个理由,就是机器工业到了农村之后,可以使农村变质,使农村成为一个更适宜于人类居住的社区。”

我们的理由是从民生的观点上着眼的。我们认为我国人多地少的小农经济中农业并不能单独养活这挤在土地上庞大的人口。我们并没有有效的办法可以减少人口到“汉唐时代”,从4万万5 000万的数目降到3 000万。吴先生说:“使其退回到3 000万人,不是短时期内所能做到的事。”这话我们觉得太轻了一些,除非利用原子弹,这是件近于不可能的事。即使我们能积极在可能范围内节制人口,能求其不涨得太快,已不是一件短时期内所能做到的事。所以一个现实的经济计划不能不以“人多地少”为不易变的前提。

在传统经济中我们是在乡村工业来补农业的不足的。这个农工互相补助的方式是小农经济的安全瓣。乡村工业的衰落,不但是中国工业的缩紧,而且是中国目前土地问题日见严重的一个重要原因。我们主张恢复传统的方式,因为我们实在想不出其他能适应于这在短时期内无法改变的小农经济。

我用《小康经济》来作本文的题目,在这里可以提出一个注释了。吴先生所理想的是个像美国一样富的中国。理想固然不妨陈义稍高,但是以这理想标准来看中国现实,不免会发生“失败主义”!我觉得吴先生那篇《工业化过程中的资本与人口》不免给人这种印象。在那篇十分重要的文章里,吴先生很明白告诉了我们,至少依我们读来,这个理想是不可能在两三代之内达到的。所以我们不妨“当机立断”抛开这个“美梦”回到我们东方标准来,追求一个“小康”的水准。

小康水准可以用孟子的话来说明:

五亩之宅，树之以桑，五十者可以衣帛矣。鸡豚狗彘之畜，无失其时，七十者可以食肉矣。百亩之田，勿夺其时，数口之家，可以无饥矣。谨庠序之教，申之以孝悌之义，颁白者不负戴于道路矣。七十者衣帛食肉，黎民不饥不寒。

说来似乎标准低极了，但是人口这样多，资源这样小的国家，如果学美国一般地浪费挥霍，必然会发生争夺民食民衣的“豪门巨阀”。把标准定得低到了“七十者衣帛食肉，黎民不饥不寒”的境界，要实现在“劫后灾黎”的中国已够我们努力的了。

标准和理想放低了些，我们的计划也可以现实了些。我们所主张就地推广小型工业到乡村里去所可以实现在民生上的绝不是美国式的生活，而是东方的小康生活。

即是想做到这小康生活，我们觉得还是不容易，因为我们原有的乡村工业太落后，不能和现代工业竞争，所以我们不能让现有乡村工业自己去挣扎，而必须有计划地把现代技术、组织、精神输入乡村。接着我们曾说：

至于如何可以在小工业输入现代技术，那是要很多有技术知识的人耐心去研究的。我们农村经济的安定就得靠这一种人才，这种人得像传教士一般肯耐苦肯不求名利地把新技术传入农村，向农村输血。

手艺精神的再生

最后，我们还得提到另一个理由就是在这种小康经济中我们可能发挥一种健全的人和机器及利用机器所发生人和人的关系。这是我们从手工业中所见到的手艺精神。我们曾解释这精神说：

手工业中人和工具的关系是：人是主，工具是客。而且在主客之间充满着伙伴精神。再说得深刻一些，一个手艺工匠十分爱护他的工具，因为他明了只有从他的工具里可以充分发挥他的手艺，表现他的人格。这是人对于物最正确的态度。人和物是相成的，人在物里完成他的生活。

在手工业里不但人和工具有着伙伴精神，而且对于生产过程具有一种表演的态度，在生产过程中，一个工匠在完成他认为一件有意义的工作。也因此一个工匠对于他的出品有期待，有满足。他可以在出品上刻着他自己的名字。出品的毁誉是自己的荣辱。这和一个现代工业里的工人的心理很有差别。

在人和人的关系里，现代西洋的机器工业因为集中在都市里，所以把人口从他们原有的社会团体中拆散了出来，重新依了机器及厂房的区位需要加以聚拢在一起。人自然不能没有社会生活的，在这些人中产生了组合，可是这些组合却缺乏历史性的契洽，只是为了片面的依着某一种兴趣而聚拢来的。因之表现出高度的不稳定。吴先生认为这是“自由”。“自由是都市的特色。你可以在都市中，选择自己的职业，选择自己的妻子，选择自己的邻居，选择自己的朋友。你可以对于自己的生活，照着自己的爱好去安排，而不受固有的物质环境及风俗传统所束缚。”

在现代欧美都市中的人是否都有吴先生所说的“自由”还是一个值得考究的问题。吴先生把风俗传统视作束缚也是笼统的说法。我们认为自由和束缚本身并没有意义。文化本身也可以说是束缚；并不能因为语言束缚了我们表达情意的方式，而要求放弃语言；相反的，我们在语言束缚中才有传达的自由。自由在完成我们生活目的时才有它的意义。吴先生所赞美的“都市自由”有些正是 Le Play 和 Durkheim 等社会学家认为是社会解组的现象，因为这些所谓“自由”就是“离婚”、“犯罪”、“贫穷”、“失业”、“自杀”的原因。

我们这样说并不是想为乡村里所有任何风俗和传统的内容辩护；这些是随着处境而变迁的，但是我们却愿意说没有风俗没有传统的社会，如果有这种社会的话，也不是我们的理想社会。

我们知道究竟哪一种生活才能令人满意的问题是无法讨论的。在这里我们只想说明，在《人性和机器》中我们主张把经济活动化为完整社区生活的力量，而不使它成为相反的破坏力量，是从一种社会价值的认定上发生的。这个认定似乎是我们和吴先生的看法最基本的相异之点；说到这一点，我们想我们所要说明和吴先生的看法为什么不完全相同的话也可以结束了。

1947 年 10 月 29 日于清华园

重访江村*

我前天才离开开弦弓，在村里住了有20天。

开弦弓是一个农村的名称。这个村子是在苏州南边，吴江县境内，靠太湖不远，可说是在水乡深处，从附近的震泽镇摇船进去，还要两个小时。

21年前我曾经去过这里一次，是1936年的夏天。那时我刚从广西回乡，在瑶山里跌伤了，到家养病。我有个姊姊在开弦弓帮助农民办了一个合作丝厂。她约我到村里去住一个时候。我在村子里顺便访问了老乡们的生活。后来写成了一本《中国农民的生活》，也称《江村经济》，在英国出版。

抗日战争时期，这个村子沦陷后，音信断绝。解放后，我虽则常常想去望望这里的乡亲们，但事与愿违，一直没有去成。今年春天毛主席号召知识分子“下马看花”，我才下了个决心，到这个比较熟悉的农村去受受教育，这样住下了20天。

《新观察》的编者一定要我报道一些关于这个农村的情况，我不好意

* 1957年6月，本文原计划分三篇在《新观察》杂志连载，因反右运动第三篇未能发表。

思推托。但是提起笔来，却好久写不下去；真是千头万绪，不知从何说起才好。摆摆21年来变化的情况罢，几天也摆不完。这21年是个多么不平凡的时代，变动太大了。每一个人的经历都是一部历史。讲起沦陷时的痛苦使我眼酸声哑；不说别的，我那本书里所附第一张照片上的那个女孩子阿娜，就是一个被恶霸迫害自杀的实例，讲起了解放前后的斗争，令人可歌可泣；协助我们调查的农业社监察主任周富林同志就是一个生动的典型。从一个贫雇农怎样母死父病说起，讲到解放后怎样参加农民代表大会，躲开地主的毒手，一直到翻身，搞合作社。他足足为我们讲了一天一晚。再说合作化运动的经过吧，从春助夏散的互助组起，讲到去年高级社成立时，满村爆竹的景象，都是一段一段令人难忘的故事。

手捧青豆茶，款款话桑麻。费孝通1957年重访江村时和乡亲们交谈

我应当把这些写下来，讲给大家听。但是我这支笔不听使唤，白费了许多稿纸，还是传达不好。从小没有学文艺，辜负了这样可贵的题材。

那么我还能写些什么呢？

如果一定要我写，我只能向读者汇报一些我在 20 天里看到的一些农村里的问题。

一

不用说，这个村子和千万个其他的农村一样，这 21 年里发生了历史上从来没有过那么严重和巨大的变化，从人剥削人的社会变成了一个没有剥削的社会。谁看不到这个变化，或是低估了这个变化的意义，那他一定是个瞎子。这个巨大的变化一定会带来繁荣幸福的生活，受过这几年来现实教育的人，是绝不会有丝毫怀疑的。

在我们中国，现在已经不是选择哪条道路的问题了，而是怎样更顺利地在这条大家已经选择定了的道路上前进。问题这样提出来，就要求我们去观察在这条道路上还有什么障碍，和怎样消除这些障碍。只看见障碍而不看见道路是不对的，但是只看见道路而不注意障碍也是不对的。我下面将在这个前提下提出一些问题，所以得先交代这一笔。

二

我的姊姊，她是江苏省人民代表，陪同我一起下乡，村子里 30 岁以上的人可以说全都认识她。

我们的船刚进村栅，两岸已经传开了我们到达的消息。许多许多老婆婆在岸上叫着我姊姊的名字，和她打招呼。船一靠岸，都聚了拢来，握着她的手说："我们老是想念你，你怎么老是不来呀。你瞧，我已经老成这样了，你还是那样。""不，你们也还是那样!"真像姊妹们久别重逢。有些老年人也还记得我，笑着说："你一个人来，我们不会认识了，你发福了。"乡亲们这样亲切，使我们感动得眼睛发酸。

拉着手不肯放。说什么好呢？问大家生活吧："日子过得可好？"许多老婆婆抢着回答："好是好了，就是粮食——"说到这里就有人插口了，"刚见面就讲这个，改天再谈吧。"接着问我们："你们老先生可好？——"

许多孩子向着我们挤，我突然觉得奇怪，在这时候，这些孩子怎么会都在河边看热闹？今天怎么不上学？他们都冲着我笑，有的拉了个鬼脸说："我们不上学，割羊草。"旁边一个老年人补充了一句："哪里有钱念书，吃饭要紧。"

虽则就是这几句话，我们被粮食二字吸住了。坐定，老乡们散后，我悄悄地问农业社干部："是不是粮食有问题？"他点点头：600多户的村子里有不少人家感到了粮食有点紧张。他接着说："问题是可以解决的。"

如果我们走马看花，沉不下气，一定会想这地方合作化出了问题了。幸亏我们住得长一些，算算账，才体会到天下事原不是那么简单的，要说清楚这里的情况，还得花一些笔墨。让我从头谈起吧。

三

农业社办得有没有成绩呢？

成绩是不但应当肯定，而且可以说很大。

水稻单位面积产量：1936年每亩平均是350斤，合作化后，1956年达到了559斤，增产200多斤。

农业总产值也有显著增加：我们替这个社的第二大队算了一笔账，1936年折米25万9 000多斤，而1956年达到了41万8 000多斤，增产61%。

这样的增产是不是合作化带来的呢？是的，分析一下增产原因，第一是扩大了复种面积。1936年这个村子可以说是不种春花的，而现在普遍的种了春花，我们在村里就看到他们种双季稻。第二，在水利上有了改进。这地方是水乡，地面很低，水涨的时候，水面可以比田面高，过去有许多田，一碰到水涨，就排不出水，收成很低。合作化后有力量开了沟，又包了抽水机抽水，使得过去的坏田变成了良田。第三，肥料增加了。首先是由于开了沟，可以用船载了河泥输送到过去送不到的田里。基肥一般已没有问题。又由于农业社的领导，积肥也比以前多了。其他的因素且不多举，只有这三条，从 350 斤提高到 559 斤已是完全可能的了。

农业显著地增产是不是提高了农民的收入呢？那却是另一问题了。农民的收入来源如果只是农业，农业增了产，那就会提高收入；如果不然，收入来源不只是农业，还有许多副业，那就得看农副业的比例，和副业是否增产增值了。开弦弓原来是副业发达的农村。21 年前我常听老乡们说：这里种田只图个口粮，其他全靠副业。这次我们又比较细致地估计一下，农业收入在当时大约占 55%左右。因此，这地方农业虽则增产了大约 60%，但还抵不过当时的全部副业收入。农民收入是否增加的关键就在副业了。

像开弦弓一类的农村，过去副业的比例比较高，有个基本道理，就是人多地少。每个人平均只有两亩左右的耕地，以过去水稻 350 斤计算，所有耕地全部种水稻，每人也只有 700 斤。那时各项剥削重，至少打去 1/4，余下来作为一个人的食粮还是很勉强的。只是吃饱，生活还是不行，于是想出了许多活路，开展了副业。

在地少人多的农村里，这可能是一般的现象。以苏州专区九个县的情况说，平均每人只有 1 亩 8 分耕地。我看，要显著地提高这类地区的农民收入，单纯的从农业入手是绝对不够的。如果忽视了副业的多种经营，那就会发生严重的问题。

四

要进一步弄明白这里的经济情况，我想我们首先得求出一个 21 年来农副业总收入的比较。但是一进入副业收入的计算，碰到的困难却不少。即以当前情况来说，凡是农业社经营的副业，还有账可查，家庭经营的副业，已经不容易摸清。要对21年前的情况进行估计，不但项目多，而且变化大；产量、价值都不稳定，如果稍具成见，离开实情就可以很远。但是，如果不求出这个比较，凭印象来说话，自己就没有把握。在这20天里，我们可以说主要是在搞清楚这个问题。白天黑夜的找人谈，聚集了一些老乡，展开争鸣。好几个一同去协助我工作的年轻朋友打算盘，摇计算机，开夜车，我们花去的灯油平均是每晚1斤。在我离开时，最后大家能接受的估计还没有确定，我们留着人在继续调查，但是大体上心中是有了个数：1936年，除去成本的农副业总收入是平均每人合谷800斤左右；1956年，是850斤出头，有了50斤左右的增加。如果只算农民的纯收入，就是可以用来做消费的部分，这两年度的差额还要缩小一些，大约只有30斤左右的增加。

这个数目说明什么呢？1936年在这个村子来说是个比较好的年份，接近过去曾经达到过的最高水平。沦陷后，这个村子的经济每况愈下，直到解放之后，我们才扭转了这个趋势。在农村合作化过程中，超出了过去这个水平。但是我们计算的是平均数，实际情况是不平衡的。过去的贫雇农翻了身，提高得快，早已远超过他们当时的水平。而过去的中农却相反，大多是没有多大提高，有些甚至下降了。感觉到日子没有过去好过的户数也不在少数（农户分类计算，现在还没有做完，所以我还说不出具体数字）。

为什么农业增产了60%，而还是有人感觉到日子没有21年前好过呢？问题出在副业上。

五

这个水乡原是个有名的生丝出产地。过去在国际上具有突出地位的

“辑里丝”就出在这个地区。当21年前我到这个村子里去的时候，是家家户户养蚕，他们所产的蚕茧，基本上可以供给一个小型丝厂所需的原料。我们这次曾抽了农业社的一个大队作比较细致的估计，当时132户人家要养650张以上的蚕种，以出售鲜茧作价计算，每年可以得到9.6万斤稻米。但是1956年只养了130多张种，由于蚕种单位卵量增加，集体经营后技术提高，每张种蚕产量加了一倍，茧价也提高了一些，但总收入却只有过去的60%，合5.7万斤稻米。总的说来是减产了。

为什么减产呢？关键是在桑叶供应减少了。减少的原因有两方面：一方面是本村的桑树在沦陷期间因为敌人怕游击队袭击，铲去一部分，大水时又淹了一部分，留下的不少又是老了，没有更新；而且过去几年没有注意培养，肥料下得少，自给的桑叶比过去减少了。另一方面是过去太湖里的东山一带和浙江的山地，专门植桑，把桑叶供给这个养蚕区，现在这些地方都养蚕了，停止了供应。如果去年不是因为浙江的蚕出了毛病，这个村里买不到一批桑叶，有不少蚕，不到结茧就会倒掉，收入还不会有这个数字。

如果分析一下，这里问题就是一大堆。我们且不细说，只提出两点：第一是为什么让本村可以种桑的地闲掉呢？为什么不把桑地上的缺空补足呢？为什么不用新苗来代替老桑呢？答复是缺桑苗。我听说江苏省去年已开始注意这个问题，现在正在大力培植桑苗。但是桑苗的分配上是不是合理，调配是否及时，似乎还是问题。最近江苏省人代会上就有人提到1956年无锡配到的多少万株桑苗没有栽种的情况，报纸上这个消息，曾引起了这个村里许多老年人的惋惜和长叹。

第二是产桑和养蚕过去存在过地区分工的情形。这种在一定区域内，按当地具体条件进行专门化的生产，是否合乎经济原则，是值得研究的。现在的趋势却是有饲料的地方自己育蚕，各个农业社势必在饲料上都须自给，那就使饲料缺乏，而有养蚕传统的农业社闲空了许多有技术的劳动力，一时要转业是困难的。打一笔总账，是否值得确是问题。

单以这个村目前情况来看，如果不能供应桑苗，不能供应桑叶，要恢复过去养蚕的副业，一时还看不出路子。即使桑苗的问题解决了，也要3年到5年才能见效，而桑地面积究竟有限，我们粗粗计算，增加现有产量的一倍还有可能，再要多就会和农业发生矛盾了。能增加一倍，在产值上可以达到过去的水平，但是有技术的劳动力还不能全部发挥作用。

六

上面所谈到的只是养蚕，养的蚕结了茧把茧卖出去，可以告一段落。现在这个村里的农民也只做到这个段落为止。但是过去却不然，一直要缫了丝才出卖。原来是家家户户自己缫的，到21年前，由于制丝工业的发达，他们所出的土丝，在质量上落后了，价钱下降。如果卖茧，一般商人总是要杀价，农民又会吃亏。就在那个时候，江苏的蚕桑学校在农村里推广技术改革，我的姊姊参加这个工作，把机器缫丝输入了农村，在这个村里帮助农民办了一个小型合作丝厂，提高了生丝的质量，使缫丝这一个生产过程还是留在农村里。这个丝厂在沦陷期间给敌人拆成了平地。

这件事在外边似乎是已经被人遗忘了，但是在村里，农民们却还是念念不忘。原因是很简单的，因为村子里有一个小工厂，好处是太多了。单说这个小工厂里经常的工人就有80多个，每个人的工资在每月10元左右。还有许多零星和临时的工作，使年老的妇女都可以参加。第二，这种小工业等于是一个开设在农村里的技术学校，不断地培养出技术工人来，当时向外输送的就有20多个。他们工资较高，每人每年可以寄回家里100多元。第三，这是一个合作丝厂，经营的办法是农民交茧，制了丝，算出成本，按供给原料和入股资金分红。原是学校协助下建立的一个集体所有的合作事业。一方面消除了商人的剥削，另一方面农民得到了缫丝过程中的利益。这许多方面加起来，对农民收入的提高是很显著的。

自从这小工厂被敌人拆平之后，在沦陷期间，许多熟练技工在乡间，除了做做家务，还能生产什么呢？ 土丝没有了市场，机器缫丝没有了工厂。 解放之后，苏州的丝厂开了工，在村里招去了有40多个工人，但是还有60多个有技术的妇女，没有机会进厂。 这40多个工人大多是以前培养出来的，但是村里没有了这个小工厂，现在十七八岁的女孩子就没有学习技术的机会了。 大家念念不忘这个小工厂是有理由的。

这里提出的一个问题，我觉得有很重大的意义的，就是这一类在农村里，也就是在原料出产地，建立的小型轻工业工厂，在今后是不是还有出现的可能和必要？ 谈起了这个问题，我也有一段心事。因为21年前我看到过这种小工厂对于提高农村经济的好处，印象很深，所以在解放前我写过不少文章，提倡所谓“乡土工业”。 也许由于我道理讲得不清楚，又过分强调了这种小型轻工业在国民经济里的地位，在思想改造时，曾被当作资产阶级思想，狠狠地被批判过一阵。 现在平心静气的想来，我当时的想法不是没有错误，错误是在轻视了重工业，这是应当批判的。 但是所提出关于乡村工业的问题，我依旧觉得值得研究，其中有些地方，我觉得很适合于我们中国的具体情况。 最近听到了关于第二个五年计划的说明，更打动了我的心。 这次我重访江村，我这段衷曲又涌上心头。 在百家争鸣的今天，我有了勇气，再度提出来，诚恳地要求领导上能注意这个问题。

在我们国内有许多轻工业，并不一定要集中到少数都市中去，才能提高技术的。 以丝绸而论，我请教过不少专家，他们都承认，一定规模的小型工厂，可以制出品质很高的生丝，在经济上打算，把加工业放到原料生产地，有着很多便宜。 不但如此，这种小型工厂还是促进农村技术改革的动力，许多屑物都是最好的肥料，工农业在技术改进上都可以联系得起来。 何况工业过分集中到城市里去，社会上已经出现了许多不易解决的问题，人口不必要的集中是有害无利的。 当然，我从来就没有主张过把所有工业都分散到乡村里去。 但是我至今还愿意肯定有些加工工业是可以分散，而且分散了，经济和技术上都有好处。

丝厂只是一个例子。

我提出这个主张和当前的趋势是不合的。至少过去这几年，似乎有农业社只搞农业，所有加工性质的生产活动，都要交到其他系统的部门，集中到城镇里去做。甚至像砻糠加工这样的事都不准在农业社里进行。在开弦弓我就看到有个砻谷机，很可以把砻糠加工成为养猪的饲料。但是镇上的砻谷厂不准他们这样做，宁可让村里大批砻糠当燃料烧掉。以蚕茧说，烘茧过程也要划归商业部门去做，结果实在不很妙。但是看来国家遭受损失事小，逾越清规却事大。我希望在农业社经营范围这个基本问题上，是否可以放开来争鸣一下，多从实际研究研究，农业和工业之间究竟怎样配合联系，才最有利于我们在这个人多地少的具体情况中发展社会主义经济？如果领导部门觉得这种建议值得在实践里试验一下，在开弦弓恢复这个合作丝厂，我相信群众的积极性是一定很高的，而且我也愿意鼓励我的姊姊和一些专家们一起来提出个具体方案的。

话说远了，关于这个问题，让我另找机会申说吧。

七

再提一项在过去比较重要的副业，那就是利用船只在农闲期搞贩运。

船只是水乡人民所不能缺少的工具，这一带农村都靠河建屋，河道就是大路。有些田地四面围水像个小岛，没有船只就接近不了。

这个600多户人家的村子，一共有大小船只160条。这些船只除了做交通工具，在农业里的用处是罱河泥，但并不占很长的时间。在过去一到农闲，老乡们就利用这些船只去贩卖和运输了。据说利用来做贩运的船只有140条左右。他们活动的范围也很广，几乎包括整个太湖流域：东到上海、浦东，南到杭州，北到长江，西到宜兴、句容。

这些老乡对于这个流域水道摸熟了，而且会走捷径，两天可以摇到上海，速度也是惊人的。贩运的货物种类很多。因为这个地区各地有特产，比如靠山地区出产毛竹、杉木、硬柴和炭，靠海地区出产海蜇，靠太湖地区出产蔬菜，而且还有些地区出产特有的手工业品，比如竹器等等。他们就在这些地区之间互通有无。

这个经济网络看来由来已久，这个村上的老乡和产地的老乡具有传统的关系，有了交情，因此他们可以从甲地赊了货，到乙地卖走了，再把现款带回给甲地，一方面看来带有信贷性质，另一方面，我看主要是利用船只来做运输，当然其中也有些商业性质在内。通过这些船只活动，使各地区都能发展它们的特点。

限于船只，并不是每家都有机会参加这种活动，各人贩运的日子也不一律，每次挣的钱也不一样。如果估计一下，每只船一年挣 750 斤米，是并不困难的。

农业社建立之后，贩运活动全部停止了，因为这种活动被认为是资本主义性质。政府的运输部门虽则也曾设法想利用农村里船只的运输力量，但是农民对此并不积极，1956 年参加运输活动的只有 10 条船。

为什么运输活动几乎全部停顿了呢？其他同类村子情况是否相同？对于这个地区的经济影响怎样？这些问题牵涉的面较广，我们住在一个农村里无法全面了解。但是从农民收入这个角度看去，这些可以利用的船只闲空下来，并不很妙。我们不相信搞社会主义了就不能利用这些生产资料，应当是可以利用得更好，但是事实还不是这样。

八

我在上面已提到过孩子们养羊的事，这种家庭副业在 21 年前就有的。草原上的牧民听到了也许不会相信，像这样水道纵横，阡陌棋布的水乡里，怎能放羊呢？一个到这村子“走马看花”的人，也可能根本看不到这项副业，因为，一眼望去，一只羊都没有。但是过去全村却养有近千只羊。这些羊终年关在小棚里，并不需要自己找草吃，而是人们找到了草来喂它们的。

养羊的收入也不坏，一只羊可以卖 10 元，出的肥料值 20 元，还可以剪毛，自己纺了绒线结成毛衣。我就看见过不少老乡穿着绒线衫。起初还以为他们学时髦，有点浪费，后来才知道是自给的手工业品。

从养羊这件事更可以看出这地方的农民对土地利用真是无微不至，寸草不留。这许多羊吃的草是由孩子们一棵一棵地割来的。在田旁、路上、水边，孩子们三三两两的在割草。为了要割羊草，很多孩子学也不上了，这是下边我还要谈到的。

合作化过程中，过去许多不能种田的土地现在开成了良田，耕地面积扩大，长草的面积减少。提高了生产力却难为了孩子。他们为了割羊草，要坐船外出，愈摇愈远，时间耗费得也愈来愈多，而所得到的草却愈来愈少。羊的数目现在只有 200 多只了。

不但如此，过去几年里又发生了养兔这项副业。兔子也要吃草，羊兔之间产生了矛盾。而兔子却占了优势。原因是买小羊来喂，成本高，搭个羊棚更不是易事。一只羊如果没有长成就瘟死了，赔本多，风险大；小兔子只要几毛钱的成本，养两只兔子，连肉连皮毛连肥料，一起也有 10 元左右的出息。现在全村至少有 1 000 多只兔子。

我小时候也养过兔子，那是养来玩的，到处打洞，满地粪秽，搞得全家反对。想不到这里的兔子却会乖乖地住在缸里，终年不出来散个步。没有亲眼看见，谁也不会相信，动物的习惯这样容易改造，兔子的粪秽很值钱，农民积极积肥是个合作社后的新气象。

我对于养羊养兔还是有意见的。它们为农民创造财富那是很好的事，但孩子们上不了学，花的成本似乎太大了。当然，如果他们能另辟饲料来源，情况也不同了。为了孩子上学，我特别关心养殖业的饲料。当然，如果饲料问题不解决，羊也好，兔也好，总是繁殖不多的。

过去这个村子很少养猪，平时吃的肉大多从外边运进来。最近几年才开始提倡，应当说是有成绩的，现在已经有 200 多头，每户平均 1/3头。养猪的困难，除了这地方缺乏经验外，主要也是饲料问题。猪比羊兔吃得要考究些，多少要吃些调味的米糠，这一项就很不够。我在上面也说到过，原本是有条件可以利用砻谷机把砻糠碾成细末，加上一点米糠，就能成为猪食的佳品，但是由于农业社和砻谷厂的矛盾，砻糠都当燃料烧了，我看见了真心痛。清规戒律之为害有如是也！去年农业社曾为养猪户留出饲料地，但是这里的土地太珍贵，留下的地上长出的东西不去喂猪，而给人自己吃了。猪当然争不过人，结果今年连饲料地也收回去了。这也怪不得社员们没有纪律。想在土地上打主意，看来是打不通的了。

饲养业的好处，不用我说，实在很大，且不说可以解决肉食供应的紧张，就是从进一步提高农业的产量来说，没有猪、羊、兔这些动物的协助，困难就不小。我们一再和老乡研究各项生产的潜力。首先是农业，不论副业多么重要，当前还得承认农业的老大哥地位。老乡们一致的意见，从现在每亩 500 多斤再要提高到 600～700 斤是不应该说有很大困难的，但是缺少一个宝贝，那就是肥料。在肥料方面用河泥做基肥，这个地方的供应很充足，不发愁，所缺的是追肥。追肥的供应除了化学肥料工厂之外，就是要把动物看成自然的肥料工厂。而这种工厂都可以分散到乡间去的，发展起来可以比重工业快得多，在这种肥料工厂里，猪是头等的。

要提高耕地单位面积产量到 700 斤，必须增加追肥供应。化学肥料一时还供应不上，就得养猪、羊、兔。要建立这些自然肥料工厂，就得解决饲料问题，这是当前开展副业的关键所在。

九

这个村子的副业还不只上面所讲的那些，如果再要一项一项的讲，文章会拖得太长了。但是重要的几项上面都已提到了。总的看来，副业方面现有的水平是没有 21 年前高了。作一个大约的估计，1936 年，副业占农副业总收入的 40%多，而 1956 年，却不到 20%，这使农业增产增值是一个原因，副业收入的下降也是一个原因。

副业收入下降的原因，正如我们上面分析的，是很复杂的。但是那一条也不能算到合作化的账上去，相反的农村合作化提供了发展副业的有利条件，问题是在于领导农村工作的部门对于这种原来副业比例特别高的地区，没有很好贯彻关于多种经营的“统筹兼顾”，适当安排的方针。这里存在着许多值得注意的内部矛盾。今后如果能很好地执行了这个方针，副业发展问题一定是能解决的。

十

以开弦弓这样的农村来说，副业既然是如此多种多样，相互间关系又如此复杂纷纭，应该抓什么？怎样抓呢？这是我想最后谈谈的问题。百家争鸣不应当停于揭露矛盾，还应当讲道理，出主意。主意不一定出得对头，但是这样试试是有益的。

开弦弓的乡亲们对我们这样亲切，他们看见我们来了，抱着很大希望。如果我只写篇论文，出本书，对他们有什么好处呢？这不是太对不住他们了么？但是要拿出主意来，遍索枯肠，半夜不寝，还是不得其门。窗外，春雨连绵，看来今年的春花又要受影响。白天雨稍停，我徘徊田亩间，东张西望，看看所有的土地都已用上，连走道都狭小得叫人举步维艰。再在这土地上打主意，希望是不大的，怎么办呢？

有一天居然云散天晴，我看同去的朋友们一连工作了 10 天，也该休息休息了，所以建议搞条船，到附近去荡荡，这一荡却荡出个主意来了。

这是个水乡，到处是河道、湖泊。水的面积不下于陆地。我在船上产生了一个问题，如果这片水能利用，那多美呀！这一说触动了和我同去几位青年朋友的灵感："为什么不能利用呢？ 土地要肥料，猪要饲料，水面上就可以长饲料呀！"

这窍门一开，很自然的引出了一系列的问题。 我说水比陆地强，水有底有面，中间还有个体积，立体发展，地有一，水有三，水底的河泥已经利用了，水中可以养鱼，水面可以种水草作饲料。 不是一举三得么？

"不但三得，还有一得，就是孩子们可以从割羊草里解放出来，上学学文化了。"一位年轻朋友补充了一句。

我们回到村里就召集社员老乡们一起来研究，靠水吃水的方针大家觉得很对头。 看个远景：如果一片水面都能利用起来，农民收入不是增加百分之几的问题，而是增加几倍的问题了。 但是具体的研究起来，困难是不少的，当然，如果没有困难，这片水面早就利用上了。 几千年来，我们的祖先也不是都比不上我们聪明，为什么这片水老是闲着，当风景看呢？ 再想一想我们比祖先有一条是强了，我们集体化了，过去做不到的事，现在做得到了。 以前克服不了的困难，现在有力量可以克服了。老乡们说，现在有个毛主席，水面可以长出钱来，一点不错。 于是主张来了。 有人想出了水浮莲，有人提到了去年种的菱角。 水面上可以长的东西多着哩。 就是认为过去谁都没有力量来管理这不能上门、又不能围墙的湖泊，谁种了东西保不住自己能收得到。 现在有社，就可以管理得来。

大家再讨论有哪些困难。 技术上有困难，比如去年种了菱角，台风一刮都吹了，怎样防得了风？ 又比如水浮莲没有根，水一流随着会漂走，又怎么办？

这是件大事情，我们这些教条主义成习的知识分子，不应当自作聪明，乱出主意。 但是，把这个问题放进了老乡们的脑筋里，却会长出花朵来。 老乡开始找我们谈这个问题了，我说：你们多研究研究，道理合不合，做得通做不通，如果有些苗头，是否先小规模试试看。

在我们离开之前，又和乡里的党支书和社里的干部同志们讨论了几次。 听说他们已派船去搞水浮莲去了。

副业和农业不应当是矛盾的，农副业之间安排得好又是可以互相支持的。在资源，劳力，资金的利用上，可以搭成一个有利的循环：水面上长饲料，养猪、羊、兔子，增加肥料供应，提高地面作物产量，包括田里的稻麦豆菜，地上的桑树瓜果，积累了资金，投到渔业里去，满河满荡的鱼，就是荒年，这样的村子也不愁衣食了。

关于农副业暂且说到这里为止，但是进村时所遇到的粮食问题还没有说明，且听下回分解吧。

十　一

从乡间回来，碰到那些知道我下乡调查的朋友们，一见面就常用这样的话问我："离开了 21 年，再去访问你过去熟悉的农村，面貌一定大不相同了，农民的生活改善得怎样了？"

如果这是一种寒暄，我估计对方早就料到我会说什么。如果要我认真答复，那就得看所谓面貌是指什么了。

如果面貌是指社会性质，特别是生产关系那一方面，21 年前是半封建半殖民地的阶级社会，现在是走上了社会主义道路，取消了剥削的集体所有制的社会。在这方面这个农村的面貌已起根本变化，和过去完全不同了。

如果面貌是指那靠水人家、四围桑稻的乡园景色，那却依然是旧时相识，乡音俚语更难辨今昔。

如果面貌是指衣食住行的生活水平，我还有点犹豫，不知怎样说好。过去确有一种看法，认为社会主义了，人们生活必然要提高，提高得和过去大大不同了。有关农民生活的调查不强调一下生活的改善，似乎就是不拥护社会主义。你这样说，我这样说，他也不能不这样说，弥漫着一片农民生活改善的喜讯。

社会主义一定会给我们，不论在城里，在乡间，带来繁荣幸福的生活；而且事实上的绝大部分是农民生活改善了。强调一下农民生活的改善，在合作化高潮前后也可以起加强信心，扩大影响的作用。这些我都没有怀疑。我有点犹豫的却是：再这样宣传下去好不好？把农业上的四十条当作包票一般交给农民，把社会主义远景放进望远镜，变得那么迫近，一似唾手可得。这里说生活怎么好了，那里也说日子怎样好过了，改善的风四面吹。而事实上，人民生活要和生产关系一般发生迅速的和根本的变化，恐怕不是短时期内做得到的，那么这阵风吹起来对社会主义有多大好处是很值得考虑的。

在乡间的20天里，我自己也常常被各色各样的矛盾所迷惑。

作为人民代表，自应关心人民生活，正如我在上面所提到的，一上岸就遇到老婆婆们诉说粮食紧张，没有钱买米。心里想不是老乡不说实话，那就是合作化出了毛病。

我们坐下来算账，算来算去，农业增产谁都不能否定，副业是减产了，但是农副业总收入至少也已赶上了战前比较高的水平。再看这村子里农民的收入，在全国范围里都可以名列前茅。每家平均分得的粮食又不低，怎么会闹粮食紧张呢？老乡不说实话么？又不然。有一天，我们悄悄地到附近的一个村里去访问一个21年前我在这村里住的时候照顾我生活的保姆。我们到达这村里时，老乡们还以为我们是种牛痘的医生。但找到熟人，一坐下来，我们又被粮食问题所包围了，甚至我这个肥胖的外形都成了打通他们思想时的障碍。

怀疑合作化的优越性是不对的，承认合作化的优越性而以为什么问题都已解决了的，我想，也是不对的。这样不对，那样也不对，我们脑筋搞得简单了当然更会对不上头。请原谅我，说起话来不能不啰嗦一些；更希望读者不要挑出一两句话来，说我又在吹冷风了。

十　二

还是先算算账。

“上有天堂，下有苏杭”——这句话虽则夸大一些，但还是反映了一些现实的。全国农民每个人平均一年的收入在50元左右，苏州专区平均是78.6元（家庭副业和小的经济作物不算在内），这个村子里农业社去年集体收入的分配每人平均是82元，加上家庭副业和家属寄回来的钱，总的平均收入，我们估计在100元左右，单就这些数字来看，这个村子还要喊穷，实在难于令人相信的了。

粮食是不是不够呢？这几年农业一直是增产的，上面已经说过，去年平均每亩粮食生产是559斤，虽则不能说很高，但是绝不能说低了。那么是不是留得少了？也不然。去年每人平均分到谷子547斤（其中有小部分是麦子和豆子），合米380多斤，应当说是够吃的。

当然，够不够吃的标准原不是简单的。我们小小工作组里就有一位小伙子，他比我多吃三倍，和他计算一下，一天至少要吃两斤。如果放手让他尽量吃，还可以超过这个数目。用这个标准计算当然不太合理，但也可以说明如果大家放手吃起来，即使380多斤加一倍，一个人在一年里也蛮可以吃得完。

吃多少才够，一方面是营养问题，一方面也是习惯问题。习惯不同，各地认为足够的标准多少可以有些相差。因此，我们请了几位老乡一起来评，依他们多年的实践，怎样才算吃够了。我们得到的数字是男全劳动力一人一月50斤（这个数目似乎高一些，那是因为在做重活时，吃得多些，平时没有这样多），女半劳动力35斤，10岁以下儿童20斤，婴儿不算。一家开伙，老少可以搭配。以平均四口计算，一男一女两儿童，每月是125斤，一年是1 500斤，和分配给每人380斤的总数恰恰相合。这样看来，即以当地公认标准来说，现在留下的粮食应当是够的。但是也应当说，要满足这样的标准，并不宽裕；必须精打细算，按劳动的需要来调剂，才不致出问题，特别是搭配了少量豆麦，而这地方原来没有把豆麦当主食的习惯，吃起豆麦来就不知道饥饱。

说到这里，读者一定可以看得到，这个村子粮食会不会紧张，将决定于农民怎样吃法了。如果心中有数，把紧了吃，粮食就不至于紧张，如果放松些，很容易在青黄不接时就闹饥荒了。放得愈松，闹得也一定愈早，愈凶。

当地农民的习惯是多年在具体情况里养成的。算算过去的账就可以看得出上面这些数字大致是不错的。比如说21年前每个人平均两亩土地，每亩350斤谷子，四口之家共得2 800斤，除去1/4被剥削的部分，再合米，大约就是1 500斤。当时我在这村子里调查时，一般都说这个村里所出产的粮食只够口粮，其他要靠副业收入。这种说法和我们的计算也合得上。多年来在这个水平上生活，对粮食必须抓紧，量入为出，一跨出这条界线就会跌入高利贷的圈套。在这种历史条件里养成了这样的习惯，一般说比其他地方似乎高一些，但是不能说他们原来就是心中无数，吃多少算多少的。

当这个村子进入社会主义时，按照习惯来定口粮是正确的。但是必须注意守得住这个习惯。这个关口守不住，问题也注定免不了的。果真，出了毛病了。

十　三

当合作化高潮卷到这个村子里的时候，热烈的场面真是动人。高级社成立前几天，号召大家积肥献礼，每只船都出动了，罱得满船的河泥，把几条河都挤住了。几村的人都穿上节日的衣服，一队队向会场里集中，一路上放爆竹，生产积极性的奔放，使每个人都感受到万象更新。

合作化发生了生产积极性，生产积极性又化成了农业增产。肥料加到地里，青青的水稻那样得意地长起来，使农民们心花怒放。这是去年夏天的事，农民们从田里回家谁都怀着兴奋的情绪，“700斤”没问题，接下去的口头禅是“一天三顿干饭，吃到社会主义”。你想，如果1亩田真是一年收到700斤谷子，每家2 000多斤的米是把稳的。放手吃吧。

谁知道天不成人之美，8 月里刮起了台风，好大的台风。 又吹在稻花开放的时候。 这一阵风吹来了今年的粮食紧张。 一天三顿干饭离开了我们国家当前的具体情况来说，也不能算过分的享乐。 劳动积极，看到从来没有过的丰收在望，兴高采烈，多吃一顿干饭，也应当说是人之常情。 如果当时我去视察，看到这种光景，还不是要大书特书作喜讯来传报么？ 当然，现在我们还是可以这样说，台风是偶然事件，偶然发生的灾害所引起的结果，不值得大惊小怪。 但是细细想来，过分乐观并无好处。 且不说，现在我们在农业里还得靠天吃饭，灾害还不能看作太偶然，合作化高潮里吹起那一阵生活改善的风，不能认为是阵顺风。

十　四

强调这个村里粮食紧张的情况是不对的，因为事实上并不是绝对缺粮。 这个村里只是吃空了定量，附近还有些村子不但不闹紧张，还有余粮可以调剂。 是的，这里粮食紧张情况一发生，支援的米就调拨来了，但是，米是要钱买的，大家又闹没有钱了。

怎么会没有钱呢？ 按我们的计算，就是以每人从农业社得到的 82 元来说，除去 547 斤谷子，值 46.5 元，还应当有 35.5 元，一家四口，还有 142 元。 何况还有些家庭副业？ 这笔钱是怎样花法的呢？

要答复这个问题，我们得进行家计调查。 详细的数字还没有算出来，依我们初步估计说：一个中年妇女一年衣着约 25 元，一个中年男子一年衣着约 35 到 40 元。 四口之家除了粮食和自给部分外伙食费每年约 35 元。 日常杂费每年约 60 元。 社交费 20 元，燃料折价 40 元。这笔账就要超过 200 元。 加上孩子衣着、房屋修理、工具等，一个中等家庭实际现金支出在 250 元左右。 这些数字不能认为很正确的，等将来调查材料经过分析后，再作校正。但是以此作大体估计，可以看到几点：

第一，在这个农村里，单靠农业社的收入是不足以维持上述那样的水平的。他们在家庭副业里还要设法得到大约每个人 20 元的收入。这和我们上面对收入的估计是相符的。换一句话说，如果四口之家不能在农业社收入之外另外开源得到大约一年 80 元左右的收入，就不能达到中等水平。

第二，这种水平应当说比较高的。说说它的内容：衣着方面每年要添布衫布裤两身，夏天穿洋纱衫，冬天穿棉袄。一般说已看不到衣衫褴褛的人，相反的，老年人都有一件结实的棉马甲，青年人男的不少有制服，女的有花布衫。妇女一般不再赤足，下雨天都穿上了胶皮鞋，青年男子很多有了球鞋。成年人两年要穿三双线袜，每年穿四双布鞋和一双棉鞋。到人家房里去看，床上一般有蚊帐和棉被。吃的方面，单说猪肉，一般一年要吃 20 斤；去年有显著增加，过年时有不少人家吃了 20 多斤肉，听说有吃到 80 斤的，因为养蚕得到了一些奖金买了苗猪养到过年，都宰来自己吃了。杂用方面他们原有喝茶的习惯，一年一家至少要 10 元，烟的消耗由于旱烟改为香烟支出也增加了，牙刷牙膏中等人家都已有了，晚上出门已多用电筒。

毋庸再列举了，这样还说是中等水平，在当前全国的农村里可能是不多见的了。比 21 年前怎样呢？我没有具体材料在手上，只凭我的印象来说，过去在这个水平以下的人家现在赶上这水平了。褴褛的衣服现在看不到了，而出现了不少新事物，特别是青年人穿起了“司威脱”、球鞋和用制服来做罩衫等等。社里的干部还有呢帽、棉大衣，从城里回来的女工，还有穿呢裤的。全村没有建新的房屋，但是前年就有不少人家把破漏的房屋翻修了。他们说规律是这样：前两年修理房屋、买水车和棉被的多，去年是添置衣服的多，过年时肉吃得多。总的说来，生活改善是相当快的。

第三，生活改善已超过了增产的速度。我在上篇里已经算过一笔总账，这个村子农副业总收入可以说刚刚赶上21年前的水平。在生活方面虽则我们还没有算出指数，肯定是比21年前提高了；而且在21年中，他们的生活曾一度下降，是这几年里衣食住各方面都要添补一些，加起来就开支大了。收入依然，支出多了，结果是有多少，用多少，手上存不住钱，谈不上积蓄。从一家一家说，生活有点打算，普通日子还好过，但受不起风险。如果手面宽了些，收入不及时，手边就会紧起来。我们去访问时，正巧碰到这个时候，身上穿得相当整齐，来了客人还是煮水沏茶，而口上却闹着没米下锅。这样看来，这一个时候的粮食紧张不能说是合作化化出来的，也不能说是统购统销统出来的，主要是生活没有按比例地提高提起来的。如果去年夏天不那么放手吃三顿干饭，过年不放手吃猪肉，平时不买司威脱、球鞋、雨鞋，我看这个时候就不会发生这个紧张情况的。换句话说，会得做人家的，这时也就不会没有米，即使米不够，也可以买得起。

十　五

今年的粮食紧张是局部性的，本身并不严重，但是这里提出了一个令人思索的问题，那就是社会主义积累问题。社会主义的积累固然可以通过国家的机构来进行。但是羊毛出在羊身上，归根结底还是在每个人生产和消费间的差额，是一个勤和俭的问题。勤可以多生产，俭是少消费。勤和俭加起来，增加了积累。我们的国家现在还是农民占绝对多数，多吃1斤米和少吃1斤米，积少成多，相差的数目是很大的。因此，农民消费多一点和少一点，对于社会主义积累影响很大。我们可以想一想，一个每年每个人的收入在百元左右的农村，如果收支相抵没有剩余，那么我们怎能指望农村来积累呢？如果这样的农村还要闹饥荒，唱穷，其他收入低的地方怎么办呢？如果每年每人可以分到547斤谷子的农村还会发生缺粮，还要国家来调剂，我们国家的粮库又怎能维持呢？所以，我们想，尽管我们所看到的情况并不是普遍的，但是应当看做一个警报，在这里取得教训。勤而不俭，只是一时的虚假的繁荣，不是创家立业的道理。

我的历史知识很差，不知道从奴隶社会进入封建社会时那些封建主的生活怎样，但是我读过一些描写资本主义初期那些企业家的传记。这种人面对着新的生产关系所开辟出来生产力提高的可能性，发生了很强烈的积累资金的要求。他们简直成了一个积累的机器，什么都要打算一下，值得不值得，把盈余作为一切活动的标准。在资本主义的初期，劳动者生活是极痛苦的，强迫着生产剩余价值，而那些企业家却也是极端吝啬的，斤斤计较的人物。他们的生活是清苦的，很多是清教徒，反对生活上的挥霍，就是这种人物把人类社会从封建社会提高到了资本主义社会，把资本主义生产关系所允许达到的生产力水平实现了。人类在资本主义阶段是痛苦的，因为它是通过剥削来实现积累的。

社会主义取消了剥削，为人类生产力的提高开辟了更远大的可能。要实现这种可能，还是要积累，而且要比资本主义更多更快的积累。这种积累要依靠劳动者的自觉，而这种自觉在社会主义的制度下是完全有可能的。因为积累下来的财富是属于劳动者自己的。在社会主义的早期也必然要出现强烈的积累要求，不是资本主义早期那些少数企业家，而是广大的社会主义劳动者。这些劳动者不但是积极的生产者，而且是会做人家的俭朴的消费者，没有这样的广大群众，社会主义的积累怎样能实现出来呢？没有积累，生产力又怎样提得高呢？

从这个角度来看，开弦弓这个村子里所发生的粮食紧张，尽管我们说是局部的，短期的，却不能不引起我们的注意和警惕。

十　六

这地方的农民原来就不会做人家的么？不可能是这样的。在解放以前，农民们即使小心翼翼地过日子，灾难也是会寻上门来，谁敢大意。那么这几年在这方面是不是起了些变化了呢？我想多少是有些的。为什么呢？

第一是苦尽甘来，生活上各方面都需要充实充实，而且心情也松了些，手面也不免宽了。这地方从沦陷到解放，其间有十几年。这十几年的生活不是好过的。农业上有过荒年，副业一般都下降了，以蚕丝一项而论，原来那个小型工厂就成了平地。这些且不多说，最令老乡们痛恨的是敌伪和国民党反动派的敲诈勒索。他们说，开弦弓被看成了一块肥肉，那些狗永远是吃不饱的。一次又一次，整的零的，要钱要米，没个完。这样把许多原是富裕人家抽干了。这一个原来可以说得上殷实的农村，糟蹋得憔残了，空虚了，穷困了。好容易盼到了共产党，见了天日，农民翻了身，分得了土地，兴修了水利，又来了合作化，田里谷子一年比一年长得好。这种日子过去是没有过的。房子漏了的该修理了，农具不够的该添置了，床上没有盖的该买条棉被了，这是第一年。接着棉衣服得添得结实些了，夏天做身洋纱衫，赤脚不好看买双雨鞋，青年人更爱体面，新的制服做罩衫；过年了，猪已养壮了，不用花钱买的肉宰了腌腌，打打牙祭。来个客人留个饭也体面些。这样一步步在生活上向前走，滑溜溜的钱就这样花出去了。

要说老乡们多穿了，多吃了，实在也不好出口。这些改善看来也不能说过分。添添补补哪项不是需要的？但是东一样，西一样加起来却也可观了。要增加 10 块钱收入得费不少心思，要花去这 10 块钱，却那么容易。底子薄了，这一关更难守得住。

第二，社会主义是大家没有见过的新东西。四十条打动了心。一上来就好得很。过去做不到的事，合作化了就做得成。最动人的是农业增产，这是最现实也没有的了。老辈子种了几十年田，没有看见过田里的稻长得这样好过。去年春天，乐观空气盖满了整个村子。很多人来参观，都是赞声不绝。大家没有想到社会主义道路上还是有困难的。干部们也用了预开支票的方法来鼓动群众生产积极性。“一天三顿干饭，吃到社会主义”，成了大家的口头禅。8月里一场少见的台风刮伤了庄稼。但是还没有扭转那种盲目的乐观，“反正有毛主席，饿不死人”。

第三，土地交给农业社了，有啥事就找社里去解决，似乎把农业社看成了个大家庭，干部是当家人。过去人人都要动脑筋，想办法，现在一有困难就叫喊，不能解决问题就是干部不好，有些干部挨了骂，想不通。要群众想办法，也不容易。我也向老乡提出过：这是大家的事，要大家出主意，他们回答说：现在主意出不来了，这个也做不得，那个也不准做。原来他们熟悉的是过去的老办法。比如说做丝吧，现在不成了，蚕结了茧就得卖给国家。他们说，我们要做丝，没有茧子。老婆婆们原来都会打棉线，织绵绸(利用生丝的屑物打成丝绵，纺成线，织成绸)，而现在没有了原料。再比如，很多老乡还怀念利用农闲和船只去贩运，现在又不成了。事实是这样：很多副业没有安排好，要他们自己出主意对不上头。好像什么事都有个“上头”在管，于是出了问题也不免要“上头”来解决了。

我从乡下出来，补看了近一个月的报纸。这个月里有不少社论和消息提出了“勤俭建国”。我们觉得这次在农村里学习到的主要也是这一课。我们觉得勤俭两项中，勤字容易办到，而俭字比较困难。为什么原来有的那种省吃俭用的习惯现在发生了变化呢？这个问题分析研究得还是不够深刻的。我们出来之后，曾多次提出这个问题向人请教，很多人只看到过去宣传有片面性，过分强调了合作化的优越性，没有充分讲清楚可能遇到的困难。这个意见，我们是同意的。但是似乎还不止这一条，社会主义制度下生产力的提高有赖于劳动人民自觉的积累。这种觉悟也许不只是靠口头上多讲几遍社会主义建设怎样好就提得高的。关键问题在哪里，我们还不十分清楚。我们很希望关心这个问题的朋友们能多给我们一些指教。

1957年5月18日

三访江村*

从青年时代踏进这门学科，我就已经向往的荣誉，经过了半个世纪坎坷的道路，到了垂暮之年，突然落到自己身上的时候，欣慰愧赧可能是形容此时内心感受最适当的语词。去年英国皇家人类学会通知我要我在今年冬季到伦敦来接受赫胥黎纪念奖章是完全出乎我意料的。古人云："人贵有自知之明。"以我学术上的成就来说，我决不敢妄想和从这个世纪开始时起接受这奖章的任何一位著名学者相提并论。但是我一想到这个光荣榜上开始列入中国人的姓名时，我感到衷心喜悦。这表明了英国皇家人类学会的学者们怎样重视这门学科。今后的发展将有赖于全世界各国、各民族的学者们的共同努力。我在这个体会的驱策下，欣然就道，来到我的母校伦敦经济政治学院，经过了35年，再一次站到这个讲台上来，虽然使我不胜遗憾的是已经不能再见到主持我那次大学演讲的托尼教授(R.H.Tawney)了。

提到汤姆斯·赫胥黎(Thomas H.Huxley)，这是我们中国知识界熟悉的名字。早在1895年，我出生前的15年，他的名著《进化与伦理》

---

* 本文是作者在英国皇家人类学会1981年赫胥黎纪念会上的演讲。

1981年，费孝通在英国接受英国皇家人类学会赫胥黎奖时，与老师雷蒙德·弗思爵士(Raymond Firth)交谈

(*Evolution and Ethics*)已经由英国海军学校毕业的中国清代学者严复用当时优美的古文翻译出版，书名《天演论》。1976年，又有人改译成当前通行的白话文的版本行世。到今天来说，在中国至少已经有四代人受到这位英国学者的影响了。为纪念他而设的讲座名单上列入中国人的姓名，可以认为是对这位人类学的先驱者在全世界人民思想上所起的促进作用的历史肯定。荣誉属于这位先哲的本人。

坦率地说，使我发愁的倒是我自己能在这个庄严的讲台上讲些什么来报答人们对我这样殷切的期待？在这里我不能不感谢今天在座的我的老师雷蒙德·弗思爵士(Raymond Firth)。他在今年6月里，遥感到我的困难，伸出了援引的双手。他来信说："我看到你还没有决定在你的赫胥黎讲演里将对我们说些什么……在我心中涌现的各种意见中，有一种也许更突出一些的是讲讲你对开弦弓村1938年以来所发生的变化的看法。"开弦弓村是我在1936年调查过的一个靠近我出生地江苏吴江县的农村，想用它来代表这一类型的农村，我给它一个"学名"叫"江村”。后来我到这个学校来上学，就在马林诺斯基教授(B.Malinowski)的指导下，根据这个农村的调查材料写成论文，1939 年出版，书名 *Peasant Life in China*，中文称《江村经济》。

在我收到这位老师的来信之前，我早已有意想在我的余生中写一本书，叙述这个农村的新面貌。今年 10 月我有机会偕同我在上述书中提到的那位姊姊，现在已经 78 岁，一起去开弦弓村走了一趟，当然说不上什么实地调查，事实上只可以说是回乡探亲。乡亲们的热情是难以形容的。我完全沉浸在友谊的海洋里。这种感情的余波，也使我忘记了今天我是在一个学术的讲座上。我恳求你们的宽容，让我讲一些只适合于朋友间茶余饭后的谈话，为大家摆一摆这个已经为西方学者熟悉的开弦弓村半个世纪以来的变化、当前的问题和今后的前景。

莫里斯·弗里德曼(Maurice Freedman)教授在生前曾告诫进行微型调查的人类学者，不要以局部概论全体，或是满足于历史的切片，不求来龙去脉。所以我必须首先指出，开弦弓村只是中国几十万个农村中的一个(全国有大约 500 万个生产队，江村现在包括两个生产队或两个村)。它是中国的农村，所以它具有和其他几十万个农村的共同性，它是几十万个中国农村中的一个，所以它同时具有和其他中国农村不同的特殊性。我认为只要把它在中国农村中所具有的共性和个性实事求是地讲清楚，也就可以避免弗里德曼所指出的错误了。

开弦弓村处于苏杭之间，太湖之滨。古语有言：“上有天堂，下有苏杭”，指出了在经济上这是中国的一个富饶地区。不仅因土地肥沃，水源充足，农产较高，而且以农产品为原料的副业和手工业也较为发达。这个特点已有很长的历史，一直维持至今。按 1979 年全国抽样调查了 70 万个生产大队，该年个人平均年收入不到 100 元。[1]而开弦弓村所在的苏州地区 1980 年个人平均年收入约 250 元。这地区在经济上占先的地位是明显的。开弦弓村在苏州地区却处于中级，个人平均

[1] 参照《中国农业年鉴》1980 年，第 5 页及第 383 页有关数字计算。

年收入接近300元，略高于这个地区的平均数。我们抓这个在全国居上游，上游中又居中级的农村进行解剖，就可以和比它好的和比它坏的农村相比较，从而看到当前中国农村经济正在怎样变化，要致富上升应采取什么道路。

用开弦弓村作为一个观察中国农村变化的小窗口有一个好处，就是我们有近50年的比较资料。我本人在1936年夏季搜集过一些基本资料已如上述。1956年5月现在澳大利亚悉尼大学任教的威廉·格迪斯(W.R.Geddes)教授访问过这个农村，1963年出版了*Peasant Life in Communist China*(《共产党领导下的中国农民生活》)一本专刊。我本人在1957年夏季又去重访江村。这次调查的资料在过去动乱时期中已经散失，正在访求中。今年9月，美国马利兰州立大学的南希·冈萨勒斯教授(Nancie Gonzalez)访问了这个农村。我本来打算同她一起去的，因病延期到10月才去成。我的访问时期虽短，但还是搜集了一些基本资料。

开弦弓村在这近半个世纪中所经历的道路基本上是和中国的其他农村一致的，但是也有它的特点。我离开这村子以后两年，1938年日本侵略军占领了这个地区。我在1936年说当时中国的农民问题是个饥饿的问题，在经济方面如果确是如此的话，从1936年到1949年农民的生活不但没有改善而是更为贫困了。当时全村的土地已有56.5%被地主所占有，75%的人家靠租田和借高利贷过日子。水利无人关心，太湖洪水一发，这些滨湖地区立即受灾。农田的粮食产量逐年下降，亩产稻谷大约只有300斤，蚕丝副业几乎停顿，加上苛捐杂税，盗贼横行，真是民不聊生。造成这悲惨局面的根本原因，我在上述书中归结于土地制度和维持这种制度的政治权力。正如格迪斯教授书中所叙述的，1949年的解放，改变了政治权力的性质，1951年的土地改革改变了土地私有制，农民真正成了自己土地的主人，从此中国进入一个新的历史时期。我必须在这里指出，中国人民能取得政治权利和改变土地制度，没有中国共产党的领导是不可能的。

土地改革后，农民在自己的土地上耕种，积极性空前高涨。若以土改完成后的1952年和1949年相比，全国平均粮食生产增长了42.8%，农民购买力提高了一倍。以开弦弓村来说，1936年的粮食亩产量是300斤，1952年据格迪斯教授的数字是500斤，增加了66%。如格迪斯教授所记下的，这个村子完成了合作化后，粮食产量继续上升，到1955年已达亩产560斤。1956年就是合作化后一年，当时农民给格迪斯教授的预算该年亩产量将达700斤，那就是比合作化前的1955年增加28%；比1952年增加42%。这年全国粮食产量比1952年只增加14%，[1]像现在一样，开弦弓村当时在全国范围内是属于上游的。

1958年开弦弓村像中国的其他许多农村一样建立了人民公社。由于当时在生产上提出了过高的指标，经济上搞平调，挫伤了社员的积极性，使生产受到挫折，粮食反而减产，社员收入减少。到1960年加上了若干其他原因，全国陷入困难时期。在最严重的时刻，像开弦弓村这样的农村也发生了人口外流的情况。但是在开弦弓村这种情况扭转得比较快，1962年已经纠正了一些过左的措施，规定了以生产队为核算单位，和实行了计件工分制。同时还开展了农田基本建设：平整土地，开通沟渠；又推广机电排灌，基本上消灭了我在上述书中所描写的那种用人力踏水车的传统方法。从1962年到1966年，全国大动乱开始前的四年中，开弦弓村粮食产量平均递增率是8.25%，又因恢复和发展了蚕桑生产的传统副业，个人平均收入在1966年达到119元。社员们至今把1962年作为生活进入富裕的转折点，他们用最简单的话来表达说："从那年起我们每天吃三顿干饭。""三顿干饭"是说一个壮劳动力一天要吃两市斤粮食。

1966年到1976年，这个全国大动乱时期，农村经济受到的破坏看来并没有城市里所受的那样严重。但是由于强调以粮为纲，集体副业

[1] 参照《中国农业年鉴》1980年，第34页有关数字计算。

和家庭副业都受到了限制，加上管理上强调统一指挥而不考虑各地区的差别，即所谓“一刀切”，和分配上的平均主义，所谓“吃大锅饭”，农村经济进入了停滞状态。以开弦弓村来说，1966 年到 1978 年的 12 年中，粮食总产平均递增率是 3.95%，不到大动乱前的一半。由于单打一抓粮食，忽视了工、副业生产，与粮食生产上忽视了节约成本开支的重要性，加上人口增长，个人平均年收入一直徘徊在 114 元上下，也就是停在 1966 年的水平上。

这次全国大动乱在农村中的消极影响到 1978 年底才得到全面纠正，中国的农村经济又进入了一个新的发展时期。在我继续讲到这几年在开弦弓村见到新气象和新问题之前，我想插进一段讲一讲影响着农村经济的另一个重要因素，它就是人口问题。

从 1949 年解放以来，中国的经济得到了空前的发展，人民生活得到了显著的改善，而同时人口也有较快的增长。1917 年，中国人口有 4.4 亿，32 年后（1949 年）人口增加了 1 亿，达 5.4 亿。又经过了 32 年，1980 年末估计中国人口已近 10 亿，约占世界人口的 22%，在这段时期里，中国人口增加 81%，每年平均增长 19%。这样多的人口，分布又极不均匀，90%以上分布在中国的东南半壁，东南一半的人口密度十倍于西北半部，其中长江三角洲和珠江三角洲每平方公里平均有 400 到 500 人，是世界人口最密集地区之一。

开弦弓村就在这人口最密集地区。我在 1939 年得到当时这个村子的人口数字是 1 458 人，格迪斯教授得到 1956 年的数字是 1 440 人。虽则由于该村行政地区划分略有改变，在比较人口数字时还需要加以校正，但已有的数字可以说明在这一段时间里，开弦弓村在抗战时期可能由于战争的影响人口有所下降。而且解放后在全国人口开始暴涨的最初 8 年（1954～1957 年全国出现第一次人口高潮，每年平均增长 24%），开弦弓村人口却比较稳定。我至今还没有找到 1957 年到 1965 年这段时期的人口资料，而这正是它的人口开始上升的时节。1966 年开弦弓村人口已达到 1 899 人，比 1956 年增加 459 人，即 31.9%，增加率甚至超过了全国的平均数，出现了人口暴涨。

对于开弦弓村这个特殊现象的解释还有待于今后的研究。但是现在可以提到的是，我在上述书中已经讲过的，这个村子的农民长期以来存在着人口控制的习惯。我在这次访问中曾追问他们为什么后来抛弃了这个习惯而让人口暴涨呢？他们给我的解释首先是政府禁止溺婴，所以儿童多了，后来群众有了节制生育的医学方法之后，儿童还是比较少。这种解释是否可靠还待调查。但是这表明这村的农民并没有改变对人口需要控制的传统观念。

当前开弦弓村的人口 2 308 人，和 1936 年或 1956 年相比，只增加约 60%，和全国在相同时间里的增加率相比应当说是比较低的。在这个增加率中除了出生数增加外，还有死亡数降低的一方面。这方面在我这次访问中印象很深，不仅是我还能找到许多 30 年代相识的老乡，而且从人口资料中看到在 70 岁以上的人数，1936 年是 17 人，而现在却有 114 人。人民生活水平的提高和医疗卫生事业的改善改变了过去多生多死的控制人口的公式。在早就意识到人口压力的开弦弓村，用科学方法进行的计划生育正符合人民的需要，这使得这村的干部在答复我问到最近落实计划生育政策的情形时，很有把握地说："这在我们这里是没有多大困难的。"人口统计也证实了这一点，自从 1977 年以后不仅增长率已经降低，而且已出现过负增长的年头。

我不敢说在开弦弓村所见到的人口现象在全中国有多大的代表性。从已有的资料看来，开弦弓村的历年人口的变化和中国全部的人口变化二者之间的差距是相当大的。但是即以开弦弓村的情况来看，中国的人口压力已经够严重的了。在一个发展中的国家，从个体经济进入集体经济的过程中由于社会安定，生活有了保障，人口激增如果不及早预防是不容易避免的。

由于人口增长过快，影响了个人平均占有农产品的数量。尽管解放以来，我国农业生产有相当大的增长，它的增长的速度也超过人口增长的速度，但是由于人口毕竟增长得过多，个人平均粮食配额就不容易提高。例如1978年全国粮食总产量达6 000多亿斤，比1949年增长了169.2%，但按人口平均，仅增长52%。[1]经过解放以来的30多年到1980年，中国谷类的个人平均配额仅约有580斤。一部分农业落后地区还不能自己解决粮食问题。然而，开弦弓村由于土地相对肥沃，人口相对增加得慢一些，情况就显然不同。1962年已实现了“三餐干饭”，1980年个人平均实际得到的粮食(包括口粮及副业的粮食津贴)已接近1 000斤；除了自己充饥之外，已有余粮喂养猪、鸡等家畜，提高家庭收入。从这个小窗户里去看全国形势，且不论人口压力对教育和就业的影响，单是为了解决粮食问题，控制人口的必要性也是很显然的。

然而，无论我们现在采取任何有效办法来控制人口，以全国来说，10亿人口这个数目决不容易在短时期内有所减少。据最乐观的估计，到本世纪末，中国人口将达到12亿。此后，如果政策对头，也许可以开始稳定和下降。现在这10亿人口中有80%住在农村里。因此，我们必须从这个基本事实出发来考虑今后中国社会经济的发展。

回想起我自己对中国农村问题的认识，《江村经济》确是一个重要的起点。在这本书里我注意到中国农村里农业、家庭副业、乡村工业的关系。我的姐姐用了她一生的岁月想从改进农村里的副业和工业，来帮助农民提高他们的生活。1938年我从伦敦回国，在抗日战争时期，在中国云南省的内地农村进行社会调查，使我进一步看到在一个人口众多、土地有限的国家里，要进一步提高农民的生活水平，重点应当放在发展乡村工业上。我在*Earthbound China*一书里明确地提出了这个见解。1957年我重访江村，看到当时农业上有了发展，我感到高兴，但是为那种忽视副业和没有恢复乡村工业的情况而忧心忡忡。现在，历史的事实已经证明我当时的忧虑并不是没有根据的。

[1] 参照《中国农业年鉴》1980年，第34页有关数字计算。

这次短短的几天访问，由于激动人心的巨大进步以及令人陶醉的家乡情谊，使我担心我的观察是否会超越了科学的界限。中国有句谚语："旁观者清"。我高兴地知道在我回乡前大约10天，亲自到开弦弓村观察的冈萨勒斯教授将有机会用她所观察的事实来讲述她的见解。但是我也不愿意错过这个机会，把我在这次访问中得到的一些看法，在这里传达给关心中国农民生活的朋友们。

我在这个讲演开始说明开弦弓村在全国的地位时，已经说过1980年这个农村个人全年平均收入已接近300元，位于全国的前列，大约是全国平均水平的三倍，所以它在中国可以称作属于富裕的一类。但是开弦弓村达到这个水平还只有三年。三年前，1978年个人平均收入还只有114元。为什么在这几年里这个村子的农民会这样富裕了起来呢？

费孝通乘小船从庙港公社出发，到开弦弓村去探望乡亲

开弦弓村农民收入的增加主要是由于1979年以来贯彻了党的三中全会决定的政策，改变了农村经济的结构。那就是纠正了片面地发展粮食生产，而落实了多种经营的方针，大力发展多种多样的副业，不仅包括已纳入集体经济的养蚕业，而且扩大了各种家庭副业。在我30年代见到的养羊和50年代见到的养兔，现在已成了家家户户经营的副业，并且已是家庭收入的重要部分。以养兔为例，养一只长毛兔，每年可以出售兔毛10元以上。而很多人家养五六只甚至十只以上。全公社一共养兔10万只，一年总收入超过100万元。各种家庭副业合在一起，个人平均收入1980年约120～150元，占个人平均总收入的一半。

开弦弓村有一家，共3人，1980年出售肉猪9头，养羊2只，养兔8只，加上卖给集体的肥料和自留地所种的能出售的油菜籽等等，一年得到1 087元，他们从集体劳动工分（包括农业和集体副业）收入660元，每人平均收入是582.3元。这一家在开弦弓村还并不是突出富裕的人家；另一家，共5人，其中4个劳动力，1980年收入2 429元，人均485.8元。这家全年日常生活费用是960元，储蓄1 469元，预备添盖房屋。

开弦弓村的老乡一致同意，吃和穿，也即是温饱，已经不成问题。现在主要的问题是住，也即是房屋和家具。冈萨勒斯教授能用她在农民家亲自吃过的伙食来说出他们的水平。她会告诉你们所尝到的使她称赞不已的饭菜，并不是特地为她的访问而准备的。她常常在人家家里谈话到了吃饭的时候，主人按当地的习惯一定要留客共餐，那就可以吃到各家日常的饭菜了。

至于穿着，已经超过了保温的要求。对于年轻人来说，时行的式样成了主要的考虑。手表对他们计时的用处可能还不及装饰的功能；上一代的手镯已让位给上海牌的手表了。在这一方面还是让冈萨勒斯教授所摄的相片来替我说话更为生动。

冈萨勒斯教授的相片也会告诉我们，我上述书中所附相片上的一些房屋至今还在，只是陈旧了一些。人口增加60%而房屋的增建却远远落后。该村干部提供我们关于住房的数字从1948年到1980年每人平均增加不到1平方米，全村增建一共不到100间。我参观了一个生产队，10多家，挤在三个大门内，在30年代这里只住三家人。建筑房屋的困难，比如土地少，建筑材料不容易买得到等等，我不在这里多说。要说的是这个村子的老乡手边有钱能想到建筑房屋，还是近几年来的事。建造一间房要1 000元，一家至少要三间。在1978年前有多少农民的积蓄能达到3 000多元呢？而这几年来，情况变了，农民现金收入多了，一年上千元的储蓄已经不稀奇。这些钱怎样花呢？绝大多数的农民的答案是居住更新。

这次访问中特别引起我兴趣的是农村中居住更新的过程一般是通过青年一代结婚的机会进行的。新婚夫妇需要单独的卧室。在房屋紧张的情况下，不是延期结婚，就得把老房间分隔。在开弦弓村老一代中确有一生娶不起老婆的人。这几年农民具备了盖新房屋的经济条件时，凡是有儿子要结婚的就急于要扩建住所。过去一年中，靠河边大约有250户人家的几个生产队一共建造了50间新房子，几乎全是扩建旧宅的性质。因之，这村子房屋的布局更见凌乱。新建房屋内床柜箱桌等等用具也是大多在结婚过程中添置的。从订婚到结婚这段时间里，男女双方的家长忙于张罗。由于开弦弓村是父系父居社会，所以提供房屋是男家的责任。那些无力提供房屋的男方，也有采取入赘方式，住到女方提供的房屋里去。新房内的用具事实上是男女双方合凑的，比例以女方经济水平决定。名义上，男方要给女方一笔礼金，而这一笔礼金实际上是给女方准备嫁妆的津贴。这几年经济好转后，女方提供的嫁妆，一般说来都超过礼金所能购买的东西。我们曾参观过一家新房，凡是女方提供的嫁妆上都挂着一条红色丝线，所以很容易看出男女双方贡献的比例。在这个新房里，双方的贡献几乎相等。我们得到的解释是这地区女儿少，特别疼爱，所以出嫁时总是要尽力准备一份丰盛的嫁妆。我们当场估计了一下全部用具和衣服的总值大约2 000多元。这个数字曾经引起结婚费用太高的批评。过于讲究排场固然不好，但是也应当看到事实上这正是农村里生活资料更新的重要过程。至于为了取得对男女间新的夫妇关系的社会承认而采取宴请亲友的方式，由于传统的好客风尚，有时未免花费得过分一些。

如果容许我过早地做一个估计，这三年来开弦弓村农民收入的增加，其中相当大的一部分是通过结婚的过程而消费在家庭生活的物质更新上的。而这个更新过程又是从进入结婚年龄这一代开始的。就在我们参观的新房隔间是老一代的卧室。在这间卧室里我看到的是我幼时所熟悉的我祖母房里的陈设，我祖母是太平天国时嫁到我家的。我直觉地感到过去农村里生活物质基础更新率是这样缓慢，使两代卧室的对比如此之鲜明。

上面所叙述的这段话，当然还要在今后进一步核实，并用正确的数字来表达，现在还不能说是科学的观察，但是当我向老乡们指出了他们正在进行生活基础的物质更新时，却接触到了一个当前的实际问题。这几年农村经济从复苏到繁荣提出了许多新的问题，其中之一就是用普通的话来说，农民手上的钱怎样花法？从全国来看，每年流入农村的货币达到几百亿元。用什么商品去满足农民的需要呢？因此我们有必要去调查研究农民需要什么，怎样可以去指导他们的正当消费，这里社会主义制度可以发挥它的优越性。

就在我们参观新房的下一天，在一个和本村干部的座谈会上，大家提出了许多问题：怎样有计划地进行农民生活资料更新？怎样通过民主讨论的方式制定各种房屋的结构和布局？怎样根据本村农民的财力，分期分批的按大家同意的规划来有步骤地更新全村的面貌？人民自己的政府才能根据人民的需要来发动集体的智慧和力量来为人民群众办事。在这件事上，大家要我们人类学者帮助他们进行系统的社会学调查。我本人是心甘情愿做这种能直接满足人民需要的人类学工作的。

最后我想讲一讲中国农村中集体经济的发展的前景。自从中国农村建立集体经济以来，它一直是农村经济的主要部分，至今还是这样。1956 年正当格迪斯教授去开弦弓村调查时，合作化运动已进入高级社阶段，提高了集体经济的地位。1958 年成立人民公社，农村中的个体经济已微不足道。直到1978年开弦弓村和中国的其他农村一样，农民的收入几乎全部依赖集体分配所得，按各人在集体经济中所贡献的劳动折合成工分计算。但是一度在平均主义的左倾思想支配下，农民所得的工分并不能正确反映他所付出的劳动，所以出现了违反社会主义按劳取酬的分配原则的所谓“吃大锅饭”的偏向。在这个时期，作为个体经济的家庭副业受到极大的限制，甚至遭到禁止。1978年才改变了这种抑制农民积极性的错误政策，恢复和发展了农民的家庭副业，因而使农民的收入有了显著的增加。

但是这种承认农民个体经济的作用并不是否定了或削弱了农村的集体经济；相反的，由于农民生活的改善，生产积极性的提高，同时也促进了集体经济的发展。中国的农业和乡村工业主要是属于集体经济的部分，它们的性质一直没有改变。1981年起所实行的责任制也只是在集体经济的基础上根据各地生产技术和群众的觉悟水平，改善经营方式和贯彻按劳分配的原则罢了，并不是经济制度性质的改变。

在这里应当说明的，上面所提到的农民收入中副业部分的增加，并不反映这个农村结构的全部情况。列入农民收入中的副业部分，只是指从个体经济中得到的副业收入，农民从例如开弦弓村的养蚕业等集体副业中所得到的收入是包括集体分配部分之内的。集体经济的总收入中只有一部分按劳分配给个人，还有相当大的一部分作为集体事业的经费、社区公益费用和用于更新、扩展生产的投资以及公共积累等。因此，我们不能直接从农民个人收入中家庭副业和集体分配所得的比例，得出在农村里个体经济和集体经济的比重。当然，总的看来，这三年农民家庭副业收入的增加是可以说明农村经济结构变化的一个方面，那就是个体经济的增长。至于集体经济和个体经济的相对比重，还需要进一步计算。

农村经济结构另一方面的变化是农村集体经济部分本身的结构变化，主要表现在农业比重下降，副业有所增加和工业激增。

开弦弓村自从抗日战争时期起，合作丝厂被毁，桑田被破坏之后，蚕丝业就一蹶不振。一直到1966年才恢复了集体养蚕的副业，使该村每人平均收入突破百元大关。但是农业和副业的比例还是悬殊，1966年是87.8%比11.9%。

1968年开弦弓村开始重建缫丝厂，但是设备和技术由于条件太差还赶不上抗战前的合作丝厂。1975年乡村工业受到重视后才扩充设备、提升技术。1978年以后逐步发展，现在已成为一个有200多工人的小型现代工厂，而且在出丝率上正在赶上日本的先进水平。1979年开弦弓村开办了两个豆腐坊和一个丝织厂。乡村工业的发展使这个农村的集体经济结构发生了重大变化。以这村南部的那个大队来说，1979年农业收入占50%，副业收入占23%，工业收入占27%；1980年农业占41%，副业占19%，工业占40%。这个结构变化是农、副、工三方面都在增产中发生的。由于发展了乡村工业，这个农村的农民1980年每人平均集体分配达到150元，比1978年前增加约1/3。苏州地区农村中集体经济结构1980年是农业占19.6%，副业占13.2%，工业占67.2%，[1]所以开弦弓村在这地区乡村工业发展上还是比较落后的。

1982年春节前夕，费孝通和姊姊费达生在开弦弓村和乡亲们话家常

[1]《中国农业年鉴》1980年，第13页。

在开弦弓村所见到的农村经济结构的变化在中国并不是个别的特殊现象。即使不能说中国几十万个农村都已发生这样的变化，但是可以说这是中国农村的共同趋势。据了解，到 1979 年底为止，全国已有 98%的人民公社办起了集体企业，包括粮食生产之外的种植业、养殖业和工业。单以社队工业计算，估计产值已占全国工业总产值的 9.3%。

现在中国农村经济的发展仍然是不平衡的，穷队和富队之间相差的距离相当大。按人口平均最好的富队已超过千元，而大约还有 1/4 的队不到 50 元。[1]分析富队之所以能富，最普遍的原因是开展了副业和工业，凡是单打一种粮食的大多属于穷队。粮食价格过低固然是一个重要原因，而农业产量的提高在像开弦弓村这样的地区已经感到成本太高，以致出现增产不增收的现象。中国粮食产量在过去 30 年中的不断增长，以占世界 7%的耕地，养活世界人口的 1/4，可以认为是人类历史的奇迹之一，但是还要继续增长，如果不改变经营方法至少是相当困难的了。开弦弓村在每人平均只有 1.1 亩水田的面积上，1980 年生产 1 510斤粮食，只留下 660 斤作自己的口粮，一半以上的产品提供给城市居民消费。这样的负担确实不轻。在耕地面积不能增加，单靠提高单位面积产量的办法来解决供应粮食的任务，就开弦弓村来说可供挖掘的潜力，在近期内似乎已经不大了。要使该村经济继续繁荣起来就只有向副业和工业方向发展了。

开弦弓村副业的前途固然还很开阔，但是凡是要利用农业原料的副业，如猪与家禽的喂养需要粮食，养蚕需要桑叶，都已受到限制，而且这限制也将越来越大。开弦弓村蚕业的复兴和增长主要是由于利用电力排水把原来被水淹的和易潦的土地开辟成肥沃的桑田。比如从丝织厂楼房上一眼就看得到的那片桑田，1936 年我初访该村时是一块废地，总面积在百亩以上，现在靠这片桑田养蚕，蚕茧收成每年达到 3 万斤。但是今天还要增加桑田面积至少将和粮食产量一样困难。

---

[1] 《人民日报》1981 年 10 月 22 日，《苏州地区选择适宜本地的生产责任制》。

开弦弓村发展副业的前途看来是在尚没有大量利用的湖泊和河流，1936年我见到的渔家现在已集中到太湖边上，和这公社的其他渔民一起组成了专业的渔业生产队。本村作为副业的渔业并没有发展。近年试殖产珠的蚌蚌，已告成功，但尚未推广。因此到目前为止开弦弓村副业增产的幅度并不大。

从农村经济新结构中农、副、工三个方面来看，发展前途最大的显然是工业。乡村工业还可以分为两种，一种是用本地区所产的原料加工制造，例如从养蚕、制丝、织绸、刺绣，到制成消费品，直接在市场上销售。这在中国称作"农工商一条龙"。另一种农村工业是为都市里的大工厂制造零件。例如上海有一些缝纫机厂、自行车厂把零件包给社队工厂。现在这种方式的乡村工业还只发生在大城市的附近，而且还只是个开始，但是发展的前途是很大的。由于乡村工业的发展，苏州地区有些突出的农村已经出现农村居民职业结构的重大变化，就是主要从事工业的人口在比例上超过了主要从事农业的人口，或是说在农村里用在工业上的劳动力已超过了用在农业上的劳动力。最高的纪录已达到4∶1的比例。当然，这种例子的社区还称它为农村显然不太合适了。

我觉得特别兴奋的是在这里看到了我几十年前所想象的目标已在现实中出现，而且为今后中国经济的特点显露了苗头。在人口这样众多的国家，多种多样的企业不应当都集中在少数都市里，而应当尽可能地分散到广大的农村里去，我称之为"工业下乡"。工业下乡同样可以在国家经济结构中增加工业的比重，但是在人口分布上却不致过分集中，甚至可以不产生大量完全脱离农业生产的劳动者。在这个意义上，为具体实现工农结合，或消除工农差距的社会开辟了道路。

雷蒙德爵士为我这次讲演出了这个题目，要我在短短的一个多小时里讲述开弦弓村近半个世纪的变化，我在时间的控制上和内容的选择上，显然都没有能遵守我老师的指示。如果还能给我补救的机会，那将在离开我开始在开弦弓村调查之后的50年，到那时候(1986年)即使我不能再在这个讲台上做一次补充演讲，希望一本《江村经济》的续篇可以在那个时候送到在座的朋友们的手上。我这个希望的根据是我们中国社会科学院的社会学研究所在我出发来伦敦之前已经作出决定，将在开弦弓村建立一个社会调查基地，一个可以进行继续不断地观察的社会科学实验室。如果这个社会调查基地能顺利地建成，通过年轻的研究工作者的集体努力，我相信刚才许下的愿是可以实现的。

我感谢皇家人类学会同人们对中国农民的关切，并给我机会就我自己所看到的事实，叙述他们怎样在30年里建成安定、繁荣的社会主义农村。开弦弓村的父老们知道我要来伦敦作这次演讲，特地叮嘱我，把他们向你们的问候亲自带给你们。谨祝我们两国人民的友谊不断增长。

1981年11月18日

做活人口这块棋*

在全国一盘棋中，人口这一块棋问题还不少。险象是出于过去 30 年里人口数量翻了一番。经过这几年猛抓计划生育，增长率有所下降，这是好的。但是基数大，今后 17 年里，即使每年增加人数能控制在 1 000 万内，本世纪结束时，实增人口最少还要在两亿人上下。怎样降低增长率和怎样安排这两亿人口，是当前必须深思熟虑地找到妥善办法的两大课题。

要做活这块棋，拿围棋的语言说，必须做两个眼，就是要为新增的人口找到两条出路，使得他们不成为一个消极的包袱，而成为一个促进经济发展的积极因素。

去年我带着这个问题访问了我家乡（江苏吴江）的农村，又访问了广西、新疆和内蒙古等少数民族地区，看出了可以为人口这块棋做两个眼的地方。一个是在作为农村经济文化中心的小城镇，一个是在亟待开发的少数民族地区。

先说第一个眼。过去两年多里我三次访问了家乡的农村，紧跟着

---

* 本文是作者在中央统战部党外人士座谈会上的发言。

观察它的发展，在前年冬天访问时已看到由于落实了各种生产责任制和专业户的政策，农民很快富裕起来。但是商品流通渠道由于不适应新形势，正在阻碍农村继续前进。所以去年，我回家乡时访问了吴江县的一些历来是农产品集散中心的小城镇，看到了这里大可以为人口这块棋做个眼。

说一点情况：太湖边上的吴江县有1万人上下的小城镇7个。在党的十一届三中全会以前，除了作为政治中心的松陵镇以外，都在衰落中，人口至多能维持解放前的水平，很多是下降的。在这五六年里在几条公路交叉点上的平望镇，在上海工业扩散中得到了生机，人口增加了一倍。原来历史上有名的丝绸中心盛泽镇，也喘过气来，人口略有增长。在交通线上的黎里镇和芦墟镇发展了集体企业，恢复了解放前的水平。而过去曾经是周围20万农民的集散中心的震泽镇和解放时有300户大小地主的同里镇，在人口上至今还远远落后于历史上的纪录。

以上情况说明，在过去一段时间里农产品的单一化和统销化削弱了城乡商品流动渠道，严重打击了传统的小城镇。这些原系农产品的初级集散中心，和农民工业用品的基层供应站，却被划归城市范畴。在这一段时期里它和农村的血肉关系被许多部门立下的条条框框所割断和限制住了。小城镇被当作“资本主义的温床”牢牢捆住；农村经济随着僵化。农民被封闭在小村里，文化日益下降。现在农村开始复兴，生产了大量商品，迫切要求有自己方便的集散中心。小城镇的复活势所必至。过去捆绑着小市镇的条条框框就成了农村进一步繁荣的障碍了。

我在实地了解到：现在小市镇里不能缺少的“不合法”的居民大约要占合法的在册居民的1/3，这些人是小城镇这几年里得以恢复所不能缺少的人力。而上面却还是三令五申地要把他们轰回农村去。原来在这些小城镇里的居民，由于那一段时间里和农村割断，难找活路，不得不挤进大城市。盛泽一镇据说逢年逢节，回乡的人要“成千上万”。这些从小城镇里挤出来的人构成了大城市的巨大人口压力。

我这样一说，明白人自然会看到我们堵塞了这种两三万人的小城镇的人口蓄水库，怎能不发生城乡两头的人口紧张呢？恢复这些小城镇在社会主义建设中的地位，落实“积极发展小城镇”的政策，就会如我上面所说的成为人口这块棋中做活的一个眼。试想，我们现在全国共有2 000多个镇，5万多个公社所在地的集市，人口约6 000万，假如现有的镇人口翻一番，以吴江这几个镇来说，是不困难的，全国2 000多个镇就可以容纳6 000万人。每个公社所在地的集市增加1 000人，又可容纳5 000万，合在一起超过1亿，这些人口蓄水库不是可以容纳17年里将会增加的人口的一半以上了么？

第二个是在少数民族地区。我国的情况是这样：占90%以上的汉族占国土的一半，其他一半是50多个少数民族所聚居的，他们的人口不到全国总数的6%。汉族是在以农业为主的时代发展起来的，主要占有了宜耕地区，少数民族在那个时代住的是不宜耕种的苦地方。到了工业时代，汉族地区和少数民族地区在经济资源上的地位却倒过来了。但是由于少数民族过去曾经受到压迫，他们的智力资源是十分贫乏的。靠自己的力量，这些地区的自然资源是发展不起来的。少数民族要繁荣起来，必须发挥各民族间互相合作的关系。

要实现各民族齐心合力来发展这片尚待科学技术来开发的广大民族地区，阻力是不少的。少数民族不大喜欢听到汉族人口多，少数民族地广，这样的话。这怪不得少数民族，他们在历史上苦头吃得太大了。解放以来党的民族平等的政策是规定得明明白白的，少数民族原本可以放心和欢迎汉族去帮他们开发资源，提高经济。但在汉族里，不要说群众，即使是干部，甚至在少数民族地区工作的干部，能认真学习民族政策并按政策办事的，还不能说很普遍。旧中国遗留下来的大汉族主义还是一股顽固的习惯势力。少数民族对进入少数民族地区的汉人怀有戒心是完全可以理解和同情的。

以内蒙古为例，在十年动乱中，从区外自发流入的汉族大约有600万人。这600万人中固然有许多在当前内蒙古建设事业上出了不少力，但是破坏牧场等等搞坏民族关系的事件也层出不穷。这说明人口流动是挡不住的，不主动地有计划有管理的流动，弊多利少。

我建议在民族地区进行一次落实民族政策的检查，并加强研究民族地区的民族关系，特别是已进入这些地区的汉人的情况，怎样能使他们成为受少数民族欢迎的人，离不开的人。新宪法第一百一十八条规定“国家在民族自治地方开发资源、建设企业的时候，应当照顾民族自治地方的利益”。我们为此必须实事求是地找出落实这些规定的具体办法。

如果汉族的广大群众和各级政府和各个部门的干部心中都有党的民族政策，能做到如彭真同志在宪法报告中所说的：“在警惕和克服大汉族主义方面，应当高度自觉和经常注意。”我们就可以实行人口定向流动，取得合理分布。这是在全国一盘棋中，做活人口这块棋的最重要的一个眼。可以容纳的人口何止1亿！

把人口吸引到全国星罗棋布的小城镇里和动员去广大边疆帮助少数民族开发和建设，这些都是从积极方面去解决我国人口问题的办法。我们是不是应当改变过去从单纯消极的观点来看待人口这个因素在全国一盘棋中的地位呢？

1983年春节

农村工业化的道路

这几年我好几次到江苏南部太湖附近的农村和小镇去访问观察，看到许多令人深思的新人新事。其中之一就是城镇和乡村间出现了一种亦工亦农的新人物。他们原是住在乡村里种田的农民，这几年他们在农业之外找到了新的活路。有许多就在村里或镇上社队办的工厂里当上了工人。这种人大多还是住在乡村里。现在村镇间开通了公路，或是铺上了砖路，步行也好，骑自行车也好，早出晚归，往返于工厂和住家之间极为方便。他们上工回来，或是休假、停工期间，可以下田干些农活，照顾家里的各种副业。他们的家属还承包了土地依旧种田，粮食自给。从个人成分来说，既是工人又是农民，或说是离土不离乡的工农兼业者；从他们的家庭来说是个工农结合体。这种人在苏南一带为数越来越多。在靠近城镇的乡村里几乎家家有这种工农兼业者，有男有女。一些近几年来正在迅速发展中的小城镇里，这种被称为农民工的人竟占全镇人口的1/3。我从这种人身上看到了当前我国经济发展过程中农村工业化的一条新的道路。

我国的农村自从拨乱反正，纠正了过去那些“左”的错误政策以来，这5年多时间里发展了多种经营和家庭副业，落实了联产承包责任制，经济面貌焕然一新。苏南农民的人均年收入这几年以每年增加50～100元的速度飞跃上升；太湖附近的几个县，县县都有人均年收入在500元以上的生产大队。许多穷队怎么会在几年之内富裕起来的呢？主要原因是改变了农村的经济结构。以苏州地区来说，进入80年代时，农副工总产值中工业产值已占67%；这几年有些县已达到80%。这样的村子再称它作农村其实已经不太适当了。

由于乡村经济结构的变化，农民已经不完全靠天吃饭了，农业歉收并不致引起冻饿之忧。比如1981年苏南稻谷受灾相当严重，只收到普通年产的1/3，但是农民收入却节节上升。但是如果工业不稳定，影响就不小。比如1982年江苏农业大丰收，全省粮食总产量突破500亿斤大关，创造了历史记录，但是由于化纤纺织品降价，不少社队的农民收入增加率就赶不上上一年。这说明农村经济的重点已由农转工。去年江苏社队工业的产值占全省突破了500亿元的工业总产值的1/4强。乡村工业化正以破竹之势向前迈进。

当前农村经济繁荣促进城市工业扩散和发展的形势，不能不使人想起中国人民革命以农村包围城市的战略取胜的旧事来。这种联想也许并非出于类比，而反映了中国社会经济的特点。我们是个有10亿人口的大国，其中有8亿原本是以耕种为生的农民。他们密集地聚居于东南半壁，形成了人口众多、耕地缺少的局面。在这里讲农业现代化首先碰到的是怎样为剩余劳动开辟生产门路的问题。上面所说到的乡村结构的变化正是这几年里经济发达地区的群众创造出来的解决上述问题的路子。从劳动者来说是离土不离乡，从工业来说是从集中在大城市的形式扩散到广大乡村中去，从整个国民经济来说，出现了新型的农工相辅相成、互相结合的结构。

这是一条具有中国特色的工业化道路。它和西方资本主义初期工业化的路子不同。它对农业不发生破坏作用，它对农民不产生贫穷化的后果。相反的，它是在农业现代化和农民日益富裕中走出来的路子。当然，像雨后春笋般发展起来的小型集体企业，和其他新生事物一般，缺点是难免的。怎样使它们和大企业挂钩配套，怎样使它们在原料、技术、市场等等方面纳入社会主义的轨道，既能发挥它们的优势，又能防止它们滑入歧路，都是我们应当通过调查研究，实事求是地予以解决的发展中的问题。

如果我们着眼于这支新从农业里转来的工人队伍，就能看到他们在中国社会主义现代化道路上特有的作用。他们不仅在劳动上没有脱离农业，在生活上没有脱离乡村。他们作为城乡结合的具体纽带，深入每个作为社会细胞的乡村家庭。如果说，社会前进的目标之一是消灭城乡差别，他们正是在消灭这个差别上起着现实的促进作用。通过他们，现代的科学技术将被带进农业，通过他们现代先进的精神文明将在一向比较闭塞的乡村里生根开花。在这个意义上说，他们确实是当前中国社会前进的原动力。

现代工业化可能是人类共同得经历的历史路程，但是怎样才能使工业化为人民群众带来幸福，却是各国人民得自己按各自的具体条件探索的课题。我们中国人正在按社会主义的原则创建自己现代化的国家。我们在实践里有经验也有教训，但相信勤劳勇敢的中国人民，一定能发挥其胆力和智慧，找到一条具有中国特点的现代化的道路。至于上面所叙述的那一条农村工业化的路子是否会成为一条普遍可以采用的通道，固然还待实践的考验，但是作为群众的创造是值得深入研究和密切注意的新生事物。

1983 年 6 月 25 日

九 访 江 村

从农村到小城镇，再到小城镇群体和中等城市，三年前我们以吴江农村为基地，循着这条路线，把小城镇研究的范围在这几年里逐步扩展了开去。

去年年底，当我结束了第一个回合的探索，从扬州踏上归途时，觉得离开出发点的距离远了，时间久了，仿佛自己也成了一名离开土地的“农民工”。然而谈论中国的任何问题都离不开农村，离不得人数最多的农民，我盘算着应及时抽回身去，重返故土，从头做起，并在这再循环的过程中检验自己以往的看法。

这次回乡在吴江两周，跑了一个村、四个乡和三个镇。飞车往返，如蜻蜓点水。可到基层走一走，就多一点实际的感受。既然是家乡，对新的变化自然就比较敏感。乡亲之间也免了许多客套话，可以直截了当地提问题。在访问后期，县委、县政府和各有关部、局的领导同志还特地腾出两天时间给我上课，使我学到了不少新鲜的知识。这里我就把自己对乡镇工业、农业和小城镇发展问题的思索写下来，作为学习体会向家乡人民汇报。

我屈指一算，为了调查研究到江村去访问，这是第九次了，所以用

《九访江村》这个题目。

一

江苏的乡镇工业产值中有没有水分？苏南农村经济发展的高速度会不会是第二次“大跃进”？这是年初在北京大家普遍关心的问题。为了答复这个问题，我在《光明日报》发表的《政协小记》里专门写了一篇千字文，提出乡镇工业要速中求稳。

在城市里写的文章，与农村的实际之间不免会产生距离。一到吴江，新上任的孙书记就向我介绍全县的经济发展情况。他说，1984 年全县工业产值达 13 亿元，农副业产值为 4.2 亿元，分别比 1983 年增长 33.6%和 31%。在工业发展中利润和职工工资的增长率都超过产值增长：实现税利 1.3 亿元，比 1983 年增加 39.1%，职工工资额为 0.88 亿元，增加了 47%。从财政收入来看，1984 年首次突破亿元大关，增加 21%，跨入了全省 8 个财政收入超亿县的行列。农村的人均收入从 1983 年的 373 元提高到 570 元，增长了 52.7%。

1984 年的发展速度在吴江历史上是最快的一年。上述一连串的数字告诉我们，工、副、农三业是同步发展的；工业的产值、利润、工资是同步增长的；国家财政收入和人民生活水平都是有所提高的。这表明吴江的经济发展是协调健全的。

在快速的经济发展中，国家、集体和个人都得到了各自的利益。其中增长幅度最高的是农民的收入，这一点在农村市场和农村面貌中充分反映出来。震泽镇的镇长介绍说，去冬以来，商店里有三样热门货：洗衣机、电冰箱和彩色电视机，货一到人们争相购买。庙港乡党委书记告诉我，小小的庙港镇上，一次来了 100 台电视机，每台售价 430 元，不到半天时间抢购一空。在开弦弓村，1981 年我三访时，只有一幢我在 1957 年住过的二层楼，今年那幢二层楼已变成了三层楼，三十几幢新的二层楼房建了起来，据说门前垒起砖瓦准备盖楼的，全村不下 60 户。

1958 年“大跃进”时的景象，人们至今难忘。可如今，我在吴江，不但没有看到虚假和浮夸的迹象，恰恰相反，我所感受到的是一种百业兴旺、人民喜悦的气氛。回到县里，问了银行的储蓄额，1984 年城乡人民的存款余额为 8 700 万元，以当年年末总人口 73 万计算，人均储有119 元。

吴江经济的主体是工业，它占总产值的 75%。在农村，工业以年均 30%以上的速度向前推进，这的确容易令人生疑。然而盖屋置物，手中有余款，这些都是实实在在的事，来不得半点虚假。

因此，要回答高速发展是否扎实的问题，还得追问，乡镇工业持续发展的高速度是从哪里来的?

庙港乡缫丝厂在 1967 年筹办时并不是社办厂，而是由开弦弓周围的 7 个大队集资联办的。2.73 万元办厂资金分为 21 股，每股 1 300 元，由这 7 个大队根据自己集体积累的实力认领股份。当时招收的 65 名工人也就按出股多少，把名额分配到各大队。

缫丝工艺并不复杂，办厂的困难却不小。厂房因陋就简；设备在脚踏丝车的基础上稍加改进；用大铁锅煮茧，缺煤就烧东山的硬柴和当地的桑秆，甚至还用太湖边挖出的黑泥炭；缫出的丝卷则在铁皮敲成的烟筒管上烘干。

在最初创业的几年里，月工资一律为 21 元的工人们不分男女老少，职务高低，从搬砖平地到开动 12 台机车，样样活都得干。离家远的工人挤在 6 间漏雨的草棚里过夜。就这样年复一年，赢得利润不还本，股份不分红。赚钱投资，投资赚钱。厂房扩建了，设备更新了，新工人一批又一批送往苏州培训，以适应新机器，掌握新技术。1980 年，工厂终于还清了由 7 个大队筹集的股金。1984 年这个拥有 360 名工人的丝厂已拥有 55 万元固定资产和 28 万元流动资金，产值由最初的近 2 万元提高到 152 万元。现在工人们夜班住宿有了楼房，吃饭有了食堂，劳动有了保护，伙食有了补贴，人均月工资为63元。

庙港丝厂是千万个社队厂中的一个，丝厂的历史也是乡镇工业历史的一个缩影。从中我们看到了除了一笔可数的集体积累之外，.还有一本算不尽的账。十几年来，那些迈着泥腿进厂的农民不计工时、报酬，不顾辛苦、劳累，把自己的血汗投入工厂。

有投入必有产出，待到投入积累到一定程度，产出的旺季也就到来了。应当产出的规律加上可以产出的社会条件，苏南的乡镇工业便开始腾飞了。因此，乡镇工业今天的高速度主要来源之一是农民的集体积累，它是十几年来农民工劳动的结果。乡镇工业的发展是有深厚的根基的。

但由此说乡镇工业的资金都来自自身的积累，那也是不切实际的。从80年代开始，从中央到地方，各级政府制订了扶助乡镇工业的贷款和税收政策。贷款的无偿或低息，税收的减免或低率，使乡镇工业得以养生和滋长。同时还应看到，这几年各级政府也在乡镇工业的滋长中增加了财政收入。因此从长远的观点来看，只要政策对头，收入无疑将会大于支出，至少也会打平，这还仅仅是从金融管理的观点说的，至于在达到收支平衡的过程中，农村经济发展的社会效益是无法估量的。

金融政策对乡镇企业的发展具有一定的影响。可是政策要掌握得适当也不是一件容易的事。去年下半年，不知什么原因，贷款口子大开。农村干部反映，那时各家银行还真有点争风吃醋，项目一来就批，惟恐钱贷不出去，似乎有支不尽的钱。

看来在去冬的那股贷款风中，不切实际地要求扩厂、增加项目的倾向还是存在的。但是这种倾向既不是主流，也不能说乡镇工业本身浮夸，因为那是金融政策出了毛病。当然，我们必须认识到，项目摊子铺得过大是不合理的，到头来是会吃亏的。到了今年的二季度，银行的信贷一紧再紧，刀子切下来不容有任何例外，也不分贷款贷得是否得当。

在数月之内，信贷的大起大落不能不说是一种盲目性的结果，后果现在还没有暴露清楚。至于借钱搞建设和靠自身积累去发展，究竟哪个方式利多弊少，那是需要经济学家才能说得清楚的问题。对于基层干部们来说，重要的是如何把钱花在刀刃上，即服从宏观控制，进行微观调节。为此，吴江的新老两位县长正在绞尽脑汁想办法。他们把全县63个投资数在50万元以上的在建项目排队。其中经过论证效益不高的有9个停了下来，其余的也用清理往来款、扩大集资、吸引外资、企业内部挖潜调整等办法做出了分期分批发展的计划。

从被动的受制约变为自觉的有计划发展，这是宏观控制以后带来的一个积极后果。可以说，在贷款问题上虽然喝了几口凉水，但乡镇工业又一次经受住了考验，它将会更扎实地向前迈进。

二

为什么乡镇工业能有如此大的适应性和如此强盛的生命力？要回答这个问题，就应当进一步去认识乡镇工业所具有的独特性质。

我以为，认识乡镇工业的性质有两种眼光。一是从西方工业革命到现代工业发展的历史经验上看去，苏南的乡镇工业则是不伦不类、难以理解的东西。二是从中国农村的家庭经济结构上看去，乡镇工业却是顺乎自然的事物。那么，在被人称为土头土脑的乡下人眼里，是怎么看待由他们自己办起来的乡镇工业的呢？

首先让我们作一个纯属假定的问题，即如果苏南的农民只在土地上进行单一性的粮食生产，他们能否满足自己生活的需要？

在30年代我第一次到开弦弓村做调查时，了解到当时的水田每亩产稻谷平均在400斤左右，而那时吴江人均也只有两亩耕田。土地上的收成去掉农本和税收仅够供人的食用。可是，农民的生活不光是吃饭，还有住房、穿衣、社交、娶媳妇等等，这些基本的生活内容一样也不能少。显而易见，农民光靠土地满足不了生活的需要。这一矛盾用四个字来归结，就是人多地少。

解决人多地少这一矛盾的办法有两条，一是把多余的人挤走，移居他乡，去开辟新的土地。可是苏南却没有地方可去移民。另一个办法是提高单位面积的产量，这一点苏南农民做了，世世代代精耕细作，实为举世罕见。可是这个办法在一定的历史阶段和一定的技术条件下总是有一个限度。

在历史上，苏南农民另辟蹊径，他们很巧妙地把畜牧业、种植业和手工业三者有机地结合在一起，最典型的便是栽桑、养蚕和缫丝，这便是所谓的家庭副业。其实副业并不副，如果按照我在30年代的调查结果，农民的生活是吃用各半的话，那么副业满足了农民除吃粮之外的另一半生活需求，吃靠土地，用靠副业，男耕女织，农副相辅。这种家庭经济结构，充分显示了苏南农民为谋求生活所激发的特有的创造性和主动性。这种结构作为历史传统一直流传下来，成为当时最理想的经济结构，苏南这块地方也成了人们向往的“天堂”。他们的命根子被掰成两半，一半是土地，另一半就是包括手工业在内的家庭副业。

可是，苏南农民的家庭经济结构没有一定的社会制度作保障，它就显得特别脆弱。封建制度容不得农民有长期稳定的康泰生活。特别是当封建制度与帝国主义侵略结合在一起向农民下手的时候，苏南的家庭经济结构就很快被瓦解了。我在30年代所得到的深刻印象是，帝国主义凭借先进的机器工业把中国农民的土丝挤出国际市场，与此同时各色洋货又打进中国市场，于是苏南农民的副业萎缩以致完全衰败，农民失去了半条命根子。可农民不能不生活，要生活下去就得靠借债，地主、高利贷者乘势加重盘剥，土地兼并的速度越来越快。农民从生活无着到丧失土地，原先处于掩盖状态下的封建矛盾趋于表面化、白热化。土地矛盾的激化引起农民的反抗，终于酿成了一场席卷中国的疾风暴雨式的革命。

革命的结果是生产关系的彻底变革。解放以后，土地还家激发的生产热情加上集体劳动的力量提高了土地的利用率，单位面积产量直线上升。在苏南，50年代末亩产粮食在800斤上下，60年代末超过了1 000斤，70年代中期达到了1 200斤左右。

粮食产量的增加固然能提高土地养活人口的能力，然而在土地与人口这两个变量中，人口的能动性远胜于土地的弹性。自70年代开始，粮食产量一直停滞在现有技术条件下的临界状态，可是人口却剧增起来，人均拥有耕田从解放前的两亩下降为一亩，所以尽管产量翻了接近两番，每人从土地上获得的粮食却只有1 200斤，如果吃粮水平为600斤，那么还剩600斤。在扣除农业税、农本和提取集体积累之后，农民所余无几。

与此同时，在农业政策上片面性也越来越大。农民的家庭副业成了以粮为纲的对立面而被严加限制，集体副业也差不多只剩下为粮食生产提供肥料的养猪一项。

反省起来，在20多年时间里，由于没有认识到人口增殖对经济发展的制约作用，使人多地少的矛盾再度尖锐起来；由于忽视了传统的农民家庭经济结构中合理、积极的成分，致使农业独木难支，长期徘徊不前，这就是苏南农民在实行农业责任制以前人均收入始终处在百元上下水平的根本原因。

历史的经验表明，对苏南农民来说，只从土地上去讨生活是不足以维持生计的，要使生活富足起来，就得把握住另一半命根子。而增加家庭收入的副业门道，这是人们最熟悉、最有感情的途径。因此，即使当时的政策把所谓“七种八养九行当”的传统副业都列入禁区，农民还是顽强地寻找能开辟活路的新的副业行当。于是在60年代末期的特定的社会条件下，苏南农民又创出了一条新路，他们纷纷起来兴办社队工业，用搞工业的方式取得生活所必需的收入。

因此，在农民的眼光里，社队工业是开辟增加收入、满足生活需要的一个新的副业。它的作用与过去在家里饲养几只羊并无差别，至于手段和形式的不同是另一回事。因为副业的本性就是易变，什么收益最大就搞什么，怎样搞赚钱最多就怎样搞，七种八养九行当轮着转。

如果我们用以工业为手段的农村集体副业这一根本性质去观察社队工业，那么对于社队工业的种种特征也就很容易理解了。例如，副业的项目变化不定，社队工业也可以经常换牌子、转产品，副业是把耕作之外的剩余时间利用起来变成生产性的劳动，社队工业的工人也是亦工亦农的农民工，他们既不离乡，离土也只是部分时间，回家还得帮助种田，实际上是劳动时间的分业安排，而决不是如同西方工业革命时那样，劳动力被抛入市场作为商品出售。家庭副业的收入是由所有家庭成员分享的，社队工业也在社或队的范围内搞利益均沾，招工一户一工，工资尽量缩小差距，保证收入均摊。搞副业只求收入，讲究勤快，而不计成本，缺乏精密计算的效益概念，所以社队工业兴起时工人也不太关心工厂的经济效益和产品成本核算，工资虽低，对工人来说总是一笔现金收入，可以贴补家用，有收入就可以，因而不计较工时长短和劳动强度。副业与农业是共同负担吃用各半的“亲兄弟”，谁也离不了谁，社队工业自然也就要补农、贴农，农业上的技术员、拖拉机手、管水员以及社队干部、民办教师、农村医生等等，他们的名字都可挂上工厂的花名册，从工厂支取报酬……凡此种种，与现代工业的特征相背离而使人费解的事，在农民看来极其自然，理应如此。道理就是工厂并不是别的东西，只不过是他们自己的又一副业阵地而已。

农民搞副业的一个特点是一哄而起，遍地开花。在初期短短几年里，苏南的社队工业也到处蔓延，落地生根，历经艰险而不衰。社队工业的这种强盛的生命力和普遍的适应性，不能不使人联想到那野火烧不尽、春风吹又生的小草，草根深深地扎在泥土之中，一有条件它就发芽，就蓬蓬勃勃地生长。这种社队工业，可以称作草根工业。

与西方工业革命的历史相对照，草根工业无疑是中国农民的一个了不起的创举。西欧工业的发生，一股出自城市侵入农村的力量把农村作为工厂的猎地，农民变成工业发展的猎物。而中国的农民却发自一股自身内在的动力，驱使他们去接受工业。他们有力量冲破资本主义工业发展初期的老框框，他们根据自己的生活需要去改变工业的性质，让工业发展来适应自己。在草根工业中，农民表现了充分的主动性，这不是当今中国社会的一大特点么？

三

任何事物的发展都是相互作用的结果。一旦草根工业破土而出，它就会按照自身固有的规律运行。这就是说，在农民接受工业的同时，工业也在接受农民，影响农业，改变着农村的面貌。从这一意义上说，农民最终还得去适应自己创造的工业的发展。

应当看到，草根工业虽然具有副业的作用，但它毕竟不完全等同于传统副业。首先，传统副业以家庭为经营单位，而工业的经营单位一般都是集体性质的，至少是几家联户才能办得起来。所以，草根工业是集体性的合作经济。其次，传统副业是小农经济的一部分，它是一种小商品生产，副业生产的商品往往是农户生活的多余部分。例如鸡鸭卖出去成了商品，卖不出去也可以留着自用或待客。而工业则完全是商品经济，它的商品率远比副业高，而且它把生产者与消费者严格区分开来。第三，传统副业大多是农产品的一次性转换或手工进行粗加工，所以它在资金、设备、技术、人才和管理等方面要求很低。而工业在上述诸方面的要求比传统副业高得多。

正是由于这三个不同，草根工业就不能像以往的家庭副业那样，长期停留在一个水平上，它必须不断改变分配、人事、管理等各种制度和技术素质，以适应工业经济的规律。否则在急速的市场涨落和激烈的企业竞争中，草根工业就有被淘汰的危险。

在同里镇有一家小厂，与一家城市企业商谈建立协作关系。上午在小巧别致的退思园观赏，印象颇佳；中午用餐招待鱼虾河鲜，亦使来客满意。可是下午到厂里一看，厂房窄小，设备陈旧，来客爱莫能助，摇头而去，协作之事就此告吹。

在北厍乡，达胜皮鞋总厂拥有 1 400 多名工人，三年来实行企业改造和加强企业管理的结果，使它做到要批量有批量，要质量有质量。去年一年就生产了 50 万双中、高档女式皮鞋，“达胜”这块牌子在上海市场一打响，该厂身手不凡的萧厂长也就特别引人注目。一次他从广州飞往上海，机场上竟有好几家上海商业公司的经理开车去“抢”他，要向他订货。据说这件事在乡镇工厂同行里不胫而走，流传很广。因为从来都是乡下人巴结城里人，而今天倒了个头，上海人要巴结乡下人，这在吴江乡镇工业的历史上还是第一遭。

这一悲一喜的两个小故事告诉人们，早期社队工业的一部分优势正在转化为劣势。例如“船小好掉头”，在当时表现出企业灵活的一面，而今也表现出了经不起风浪，容易翻船的另一面。又如“土法上马”，成本固然轻微，但它也意味着质量不行，产品上不了市场。因此，乡镇工业发展的重心开始移到上批量生产、拼技术实力、强化质量管理、讲究经济效益上。

从切身经验中认识和掌握现代化工业运转的规律性，并按照规模经济的要求改造自己，这就使得一部分乡镇工业在草根工业的基础上上升了一步，开始脱离副业性质，朝着现代化工业的目标发展。北厍乡的吴江绣服总厂与上述的达胜皮鞋厂就是两个离副变工的上升型乡镇企业。

去北厍乡是临时决定的，我比较喜欢这种令人突如其来的常态访问。可看来那位姓陆的绣服厂厂长根本无须作准备，全厂所有的数据和情况似乎都装在他的脑子里。在电扇轻摇的产品陈列室里，他井井有条地向我们作了简洁明了的介绍。

绣服总厂现有 4 个分厂，1 000 多名职工。它的产品是绣了花的丝绸服装，其中有 30%为内销，70%出口海外。三年前，它还只是一个只能做化纤料裤子的百来人的小厂。当时化纤服装处于低潮，在关厂还是继续办下去的抉择面前，他们分析了服装的面料、款式、色调等市场信息，决定充分利用“丝绸之乡”的本地优势，改产绣花丝绸服装。这一改，使工厂气象更新，面貌大变。三年里产值每年翻一番，利润每年翻一番半。今年上半年，实现产值450万元，全年利润可望达150万元，还可为国家创汇300万美元。他们用自己的实际行动，使一个原先不相信社办厂能生产外销服装的省级公司，也主动找上门来，将它列为外贸的定点厂。

北库绣服厂走到今天这一步，那是大刀阔斧进行企业整顿和改革的结果。在工资制度上，他们变固定式的低工资为用百分考核计算的计件工资制，打破了平均主义的大锅饭。在干部制度上，他们取消了退出农业第一线的老干部仍然进厂当干部的惯例，实行任聘结合的新制度，不论是什么人，不讲情面，有多少本领就授予多少权。在招工制度上，废除了一户出一工的老办法，新工人必须通过文化考核和技术考核才能进厂。工厂握有完全的用工权，工人在三个月的实习期间，工厂有权择优录用，不适宜的可以除名退厂。目前，这个厂正在进行强化科室领导、分层把关的改革，厂部分设了10个科室，各车间除了一名主任，还配齐5至6个检验员、收发员和统计员。他们相信，通过以全面质量管理为目标的改革，工厂将会有更新的起色。

听完介绍，我觉得自己把过去的社队工业或现在的乡镇工业作为一个不加区分的统一体的看法应当得到修正。看来我们应把乡镇工业分为两个层次，一层就是现在的村办工业，它仍然保持着草根工业的性质；另一层则是现在的乡办工业和镇办工业，它是从草根工业向现代工业过渡的工业。这一层次的工业正在把草根工业的种种特征逐步抛开。例如北库绣服厂除了上述的各种制度改革以外，已经建造了600人的职工宿舍，有60%的工人不再每天回家。据说，在其他几个类似的工厂中，农民工们通过工会提出了修建职工家属宿舍的要求，厂方也正在制订这类规划。这层过渡性的工业所具有的特点，应当引起我们的注意，值得我们去深入研究。

从吴江来看，从草根工业内部分化出一批初具现代工业特征的乡镇工业，是在最近一两年里发生的事。乡办或镇办工业之所以升上一层，除了工业发展的规律在起作用外，财政上的包干制，各级政府都要分灶吃饭，恐怕也是一个重要的原因。

据庙港乡反映，不包括乡镇建设在内，仅仅用于维持一些必要的开支，乡政府一年就要花费 20 万元左右。其中第一笔是行政人员的工资，乡党委、乡政府和经联会三套班子有 84 人，而由国家支付工资的干部仅 27 人，其余 57 人需由乡财政支付工资，全年为 4 万元。第二笔是公共事业和文教卫生费用，约 8 万元。第三笔是防洪、驳石岸等等的兴修水利费，约 5 万元。第四笔是修桥铺路的开支，需 3 万元。这 20 万元的维持费就要由乡一级的工业利润来负担。

其他乡、镇的情况也是如此。据介绍，乡办和镇办工业的利润在上缴税收以后，一般分为 3 份，分别用于工厂的再生产、乡镇一级的财政开支和小城镇的建设。例如盛泽镇，1984 年全年镇办工业的利润为 300 万元。除去税收 145 万元，上缴镇政府 54 万元，镇区建设集资付出 61 万元，只剩 40 万元返回到再生产。

镇区建设的集资费用是做什么用的呢？从盛泽镇和震泽镇来看，1984 年分别集资 61 万元和 54 万元。建设的项目有办托儿所、建公园、街道铺建，盖老干部活动室、修订镇志、造敬老院、改进自来水设施、修防洪设施、办文化中心或俱乐部、造职工教育楼等等。

既然乡和镇都作为国家基层一级的财政单位。那么国家下拨的经费又到哪里去了呢？回答说是有的，但数量极少。北厍乡 1984 年才 1.8 万元，而实际的乡镇建设经费为 60 万元，缺额部分只得向乡办工业去化缘。

听了这些，我心中泛起一股说不清楚的滋味。在乡、镇一级的开支中，应当由国家开支，而现在转给乡镇工业负担的项目是太多了一些。据说连乡派出所的民警制服也要由乡镇工业出钱去买。问题究竟出在哪儿呢？这不能不引人深思。

为了满足这么众多的经费需要，乡、镇一级的工业自然必须讲究经济效益，以争取更高的利润。然而赢了利，要负担一笔笔的非生产性开支，目前普遍感到负担过重。可是从农民的角度看，乡办和镇办工业赚的钱，除了付给农民工的工资、奖金以外，主要用于集镇建设，为镇上的聚居人口服务。所以乡办工业与村里农民的生活之间已经隔了一层，相对疏远了。村办工业与农民生活的联系就要密切得多。从报表数字看，村办工业的经济效益最低，而实际上，村办企业把自身的经济效益转成了全村的社会效益。例如村办工厂通过一户一工、多招工人的方法，使工厂的劳动生产率变成了农民家庭的工资收入。在吴江，凡是村办工业，都起到直接补贴农业、补助农民的作用，村办工业办得越好，补贴和补助就越多。据县委办公室提供的资料，八坼乡的农创村，由于村办工业办得有起色，在过去的 5 年内集体给农民的补助共计 77.2 万元，人均得 870 元。补助的项目有兴修农田水利、农民建造楼房、修筑村道、集体应提取的公积金和公益金及管理费、发放养老金、修护石驳岸、合作医疗、计划生育、学生学费、烈军属补助、困难户补助、农民购买电视机补助共 12 项。其中接近和超过 10 万元的有前列的四项。

与村办工业的作用相比较，乡办工业的作用与农民生活是隔了一层。但乡办工业毕竟是从草根工业中脱胎出来的，因此，尽管它为提高经济效益而改变草根工业的性质，但它始终没有抛弃支农、养农的主旨。这就是由农民发展起来的现代工业与资本主义工业的根本区别。一方面，乡办工业以支撑乡财政，资助小城镇建设和兴办乡、镇范围的公共事业、社会福利事业的形式，间接为农民服务；另一方面，一些先进的乡办工厂开始用联营的方式去扶助村办工业。

北厍乡有一个村办的皮鞋厂，由于缺乏技术，信息不灵和经营不善，年年亏本，一直处于危机状态，可它养着 200 名农民工，关不了厂。今年 1 月，乡政府决定将该厂划归乡办的达胜皮鞋厂管理，成为它的一个分厂。半年来总厂只给分厂添了点设备，建立起与总厂相一致的管理制度，分厂的经济效益就提高了十倍。今年分厂的利润可达

40万元左右。乡村联营不但带动了村办厂的发展，而且可以通过分散经营和协作生产，使乡办厂自身在不增加人员设备的情况下扩大产品的批量，更具有规模效益。

乡办和镇办的工业上升了，草根工业的力量是否因此而削弱了呢？看来情况恰恰相反。吴江乡镇工业局的同志说，这一年来村办工业的发展势头比乡办工业旺得多。统计资料也表明，工业的发展速度是县不如乡、乡不如村。在产值上，1984年乡办工业为3.1亿元，村办工业为2.7亿元，二者已相当接近。在发展速度上，今年上半年与去年同期比较，县属工业只增长18.7%，乡办工业增长87.8%，村办工业则增长111%。

把这一现象与上述的工业和农民生活之间的关系联系起来，使我们明白了一个道理。即工业与农民生活的关系越密切，发展的动力就越足，发展的速度也就越快。所以乡一层的工业一上升，农民就觉得它离自己的生活远了一点，于是就把积极性投入到仍然作为草根工业的村一层的工业上去。就这样，一批草根工业离了“土”，又一批草根工业长了出来。由此而言，乡、镇一层工业的升级，不但没有削弱草根工业，而是助长了草根工业的发展。

四

草根工业上升了一层，再滋长一批，这个过程当然不可能永远进行下去。可是现在乡镇工业还刚刚上升，就亮起了红灯叫它暂停。

部分同志从宏观控制出发，认为乡镇工业已不能再承受劳力的冲击了，他们希望至少在目前不要再提劳力的转移。另一部分同志则从农业现状出发，觉得乡镇工业不能再挖走农田上的劳力了，他们希望不要再讲无工不富，要讲无农不稳。

对于前一种看法，我以为宏观控制的对象是失控，乡镇工业的发展并没有失控，自然它就不应当成为控制的对象。至于宏观控制带来的影响，也必然会随着失控现象的扭转而消失。因此，只要农业上有劳力剩余，就会产生冲击力，谁也挡不住。关键就在于农业上究竟还有没有多余劳力？按照第二种看法，农田上的劳力紧张起来了，农业开始告急，草根工业的基础在发生动摇。

情况是否果真如此呢？

根据统计资料，1984 年，吴江县的农村劳力总数为 39.14 万人，其中有 12 万人已转移到乡、镇、村工业和县集体企业工作，从事建筑、运输等其他非农业的劳力为 6 万人，从事林、牧、副、渔业的劳力有 3 万人，从事耕作的农业劳力为 19.32 万人，以全县 96.24 万亩耕田计算，每个劳力平均拥有 5 亩耕田。另据县农工部测定，若按现有耕作技术条件下每亩耕田需要 34 个标准劳动日计算，每个劳力可耕种 8 亩田。可这是在理论上算账。如果考虑到劳动力的不平衡性和农田耕作的季节性，现在的生产条件实际上一个劳力能种好 5 亩田已经很不错了。劳均拥有的耕田数与一个劳力能够耕种的田亩数正好相等。由此可见，从全县的大账算来，吴江的农业劳动力应当是既无剩余，也不缺乏。

然而，在我走访的几个乡，除震泽以外，干部们都说农业劳力颇感紧张。可替他们算一算账面上的劳力，又都与全县的情况相符，基本上能够满足农业耕作的需要。看来只算账面数字而不看实际，就不容易把真实情况摸清楚。

开弦弓村合作社的社长谈雪荣，今年刚满 40 岁。他家有口粮田和承包田共 7 亩多。原先，这些田主要由他 60 多岁的父亲在负责耕作，农忙时则全家帮忙。今年他父亲病故，失去了一个农业上的全劳力，种田的担子则落到他的肩上。虽然家务事由老母亲做，在村丝织厂工作的爱人和一个儿子也可在工余时间做帮手，可他既要工作又要种田，夏收夏种时家中又饲育春蚕，在最紧张的那些日子里，每天十七八个小时的劳作累得他躺在床上动弹不得。

北厍乡的柳书记告诉我，这个乡共有劳力 1.5 万人，其中从事以乡镇工业为主的非农劳动人数有 1 万人，还剩下 1/3 的劳力在种田。他强调说，从人数上看农业劳力并不缺，但农业劳力老的老，少的少，质量太差，是个不实足的数。梅堰的徐胜祥书记是老熟人了，他说在梅堰这个铸件之乡，青壮年劳力绝大多数被工厂吸收了，留下的都是 60 岁上下的老人和病弱者。所以在群众语言里多了个词，他们把联产到"劳"称为联产到"老"。

强劳力进厂，半劳力种田，这无疑是农业劳力紧张的一个原因。如果联产到"老"的趋势继续下去，有可能造成极为严重的后果。去年，在梅堰的庙头村有三家万斤粮户，今年大概都保不住这一称号了。据说是因为这三家的青年不听家长要他们留下种田的劝阻，都跑到工厂去了。大家普遍反映，现在农村的青年人都不愿当农民。对此，有人惊呼，10 年以后将无农夫。

青年人之所以不愿留在村里种田，据说一是因为农忙时劳动强度太大；二是社会地位低下，不进工厂甚至连对象都难找；三是农业的收入少。

我注意到的是第一和第三两条，第二条是从这两条派生出来的。第一条这里姑且不说它。先看第三条，种田的收入少到什么程度？

请县有关部门计算 1984 年每亩粮油作物的物质费用，结果是，以亩产粮食 1 433 斤和油料 61 斤计算，亩均收入是 255 元，而种子、肥料、农药、机耕、排灌、小农具添置等物质费用每亩约为 78 元，这是在县农工部提供的每亩物质费用资料中扣除管理费一项后计得。又据开弦弓一户记账农户提供，去年他家的 5.7 亩田地共缴纳了两金一费和农业税为 330 元，每亩为 58 元。以亩均收入减去物质费用和缴纳费，农民在每亩农田的耕作收入为 119 元。如果一个劳动力全年耕种 5 亩田，则可收入 595 元。

据乡镇工业局领导同志介绍，去年乡和村两级工业职工的年平均工资收入（包括奖金在内）是 727 元。所以务农劳力收入要比务工劳力的收入少132元。这里应当指出，务农劳力的收入中有相当大的部分是以实物形态兑现的，即全家所需的粮食、食油、柴火等都包括在上述的收入中。以全县农业户户均人口为4人，每人需自耗农产品的价值为100元计算，那么，耕作5亩田的农业劳力只到手现金195元。还应当指出，一户人家耕5亩田必须有一个劳力被钉在土地上，而在耕种和收获时节，全家人必须都扑到土地上做帮手，由此算来，一个农业劳力的现金收入就是微乎其微了。

计算数字不免使人枯燥乏味，可所得的结果却十分重要，它可以使我们悟出不少道理。平望乡的干部说，现在种田不如一位老太太在车站上卖茶叶蛋，不如在乡镇办厂当工人，更不如到上海做小工。所以该乡的溪港村就有三户人家不肯种田，弃农经商，留下的7亩田只好由村里的塑料厂派人代耕。开弦弓村有一户人家因特殊困难退出了3亩田，村干部为了重新分配这点田召集社员开会。会议从下午7点半一直开到午夜11点半，无人愿意领受。最后还是请大家看在乡亲、乡邻的面子上，才分掉了2亩7分。北厍乡为了防止农业劳力的盲目外流，下行政命令不准农户白田抛荒，外出经营需三级证明。这种现象，包括前述的青年不愿种田等等，不都可以在这计算结果的数字中找到根源吗?

因此，农业劳力的紧张，农民地位的低下，根本的原因就是农民所说的一句话：种田赚不着钱。干部们把它翻译为：农业的经济效益最低。由于农业的经济效益最低，土地的价值在农民心中便失去了其数千年来的传统魅力。土地价值的跌落是一盏真正的红灯，不过它不应该是暂停的信号，而应成为提醒我们警惕农业有可能产生危机的标记。它要求我们必须深入研究在农村工业化的过程中怎样发展农业这一迫切课题，从而使农业现代化与工业化同步进行。

目前我们在吴江看到的实际情况是，农民尽管不愿种田的思想普遍存在，尽管有弃农的苗头出现，但在吴江，从总体上看，眼下的农业生产还是稳定的，农民们拼死拼活也要把落实责任制时承包的几亩田种熟种好。这是因为农民的商品经济头脑还没有发展到把粮食也包括在内的程度。所以农户的食用粮和家庭饲养牧业用粮还得靠自己种出来才放心，盖屋时请人吃饭亏空的粮食也不是到市场上去买，而是到亲戚家中去借。

因此，粮食必须自给自足的传统和几十年来粮食并不富裕的教训，维持了目前农业生产的稳定。可这种维持的局面是不可能长久的，假定从工业得利和从农业收益之间的距离进一步拉大，农民的商品经济头脑再向前迈一步，那么农业生产就会出现危机。

上述两个假定并不是研究者的空想。在苏南一些发达的地方，已经出现了所谓“产值翻一番，缺少鸡鱼蛋”的情况。在吴江，当农户把前两年打下的粮食用塑料袋储放在家里以后，今年便出现了改水田为旱田、变粮食生产为其他经济作物生产的新情况，以致县领导觉得国家下达的2.75亿斤定购粮任务过重，担心今后有可能完不成。因此，用行政命令不准农业劳力流动的办法只能暂时奏效。要真正做到有一个稳定的农业，就得从提高农业生产的效益出发，去寻求发展农业的新途径。

在吴江，我听到两家农业大户的情况。一户在菀坪乡，全家10口人，承包了81亩土地，而且把粮食生产与饲养畜禽相结合，成了以农业生产致富的典型。另一户在同里乡，夫妇两人加上女方的父亲和一个渡工，承包了178亩耕田，预计今年的收入逾万元。

人们从这两个大户身上总结出一条：农业生产要提高效益，就得搞规模经济。县委办公室的一位副主任说，实践证明，五六亩责任田只能拖住农民，却不能安住农民的心。只有扩大经营土地的面积，形成一定的规模，才能产生较高的经济效益，也才能有人安心种田。

这使我想到了在日本时参观过的家庭小农场。一对夫妇，一两个雇工，经营着相当于三四十亩土地的小农场。在日本，这种家庭小农场的收益并不算高。但若与苏南每家耕种五六亩田相比，它的效益显然要高出一个层次。那么，我们能否在责任制的基础上，也实行这种土地小规模的集约经营方式呢?

从上述两个农业大户的情况来看，第一，在他们承包的田地中，绝大多数是围湖后的湖田，因此没有像其他土地那样重的粮食定购任务。第二，在种子、化肥、水利、仓库以及农机等方面，集体为他们撑了腰，提供了高于一般的农业服务。这两个条件显然不具有普遍性，因此，吴江的农业大户也仅此两家。

要做到土地的一定规模的集约经营，离不开农业耕作技术的提高和农业生产服务体系的建立。现在的农业技术与服务情况如何，我这次来不及作详细了解。但看来农业技术的提高很缓慢，服务也没有大的改进。调查时，人们说到这样一件事：一位农民在梅雨季节过后打算翻晒粮食，一天他听广播说是晴到多云，于是就把谷子摊在场地上，他自己去镇上的茶馆喝茶了。谁知转眼间下了一阵雷雨，等到他赶回家，粮食已全部被雨水浸泡透了。一气之下，这位农民举起铁锄，把挂在墙上的广播喇叭敲得粉碎。当然，天气预报并不能保证万无一失。我举这个例子是想说明，对于在现有技术条件下的农业生产来说，对自然力量的抗御力还很弱，冒的风险较大，故而优良的服务更显出其不可或缺的重要性。一旦服务不周，农业的规模经济自然也就不可能形成，只好将农业生产的风险让众人分散去承担。这就是县干部所说的发展农业服务难，农业风险共担。

农业负担的减轻，耕作技术的改革，服务体系的建立，都需要雄厚的经济物质基础。这一力量在现在的农业里是不具备的。农业这条腿目前还很软，靠它自己还站立不起来。所以农业由小农经济向规模经济过渡，必须有一外来的触发和支撑的力量。我以为这一力量就来自草根工业。实际上，现在苏南农村不发生大批农民外流，农业还能继续高产，是得力于基层草根工业的支持。

工业的进一步发展把农民一批批地吸走，农业劳力的紧张导致土地经营的相对集中，工业的利润则为农业的集约经营减轻负担和增强技术服务提供经济力量，而农业的规模经济又反过来以释放更多劳力的方式促进工业的进一步发展和飞跃。这就是我对草根工业的意义和农业发展的前景动力的认识。至于苏南农业究竟以多大的规模进行集约经营？人们估计现有技术条件下大概可达到二十来亩。对此还有待于我们去研究。

从现有包产到户的小农责任制转化成相当规模的小农场，给农业机械化和现代化的真正到来创造条件，是当前已经提到日程上来的现实问题了。显然，农村体制改革已要求更上一层楼。这也应当是我们今后研究的重点。我觉得现在回到农村里去进行调查是及时的。农村是乡镇工业的基地，乡镇工业促进了小城镇的发展，形成了苏南地区全面的繁荣，要跟踪追进地观察这个历史过程，我们不能放松对农村本身的调查研究。这可说是我九访江村总的体会。

1985年8月29日

说草根工业

苏南农村这几年发展的工业，不是上头叫办的，而是农民自己创造出来的。与西方工业发展的历史相对照，这是一个了不起的创举。西欧工业的发展，是少数资本家，通过一股出自城市侵入农村的力量，把农村作为工厂的猎地，把农民变成工业发展的猎物，弄得农村破产、农民流离失所，不得不出卖廉价的劳动力。这种工业发展的结果必然是城乡对立、工农对立。所以马克思说几个差别是资本主义社会的特征。而中国农民发自自身的动力，冲破资本主义工业发展时期的老框框，根据自己的生活需要，让工业发展来适应自己。这与资本主义工业是有根本区别的。

中国工业化，要从农村开始。在苏南，农民办工业，是逼出来的。有限的耕地吸收不了不断增长的人口，而农民只有种田一条路，没有别的出路。他们在打破大锅饭以后，就在人口的压力下，千方百计地寻找活路，找到了工业这条路子。十年动乱，把城市工人、技术工人赶下乡，使城市技术和农村劳动力结合起来办工业。工业的发展要有原始的积累。葡萄牙、西班牙工业靠海盗起家，英国工业靠掠夺殖民地起家，日本工业靠赔款起家，中国工业靠什么？我们不能抢人家的钱，也不能靠赔款，只有靠农民勤劳。中国农民办工业可以像长乐的农民一样两年不拿工资，这是城市工厂办不到的。农民办工业，以农业做基地，通过家庭这个细胞来发展。开头是靠农业积累资金，“以农养工”，随着工业的发展，收入的增加，反过来就“以工补农”。农村破破烂烂，农民省吃俭用，在农业里积累下资金，利用简单的机器设备办工业，有的有机器没有厂房，就把机器安装在自己家里，厂房就是农民的家，工人就是农民的子女。有的地方机器放在农民家中两三年后才搬进新建的厂房，经过几年努力，逐步发展成为颇具规模的自动化、半自动化的工厂。草根工业就是从这里来的，从农村种地的人里长出来的，它的根深深扎在泥土之中。由于农民可以把住房让出来安装机器，自己的子女可以不计报酬地参与劳动，不要国家一分钱投资，这一切就赋予草根工业无限的生命力。亏本不认输，倒了又爬起来，真是“野火烧不尽，春风吹又生”。国家一办工厂，就要组织一批人马，往往搞得机构臃肿，养一大批工人，官僚化，赔老本。因此，城市里是工厂养人，农村里是人养工厂。草根工业有很强的生命力，几年时间就出现了一批系列化的小工厂。

江苏的草根工业，是集体性的合作经济。他们的发展已经历了三代人。第一代是由一批有一片热心的农村优秀基层干部带头办起来的。第二代是一些学徒出身有经营能力的中年干部。现在已发展到第三代，大多是高中生，精明能干，开始实现现代化、知识化、年轻化。他们有气魄，敢于同国营工业挑战。国营工厂经济效益较差，自己不行，就讨厌他们、排挤他们，刮起了乡村工业“以小挤大”等一阵阵冷风，他们顶住了。江苏省乡村工业产值相当于 70 年代全省工业总产值，今年已超过了上海。国营工厂弊端多，效率低，乡村工业的蓬勃发展，势不可挡，逼着它非来个脱胎换骨的改造不可。

中国是以农民为主的国家。在革命战争年代，我们主要是靠农民力量夺取民主革命的胜利。现在我们要实现工业化，也得靠农民。农民办起了工业，也不会放弃农业。因为草根工业是植根于农民的，它不仅靠农业里挤出来的资金诞生，而且成长了也不忘本地不断“以工补农”，它与农业血肉相连，脉脉相通。

农民现在很注意智力投资，培养人才，有的地方自己办起了农民大学，如江苏的沙洲职工学院，请钱伟长同志当名誉校长。青年学生一进国家办的大学，就只求考试及格，等着毕业端“铁饭碗”。农民办的大学大不一样，国家不承认，没有文凭好拿，但他们不靠文凭吃饭。草根工业的蓬勃发展，农民自己起来办大学，逼出了一个经济体制的改革，又逼出了教育体制的改革。事实证明，乡村工业走出了一条具有中国特色的社会主义道路，一条农村工业化的道路。

1985 年 11 月 30 日于福州

小商品　大市场*

近几年来，我主要是在江苏农村作调查，同时还到内蒙古、甘肃、北京郊区等一些地区进行比较性的观察。看到三中全会后，农村经济普遍活跃了起来，而且发展速度出乎一般人的预料。但我也注意到各地的经济发展很不平衡，农民的致富门道也各具特色。去年听到有人提出农村经济发展的不同模式引起了我的兴趣，于是抓住今年政协会前的一段时间，来到浙江看看颇为闻名的温州模式。

2 月 27 日从杭州出发，途经东阳、丽水、青田来到温州，3 月 7 日取道台州、绍兴回到杭州，历时 9 天，实际行程 1 518 公里。限于时间的局促，在温州我只走访了四县、五镇和参观了市区的两个街道厂，算不得是深入的调查，只能说是一次初探。

一、以 商 带 工

比较是科学认识最常用的一种方法。行前，脑子里带着的是一套

* 本文在 1986 年《瞭望新闻周刊》发表时题目为《温州行》。

苏南农村经济发展的模式，到了温州，我就试图寻求两地的异同，从而在具体的比较中去认识这一地区的发展特色。

从相同方面而言，首先是江、浙两省都具有人多地少的特点。浙江全省面积10万余平方公里，与江苏大致相仿。人口是4 000万，比江苏少了2 000多万。可是两省的地形特点差别很大，浙江是七山一水二分田，也就是说可耕田面积远少于江苏，因此，浙江的人均耕田比江苏更少，只有0.68亩。就温州来说还要少，人均不到半亩田。其次，在三中全会之后，特别是进入80年代的三四年间，温州地区的农村经济如同苏南一样，也有令人惊异的高速发展。1978年温州市农村的人均收入仅55元，1980年为165元，1985年达417元。农村的经济结构也同样发生了革命性的翻转。1978年温州总产值中，种植农业占64%，工业与其他各业加在一起只占36%，而1985年的25.3亿元总产值中，种植农业占25%，工业产值猛增到16.5亿元，占了65%，其他各业占10%。

同是人多地少，也同样是由穷变富，为什么在人们的认识上对苏南肯定的较多，而对温州却出现较大的分歧呢？我就带着这个问题探求它们之间的不同之处。

汽车刚拐进金华以南地区，只见公路两旁不时出现一块块木牌，上书“货运温州”、“货运山东”等字样，这是我在江苏未曾见过的新鲜事。什么货运出运进？来往运输怎么会有那么多？货又怎么运？谁在运？这些疑虑直到走访了温州的桥头镇才得以释然。

桥头镇坐落在瓯江北侧的山峦之中，偏离杭温公路3.5公里，属永嘉县桥头区管辖。该区共有5 000多户人家，近2.5万人，人均耕田0.28亩。如果只事农业，全区8 000名劳力就会有70%到80%的剩余。据介绍，历史上桥头人解决人多地少的办法是外出经商，用当地流传的话说，“桥头生意郎，挑担奔四方”，靠农商结合维持人们的生计。70年代中期，桥头镇开始出现了表带、手套、发夹、塑料花等一些小商品市场。1979年据说是一位王姓的弹棉郎在江西买来一批处理纽扣，带回桥头摆起了纽扣摊，谁知这一摆竟成了气候。一年之后，镇上把纽扣从外地买回来，再在这里摆摊子卖出去，这样的摊子发展到100多家。1983年初，县政府批准桥头镇为纽扣专业市场，至今全镇有700多个纽扣店、摊，全国300多家纽扣厂生产的1 300个品种的纽扣在这里都有销售，1984年桥头销售的纽扣共计50多亿粒，相当于全国每人5粒，日成交额高达16万元。去年的成交额为8 000万元。1981年，桥头人不再满足于单纯做买卖，他们开始用经商积累的资金办厂生产纽扣，现在全区有430家纽扣厂，其中300家是家庭工厂。桥头市场销售的纽扣有40%是这些工厂自己生产的，年产值近2 000万元。这是温州模式以商带工的一个典型事例。

桥头纽扣市场的繁荣不仅消化了本地的剩余劳力，还吸收了大批邻近地区的劳动力。现在市面上做纽扣生意的就有5 000多人，全区工业从业人员也接近此数。特别引起我注意的是还有9 000人在全国各地搞采购和销售，他们的身影虽不在桥头，但牵动着纽扣市场的生命线。据说这批人大都是昔日的“卖货郎”，现在新名称叫“购销员”。这批购销员组成了遍布29个省、市、自治区的流通网络，将各色纽扣和其他生产资料采购进来，“货运温州”，同时把桥头的纽扣推销出去，“货运山东”等处，将商品直接送到各地售货店、成衣铺和用户手上。正是有了这支队伍，桥头的市场才充满生机，越搞越大，被人誉为“东方第一纽扣大市场”。

小纽扣，大市场——桥头群众闯出了一条富裕之路。据估算，1984年全镇工商两业收入占总收入的86%，全镇600余户人家中万元户达80%，人均收入600元，纽扣市场上缴国家的税收也逐年向上翻，1983年是95万元，1984年是182万元，1985年是311万元。三年来，全镇建房845间。有趣的是在街道两旁鳞次栉比的三层或四层的新楼内，底层设铺面，一般由女主人经管，二楼是生产车间，大多由儿女当家，三四层是居室，男主人则外出担当着供销员的角色，设摊经商、办厂生产和出外供销等商品经济的环节有机地结合于一个个家庭之中。

听完介绍，我想去市场转一转，不料刚看了一家，就被凑热闹的人群团团围住了，竟成了参观对象。当地干部解释说，由于桥头纽扣品种齐全，在上海等大城市转悠一星期不能完成的采购任务在桥头只需个把小时就可得到圆满结果，所以现在每天来桥头的外地客商有两三千人，他们把窄小的街道挤得水泄不通。保卫人员见此情况怕出意外，就将我塞进车子一溜了事。

二、“八 仙 过 海”

桥头的生意郎勾起了我对近半个世纪前的一段往事的回忆。那是1937年的夏天，我从伦敦到德国柏林去和我的哥哥一起度假。一天，有人敲我们的房门，打开一看是一位拎着手提箱的中国人。异国遇乡人自然大喜过望，可我们彼此的方言不同，话语不通。只见他极有礼貌地鞠了个躬，然后打开手提箱，一看里面都是一些日用小百货，看来他是请我们买东西的。他走后，哥哥同我说：在柏林、巴黎等欧洲大陆的不少城市中，这样的小生意人数以万计。他们大多来自温州、青田一带。起初他们背着青田石漂洋过海，在意大利、法国、德国做石刻手艺，待到石头用完了，就转而做小买卖。这些人靠着挨家挨户地送货上门和很有礼貌的优良服务态度，经营商品赚钱。1938年我回国时，打听到法国马赛有一些往返中国的轮船，设有专门低价供应欧洲华侨来回的统舱。我就买了这种船票。在统舱里我结识了其中一些能通语言的朋友，了解到他们一生千辛万苦的经历。可是在他们的脸上却看不出有丝毫痛苦的痕迹。我清楚记得一位老人对我说，他在欧洲过了一辈子，已经在家乡盖起了两栋房子和自己的坟墓，这次回去是想送老了。他流露出一副任务完成、叶落归根的心满意足之情。

50年前的记忆，50年后眼前的市场，其间脉脉相通，也可说是历史的必然联系。从中我领悟到这里存在着所谓“温州模式”与“苏南模式”之间不同特色的关键。苏南的历史传统是农工相辅、男耕女织，可以说是“牛郎织女”，而温州地区的历史传统却是“八仙过海”，是石刻、竹编、弹花、箍桶、裁缝、理发、厨师等百工手艺人和挑担卖糖、卖小百货的生意郎周游各地，挣钱回乡，养家立业。这些漂泊异乡的手艺人和商贩与居家耕地的农家女相结合，是艺商与农业的结合。在这两种不同的老根基上，苏南长出来的是社队工业和后来的乡镇企业，浙江冒出来的是家庭工业加专业市场。苏南是从农副出工业，以工补农，浙南是从商贩出工业，以工扩商。

不同的历史特点总是要顽强地表现自己，然而历史传统的现实体现必须具有足够强大的动力并满足一定的条件。苏南人说70年代初期的社队工业是人多地少，农业里抢工分，逼得搞工业上“梁山”。在温州也听到了“抢”和“逼”两个字。温州在那个时期，由于地更少，情况更严重。据说前几年，苍南县金乡镇发生过群众到机关食堂抢饭吃的事。出外逃荒的农民为数不易统计，据说，平阳县达60%。市委政策研究室的一位同志总结说，温州人走今天这条路就是群众生活的需要逼出来的。

温州与苏南被“逼”的时间相同，可温州的起步要比苏南迟约5年，这是由于温州的经济发展方式所需的客观条件成熟较晚的缘故。苏南当时面临的是社会生产与社会需求之间的矛盾，即在城市里“停产闹革命”时社会需要并没有降低，而城市工业生产却严重不足。加上沪宁一线城市里长期培养出来的一大批技工被“内战”驱散到乡下。农村劳力要找活路，城里下放的技工要工作，公社、大队等行政机关由于“分灶吃饭”需要自己找财源，最终是社会需要商品，这众多的因素凑合在一起，就出现并形成了初期社队工业的基本模式。温州当时的情况却不同，它原是个名不副实的“商埠”，在历史上没有发展起像上海一样的工业基地，解放后由于温州面对台湾，地处前线，不予投资。温州人传统的商贩活动，又被斥为“资本主义泛滥”多次加以抑止。

在这种情况下经济振兴是不可能的。直到70年代末人均收入还只有55元。只有到了三中全会以后，农业上落实了生产责任制，农村经济有了起色。但是剩余劳力的压力则更突出，外出找活路的人越来越多，形成了一股劳动输出的大军，起初还是躲躲闪闪，“地下”奔走。个体商贩合法化后温州人民才得到了用武之地，在外流动的手艺工人，到目前估计已达22万人，其中经商的约10万人，这是构成“温州模式”的骨干。

三、由 贫 致 富

温州广大农民发挥了他们从历史的特殊条件下培养出来的才能，在短短三四年的时间里改变了家乡贫困落后的面貌，特别是该市沿海的一些县，发生了巨大的变化。择其要者来说，首先是商业活动的异常活跃。至今全市已有415个大大小小的专业市场，其中类似桥头那样年成交额在8 000万元以上的就有10个。它们是宜山的再生纺织品，金乡镇的徽章、标牌，肖江的塑料编织袋，北港的兔毛，仙降的塑革鞋，塘下和莘塍的塑料拉丝的编织，柳市的小五金、低压电器，虹桥和钱库的综合商品。据统计，每天上市的总人数达45万，1984年全市商品零售总额为18亿元，其中10大市场就占了9.58亿元。其次是商品生产高速发展。1985年农村的工农业总产值比1978年的6.6亿元翻了接近两番，其中引人注目的是13.3万个家庭工业和联户工业的兴起，它们的年产值占农业工业产值的60%以上。第三是商品流通和生产增加了国家的税收。据称6个沿海县的财政税收主要靠商品税，仅10大专业市场和生产基地1985年就创税收7 450万元，比上一年增加一倍多。第四是结束了90%的农民搞饭吃的局面。1978年温州市农村劳动力为180万人，其中从事种植农业的为160万人；1985年的210万劳动力中，务农的只有60万人，占28.5%，其余132万农民从农田上解脱出来。这些劳力的分配状况是：乡镇集体企业 44 万人，家庭和联户工业 33 万人，为商品市场流通服务的 22 万人，其间 10 万人是供销员，从事其他劳务输出的有 28 万人。最后是农村富裕起来了。如果以每户每年净收入超过 5 000 元为标准，全市已有 40 万户，占总户数的1/3。我走访所到之处看到的几乎全是簇新的楼房，连成街道，聚成村落，连二层楼都很少见，盖得很有气派。一路上看到农民的穿着，款式时髦，整齐多彩。就是老人孩子和做工干活的人中也仅仅找到一个还穿着有补丁的旧衣服。在塘下，我串进一家织衣领商标的个体户家中，年轻主妇正用午餐，桌上是四碟菜一瓶酒。我怕所见有偏，可是一问，1985 年温州地区的货币净投放为 12.7 亿元，镇上百户抽样调查所得的户均收入为 6 000 元，这和我们的现场观察不能说有很大出入。

温州变化的基本经验是什么？有的同志总结了两条：一是在生产领域发展了家庭工业，二是在流通领域开辟了专业市场。在走访了金乡、塘下、柳市、虹桥等镇之后，我们同意这种认识。

毗邻福建的金乡镇，主要是靠生产徽章、塑片、红膜、标牌四类小商品改变了过去曾经抢饭吃的状况。现在全镇有 2 800 余户家庭工业，人均收入 1984 年达到 574 元。我走了几个家庭，一户在用废铝作原料，制成五好家庭的牌照和新疆乌鲁木齐锅炉厂的标牌。另一户是一些姑娘通过印刷等工序制成各式粘贴塑料商标，其中有一枚是北京人民大会堂用具的贴标。市场之广，令人惊异。区政府的同志告诉我，金乡致富是靠了“一双手、两条腿、三分邮票、四种产品”。所谓两条腿是指最初抓购销的全靠供销员在各地到处跑，现在这种方式已部分被更快捷的邮寄方式所取代，即所谓的“三分邮票”。金乡用发信联系购销的有 800 多户，1984 年全镇共发出业务信 1 134 万封，这种业务信使邮局的邮电收入猛增，1978 年为 6.3 万元，1985 年为 183 万元。近来又产生了一套专门为发业务信服务的民间机构，从写信到封口、贴邮票、送邮局等均有专业分工。尽管如此，全乡仍有 7 000 名供销员在外面搞活流通。

1994年，费孝通在温州苍南县灵溪镇考察专业市场

在塘下、柳市和虹桥，我分别询问几户家庭，看到他们生产的松紧带、小电器。我们一再询问他们的生产是谁在组织、又是谁在帮助推销。这些问题的答案使我看到了当前我国经济中极为重要的一个“大市场”。这个市场不仅包括在各镇上街巷里家门口看得见数以万计的店面或摊子，而且还有散布在全国各地10多万个每天在火车、轮船上运转，甚至深入到偏僻边区活动的商贩大军。各家各户的生产者靠了他们和千千万万零售商店、摊子，甚至无数消费者个人之间建立起了一个生动活泼而又似乎无形的流通网络。这次我未能深入供销员这一层次去摸清他们的活动，不能说不是遗憾。但确是无时无刻不觉到这一网络在温州经济中的巨大力量。而且这个力量已在全国范围，甚至已越出国境，在国营商业渠路所及不到的领域里发挥商品流通作用。这是一件极有意义的新生事物，不仅是理论工作者新的研究园地，而且是当前体制改革里必须重视的民间自发的流通网络。

四、小商品大市场

这10万供销员的前身大多是走南闯北的手艺人和货郎担，这些年我在北京随处见到叫卖棉胎、修补皮鞋的浙江人，而且还远在新疆、内蒙古以及海拔3 000多米的甘南高原，都见到过他们的身影。前两年我访问内蒙古伊克昭盟的东胜镇，请人帮助结算由该镇邮局寄往浙江的汇款数，一年内竟有40万元之多。这次听人说，桥头镇每天收到从全国汇来的款子达6～7万元。真是涓滴泉流，汇成湖泊。这些属于个人所得的劳务收入正是温州地区10余万家庭小工业的原始资本。有了资金家庭工业才能在时机成熟时像雨后春笋般遍地生长。家庭工业的发展又使原来到处流浪的手艺人和购销员摇身一变成为这地区生产事业的组织者。

我们看一看这些人物的发展历程是很有意思的：他们最早是出卖手艺的流动匠人，即所谓劳动输出。后来他们捎带外地商品到家乡出售，成了商贩。然后自家生产商品，出外购原料和推销成品，是购销员。接着发展到和各地签订合同，带回家乡，分给各户生产，是邻里间的经纪人。甚至进一步，用贷款或预付货款的方式支持外地生产他们所经营的商品和厂家，成了区域间产销的组织者。这些人物的个人经历正反映了商品经济发展的过程。

我在苏南调查时，那里乡村办的工厂常要我帮助他们解决销售上的困难，甚至带了样品到我家里要求联系商业机关。可是在温州，我没有听到有产品积压滞销的情况，桥头的商业资本约二十几天就周转一次，这里甚至没有提起仓库储存的问题。看到江苏的乡镇工业，至少在早期，多少有点盲目生产。他们缺少定销的产前服务，信息不足，只好看到别地什么产品销路好，就抢着也生产什么。商品生产出来再想办法找买主，结果是市场上供应多了，价格下跌，卖不起钱，有些不得不关厂转产。被称为开关厂，或说“船小掉头快”。温州的家庭工业看不到这种现象，因为他们基本上是以销定产，合同来了就按约生产。苏南一些乡镇工业里的供销员不少是产后为企业奔走的服务员，而温州的供销员很多是走在生产前面开拓销路，指挥生产的联络员。

由此可见，温州家庭工业或联户工业的发生和发展一刻也离不开“大市场”，家庭工业可以说是依托这个大流通网络的附属品。因此，我觉得温州农村经济发展的基本特点是以商带工的“小商品，大市场”。

从这一特点看去，温州模式就超出了区域范围而带有全国性的普遍意义。农村的经济改革，第一步是落实责任制，第二步是取消统购统销，从而使农业生产和非农业的其他生产门道出现了蓬勃发展的局面。生产的发展势必提高商品化的程度，商品生产也必须有相应的商品流通为它服务。因此去年的1号文件就提出了流通问题，今年1号文件又再次予以重申，说明经过了一年，这个问题还是没有根本解决。今年初我在北京跑了四个县，了解到当前要解决的主要问题也是商品流通不畅。在原有流通体制下渠道过于单一，远远不能适应正在商品化中的农业经济发展的需要。原有流通渠道和生产的脱节，迫使温州的农民自己起来组织流通网络。依靠了他们传统的才能和遍布全国的手艺

费孝通在温州考察小商品市场

人，形成了面向全国的大市场，为流通体制的改革创造了新鲜经验，为从根本上解决买难卖难问题树起了一个标本。所以，我认为“温州模式”的重要意义倒不在它发展了家庭工业，而在它提供了一个民间自发的遍及全国的小商品大市场，直接在生产者和消费者之间建立起的一个无孔不入的流通网络。

这种专业市场在流通上确实有它的优越性。许多制造工业需要的零部件在专业市场上有充分选择和采购的方便。上面讲到过的桥头纽扣市场已为全国成衣业供应纽扣这个必要的零件，一个需要各色纽扣的成衣业采购员在桥头不到半天就可以把所需的货色买齐，不必要到各个纽扣工厂去分别采购了。同样，在白象镇有一个建筑材料专业市场，这里从钢筋、水泥、木材到砖瓦、石砂、砺灰、玻璃、油漆等应有尽有，消费者若想购买一幢楼房的建材，只需半天时间即可配齐，甚为便利。

专业市场本身的发展产生了许多信息、运输，甚至信用的专业户。在前述的金乡镇，有30家为家庭工业提供信息的专业户，还成立了信息协会。其中一位姓许的农民订了97种报纸，请了五个帮手，研究整理信息，随后发信联系业务合同。1984年共签订20余万元的合同分别转让给生产者。家庭工业对商业信息反应灵快。据说报上一公布信用社体制改革和颁布居民身份证的消息，金乡人就把社员股金证、身份证等样品送去，联系生产业务。具有这样经营头脑的“农民”，我在别地是少见的，这又使我不能不联系到温州长久的历史传统的培育了。

商品生产需要一系列为它服务的设施。在柳市和塘下，我们都看到技术、信息、维修、邮电、运输、包装等生产运销服务系统。有人想把货物运出，打个电话或到河边随便叫一声，就有车有船。柳市的货物转运站能在20天之内将货物运往全国任何地方，这样的速度是国营单位远远赶不上的。

温州购销员所创立的大市场不仅在地域上不断扩大和深入，而且市场结构在分工联系上、内在性质上也不断发展。出现各式各样为生产者服务的方式。在肖江镇，供销员从外地订来合同，大部分是自己垫本购买原材料，然后公告规格型号、加工金额和交货限期，供加工户选择。合意者上门领料，回家生产，按期送货，经检验后领取加工费。据说平均一个供销员订来的合同可安排 100 人就业。

苍南县钱库镇有个综合商品市场，往昔是个有名的“讨饭之乡”，现在已成为浙南交流的农村贸易中心，万商云集，他们靠着能人当家，发挥专长，价格浮动，薄利多销，重视信息，勤进快出，讲究态度，热情周到等灵活的经营方式，全年销售总额已超过 3 500 万元，而且流动资金周转期平均在 25～30 天之间，比国营商业要快三倍。

温州市农民搞活流通的具体经验不胜枚举，归结起来就是“服务”二字。他们懂得大规模的商品生产与日益提高的社会生活里生产者和消费者之间必须有一批服务专业。这种分工是任何性质的商品经济所必需的。温州商品经济的发展使 10 万购销员和邮电、运输、信息、科技等众多的服务人员从直接的生产部门中分离出来，正是他们用所谓的“千山万水、千言万语、千辛万苦、千方百计”编织起了一个巨大的民间流通网络，把千家万户的商品生产同千变万化的社会需求衔接了起来。虽然流通网上的每个成员都要从商品流转中获取报酬，维持生计，甚至致富较易，可是作为社会的一个服务于生产者和消费者之间的流通网络运转得是否有效正是商品经济能否发展的关键。从这个角度看去，才能找到温州各县都如觅宝一般地招聘能干供销员的理由。他们服务于千家万户，人民群众需要他们的服务。由此出发，我们也才能正确对待当前农村经济发展的“温州模式”。它在商品流通环节上取得的经验是具有中国特色的，也是值得其他地区结合实际予以学习的。

五、走向联合

同时我们不能不看到，温州农民所创立的这个“大市场”的另一面，那就是它的自发性和原始性。自发性带来个体经济的盲目性。原始性表现于这个流通网络的联系纽带大多利用亲戚、朋友及其延伸的社会关系。这种自发性和原始性在商品生产发展的初期或许是不可避免的，然而随着开放和改革的步步深入，它的局限性会逐渐显现出来。这就意味着温州的民间流通网络需要一个正确的引导和不断提高、完善的过程。所谓正确的引导就是为这一流通渠道提供它所需的各种服务，使其合法化、公开化和社会化。如果设想这种服务性的引导能来自改革后的国营流通部门，那么，温州经济的继续发展就有可能出现有计划的商品经济的一种雏形。

温州的大市场是从小商品发展起来，进而以商带工，把农户卷进商品生产的洪流之中，这有其城市工业基础薄弱、农村能工巧匠较多的客观条件。可是现在的家庭工业对于生产力的进一步发展已出现它的限度。人们对桥头没有异议，而对柳市就不以为然，原因就是桥头生产的是纽扣，柳市生产的是电器，而电器在家庭里生产质量没有保证。

对此，我们首先应当想到的是原来种地的农民在两三年内能够转化为能搞电器的工人是一件多么了不起的大事。可从另一方面看，产品的技术、工艺要求一高，单家独户的生产的确暴露出它技术、设备不够，测试手段不齐等弱点。对柳市家庭工业产品的各种批评责难纷纷而来，甚至怀疑到家庭工业和专业市场的优点。我们必须承认柳市现有产品中确有一些质量没有过关，但是我认为对此应当采取鼓励和帮助他们的态度，而不应该是打击和扼杀他们的措施。事实上我们已经看到为了克服这些弱点，柳市的电器生产开始出现联合的苗头。我听说有不少是几家人家合股添置设备，然而生产和经营核算仍以家庭为单位。区政府也正在筹划建立一个电器测试中心。这些都是可喜的苗头。

柳市的联合苗头给人以启迪。首先，联合是生产力发展到一定阶段的产物和必需。只要生产力继续向前发展，温州的家庭工业就必然趋向于“合”。我在塘下时，两位搞家庭工业的妇女告诉我，她们编织的电灯拉线和松紧带由于织户多，赚头不断下降，表现出对激烈的市场竞争的忧虑。利润再降下去，甚至无利可图时该怎么办呢？如果停产关门，回到讨饭的老路上去，群众是不甘心的。那么出路只有转产或提高劳动生产率，以保持一定的利润。要避免频繁转产必须有一个高于个体的企业管理组织为家庭工业服务，只靠现在原始性的供销队伍怕是难以做到的。提高劳动生产率的必然途径是联合和规模生产。所以无论是柳市产品质量的要求，或是塘下生产利润的要求最终将迫使家庭工业走上管理、资金、技术、生产、运销等多种形式的联合道路上去。这就是说，我们一方面应当吸取过去操之过急搞“一大二公”，并在形式上搞划一化、简单化的教训，另一方面要积极地去创造促进生产力发展的条件，总结群众的实际经验，在此基础上建立起来的经济联合体才能稳固。其次，在我们看到的众多的联合形式中，大体上可以区分为两种基本的形态，一是单纯生产者之间的联合，二是各级基层政权以经济手段参与其间的联合。上述的几家合股是前者，测试中心是后者。

从家庭工业个体经济基础上逐步走上联合的道路是温州模式发展的前途。但是这不仅需要一个合乎经济规律的发展过程，而且必须认识到并不是所有家庭工业全都会演化成联合企业。相反的，我认为家庭工业个体经济在中国国民经济中具有长期存在的客观历史条件。所需要的是为它提供社会性的服务，而这些服务行业可以是联合性质的集体经济或是国营经济，有类似于农业里统与分的双重结构。因而我们可以设想，在相当长的时期里，多种性质的企业可以共存，而且发生协作关系。从所有制上说也是多层次的：一是计划内的国营企业。有些地方国营企业又不完全是计划经济所包干的。所以具体情况比较复杂。二是计划外的乡镇企业，它是地方社区合作性质的集体所有制。三是计划外的联户企业，它是企业成员联合性质的集体所有制。四是有社会服务的家庭企业，它基本上是个体所有制，但由于它依附于国家或集体的服务，所以也不是纯粹的个体所有制。这个结构可能是有计划的商品经济的轮廓。

在对苏南和温州两个模式进行比较中，我觉得对苏南乡镇企业的性质有了进一步的认识。它是从过去的社队企业演化而来的，而且现在还在演化过程之中。社队企业是当时公社和生产队所办的企业，实际上是具有不在计划内的“小国营”的性质。公社体制改革后，农业实行了家庭承包责任制，但各地方在不同程度上留着统的一层，形成统与分的双重结构。在苏南统少分多，不像北京郊区那样统多分少，这是双重结构里的比重问题。苏南的社队企业却没有分散，起初还保留了它原来政企不分的性质，只是名义上改为乡镇企业。后来为了提高效益，开始政企分离，企业的经营管理逐步取得独立，但是依旧是乡、村政权所领导。实际上它正在向地方政权领导下的社区集体所有制演化。社区集体所有制是指以村、镇等基层社区为单位，由全体住户联合成的经济实体，属合作性质。这和从个体经济联合起来形成的联户合作经济还有所区别。联户合作的经济体并不一定包括整个社区的居民在内，它只是参加合作的各户的联合体。温州模式中的家庭工业就有从个体企业向联户合作演化的趋向。简单地说，苏南模式是从公社制里脱胎出来的集体企业，而温州的家庭工业则是个体经济，但在这基础上正在向合作化演进中，部分已进入联户的合作企业。

如果说温州模式是家庭工业加专业市场，这是突出这地方的经济特点的表达方式。温州经济中不仅有和苏南模式一样的乡镇企业，而且还有一些国营企业，大概是1∶3∶6。由于家庭工业比重高，而且比全国其他地方较为发达，所以予以强调作为温州经济的特点。

在虹桥镇，我参观了一家很有生气的村办工厂，它是完全由村政权掌握的，村支书兼厂支书，村长兼厂长。这是政企未分的苏南模式早期形态。在全乡镇有一名叫叶文贵的中年农民企业家。他从专业户发展起了一个为全镇家庭工业提供再生塑料薄膜的小工厂。在谈话中，他生怕被人扣上“资本家”的帽子，表示真诚地愿意在不改变现有企业管理方式下，接受地方政府的领导，成为一个地方社区集体性质的企业。可见温州也存在着苏南模式的乡镇企业，而且在家庭工业基础上也出现了向乡镇企业演化的趋势。所以温州模式和苏南模式并不是互相对立的，而是相互补充的。

六、新事物　新问题

无论是苏南模式、温州模式或其他群众创造的模式，评价的惟一标准应当是视其是否促进社会生产力的发展，是否提高人民大众的生活水平。这些模式在中国历史上乃至人类发展史上都是旷无师古的。惟其如此，方显出中国社会主义现代化的特色；惟其如此，才需要我们对伴随这些新事物一同出现的问题进行科学的认识。

从温州地区来看，农业的相对落后、一州里西部山区与东部沿海区域之间的发展差距都是值得认真研究与解决的问题。尤其是在商品流通和商品生产中诸如金融、财政、税收、劳务和收入分配等方面出现的新问题是相当众多和深刻的。

以劳务来说，我看到了雇工大户与童工。这些雇主大多心神不定，为了扩大再生产，不能不雇工，而且从起先的亲戚朋友逐渐向外扩张，可是雇多了又怕挨整。被雇的工人从哪里来？一问大多数是从温州落后的山区下来的，每年可得800元左右的工资，在本乡是得不到的。从不占有生产资料的标准看，这些工人形成了劳动力市场。在地区之间经济发展不平衡的情况下，劳务的流动又是必然的。在我家乡吴江县挖掘鱼池、筑路等工程就雇用苏北、安徽的劳力。北京的几万名家庭保姆也形成一个巨大的劳务市场。在全乡我看到十五六岁就在干活的姑娘，总觉得她们应当在学校受教育。可是人们说这里小学毕业的升学率不到50%，升高中的比例更低，让这些孩子闲着惹出事来，不如“穷人的孩子早当家”。

再如在收入分配上，市政协的一位同志说起在国营单位工作的一对夫妇，都是大学毕业生，被三张同人婚礼的请帖难住的事。他俩的月工资只有100多元，可吃三次喜酒所需送的礼却超过此数，然而目前那些供销员、工商专业户嫁女要逾万元。从总体说，收入是国营不如集体，集体又不如个体，城市不如农村，以致不少城里人眼热乡下人。有不少国营职工在搞“第二职业”；集体企业里也有能人外流、散伙各自经营的趋向。有人把这些现象归结为对国营和集体企业的冲击。在这股冲击力中的确存在某些不正常的因素，比如温州市对9县147名供销员的调查，其中10人有行贿等手段，占6.8%。可是对于绝大多数供销员、工商专业户来说，他们的高收入主要来自经营的创造性和劳动的积极性。从收入悬殊中我们看到了一个显著的反差，即拥有先进技术、设备的企业，职工的积极性越低；反之则积极性越高。这一反差是生产力发展的桎梏，值得注意的问题。

因此，要消除收入过分悬殊带来的种种问题，还得从消除这一反差入手。怎样能把收入拉平一些，看来需要因地制宜地实行一些体制改革。但是目前所实行的一些一刀切的信贷控制和奖金税等等不仅没有缩小反差，反而在扩大反差，使一些集体企业趋向于分散成个体企业。我在温州市内参观了两家街道集体工厂，当初都是几个人集资合股办起的合作企业。前进电焊设备总厂是从7 000元资金起家的，去年产值达563万元，利润244万元。156名工人全部实行计件工资，加上奖金和各种福利，人均月收入不下于200元，由于企业把奖金作为劳动成果的一种社会荣誉，调动了工人的生产积极性，有的连星期天也不休息。这个厂44岁的厂长说，自从去年9月份起，奖金税条例一出，厂里说话就不管用了。因为奖金税比例是1∶3，多发1元的奖金要收3元的税，企业不得不考虑缩小分配的数额，扩大留存比例。可是这一来工人的收入就封了顶，他们就再另找活路，个人办家庭工业了。另一家电器厂和乐清工业缝纫机厂也遇到同样的问题，他们说，奖金税对于不吃大锅饭的集体合作企业来说，工人生产得少些，企业日子还好过些；生产多了企业反而要亏，由此可见，上述反差的消除还有待于在城市经济体制改革过程中完善各项具体政策。在这一过程中，温州作为一个开放城市，是否应当下放一定权力，使地方上能采取一些与本地区发展特点相适应的政策？ 这是温州各级领导极为关注的问题。

凡此种种新问题，我都还缺乏研究，更谈不上有深入的认识。 但是既然客观现实已经提出了问题，如果我们不去认识它，就必然会陷入盲目性，还有可能重犯过去人为地“割尾巴”的错误，用“割”的方法是不能奏效的，割了还会长出来。 我们只能创造条件去推进客观事物向高一级演变，来消除矛盾。 要做到这一点，社会科学研究必须紧跟上实践的步伐，去深刻地认识它。 认识的立场应当尊重群众的创造；认识的根本途径应当是实事求是地作分析，因为中国社会主义建设出现的是前所未有的新事物、新问题，不可能在原有的本本上找到现成的答案。

1986 年 5 月

江村五十年*

50年前的夏季，我在家乡江苏省吴江县的一个农村里度假。利用这段时间，我进行了一次短期调查，后来根据这次调查写成了一本书叫《江村经济》。江村就是我替这个村子起的学名。最近几年我又多次去江村访问，可以说亲眼看到了这个村子在半个世纪里的变化。变化之大可以称得上“飞跃”二字。

江村坐落在太湖东岸，地处长江三角洲，属民间传统谚语“上有天堂，下有苏杭”的地区。土地肥沃，气候温和，适宜于高产的水稻种植。在以农立国的时代它在经济上的确比国内其他地区较为发达；加上沟渠纵横，交通方便，市集兴旺，不愧是个富庶之区。

但是在这个世纪的30年代，我初访江村时，这个被誉为人间的天堂已经名不副实。它和当时全国的农村一样，大多数农民劳动终日，不得温饱。所以我在那本《江村经济》的结束语里不得不惊呼：“饥饿是中国农村的结症。”历史事实明白显示，即使像江村那样天赋独厚的农村，在当时的封建制度下，经济是发展不起来的，何况近百年帝国主

---

* 本文为简本，原文参见天津人民出版社出版的《费孝通选集》（1988）或上海人民出版社出版的《志在富民》（2007）。

义的压迫，中国农民的日子到这时候已经陷入贫困的深渊了。

过去太平盛世时这个地区人民生活究竟怎样，现在已无可考。但分析50年前抗日战争前夕的江村经济，还可以看到这个地区人多地少、农工相辅的特点。当时人均耕地面积仅约一亩，如果只靠这块地上所能长出的粮食过日子，吃饱已经很困难了，谈不到富裕。但是这地区农民懂得发展多种多样的副业，特别是家庭手工业。江村长期以来家家户户养蚕缫丝，形成了以家庭为基础的男耕女织的经济结构。这个结构使得这个地区不仅是鱼米之乡，而且是丝绸之府。它之所以有天堂之称未始不是从这种结构赢得的美誉。

江村近百年来的历史，和中国的其他农村一样，是一部衰落的悲惨记录。江村衰落的起点就在于家庭手工业的破产。农民重要的收入来源一旦断绝，穷困迫使他们出卖土地，跌入封建剥削的陷阱。30年代江村这一地区土地权迅速集中到地主手上，使农村经济走向崩溃。这种悲惨状态在日本帝国主义占领及其后国民党反动派的统治时期一直在恶性发展。

40年代末人民革命的胜利，推翻了压在中国人民身上的三座大山，接着的土地改革，使全国人民获得了他们耕地的所有权，“土地回了家”。农民生产积极性促进了农业的大发展。解放初江村水稻的亩产量平均只有330斤，5年后增至510斤。

为了农业进一步发展，单单解决土地所有权的问题是不够的。所以土改之后不久就开始合作化，由农民自愿把各自所有土地合并集体经营。这是符合农业发展规律的，合作化后粮食产量继续上升。这是农村经济发展关键性的一步。

但另一方面，我在1957年重访江村时已看到和粮食增产的同时，却忽视了农村家庭副业和手工业在农村经济中的重要性，不仅没有注意发展，甚至加以限制。以致农民除了生产粮食和国家收购的农产品外，只能从事一些自给性副业的生产活动。农民的饥饿问题固然解决了，其他的生活需要却不容易得到满足。农民还是富不起来。

农业合作化后不久很快地实行了公社制度，原来属于农民私有的土地收归集体所有，在农业经营规模上大大地扩张，同一公社的人在集体公有的土地上和统一指挥下进行劳动，公社社员按劳动工分分配集体所得。经过一段实验，才把经营单位加以缩小，实行了队为基础的三级所有制。农业上扩大经营规模在经济上有它积极的一面，比如水利建设，农业机械化和电气化等都促进了农业生产。但是另一方面，当时所实行的集体管理制度却发生了吃大锅饭和瞎指挥的作风，打击了农民的生产积极性，制约了农业的继续发展。更由于农村副业和农村集体工业受到歧视，农民收入徘徊不前。以江村来说，70 年代人均收入长期停留在 100 元上下。

70 年代使农村经济停滞不前的另一个重要因素是人口的暴增。从解放时到 70 年代末，江村人口增加了 80%。这样就使有限的农业增长很快地被新增加的人口所分掉。人口的压力迫使农民千方百计寻觅生产之道。就在这时候，城市工业在“十年动乱”中很多“停产闹革命”。但市场上的需求依然存在，农村的剩余劳力和城市里下放的技工结合起来，利用这机会在江村所在的长江三角洲一带首先兴办了当时所谓“社队企业”，就是由公社或生产队所办的小型集体工业。

1978 年中共十一届三中全会后决定了农村经济体制改革，在农村里实行生产责任制，在坚持土地公有制的基础上，由家庭承包土地进行生产，生产所得除规定纳税和上缴集体的部分外，全归各家所得。这是土地改革之后，第二次解放了农民的生产力。江村的粮食亩产量又稳步上升，达到了 1 200 斤。

生产责任制的实行使长期被大锅饭掩盖的剩余劳力暴露了出来。每家人都明白自己承包的土地需要多少劳力，几乎没有多少例外地发现自己家里人手太多，土地吸收不了，因此积极主动地去开辟“活路”，这就给已经创建的“社队企业”以向前发展的推动力。这时“社队企业”已改称“乡镇企业”，取得了合法地位，并受到国家的支持和鼓励。农业和工业在这一带农村里并肩发展，出现了史无前例的繁荣景象。江村农民人均收入在80年代里，每年以近百元的增加上升，到1984年已经达到601元。江村所在的吴江县工农业总产值该年已达17亿元。它在江苏省还是处于中间水平，该省各县中工农业总产值超过20亿元的已有五个县(市)。

江村经济的飞跃发展中，值得我们注意的是经济结构发生了显著的变化：农业和工业在总产值中的比例换了位置。70年代初期还是农大于工，大致是7∶3，到了80年代中期倒了过来，农小于工，大致是3∶7。这个变化并不是出于农业的萎缩，而是农工并肩上升的，只是工业增长得更快，大约以年增长30%的速度在发展，农业赶不上，因而相形见绌了。所以江村农民的日益富裕起来，主要是靠了他们办了自己的工业。

乡镇企业是农民为了增加收入在自己乡村里办起来的工业。他们节衣缩食，积累资金；购买机器，因陋就简地开工生产；和城市里的技工结合，引进技术；吸收家属，从事劳动。年复一年地积累资金，逐步更新，到现在包括江村在内的许多乡村已建立起很像样的现代化小工厂。这完全是农业里生产出来的工业。它回过头来补贴农业，用盈利去兴建水利，办为农业服务的机耕队，还要为乡村修桥铺路，兴办各种公益事业。把长江三角洲的农村原有的面貌完全翻了一新。

将来的历史学者也许会指出发展乡镇企业这一条工业化的道路确实是具有中国特点的创造。它是从农民的草根上长出来的工业，不像早年西方工业化那样曾引起工农矛盾和城乡矛盾。相反地在中国这一条工业化的道路上见到的是工农相辅、城乡协作。农民自己办的工业不仅富裕了千家万户，而且促进了小城镇的发展，使从农业里释放出来的劳力在工业里变成了巨大的生产力，而且截留了大量人口，使他们不向大中城市集中，正在形成中国人口分布的新格局。

历史巨轮还在继续向前运转。上面所叙述的江村过去50年中我所见到的变化，只是更大更富有意义的变化的前奏。冬天已经结束，春天降临人间，整个中国人民正在向繁荣富强的目标前进，江村只不过是千万个农村中的一个标本。虽然有它的个性和特点，但它是和其他农村一起在同一个大势中推进的。在这里见到的种种也反映了中国千万个农村的共相。我们正在以无比热情，追踪观察这个标本，并力求能如实地记录下它在历史长河中留下的波信。

1986 年 6 月 13 日

乡镇企业的发展与企业家面临的任务

我们中国的乡镇企业，不但是我国经济复兴的一支重要力量，同时也为第三世界发展中国家提供了一条思路。最近一个时期，我跑了日本、香港、泰国和印度，这一圈跑下来我有很多感想。的确，现在人家对我们中国的看法与以往不同了，都说我们起来了，蒸蒸日上，很多朋友为我们高兴。我们这一代人衷心希望中国富起来，现在终于有点路子了，这是国际上公认的，不是我们自己夸口。这几年我们东南沿海几省的经济发展在东亚是领头的。这样高的速度，连我们自己都觉得太快了点。世界上贫困的国家都在看中国的路子，他们能不能走。所以我们在做一件十分重要的事情。

乡镇企业是怎么发展起来的？是因为农民创造了联产承包责任制，为乡镇企业发展创造了条件。乡镇企业最早是苏南地区发生的，我看了之后，极受启发，所以写文章广为宣传。我认为乡镇企业是中国农民第二个伟大的创造。第二个创造的主要特点是广大农民感到了劳动就是财富。农业上一年最多干100天左右的农活，大量的劳动力和劳动时间都浪费了。他们要把劳动力和劳动时间变成生财之路，因此，有些地方开始把工业引入农村，走向工业化的道路。这是人类历史上不多见的事情，因为传统上是农民务农，城里人才务工。西方国家的工业就是这样发展起来的。可我们的农民不是进城干工业，而是把工业搬到乡下来干，这一点的确很了不起。把工业搬到乡下来，这是乡镇企业的开始，我曾叫它乡土工业，又叫它草根工业。因为当时的户口制度，乡下人不能享受城市户口的待遇，没有粮票，自己种地自己吃。乡下户口不能进城，不能进城、进工厂，农民就自己开工厂，搞工业，结果中国农村里出现了工业。为什么无锡、苏州发展乡镇企业最早呢？因为历史上苏南农村人多地少，很穷，要吃饭，要花钱，因此，一些农民就到上海去做工。经过几十年，上海这个大城市培养了一批农民出身的技术工人，而这批技术工人与乡村没有隔断，过年过节要回家。“文化大革命”时期上海工人打派仗，很多老职工回家了。一些上海的技工为了自己的生活，也为了替农民找活路，用公社积累的资金办起了工业。这就是乡镇企业的开始。

当时办企业是很艰苦的，需要资金、厂房，农民把自家房子腾出来，自己去借钱和用公社的积累办起当时所谓的社队企业。社队企业生产出来的产品商业部是不管的，那么卖给谁呢。因此，只有靠自己培养推销员，他们满天飞，去推销产品。就这样在计划经济之外，出现了市场经济成分。现在看来这是很了不起的，它为发展我们社会主义市场经济打下了基础，这个基础有多大呢？1990 年时乡镇企业产值至少占全国工业产值的 1/3。这样一个强大的经济，从自然经济中分离出来了，使我们可以逐步地过渡到社会主义市场经济。外国人搞不懂，他们说为什么前苏联搞不成你们能搞成呢？我对他们说，有一个秘诀，就是我们早就有了市场经济，不是官方的，是中国农民自发创造的。我们回想一下农民自发创造乡镇经济的过程很有意义，他们为国家立了大功。中国农民不但在解放战争中为解放全中国立了功，而且在经济发展过程中又为中国富起来立了功。立这个功是不容易的，大家从不断的失败中积累下经验，打下了乡镇企业发展的基础。在不断的实践中，到今天产生了这样许多了不起的乡镇企业家。现在 1 亿元产值以上的乡镇企业全国有 400 多家，也有 3 亿元、5 亿元，最高有 10

亿元以上的企业。这些都是乡镇企业家干出来的成果。

我们乡镇企业开始是靠农业的积累起家的。靠农民的努力，形成目前这样的规模。现在要反过去补助农业，以工助农，以工建农。从1978年到现在全国一共补贴了1 200亿元。这样我们的农业不怕了。乡镇企业本来和农业是一家人的事。我称它们为妈妈与儿子的关系，妈妈把儿子养大了，儿子该孝顺妈妈了。现在，外国在闹大米开放的问题，它们解决不了这个问题，因为它们的工农是对立的。开放了农民要吃亏。只有我们中国农工结合，这不是小事情。在几千年的农业大国中，在农业中发展出工业，回头工业又帮助农业，这样形成了有中国特色的社会主义。这是别人学不来的。

对现在的乡镇企业家我想讲两个问题，这也是你们应当想到的问题，一个是对内问题，一个是对外问题。对内说，我们还有中西部地区和沿海各省里远离城市的乡村还没有发展起来，以江苏说，苏北还有些地方的农民与苏南发达地区的农民相比，收入相差一半以上。中西部地区和黄金海岸的珠江三角洲和长江三角洲相比差距还要大。沿海地区的乡镇企业以两位数的发展速度前进，百分之十几、二十几，个别地方乡镇企业发展超过30%，是超高速发展。

我们发达地方的增长速度的确是高，但与不发达、欠发达的地区一平均就只有8%～9%了。假如中西部能赶上前10年的沿海地区，或者与山东一样，山东就是这几年发展起来的，我们的国际声誉就会大幅度提高，国际社会就不敢轻视我们了。现在国外就有人说，将来经济发展潜力最大的就是中国，当然说这些话的人各有目的。可实实在在地说，在我们大家的共同努力下，我们的国际地位日渐提高，这不是虚话。假如我国中西部发展起来，我国的实力就会更加强大起来。可要做到这一点，我看还是不那么容易的。我从1984年开始往中西部地区跑，看到了这个差距问题和它的意义。中西部地区这10年来也有进步，但进步得慢，所以我认为应当想办法把沿海的乡镇工业扩散到中西部去。单依靠自己的力量中西部地区发展不容易很快，因为过去那些地方没有大的工业化城市。华南靠香港、华东靠上海，因此，要靠东部帮助中西部发展工业，把劳动密集型的工业向中西部转移。我们企业家明白这个道理，这也是一种经济规律，国际上也是这样，美国把劳动密集型工业转向日本，日本转向台湾，香港转向广东都证明了这一点。

中西部地区发展起来对东部也有利，中西部将为东部提供广阔的市场。假如中西部地区的农民每月拿出 100 元来买东西，那你们的企业就都能发展起来了。要培育发展这个市场首先要增加农民的收入，那就要把工业搬过去。在今后 10 年将会形成一个西进的浪潮，这是必然的。你们这些企业家要心中有数，看准了早去比晚去强，现在外国人都在向中西部投资了。如果中西部的农民年均收入能达到 1 000 元，那我们的经营环境就完全不同了。

另一个问题是向外，目前我们已经有良好的条件。比如，以前台湾产的鞋在美国最畅销，可是我们大陆制作的鞋穿着更舒适，又便宜，更受美国人欢迎，很快占领了市场。据说近几年大陆的自行车也大量出口美国。我们出口的东西越来越多了。但是中国的企业界还有很多工作要做，首先要不断提高产品质量，还要了解国外市场。因此要建立信息服务机构，提供信息，解决企业产销对路的问题，为乡镇企业家服务。

下一代的企业面临着一个经济接轨的问题，这个轨不容易接，接不好要翻车的。接轨就是我们的产品能出去，外面的信息能进来，在一个大区域里竞争，外国人也要想尽办法保护自己的企业，这个竞争将是激烈的，甚至是残酷的。因此，我们要做好对应工作。我们乡镇企业家不仅要懂得国际上经济风云的变幻，努力扩大对外联系。同时也要掌握我们政府的政策，维护政府的利益。最近我去了黑河，看到俄罗斯对我们的日用品有大量的需求，但要使生意做成，使我们的货出去，换回我们所需要的原材料，就需要我们企业家出主意，想办法，给政府提建议。这样通过我们与政府的密切协作，互通信息，做好对内对外的市场开拓工作。

1993 年 12 月 8 日

中国农村城镇化的道路

本篇关键词

小城镇　小城镇建设　剩余农村劳动力　城市　农产品集散中心　小城镇　大问题　类别、层次、兴衰、布局、发展　计划调节，市场调节　苏南地区、苏中地区、苏北地区　集市　集镇　人口蓄水池　农民工　工人阶级队伍新成员　更上一层楼　第一次劳力剩余　第二次劳力剩余　第三产业队伍　全面融合　新型小城镇建设　乡镇城市化　大上海　三种社会形态　三级两跳

● 我早年在农村调查时就感觉到了有一种比农村社区高一层次的社会实体的存在，这种社会实体是以一批并不从事农业生产劳动的人口为主体组成的社区。无论从地域、人口、经济、环境等因素看，它们都既具有与农村社区相异的特点，又都与周围的农村保持着不可或缺的联系。我们把这样的社会实体用一个普通的名字加以概括，称之为“小城镇”。

● 如果我们的国家只有大城市、中等城市，没有小城镇，农村里的政治中心、经济中心、文化中心就没有腿。可见中央领导早就看到了小城镇问题的意义，要把小城镇建设成为农村的政治、经济和文化的中心，小城镇建设是发展农村经济、解决人口出路的一个大问题。

● 我认为，人口研究不能限于围绕人口数量的多少做文章，而应着力研究怎样使现有人口成为现实生产力，提出调整人口分布的前景。所谓人口分布问题，包括人口的行业分布和地域分布两个方面，也就是人口结构问题。如果人口分布和人口结构合理了，中国人口问题就会不那么严重了。

● 小城镇作为一个城乡社会的环节，凝聚了中国社会结构变动中种种矛盾所产生的推动力……小城镇的兴起解决了包含在中国现代化进程中的种种矛盾。这就是我在80年代初为什么说“这是个可以搞出国际水平成果来的研究领域”的含义。

● 小城镇的建设与发展，是中国农民继乡镇企业之后的又一个伟大的创造。从乡镇企业的兴起到小城镇的发展一再说明，中国经济与社会发展之最深厚的伟力存在于广大农民之中。

● 我一生经历了20世纪我国社会发生深刻变化的各个时期。这段历史里，先后出现了三种社会形态，就是农业社会、工业社会和信息社会。这里包含着两个大的跳跃，就是从农业社会跳跃到工业社会，再从工业社会跳跃到信息社会。我概括为三个阶段和两大变化，并把它比做“三级两跳”。

贸易区域和集镇*

贸易区域的大小决定于运输系统——人员及货物流动所需的费用和时间。消费者直接购买货物的初级市场局限于这样一个区域，即买者不需要花很多时间以致妨碍他的其他活动便可在其中买到货物。在这个村里我们可以看出来，有两个初级购销区域。住在河 B 的桥附近的人们不会到河 A 的桥附近的商店去买东西。例如，理发店、肉店、杂货店和庙宇都分设在两个地区，大致与航船活动分工范围相当。但银匠、鞋匠和药店坐落在河 A 的西桥附近，是村内道路系统的中心。这些行业在村里各自只有这一家店。从这个意义上说，这个村子也是一个初级市场。

中级市场就是初级市场的零售商用批发价格购买货物的地方。在这个地区，航船不能被看做是一个零售商。它代替消费者买货，但正如我们知道的，这项服务不收费。这样，航船便限制了村里初级市场的作用，并使远处的城镇成为消费者初级购买的中心。

专门从事这项工作的航船主能把他所有的时间用于这一活动。因

---

* 本文摘自《江村经济》第十四章。

此，购买者和出售者之间的距离便延长到适于当日往返的旅程。实际距离取决于船的速度，估计每小时为1.6英里。能够派出航船到镇上代购货物的村子，其最远的距离不能超出5英里以外。因此，这样一个购销区域的直径是8至10英里。

每个贸易区域的中心是一个镇，它与村庄的主要区别是，城镇人口的主要职业是非农业工作。镇是农民与外界进行交换的中心。农民从城镇的中间商人那里购买工业品并向那里的收购的行家出售他们的产品。城镇的发展取决于它吸引顾客的多少。正如我们已经了解的，航船的制度使这一地区的城镇把附属村庄的初级购买活动集中了起来，从而减弱了农村商人的作用。这一类购销区域的范围比中国北方购销区域大得多，中国北方主要是陆路运输，代购或代销体系不发达。杨庆堃的研究[1]说明了在村庄初级市场之上的典型的中国北方的购销区域的直径约为1.5至3英里。更高一级的购销区域，包含六个基本购销区域，其直径约为8到12英里。后者与我们现在正在研究的城镇市场规模相仿。

这个村庄所依托的城镇，就是航船每天去的镇，叫做震泽，在村庄以南约4英里的地方。其实，这个镇没有垄断这个村庄的全部贸易活动。在北面，还有一个镇，叫大庙港，离村庄约1.5英里，在太湖边上。这是一个专门与太湖里的岛屿进行贸易的小镇。镇附近有一座太湖神庙，镇由此而得名。人们去庙宇的时候，通常在这个镇里购买物品。徒步走去需要约1.5小时。但这个村庄和大庙港之间的贸易同这个村庄和震泽镇的贸易相比是无足轻重的。

在收购农产品的过程中，震泽镇垄断了这个村庄全部大米的贸易。但它从未完全垄断蚕丝产品，自从村中丝厂成立以来，加过工的蚕丝被直接运到上海。即使在过去，这个村庄也供应大量生丝给村东约12里处的盛泽镇丝织工业时，也有一条航船直接往返此镇。路程太远，不

[1]《山东邹平的贸易系统》，中国，燕京大学社会学系，未出版的专著。

能当天往返，班次也不定期，所以只管售货。10多年来，一方面由于该镇丝织工业衰落，另一方面由于这个村庄的蚕丝业改革，此船已经停止了。

关于城镇之间如何竞争以保持它们的附属村庄，将是一个有趣的研究。但是对这一问题的详细分析，需要对整个地区做更广泛的调查，这不是目前的研究所能达到的。

1939年

小城镇　大问题*

一

今年的春末夏初，我在江苏省吴江县住了一个月，对该县十来个小城镇的历史与现状作了初步探索。此后打算写一篇关于小城镇的类别、层次、兴衰、布局和发展的文章来参加这次小城镇讨论会。然而一回到北京，时间由不得自己支配，这个打算便落了空。因此，这里只能依我的腹稿，谈谈我在吴江调查的感受以及由此联想到的一些问题，只是一个提供讨论的发言。

在说到正题以前，首先说说我对这次讨论会的四点希望，即希望通过讨论取得四个具体结果：一是出版一本研究论文集；二是订出一个今后切实可行的研究规划；三是为今冬全国政协小城镇问题调查组做些准备工作，就是提出一些请他们来调查的问题；四是成立一个推动、协调、交流这个课题研究工作的学术性组织。

这次学术讨论会是今年年初确定的，经过大家的共同努力，现在不仅会议如期举行，而且还汇集了几十篇论文。万事开头难，时间只有

* 本文是作者在南京“江苏省城镇研究讨论会”发言的基础上改写而成的。

半年，这样的结果确是来之不易的。我们应当珍惜已经获得的成果，以论文集的形式将迈出的这第一步脚印留下来。

这些论文之所以宝贵，是因为它们都联系小城镇建设的实践，从各个不同的角度去探索小城镇发展中的实际问题。我认为这个研究方向是对头的。我国的社会科学应当在马克思列宁主义、毛泽东思想的指导下，密切结合中国社会的实际进行科学研究，为社会主义现代化建设服务。要贯彻这里所提出的指导思想和达到最终目标并不那么容易。在过去的一段时间里，对于马列主义理论，我们多少学了一些，许多同志也诚心诚意地想把事情办好；但是学习的理论常常不能和实际工作相结合。这就使得我们的认识往往落后于实际，对于具体问题的处理也就提不出实事求是的建议来，难免把以往的经验或是别国的东西硬套照搬，以致花了过多的学费，亏了本，走了不少弯路。

失误使人清醒。现在我们多少懂得了一点小平同志在他的著作里所阐明的理论联系实际、实事求是的科学精神。只有联系实际才能出真知，实事求是才能懂得什么是中国的特点。我们的小城镇研究一开始就摆脱了在概念中兜圈子、从书本到书本的模式，而注重实地调查，力求在对小城镇的实际考察中提高认识。可以说这一课题的研究，在理论联系实际方面有了一个良好的尝试。

以实践为根基的认识自然要具体、充实得多。尽管现有的文章还显得粗糙，分析不够全面，可是写在论文里的事实是客观存在的反映，不是我们从概念里推论出来的，更不是凭主观臆想出来的东西。只要我们能自觉地、不留情面地把其中一切不符合实际的成分筛选掉，那么这些文章就会成为现实小城镇面貌的素描。它是历史的真实记录，过了几十年甚至几百年人们还是要翻看，仍然具有价值。价值就在于它是未来的起步，而今后的变化则是它的延续。我们的一生，人类的一代又一代，对事物的认识总是一步一个脚印地跟着向前走的。我们今天对于小城镇的认识，过些时候回头一看，如能发现它的肤浅和幼稚，那就证明我们的认识有了进步。这不是很好么？不怕起点低，只怕发展慢。

小城镇研究是一个长期的研究课题。它不仅是社会科学范围内国家“六五”规划中的一个重点课题，而且它在“七五”规划中还将继续研究下去。现在我们在苏南所进行的研究只是这个课题的开始。为了使这项研究不断深入和扩大，我们必须考虑下一步究竟应该怎样走，同时对下一年做出具体的计划，并对“七五”规划的远景做一些设想。这是我对这次会议的希望。

进行科学研究最忌讳的毛病是一叶障目，坐井观天。我们应当清醒地看到：我们这一年所进行的小城镇研究无论从深度或广度上看都还很不够。到目前为止，课题组既没有对某一个小城镇作出全面深入的解剖，也没有越出吴江县的范围。这就好比是在显微镜下找到了一个细胞，但尚未看得清楚，更未遑顾及其他类似的细胞。胡耀邦同志视察西北回来，提出要种草种树开发大西北，打开了人们的眼界。在此之前确实很少有人想过还有一个大西北可以开发的问题。可见中国之大，是不容许我们做井底之蛙的。即使以后研究范围扩大到江苏全省，对全国而言，它仍然只是一个点而已。我们要提出江苏在全国、苏州在江苏、吴江在苏州所处的地位的问题，以此来告诫自己不能满足于一孔之见，更不应以点概面。相反，应当指出认识的限度和吴江县小城镇的特殊性和局限性。

然而，管中窥豹之所见的毕竟是豹的一个部分。吴江县小城镇有它的特殊性，但也有中国小城镇的共性。只要我们真正科学地解剖这只麻雀，并摆正点与面的位置，恰当处理两者的关系，那么，在一定程度上点上的调查也能反映全局的基本面貌。吴江县地处全国经济最发达地区之一的苏南，我们以吴江小城镇为调查点进行深入分析，或许是触到了小城镇问题的塔尖。所谓塔尖是指吴江县小城镇建设的今天有可能是其他地区发展的明天；现在在这里出现的问题有可能将来在别的地方也会碰到。假如我们对这些问题的发生、发展有一个科学的认识，那么对不同地区今后的小城镇建设无疑有其指导和参考的意义。

当然，我们在开始时必须十分警惕，决不要忘记我们只是在解剖一只麻雀，而一只麻雀是不能代表所有麻雀的。

从事科学研究要有目的性和计划性。要使小城镇研究深入下去，必须订出一个具体计划。我们要把研究重点继续放在原先的调查点上，一方面对已经触及的问题作进一步探讨，要像调节照相机的焦距那样，使其有更清晰的映像；另一方面应检查前期研究中还有哪些缺门，即有哪些问题还没有做调查，要在一个镇上开拓更多的调查项目。与此同时，可以选择几个不同类型的地区开辟新的调查点，以便于作比较分析，并制订必要的研究指标，为从调查点上的定性分析推向面上的定量分析作准备。

事实上，制定研究计划的过程就是明确研究目的和要求的过程，只有研究目的和要求明确了，计划才能订得具体可行。为此，我们这次会议作了新的尝试。与会者有社会学的研究人员，有其他社会科学与自然科学的科研工作者和大专院校的教育工作者，还特别邀请了在小城镇做实际工作的同志和中央有关部门，江苏的省、市、县三级政策研究机构的同志一起来参加讨论。针对同一个研究课题，进行如此广泛的多学科、多系统、多层次的交流和协作，对我来说还是一个新的尝试。但愿我们能创立一条成功的经验，有助于我国学术的发展。

这种广泛的结合至少有两点好处：一是能听到更多的不同见解，启迪自己的思想。所谓学术讨论，除发表自己的见解外，就是要认真听取别人的意见。我曾在《读书》杂志上写过一篇文章，题目是《我看人看我》，主张我们要认真地看人家怎样看我们所看到的东西。二是使科学研究与实际要求挂起钩来。以往的理论脱离实际，除了个人认识上的原因外，还有社会组织上的原因。由于科研部门与实际工作部门长期缺乏交流，造成知识分子与实际工作者背对着背。前者愿将知识应用于实践，但不知用武之地在哪里；后者希望以科学知识来指导工作，然而不了解所需知识在何方。现在两者都转过背来，面对着面。实际工作者向科研人员质疑、问难、提要求，使科研目的更明确，计划更合理，成果也更富有实际意义。 科研人员向实际工作者介绍成果，提供建议，使实践按客观规律进行，工作具有科学基础。

社会主义现代化需要知识，也就是要依据从科学研究取得正确反映实际的知识，去解决社会主义现代化过程中发生的各种问题。 要做到这一点，科学研究和建设工作之间必须建立起畅通的渠道，使得社会主义建设中出现的问题能提到科研的项目里，经过科学研究反映出实际情况，再根据政策方针形成解决这些问题的具体建议，由决策机关审核各种建议，联系有关情况，并考虑可行的时机作出实施的决定。 这些决定通过行政机构的执行和群众的实践，达到解决问题的目的。 但是一项决定是否能达到预期的效果还有待实践的验证，而且旧矛盾的解决又会引起新的矛盾，效果的估计和新问题的产生又将构成新的科研项目。所以科研、咨询、决策和实践四个环节是现代化建设过程中的一个周而复始的循环系统。

我国的决策者是党的领导机构，通过决策体现党的领导。 领导的群众路线实际上就是上述建设工作循环系统的根本模式。 由于现代化的日益深入，建设规模日益扩大，决策过程更显得需要对情况的了解和对问题的分析，所以提出干部要知识化，也就是要把决策过程放在科学的基础上。 所以我在这里把科研和咨询作为这个循环系统中的必要环节，实质上就是体现党的群众路线。

把科研和咨询作为上述系统中的必要环节包含着它们具有和其他有联系的环节相对的独立性。 我们党的领导一向遵守实事求是的原则，所以一切政策的制定都要求经过调查研究。 毛泽东同志指出：“没有调查就没有发言权。”因此各级领导都有专门从事政策研究的机构，这是党的优良传统。 但在这方面我们也有反面的教训，那就是在“左”的影响下，特别是在十年动乱期间，这些担负反映实际情况责任的研究机构被视作已定政策的辩护者，甚至看作是主管人员个人意志的吹鼓手，走向了科学的反面。“四人帮”的“内查外调”暴露了它的极端危害性。 科学知识必须为政治服务。 这里所说的服务绝对有别于“四人帮”时的“梁效”对其主子的“效忠”。科学研究要对客观事实负责，即实事求是。

但是实事求是的科学研究不等于消除了可能的片面性，每一门学科的研究，其片面性都是不可避免的。越是专家，其片面性或许会越大。为了不使决策陷入片面性，在决策和科研之间应当有一个中间环节。这个环节就是综合各个学科对某一事物的认识，进行“会诊”，然后才向决策机构提出若干建议及论证。至于怎样组织这类咨询工作，我们现在还没有经验。我建议不妨做一个试验，由人大代表、政协委员以及其他有关专家对一定的事关重大的建设问题组成咨询小组。这个咨询小组应当联系群众，联系各个学科，发挥其综合性的特点，向党的领导机构提出建议，反映群众的要求和意见，以备党作决策时参考。

在党的领导依据建议、资料制定决策以后，由行政机构付诸实践。政策在实践中起到了什么作用，客观事物发生了哪些变化，这又给研究部门提出了新的课题，于是上述过程又重复进行。实践、科研、咨询和决策四个环节的循环往复体现了“从群众中来，到群众中去”的领导方法。

我们的小城镇研究是一个综合的、长期的科研项目。现在它已经吸引了多学科和多层次的人员。随着时间的推移和研究范围的扩展，将会有来自更多方面的同志参与进来，这就需要有一个相应的机构来加强各方的联系，进行组织和协调。所以我希望在这次会议结束时成立一个关于小城镇研究的学术性团体，把现有有志于此的同志组合起来。

由于我们研究的出发点是在江苏，所以我建议请江苏的同志偏劳，出面来组织这一个团体。至于团体的名称、机构和任务等具体内容，请大家一起来讨论决定。

二

小城镇问题，不是从天上掉下来的，也不是哪一个人想出来的，它是在客观实践的发展中提出来的，问题在于我们是否能认识它。记得1981年初我到天津开会，遇见当时在天津市委工作的李定同志，他告诉我，1980年胡耀邦同志到云南视察，看到保山县板桥公社的小集镇破烂不堪，凄凄凉凉，于是就在同年年底的一次会议上讲到要发展商品经济，小城镇不恢复是不行的。要使农村里的知识分子不到大城市来，不解决小城镇问题就难以做到。如果我们的国家只有大城市、中等城市，没有小城镇，农村里的政治中心、经济中心、文化中心就没有腿。可见中央领导早就看到了小城镇问题的意义，要把小城镇建设成为农村的政治、经济和文化的中心，小城镇建设是发展农村经济、解决人口出路的一个大问题。

可是，据说在传达了耀邦同志上述讲话以后的几个月中，并没有得到该市郊县的积极反应。可见在当时小城镇问题并没有能引起人们足够的重视。许多同志还未认识到小城镇与农村经济之间的关系，还不理解小城镇作为农村政治、经济、文化的中心是怎样的一个概念。这件事表明，在客观事物发展中提出的新问题，要想得到人们的普遍认识并不那么轻而易举。认识过程也有它自身的规律。人们往往要经过自己的直接感受，才能比较深入地认识新事物和新问题。

我十分赞同耀邦同志的上述提法。那是因为我早年在农村调查时就感觉到了有一种比农村社区高一层次的社会实体的存在，这种社会实体是以一批并不从事农业生产劳动的人口为主体组成的社区。无论从地域、人口、经济、环境等因素看，它们都既具有与农村社区相异的特点，又都与周围的农村保持着不可缺少的联系。我们把这样的社会实体用一个普通的名字加以概括，称之为“小城镇”。

任何事物一旦产生了理论概括，便容易使人忽视事物内部之间的性质差异，只从总体概念上去接受这一事物。小城镇也是这样，如果我们从笼统的概念出发，就会把所有的小城镇看成是千篇一律的东西，而忽视各个小城镇的个性和特点。因此，小城镇研究的第一步，应当从调查具体的小城镇入手，对这一总体概念作定性的分析，即对不同的小城镇进行分类。下面我谈一谈在吴江县所看到的五种不同类型的小城镇。

第一种类型的一个镇叫震泽镇。1936 年我从清华研究院毕业取得了公费留学的机会。当时我的导师史禄国教授建议我先在国内做些实地调查后再出国。我听从他的意见，去广西大瑶山进行调查，由于自己的失误，负伤出山，回家乡休养。我的姐姐费达生送我到她正在帮助农民开办生丝精制运销合作社的吴江开弦弓村小住。我就在这一个多月里调查了这个农村。记得有一天我去村里一家很小的店铺买香烟，谁知这小店不卖整包的烟，只能一支支地零卖。店主说若要买整包的烟可去找航船带。这件事引起了我的注意。当时这个村子有三四百户人家，一千多口人，是江南少见的大村子。可是村内只有三四个小商店，商品品种极少，规模小到连香烟也要分拆开来零卖。那时，这个村子里的农民生活并不是完全自给自足的，农民的日常用品从什么地方获得呢？我就带着这个问题去观察店主所说的航船。

其实航船就是普通手摇的有舱的小木船，只因为主要用于人的交通和货物的流通而得名。那时村子里有两条航船。每天早上，在航船摇出村子前，两岸农民们便招呼船老板代为办事。这家提个瓶子托买酱油；那家递上竹篮托他捎回点其他日用物品。船老板一一应接，把空瓶、竹篮放在船上，航船便离村出发了。航船的目的地是离村子有 12 华里的震泽镇。当航船抵震泽时，守候在岸边的商店学徒们一拥而上，抢着来做各种生意。船老板自己便到茶馆落座喝茶。到下午商店学徒们把装着物品的瓶、篮又送回船上，航船便离镇返村。航船就这样每天在震泽与村子之间往返，村子里要去镇上的人都可以搭乘这条船。奇怪的是托捎物品的和搭乘的人都不用付钱。追问船老板的生活来源才知道，原来在春秋两季，村内农户出售蚕丝和粮食都要通过航船卖到震泽镇上去。震泽镇上的丝行和米行在年终时就得给船老板一定的佣金。那些酱园和杂货店逢年逢节也要给船老板一定的报酬。所以船老板的收入是不少的。他是这村农民货物流通的经纪人，是农村经济活动中的重要角色。后来我也“免费”搭乘航船往来震泽，发现震泽镇的市河里停靠的航船有二三百条，据说都是来自镇周围各村。震泽显然是附近这些农村的商品流通中心。

我在这里追述当年的观察，是想说明震泽镇是以农副产品和工业品集散为主要特点的农村经济中心，是一个商品流通的中转站。农民将生产的农副业品出售到震泽，又从震泽买回所需的工业消费品。对于镇周围的农民生活来说，震泽是一个不可缺少的经济中心。而航船主、学徒以及米行、丝行、酱园、杂货店等商店的老板则共同构成一个庞大的商品流通组织。震泽通过航船与其周围一定区域的农村连成了一片。到震泽来的几百条航船有或长或短的航线。这几百条航线的一头都落在震泽镇这一点上，另一头则牵着周围一片农村。当地人把这一片滋养着震泽镇同时又受到震泽镇反哺的农村称为“乡脚”。没有乡脚，镇的经济就会因营养无源而枯竭；没有镇，乡脚经济也会因流通阻塞而僵死。两者之间的关系好比是细胞核与细胞质，相辅相成，结合成为同一个细胞体。

由此可见，小城镇作为农村经济中心并不是一个空洞的概念，而有其具体的实际内容。在半个世纪前，震泽镇作为商品集散类型的小城镇对我是有吸引力的。但那时我是单枪匹马搞调查研究工作，不能不以村为界，没有能力进入镇的这一层次中去。我只是在村子里遥望到了小城镇，感觉到了小城镇这种社区的存在对于农村所发生的影响。此后，我总希望有一天能进入小城镇做些调查。欲穷千里目，更上一层楼。出乎我的预料，在 1981 年真的有机会实现了这个愿望。

第二种类型的一个镇是盛泽镇。盛泽镇现在是吴江县人口最多、产值最高的一个小城镇。从这个镇出口的丝绸占全国总出口量的 1/10，可见它是一个丝织工业的中心，是具有专门化工业的小城镇。

盛泽镇的历史发展较早，据说它早在明朝就有上万的人口。那么这个镇发展较早的基础是什么？ 镇上聚居的人口又是以什么为业的呢？ 我记得小时候去盛泽时，看到有人站在织机上提花，觉得很新奇，留下了深刻的印象。 1982 年，再去盛泽时就询问解放前丝织作坊的情况，有人告诉我那时在镇上的作坊为数不多，且都是小规模的，最大的一家也只有 20 部老式织机。 但是绸庄、丝行和米行却不少，其中又以绸庄为最。 既然镇本身织出的绸并不多，绸庄的绸又从何而来呢？ 这就使我看到了盛泽与震泽不同的特点。 绸庄利用金融力量或信贷关系，首先将农民在家里生产的丝买来，然后又投放给农户在家里织绸。 对于专门织绸的农户来说，除了织机和劳力外不再需要其他的投资，每次把织出的绸交给绸庄，按事先的约定取得工钱，同时又领回原料。 这样，一个绸庄就可以拥有几十几百甚至成千的织户。 如果绸庄把如此众多的织机集中到镇上来办作坊，那简直是不可想象了。 但是绸庄把织机分散在农村的家家户户，本身只掌握着原料和成品的经营，它与织户的关系并不等同于作坊老板和雇工的关系。对像盛泽镇那样早先是以手工业产品的集散为主的经济中心，是很值得进一步研究的。

这里应该注意到农民把丝卖给丝行和将绸交给绸庄之间的区别。前者是农民出售商品，后者是农民完成契约产品领取工价。 所以盛泽与震泽之不同在于它主要不是商品流通，而是作为家庭手工业的中心。 千家万户的织机是盛泽的乡脚。 家庭丝织手工业不仅是盛泽发展的基础，也是所谓天堂的苏杭地区发展的基础。 这个传统基础对于我们今天的小城镇建设仍然具有它的意义，因为这个传统在民间已存在近千年。 如此悠久的历史使它深入到每一个人，甚至进入遗传基因，成为生物基础。 一位外国朋友听我说到苏州姑娘纤巧灵活的手，便提出妇女的这种技能是否可以转向搞电子工业的问题。 因为电子工业需要的正是精细准确的动作。 外国人都注意到了我们的历史传统，我们自己要是不研究、不利用，那就愧对祖先，是说不过去的。

费孝通在吴江市盛泽镇考察

第三种类型的一个镇是我出生地松陵镇。松陵在解放前后都是吴江县的政治中心，现在吴江县政府就设在松陵镇上。解放以来吴江县其他原有的小镇都处于停滞和萧条状态，惟独松陵是例外，它的人口不但没有减少，而且还比解放初有较大增长。

松陵设县由来已久。封建时代地主统治阶级为防卫农民造反起义，筑起城墙和城门将城内外隔开，在城里连集市买卖也不准做，人们只得在大东门外的盛家库做交易。城里主要是专政中心的衙门和城隍庙这阴阳两大权力机构，人活着时由县衙门管，衙门旁边是监狱和刑场；人死后据说要受城隍庙管，有牛头马面、阴曹地府。城内的住户主要是地主大户和服务于他们的各种小人物。这里的建筑也与其他地方不一样，弄堂狭小，两边是数丈高的风火墙，地主们住在里面，带有统治和防卫的特征，颇有点欧洲中世纪城堡的风格。

第四种类型的一个镇是同里镇。同里是我姐姐的出生地，我家在搬到松陵以前就住在那里。同里距运河边上的松陵只有六公里，离东南自苏州到上海的水路要冲屯村镇五公里半。同里镇本身四面环水，似乎是一片藏于水泽中的岛屿。它的周围地区河塘交叉，漾湖衔接，是典型的湖沼水乡。解放前的同里不通公路，只靠摇小船进出。对于一个不熟悉水道的陌生人来说往往在水面上转悠半天也还会找不到进出之河道。正由于同里处于交通闭塞的地理位置，具有不同于一般的水乡地貌，它就被地主阶级、封建官僚选中作为他们的避难所和安乐窝。解放前这个小镇上集居着大量的地主和退休官僚。据土改时统计，全镇 2 000 户人家中有 500 多户地主，占 1/4。地主阶级找到同里这个安全岛，修起了与苏州名园可以媲美的园林，现今正在修复的退思园只是其中之一。有名的评弹珍珠塔的故事据说就发生在这个镇上。同里过去可以说是一个消费、享乐型的小城镇，现在正在改造成为一个水乡景色的游览区，已经成为文化重点保护区之一。

第五种类型的一个镇是平望镇。平望镇地处江浙之间，形成北通苏州、南通杭州的门户，历来是兵家必争之地，因此它屡遭兵燹。自古代的吴越之战，到近代军阀之间的江浙战争，战场都是在平望一带。日军侵华时，它又几乎被夷为平地。近年来平望已成为水陆交通干线的交叉点。历史上有名的大运河经过平望，沟通苏州和杭州。有公路东达上海、南通浙江、西连南京和安徽，成为吴江县内最大的交通枢纽。

平望的地理位置和交通条件使它具有两面性：一方面是易遭战争攻击和破坏，因此在解放前曾经几度由兴而衰，一直未能稳固地发展起来；另一方面由于交通发达，物资流畅，具有发展经济的优越条件，使它常能衰而复兴。解放后，战争的威胁消除了，党的三中全会后，“左”的干扰被排除，便利的交通条件使它争得了成为大城市工业扩散点的地位。据说上海的一些工厂在扩散过程中，开始也找过铜罗等几个小镇，但是最后还是在平望落脚。平望就这样一下子冒了出来，成为近来吴江各镇中发展得最快的小城镇。

江南水乡——江苏吴江同里镇(陆宗寅摄)

必须指出，上面列举的五种不同类型的小城镇，只是小城镇定性分析中分类工作的尝试。分类的对象只限于在吴江县初步走访过的镇，待调查深入后，很可能还有应当提出的另一些类型，比如以渔业为主的社区，尽管人口较少，也可以因它的特点而成为一个类型。至于在吴江县之外，全国各地的小城镇无疑还有许多各有特点的类型，比如以矿区为主的城镇等等。而且有些地方的商品流通还处于形成固定城镇的过程中，只有一些具有日中为市性质的集、墟、场、街等场所。这些都需要进一步调查研究，所以这里所提出的类型是既不完全也不齐备的。

还应说明，提出类型的目的，是为了突出这些城镇的特点，使我们对小城镇的概念不至于停在一般化的笼统概念上，而要注意到各个小城镇的个性和特点，但在突出特点的同时，不应当忽视小城镇所具有的共同性质。小城镇的共同性质，就是上引胡耀邦同志所指出的它是农村的政治、经济和文化的中心。小城镇的分类是以此共同性质为基础而就其不同的侧重点进行的。比如松陵镇固然具有全县政治中心的特点，但同时也是附近农村的经济、文化的中心。震泽镇固然是吴江县西南一片包括若干乡的商品集散中心，但同时也是乡一级的政治、文化中心。而且近年来已成为小型社队工业的中心。盛泽镇固然是当前地方丝绸工业的中心，但同时也是附近农村的政治、经济、文化中心。所以上述某镇具有某种特点，只是指它在小城镇所共有的许多职能中所表现的突出方面。

通过这样的分类，使我们注意到各个城镇有它的特点，而且这些特点是各镇的具体历史形成的，因此在建设这些城镇时不应当一般对待。比如前面说的同里镇，它原来是地主阶级和退休官僚聚居的地方。土改后，它原来的经济基础已被摧毁，要建设这个镇，显然不能走平望的道路，因为它不在交通要道上；也不可能走盛泽的道路，因为它没有传统的工业。但是它却有幽美的园林，有水乡特色的建筑和河道。这是一个前人从经验中选择出来的退休养老的好地方，为什么我们不能把它建设成为一个休养和游览的园林化城镇呢？加拿大有维多利亚城，我们也可以有一个足以同它媲美的同里镇。这就是说，以小城镇的特点来分类，对于我们确定小城镇的发展方向是有用处的。

三

吴江县的小城镇在解放后发生的变化，大体上可以分为前后两个时期，分界线是在70年代初期。70年代以前是小城镇的衰落和萧条时期，在此期间，小城镇逐步失去它赖以生存的基础；到了70年代初期，小城镇有了转机，到了后期，党的三中全会以后才呈现出发展、繁荣的景象。

自50年代到70年代初，吴江小城镇的人口一直处于停滞甚至下降的状态，这与吴江全县人口的迅速增长相比是令人难以置信的。以盛泽镇为例，它还不是人口下降最多的镇，50 年代初就有 2.2 万人。其后 20 年中人口总数持续下降，近年才有转机，到 1981 年才达到 2.6 万人。2.2 万的人口基数，如以全国平均的自然增长率来计算，至今应该有 4 万余人口。所以我一听到这些数字，就说其中“大有文章”。什么文章现在还没有完全搞清楚，正在继续调查研究。这里让我们先看看吴江最南端的铜罗镇的人口变化概况。铜罗在解放前叫严墓，镇的类型与震泽相似，以烧酒和肥猪出名。全镇 1952 年有 2 475 人，1962 年有 2 488 人，1972 年有 1 900 人[1]，1982 年人口普查时城镇户口人数为 2 007 人，30 年来城镇人口下降 19%。据初步调查，1951 年土改时为了分得土地有 60 户老家在乡下的小店铺关了门，约 150 人回乡务农。同年还有一二十名青年参军赴朝，其中只有个别人后来回镇。从 1952 年到 1957 年，特别是在 1956 年的“对私改造”期间，又有约 200 人离镇外出。这批人大多是做生意的业主和学徒，其中有文化的进入附近大、中城市的国营部门，有技术的则流入上海郊区和浙江的一些县城。据反映，当时他们觉得私人经营生意是一种剥削行为，连在私人店里当工人也不光彩，所以大都要另谋出路。1958 年的大办农业和支援农业，以及 1963～1964 两年的职工下放，镇上又减少了近 50 户居民。除了上述的人口外流，还有青年学生考入大、中专学校，外省市招工，知识青年上山下乡等也使镇上人口有所减少(其中上山下乡的知识青年绝大部分后来已回镇)。

像铜罗这样的情况，在其他小城镇也程度不同地发生过。人口下降是小城镇衰落的表现之一。那么小城镇衰落的原因何在？其后果又如何呢？

1957 年合作化高潮时，我去江村做过一次调查，即所谓“重访江村”。那时农民的生活比解放前有了很大改善，但是传统家庭副业已经

[1] 1972 年人口未统计，这个数字是由前后三年的人口数推算得来的。

衰落。农民对我说：肚子可以吃饱了，就是手头没有现钱。由于执行以粮为纲的方针，其后的近20年只重视粮食生产的发展，农村的商品经济长期没有恢复。直到70年代初期，由于社队工业的兴起才使情况有所改变。党的三中全会后，贯彻了多种经营的方针，农村才开始走上繁荣。1981年我三访江村，老熟人不再发牢骚了。农民同我谈的都是卖兔毛得多少收入，以及要求我帮助社队工厂推销产品一类的话。当时农民不仅能吃上三顿干饭，而且手上也开始有钱买东西了。原因是他们集体的和家庭的副业发展了，而且开办了社队工业。农村里有东西能卖出去，换到钞票，就可以到市场上去买他们生活上需要的用品了。吃饱、穿暖、有钱花是农民生活改善和农村经济繁荣的具体内容。

把这两次在江村看到的情况与铜罗镇的人口变化联系起来，可以看到小城镇衰落的原因和后果。从农村方面看，由于以粮为纲，搞单一经济，取消商品生产，农民不再有商品到镇上来出售，小城镇自然也就失去了作为农副产品集散中心的经济基础。从小城镇方面看，由于提出变消费城为生产城，搞商业国营化，集体和个人的经商受到限制和打击，居民无以为业，不得不到处找活路，小城镇留不住居民，人口下降。总之，由传统的重农轻商思想出发的“左”倾政策，是造成小城镇衰落的根本原因。小城镇越衰落，作为它的乡脚的附近农村发展农副业商品生产的阻力就越大；反过来，农村商品经济水平愈低，作为其中心的小城镇的衰落就愈发加剧。所以农村与小城镇间经济上的恶性循环是小城镇衰落的必然结果。当然，上述因果关系还有待于用客观事实有系统地全面加以检验。

下面我再谈一点有关商业渠道的问题。解放前，农村和城镇的物资流通除食盐外全由私营的商人经营。解放后实行了统购统销，农村里所生产的粮食、油料、生猪、蚕茧等主要农副产品以及若干种生产资料都纳入了国营的流通渠道。各级行政部门都设立粮食、副食品、进出口贸易等机构，县级成立公司，县以下设所或设站。这样的商业改革使那些没有设置行政机构的小城镇失去了与周围农村的主要联系。但1958年以前，小城镇的商业除了国营这一渠道，还有集体性质的供销社，联营合作商店以及个体户等多种渠道。自从公社化以后一直到“文化大革命”期间，个体商业不断受到打击，连农民提个篮子在镇上卖几只鸡蛋也要作为“资本主义尾巴”割掉。联营的合作商业被“利用、限制、改造”，不能不向国营商业和供销社靠拢，以致有的镇最后只剩下几家供给开水的茶馆和点心店。原先由农民集资起家，属于集体性质的供销社则逐步国营化，变成全民所有制。最后几乎一切商品都按行政区划上拨下调，只在国营商业这一条渠道内流通。

商业渠道的统一国营化，引起了小城镇的巨大变化。凡是设置行政机构的小城镇，都有国营的流通渠道，在收购农副产品和调拨分配农民所需物资上占绝对优势，这就使得作为全县行政领导和物资批转中心的县城松陵镇成了吴江小城镇普遍衰落的一个例外，它的城镇人口因机构增多、干部调入而一度相持不动，后来还略有上升。一些设置公社机构的小城镇在总的衰落趋势中借着国营商业和供销社之力得到挣扎余地，而那些没有设置行政机构的小城镇受到被淘汰的压力就相当严重。在庙港公社的区域里原先还有陆港、更溇港和罗港等几个小镇，解放前它们和庙港一样都是太湖东南岸边商业性的渔港。据说陆港商业全盛时有50户人家做生意，集镇规模虽不及庙港，但它的乡脚范围与庙港相当，也有五六华里地。更溇港更小一些，只有近20个“连家店”[1]。解放后，庙港镇先后设置区政府和公社机构，陆港、更溇港变成庙港下属的乡和大队，只有基层政权组织而无相应的一套行政机构。从1956年开始，这两个小镇的商业逐步被庙港吞并，商业人员大都进入公社的商业机构。到“文化大革命”后期，更溇港集镇完全被吃掉，人去集空，只留下冷落的石板街和残破的店铺门面，退化为农村的居民点。陆港商业虽然也被蚕食去大部分，但它地处庙港与七都两个公社交接

[1] 解放前农村小集镇的店铺中有一种前门开店，后屋住家属的叫做连家店。

处，原属于陆港乡脚的村子离公社较远，主要是凭借了这一优越的地理位置，镇上留下了两个商业门市部和一家茶馆，三十几名商业人员在那里顽强地撑住小集镇的地位。

从全县范围来看，没有设置行政机构的小城镇大多数被吞掉了，像陆港那样已吞未咽下的是极少数。这个吞并过程值得进一步记录下来加以分析。

用行政渠道来控制商品的流通，势必造成农民买难卖难的困境，而商业本身在经营上也容易滋长官商作风。据农民反映，收购农产品的机关要货时急如星火，不要时弃如敝帚。比如兔毛，去年由于某种原因价格大跌，养兔的农民叫苦连天，也不明白为什么同样的兔毛一下子就不值钱了。小城镇和农村里原有众多的流通渠道已变成了单轨，适应不了这几年来农村发展商品经济的新形势，实际上已成了农村经济继续发展的障碍。

商业国营化的过程是在“化消费城为生产城”的政策下进行的。这一政策对于我国的城市建设固然有其积极作用，但由于当时对消费和生产这两个概念的含义没有搞清楚，以致我们对小城镇性质的认识发生了偏差。在我国旧的传统思想中，消费不是一件好事情，它是指不事生产，靠着人家吃吃花花，实际就是指剥削享受。而在小农经济的眼光里，生产是指有实物收获的劳动，不包括商品的流通。这样我们一方面把小城镇的商品流通职能排斥在生产范围之外，归入消费中去。另一方面把地主官僚对农民和雇工的剥削和挥霍看成所有小城镇惟一的基本性质。以后又进而把做生意、消费、剥削这些概念都画上等号。表现出来的是逐步限制、打击小城镇的个体和集体商业，这就大大削弱了小城镇作为农村地区商品集散中心的地位。然而城乡的工农业产品不能不流通，而流通总得有渠道。在集体、个体等贸易渠道全都被堵死的情况下，供销社非走向国营化不可，国营商业就不能不包揽一切。但是，国营商业固然可以用行政手段把物品流通包下来，却包不下小城镇上原有的经商劳动者，于是小城镇居民中很多人无以为业，纷纷找出路。其中最有办法的人挤入了上海、苏州等大、中城市；稍次的进入当地的国营企事业；没有办法的也不让在镇上吃“闲饭”，一批批地被动员下放到农村。最后那些病残体弱、无法下乡的人留了下来，依靠社会福利型的小手工业生产维持生活。这一过程在铜罗镇的人口变化中看得很清楚。它表明在经济基础动摇以后，小城镇作为人口的蓄水池也就干涸了。无以为业的人口是留蓄不住的，不能不向大城市和农村两面泄放，小城镇本身日见萧条冷落。

这里需要补充说明三点情况：第一点是在这一时期小城镇衰落的总趋势中，吴江县也有新兴的例子。苑坪和金家坝这两个公社集镇就是由村上升形成的，它们都是设立新的公社行政机构产生的结果。第二点是从50年代后期起，吴江的县办工业有较大的发展，例如盛泽镇上的丝绸工业从作坊手工业、机器工业，一直到专业化的若干道工序配合的现代丝绸工业。但是这些县属工业在经济、管理等方面都隶属于县的工业部门，它与小城镇可以说没有多少实际联系。第三点是有少数小城镇的衰落是由于自然灾害、地理发生显著变化等多种因素引起的。如松陵西南五公里处的南厍，以前是吴江西北部地区出入太湖的主要港口镇，每天有三四百条渔船和捞水草的农家船停靠南厍，商业兴旺。1949年太湖发大水，南厍的店铺被洪水席卷。公社化以后围湖造田，南厍失去濒临太湖的港口地位，再加上行政设置的变化，南厍集镇也就退化消失了。

四

由于看到小城镇周围农村生产的单一化和镇本身商品流通职能的丧失导致小城镇的衰落，在1981年又看到农民家庭副业的兴旺和听说那几年吴江小城镇建设也在繁荣起来的情况，我曾产生过一种错觉，以为是农副业商品生产的发展促使了小城镇的复苏。后来经过实地调查，才发现，吴江小城镇兴盛的主要和直接的原因是社队工业的迅速发展，而不能说是多种经营、商品流通的结果。

以与上海郊区接壤的莘塔公社集镇为例，在1975年以前，莘塔公社的农业经济路子越走越窄，农业只是种粮食，副业只是养猪，农民收入常年在150元上下徘徊。从公社镇来看，不用说新的基建，就连原有民用建筑的维修也缺乏资金来源。居民住宅日渐破败，危险房屋越来越多。镇区内两条宽只有3米的过街楼式的沿河小街狭小敝陋。自1975年以来，该镇面貌大变。现在已盖起许多新的厂房、居民职工住宅和一座能容纳1 000多人的电影院，马路宽达18米的新街区颇有现代气派。这些基建的总投资共达356.8万元，其中有258.1万元来自莘塔13家社办工厂上缴给公社的利润，占总投资的72%以上。

莘塔的社办工厂只有原公社农具厂（现为油泵厂）一家是在“大跃进”年代办起来的，其他的工厂都是在1975年前后创办的。据1982年资料，这些社办厂中，年总产值超过百万元的有油泵厂、灯泡厂和客车厂三家。若把全社的队办企业也统计在内，社队工业共有57个企业，务工社员2 098人，占全公社劳动力的17%。全年总产值1 026万元，利润66万元，其中上缴给国家的所得税12万元。以务工社员工资和参加年终分配利润这两项计算，全公社2万余人人均工业收入为49元，占年人均总收入的15%。

从农副工三业产值结构和分配结构来看，莘塔公社总产值中农业占33%，副业占13%，工业为54%。在社员人均分配水平327元中，农业收入为190元，工业收入为49元，社员家庭副业收入是88元[1]。

这一例子告诉我们，莘塔在70年代中期开办社队工业以后，改变了农村一段时期以粮为纲，单一经济的局面。社队工业的发展为镇的基本建设提供了主要的资金来源，增加了农民的年终收入，而且吸收了接近1/5的农村劳动力。

[1] 社员家庭副业是根据供销社收购系统的数据所作的测算。

从莘塔看到的基本情况在吴江县乃至整个苏南地区是普遍存在的。各个公社在介绍社队工业的好处时，都集中在吸收劳力、增加收入和发展公社集镇建设这三个方面。为什么苏南地区的社队工业在70年代能得以发展，遍地开花呢？对此不能不从该地区的历史传统和特定的社会条件去考察。

苏南地区的历史传统可以概括为人多地少、农工相辅。苏南、江浙一带，人口稠密，经济发达已有悠久的历史，人称“上有天堂，下有苏杭”。人口密度越大，人均耕地必然减少，所以在农业社会里，在一定的范围内，人口密度与经济发展水平是相矛盾的。然而我们的祖先却闯出了一条路子，使人口稠密与经济发达巧妙地结合在一起，那就是男耕女织，相辅相成。这种农业与手工业的结合一直持续了几千年。我30年代在江村调查时还曾看到农户的收入是工农相辅，一半对一半。人多地少，要富起来，不能完全靠种庄稼，在粮食作物之外要种植其他经济作物，并从事农产品加工性的家庭手工业。这就是农工相辅这一历史传统的本质。这个道理在现代人眼里看来很简单，可古人开出这条路子时的艰辛是今世无法想象的，而这条路子作为一个根基开出新的花来也是古人始所未料的。因此，依我看来，现在所谓离土不离乡的遍地开花的社队小工业，就植根于农工相辅的历史传统。地少人多，农工相辅是社队工业发展的内因。

在这几年的农村调查中，凡是所接触到的基层干部，只要一谈到人口，都说有一股压力压得他们喘不过气来。当解放初期出生的那批人在60年代中期进入劳动年龄时，农村就开始出现窝工现象。此后劳动力增长的速度逐年上升，年工分量猛涨起来，而同期粮食产量的增长却越来越少，到1970年前后平均亩产显示出已达到极限时的起伏波动。这时农村已不是一般的窝工，而是由于劳力的剩余，农民开始在那里抢工分了。我曾请一位县委书记算了一笔账，假定现有的劳动生产率不提高，现有的粮食产量不降低，全县可以有多少剩余劳动力？他的计算结果是在1/3到一半之间。如此大量的剩余劳动力是一股无法长期压抑下去的力量，一旦有了某种条件，它就会冲出来解放自己。正如当地同志所说的那样，办社队工业是“逼上梁山”，是将压力化为动力。

人多地少只是一股内在的动力，农工相辅的实现还需有外在因素的触发。社队工业兴起的外在因素就是“文化大革命”这一特定的社会条件。十年动乱，全国遭劫难。然而在吴江、在苏南的农村在一定意义上却可以说因祸得福。社队工业正在这时狭处逢生，发展了起来，所以有人说社队工业这是“乱世出英雄”。对此我起初颇觉意外，后来听了一些社队工厂的开办发展史，才了解到大城市里动刀动枪地打派仗，干部、知识青年下放插队这两件使城里人或许到现在还要做噩梦的事情，从另一面来看，却成了农村小型工业兴起的必不可少的条件。

办工业需要原料、劳力、资金、设备、技术和产品市场。农村有足够的剩余劳动力，这是没有问题的。那么其他几个条件社队工业是怎样解决的呢?

铜罗镇有一家生产化工产品的工厂可以说真正是白手起家的。1968 年，一个城市青年插队到吴江的一个公社。这个青年的父亲在化工企业工作，他打听到某一化工产品因为派性纠葛而濒于停产，而这一产品又是另一个企业的必需品。于是他就帮助这个公社与需要这一产品的企业挂上钩，这一企业把原料、技术、设备，甚至一部分资金全都包了下来。就这样，农民便在几亩地上办起了化工厂。类似这家工厂的例子比比皆是。因此社队工厂的同志说，那时的办厂条件多数是大中城市主动送下来的。

大中城市为什么要主动送下条件让社队办厂呢？道理很简单，“文化大革命”中城市里的大、中企业有不少在打派仗，搞停工闹革命，没有稳定的局面自然不可能进行正常的生产。但社会生活不能没有商品。尤其是一些外贸产品的生产还得完成计划。而相比之下，农村的局面要比城市稳定。于是城市里不能生产，就转移到乡下去。那么由谁来牵线转移？从吴江的实际情况来看，主要是那些家在农村的退休工人以及下乡的知识青年和干部。尽管目的各不相同，但他们实际上却成了城乡经济的中介人，做了一件自己不一定意识到其意义的事。社队工业就是在社会需要大于社会生产，农村局势相对稳定，而且在城市与农村之间有了中介人作联系的条件下产生出来的。等到十年内乱结束，苏南的社队工业已度过了最关键的初创时期，进入了它的发展阶段。

工业发展不同于农业，它必须要有一个集中的地方。这个地点一要交通便利；二是对来自各个村庄的务工社员来说地理位置适中。这两个要求使社队工业找到了处于衰落的原有小城镇。在吴江县可以看到，凡是公社集镇都是社队工厂最集中的地方。在县属镇，由于镇、社体制分设，社队工业不能侵犯镇区，于是就傍着老镇，在外围形成一个社队工业区。

在这里我们应当注意到在吴江县的七个县属镇内，还存在着另外两种工业，一种是县属工业(包括全民或集体)，另一种是镇办工业。县属工业的发展较早，一般是在五六十年代开办的。它对保住小城镇一部分人口和为附近农民提供就业机会是起了作用的，而且近年来这部分工业也出现了新飞跃。然而县属工业与它所在的镇之间没有发生经济上的联系，它只对国家和县交纳税收和上缴利润。所谓镇办工业在1966年以前大都属于社会福利型的集体小手工业组织，实际上是残留在镇上的剩余劳力进行的生产自救。由于在“文化大革命”期间各级行政需要自找财源，搞“分灶吃饭”，灶灶要自己生火，所以镇这一级也得找各种门路办工厂。于是镇办工业就在集体手工业基础上与社队工业同时发展起来，现在也达到相当的规模。

到“文化大革命”后期，从县、镇到公社、大队，各级都在那里积极办工业。甚至连学校也要办工业。震泽中学是江苏有名的重点中学，出了人才。这份功劳部分要归到六神丸的瓶塞子，这不是虚言。不搞生产瓶塞的校办工厂，这个中学的校长就难以当家。学校的设备，教师的宿舍，学生的伙食补贴，都要向校长伸手，校长又到哪儿去要呢？ 培养我们子弟的教育经费如此不足，要由学校自己办工业来弥补。 我听了以后总觉得心中有一股压抑。 由此我也明白了为什么从社主任、镇长到县长对办工业这样积极。 1973 年以前吴江县 30 年只铺了 3 公里的县级公路，10 年铺 1 公里。 没有其他渠道找经费搞建设，它怎能不办工业！尽管当时条条框框还很多，但各级自有办法，各显神通争财源。 社队工业如同鸭子凫水，下面已经动了起来。 等到三中全会解开了捆住的手脚，社队工业和其他各级小工业就如雨后春笋一下子生长了起来，蓬蓬勃勃地向前发展。

由此看来，苏南这些年来小城镇的复苏和繁荣，是小型工业，特别是社队工业带动的结果。 而集体商业的经济活动却还没有真正活起来。 我们从事科学研究，不能笼统地说什么小城镇繁荣发展了，而要看小城镇里繁荣发展的是什么东西；它的这种发展又给小城镇与农村之间的联系带来哪些新情况、新问题。 所以我想从上述的变化出发回到点与面的关系上，提出一些值得研究的问题，谈一谈对小城镇现有工业、商业、服务业的认识，来共同探讨怎样才能使小城镇真正成为农村的政治、经济、文化的中心这个基本问题。

五

党的三中全会以来，通过调整改革，大中城市的工业生产逐步走上了正轨。 在这种形势下，人们对社队工业有两种估计：一种看法是社队工业发展是钻了城市工业停滞的空子，所以城市工业的发展严重威胁着社队工业的生存，前途并不乐观。 另一种看法认为城市工业与社队工业不但不相克而且是相辅相成，因此对社队工业的前途不必悲观。这两种估计提出了一个共同的问题，怎样认识、处理城市工业与社队工业之间的关系。 这是一个在发展中提出来的课题，我们应当用发展的眼光去深入全面地做研究。

目前社队工业的确存在不少问题，而对这些问题起制约作用的关键是社队工业生产不稳定。我所见的不少工厂很多是两三年换一块厂牌，一两年转一个产品。这样做固然有作为新厂可以免税的奥秘在内，但根本上还是缺乏稳定性。

我们不能满足于市场调节稳定性差这种回答，而应当从社队工业的实践中，去解决在社会主义条件下的市场调节怎样能够达到企业稳步发展的问题。首先不能一般化地对待社队工业，而应当从具体事实出发去分析社队工业里不同的类型。下面先列举一些我们见到的不同类型的社队办的工厂。

吴江县社队工业里有不少是丝织厂。办丝织厂抓住了当地农村具有丝绸手工业传统的特点，而且它作为劳动密集型工业，利润较高。按理说这种工厂是应该稳定的。然而绝大多数社队丝织厂的原料不是蚕丝，而是化学纤维。在70年代，化纤产品是热门货，只要能生产不愁无销路。但随着大城市化纤工业的发展和人们对衣着需求的改变，这两年来吴江县社队丝织厂的产品市场离本地越来越远，采购员采取了你占城市我下乡，你在平原我上山的办法，一直把产品销往福建山区、安徽、青海等地。尽管如此，产品的库存积压还是有相当数量，去年化纤织品降价，损失不小。

庙港有一家蔬菜加工厂是在1980年创办起来的，共有30余名固定工人，生产各种酱菜，主要是小黄瓜和大头菜。这个厂的原料都是本公社农民自己种的，1982年它向全社收购蔬菜总值达110万元，增加了农民的收入。工厂本身利润最高达15万元。它的产品有半成品和成品两类，半成品销往山西，成品除当地自销外还销往上海、苏州和由外贸出口远销南洋各地。

平望现在有上海缝纫机三厂的一个分厂，它是1981年6月由上海缝纫机三厂和吴江县农机厂联合投资、共同筹建的。总厂与分厂两家联合生产蜜蜂牌家用缝纫机。分厂虽不是社队工厂，但它一方面为总厂提供一部分机头零件并组装一些整机；另一方面则与梅堰、震泽、金家坝的几家社办厂协作为上海总厂及其本身生产机架铸件和台板。这几家社办厂的原材料由上海供应，产品归上海接受，按照总厂的计划组织生产。分厂的原料也来自上海，技术由上海派人指导。分厂所获利润和超产的部分，与总厂对半分成。

上面三种社队工厂有可能是吴江现有社队工业的三种基本类型。第一类是原料和市场都不在当地农村，只是利用当地劳力的工业。在目前社队工业技术水平还较低、品种式样受到资金匮乏制约、商情信息基本上还靠当面碰头交流的条件下，这类社队工业忽起忽落不能稳定是必然的。第二类是原料来自当地农村，市场也比较可靠的工业。这类工业实际上是当地农副产品的延伸工业，农副产品与工业原料衔接起来，是社队工业中最稳定的一类。第三类工业的原料来源和第一类相同，并不是本地自产，但由大工厂供应，市场也是大工厂承包，性质上它是城市大工业的扩散，相当于大工厂的一个附属车间，所以它只要能维持住与大工厂的关系也是相当稳定的。

从吴江全县来看，第一类工厂占绝大多数，第二类工厂是少数，第三类工厂只有几家。因而从总体来看，全县社队工厂还是处于不稳定阶段。

对社队工业作出上述分类，是为了说明在基本上属于市场调节的情况下发展社队工业，必须根据农村地区的特点去确定能够发挥自己优势的工业方向，才能保持稳定性。因此我认为应当把工业的重心转移到第二类上去，要大力发展食品工业和具有地方特色的轻纺工业或手工业。这是基于我对社队工业应当握有原料和市场的主动权才能稳步发展的认识。当然哪些原料适宜由社队工业去加工，它掌握主动权的比例应多大等问题，尚需进一步具体化。但农村工业的原料与农副产品衔接起来，进行劳动密集型的工业生产，以地方特色拓宽国内与国际市场，这些无疑是社队工业选择发展方向时应该遵循的普遍原则。第一类工业在特定的历史条件下是送上门来的，而现在却要到处磕头找原料和市场。这说明它作为农村工业的先导任务已经完成。这类工业将来是否会有新的出路，那要看整个国家工业怎样打破大而全、小而全的工业体系以后才能预测。第三类工业看来是有前途的。从世界范围看，大城市工业扩散是一个趋势。大城市人口密集、土地贵、工资高、污染严重等，已使它的工厂不能再继续发展下去。资本主义国家的工业已向郊区和附近农村扩散，现在甚至扩散到第三世界的国家中去了。这种工业扩散曾引起严重的污染扩散的后果。但是我们社会主义国家对这种恶果是可以避免的。我曾说过，我们应当提倡“大鱼帮小鱼，小鱼帮虾米”，要求大、中城市的工业帮助、促进农村社队工业的发展，社队工业也可以帮助更小集体工业的发展。最近我看到江都宜陵的一份调查报告，里面说是那地方有个社队办的蜂乳加工厂，把装蜂乳的玻璃管、包装盒等分到各个生产队去制造，使得这个公社的许多生产队都得到好处。这不是“小鱼帮了虾米”么？所以工业要打破大而全、小而全，要一层一层地扩散下去。但是大、中企业不应当把污染也扩散给还不怎么懂得污染利害的农民，而是把就业机会和工业利润扩散出去，这样它自己可以集中精力提高产品质量和经营方式以增加本身利润。这正是我国社会主义制度优越性的体现。

工业要打破大而全，不仅是形式问题。工业规模越大，越能趋向合理化，这是别国的经验。我们不该不假思索地把它硬搬过来。我们首先要考虑到怎样在发展工业中解决广大农村中居民的生活问题，而不应重复西方资本主义国家工业发展、农村破产的老路。其次，要考虑到我们的企业经营管理方式必须适合我国当前的国情。毋庸讳言，我们对大企业的经营管理还缺乏经验，以致一些大的国营企业不能赚钱甚至长期亏损。现在有的社队工业想稍稍扩大点规模，结果他们自己说是“骑上了马背下不来”。因此，我认为应当注意研究社队工业的规模和适应当前农民水平的经营管理方式，在这个基础上，通过实践培养出一批能管理工业生产的基层干部，为我国工业进一步大发展创造人的条件。

社队工业具有顽强的生命力。有个队办工业赔了钱，我问他们怎么办？ 回答是赔钱还得搞，这是因为工厂看来是赔了钱，但是生产队每一家都有人在厂里做工，挣得工资，所以不允许关厂，而宁可少拿一点工资。 我因而想到这些社队工业很有点像是传统家庭手工业的扩大和集体化。 家庭手工业是不计工资、只算收入的。 所以从社队工业来说是赔了些钱，但如果把工人们的工资算进去，对全生产队的农民来说，还是增加了收入。 赔钱还要办下去，体现了社队工业的坚韧性和顽强的生命力。 这种坚韧性来自传统，来自人多地少的现实。 这种顽强的生命力使它在不稳定中要坚持生存下去。

赔钱还要办；一家出一个工人，机会均等；凡此种种，看起来都与现代工业的讲求效率、利润，择优挑选人员等经营原则相背离。 要实现工业现代化，这些是应当改进的。 但是这些是具体存在的现象，自有它发生的社会原因。 人多地少和工农相辅的基本情况不改变，这种现象也不易改变。 我们应当因势利导，转变它的落后性为开创新工业服务。 日本企业家引为自豪的所谓 Z 式管理，无非是利用传统的“我照顾你一辈子，你得终生为我服务”的从属关系作为经营管理中发挥劳动积极性的有效方式。 而我们农村中人际关系的传统要广泛深刻得多。 当然其间良莠不齐，应该对它们加以分析和考察，作出区别，弄清哪些东西可以利用和利用到什么程度。 我们不应以虚无主义的态度看过去。 要真正懂得中国的特点，并根据这些特点搞社会主义现代化，就要研究可以生长出新东西来的旧事物，甚至要用旧形式来发展新事物，最终使旧的转化为新的。

社队工业的发展使一部分农民转化为工人，县办和镇办工业的发展也招收了相当数量的农民工。 这就是说现在已经有不少农民到小城镇里来了。 据调查，这五六年来，小城镇的实际聚居人口与户口在册的人口相比，普遍增加了1/3。 因此，人口普查所得的小城镇人口与实际情形差得很远。 这些农民工到了镇上与镇上工人一样干活，甚至那些条件最差、最累、最重的活往往是由他们来承担，他们实际上是工人阶级队伍中的新成员。 然而镇上的户籍里没有他们的名，不能吃商品粮，不能调整工资，不能参加工会，其中的党员还不能在工厂里过组织生活。这批人数目相当大，据不完全统计，1982 年江苏全省的务工社员人数达到 527 万人。而全省城镇户口的劳动力总数只有 606 万人。换句话说，在大中城市及小城镇从事各种非农业工作的人数中，农民工与城镇户口的工人在数量上已相当相近。农民工挑着小城镇工业 1/3 的担子，但现在还没有能列入工人阶级的队伍，享受工人的权利。我们必须正视这一现实，有责任把这一事实反映出来。应当深入考察这批人走出村子到小城镇上做工的全过程，研究他们的社会地位和生活、工作、思想感情。这是中国工业史上未曾出现过的新情况。他们在我国现阶段的工业发展中将起什么作用？这是一个大问题。

我国的商品粮不足，或许还有别的原因，在 50 年代不得不划分城镇户口和农村户口。可是后来当城镇户口和铁饭碗结成一体，这两种户口的差异就大大超出了划分时的原意，出现了许多新问题。譬如明明是工人，却偏要给戴上一个帽子叫做农民工。农民的孩子拿到大学的入学通知书，家长要请客、放鞭炮庆祝。大城市里的青年不愿考重点院校，高考分数逐年下降。这些现象，大家熟视无睹，习以为常，也就不会去考虑农民工的称呼，农村青年上大学要请客、放鞭炮等的意义究竟是什么呢？据我看来，这些现象的发生不能不归根到户籍制度里存在着的已经和当前新局面不相适应的成分。

在当前的情况下，不仅吃商品粮的城镇居民在群众眼中比农民工高一等，就是在农民工和务农社员之间也有高下之别。据说一些村里的姑娘当上了农民工，她们的婚姻就发生困难。她们不可能嫁给被称为“街上人”的有城镇户口的男青年，因为她们的户口还在农村，她们在别人看来还是乡下姑娘。据说娶乡下姑娘最怕的是生了孩子也成了乡下人。可是这些姑娘们觉得自己已经不完全是乡下人了，她们也不大愿意再嫁给她们认为的乡下人。务农的男青年自己也觉得配不上这些姑娘，不敢高攀。这就产生了一个新的社会问题，有不少悲欢离合的故事。

在实地调查中，时时可以觉察到有一股不可遏止的力量在驱使那些基层干部不能不开动脑筋朝前赶。我也受到一些感染，提出上述几个问题作深入研究的引子。我似乎感到自己盼了数十年之久的东西就在眼前，农村真正的工业化、现代化正在社会主义条件下出现，然而自己对其中许多有着深刻历史的现象还未能透彻地理解，还需继续观察。

江苏其他地区的条件有什么不同，他们是不是也走苏南社队工业的路子？全国农村社会经济发展的步子怎么走法？它从苏南的经验中能得到些什么？这些问题一个接一个地在我心里盘算，希望今后的研究能向这些方面开展。

吴江的社队工业走过了十几个年头，三中全会后的迅速发展也有五年了，其间有成功的经验，也有失败的教训。现在应是加以回顾总结的时候了。我们应当对社队工业的多样性和复杂性进行客观全面的分析，对社队工业中发生的问题作出科学的说明。

六

小城镇作为商品的集散中心，它的商品流通与农村的经济发展之间具有互为前提、相互作用的关系。现在主要的问题是要搞清楚商品的流通环节和开通商品的流通渠道。

商品的流通环节，是指商品从生产者那里出来到达消费者手上，中间所经历的步骤。比如某一工业产品由上海的工厂生产后运往苏州；苏州的物资部门将它分配给吴江县；吴江的商业机构再把它分拨到各公社；公社供销社又把它批发给集体商业，最后由门市部出售到农民手中。商品就是这样经历了五个非直接消费的部门一步步地转运给农民消费者。这每一次转手都是商品流通的环节。同样，农副业生产的商品也要经过若干环节作相反方向的流通。这里我们首先要了解的是目前商品流通要经过哪几个环节，以及各个具体环节对于商品流通究竟起什么作用。

让我们撇开大、中城市，先取出从小城镇到农村这一段来作考察。从这一段商品流通环节的具体分析，就可以看到小城镇之间还有大小不同、层次高低之别。

前述的类型分析表明小城镇对农村的主要作用可以因类型不同而有所侧重。然而即使是同类型的小城镇，对周围农村所发生的作用也不是等量齐观的。例如同是作为农副产品集散中心的小城镇，震泽的乡脚大，庙港的乡脚就小得多。因此，由小城镇作用影响范围的大小，反映出一个有系统的高低不同的层次来。

城镇层次的划分，过去大多以人口数量的多少为标准。然而小城镇商业作用的层次分析，单以人口为指标是不够的。因为人口大体上相同的城镇，在商品流通环节中所处的地位却可以不同。在目前我国商品流通的过程中，行政的因素特别重要。许多不同等级的行政性的商业机构决定了商品流通的环节。所以我们不妨首先从城镇的行政地位入手来观察商品流通的过程。

吴江县的小城镇依据行政地位，可以分为三层五级：第一层是县属镇，在吴江人称七大镇。这一层小城镇的共同特点是具有镇和公社双重商业机构。县属镇又分两个级别，第一级是县城松陵，它有县、镇、社三重商业机构。第二级是震泽、盛泽、平望、同里、芦墟和黎里等 6 个非县城的县属镇。第二层是有公社商业机构的公社镇(或称为乡镇)，吴江的 16 个公社镇也分为两个级别。第三级是商业人口接近于县属镇的八坼、铜罗和横扇，当地叫做三小镇。这三小镇除公社商业机构外，还有若干县属商业机构的派出部门，其管理范围越出本公社。第四级是设置有公社商业机构的庙港、七都、莘塔、金家坝等 13 个镇。第三层是大队镇(或称村镇)，这一层镇在区域上都属某一大队范围，在行政上并不附设商业管理机构。它不同于有下伸店和双代店[1]的大队中心村，区别在于有商店、服务业和集市贸易的聚合和有经常性的商业管理人员。

[1] 业务属供销社系统的大队代购代销店叫做双代店。

第三层不再分级。在吴江县共有如前面所说的陆港等12个村镇[1]。

由此可见，商业流通的环节实际是以一层层的行政级别为依据的。那么商品是怎样在这些环节上运行的呢？实际情况要比工业品通过高层次到低层次再到农村，农副产品又反向运行的理论分析要复杂得多。

例如开弦弓村有一家下伸商店，这个店销售量最大的是火柴、糖果、香烟、酒、酱油、盐一类的商品。店里还有三只铝锅，据商店工作人员说它们在货架上放了整整一年。难道是开弦弓村人不用铝锅？不是。农民说买一只锅子要用几年，总得挑个好的，但这里只有三只，没法挑选。所以买铝锅之类的物品他们就要上震泽或庙港。村里的青年男女结婚时新房里所需要的一些用品还要到上海、苏州去买。开弦弓是一个村落，不是村镇。但从这里可以看出普通农村里农民生活各种必需品是分别由不同层次的城镇供应的。这里就体现了小城镇作为商业中心的层次来。一般情况下，农民生活中食用的如油、盐、酱、醋等一次性消费品，基本上可以在村镇得到满足。村镇商业的门市部

1957年的江村农民日常生活用品购买店

[1] 据乡村建设局调查统计。

一般不到10个，销售范围大都是在1公里以内。农民的生活日用的如热水瓶、脸盆等低档耐用的消费品，基本上是从乡镇或县属镇得到满足的。乡镇内同类商品一般都是独家经营的，花色品种与数量均较少，它们的商业门市部在10至50个之间，销售范围在3公里左右。县属镇内同类商品则有两个或两个以上的门市部销售，花色品种与数量比乡镇多，选择的余地增加。它们的商业门市部在50至100个之间，销售范围在5公里上下[1]。

小城镇的层次是层层包含的。这就是说，高层次的小城镇的销售范围不仅包含低层次的小城镇及其销售范围，而且高层次的小城镇自身也具有属于低层次小城镇的销售范围。例如假定庙港、七都、八都等乡镇和这些公社的农村都到震泽来买铝锅，那么对铝锅这一商品来说，震泽镇铝锅的销售范围就包含了以震泽为中心的所有乡镇及乡镇的销售范围。但震泽不只是卖铝锅，它同时也卖油、盐、酱、醋。就这些商品的销售来说，震泽镇的范围与陆港这些村镇的范围相差无几，都限于附近约1公里范围内的居民。商品的销售范围实际上就是吴江民间所说的“乡脚”。乡脚并不是以镇为中心的一个清晰的圆周，每一种商品都有各自的乡脚，所以一个小城镇的乡脚由许多半径不等的同心圆组成。小城镇层次的划分实际上决定于它们乡脚的大小。

小城镇层次分析应当深入满足农民各种生活需要的功利评估。所谓功利评估，是指农民对购买何种商品、花多少时间、付多少成本的计算和均衡。功利评估的原则是以最少时间、最低成本去取得最满意的商品。小城镇的商业层次应当根据这样的研究结果来布局。我不知道现在的商业部门有没有一本在哪个环节该储备什么样的商品和每种商品要储备多少的账。如果没有这本账，就会产生有些环节上应该具备的商品无货供应，而在另一些环节上不该储备的商品又被囤积的不合理现象。例如我在广西大瑶山的新华书店买到一本《陆游年谱》，对我来说

[1] 商业门市部数与销售范围都是吴江县各层小城镇的平均数。

当然是求之不得，但在瑶山的书店里摆上这类书籍，恐怕是很少有机会被人赏识，难以遇上知音。

流通环节的合理化是商品流通的必要条件，道理是显见的，但做到合理化却需要作细致的研究。

疏通商品流通渠道是一件更大的事。党的三中全会以来，小城镇上行政化的单轨渠道发生的问题我们还不怎么清楚。我只是了解到集市贸易在吴江已经恢复起来，农民挑担上街，商贩摆了摊子，到处很热闹。松陵镇还为这样的集市搭了个玻璃瓦棚，使买卖人群不致淋雨，做了一件好事。虽然在集市贸易中有价格管理等许多问题存在，但我看主要的问题是为什么吴江县小城镇的集市贸易还只是停留在农民提上一篮鸡蛋在集市上等上半天的原始状态，而不是像北京北大附近中关村一带那样只用短短的一年多时间，便从日中为市的个体经商变成一排排集体合作的商店?

听说供销社也正在进行改革。对此我得首先说明自己是外行，又没有进行实地调查，目前还只能作为一个旁观者说几句。从客观形势上看，现在要供销社重新回到合作性质上去恐怕不那么容易，要国营商业把已经经营的那些项目让出来恐怕也有难处。据说前两年小镇上供销社和集体商业从体制上划清了。然而所谓的集体商业，其实还是供销社批发给它商品让它出售的国营附属机构。不客气一点说，那是换一把勺子去舀大锅里的汤。

那么小城镇集体合作形式的流通渠道怎样才能真正建立、发展起来呢？前些时松陵镇的同志写信给我，要我帮助他们买一部卡车，用它把凤尾菇运销到苏州市场上去。买汽车我当然是毫无办法，但这封信使我受到了启发。1981 年我把澳大利亚一位朋友送给我的平菇的菌种带回了家乡。1982 年吴江县农技所和松陵镇的同志试种成功并作小规模推广，有的同志还给它起了一个优雅的名字叫凤尾菇。经化验这种蘑菇不仅食用价值高，而且体积大，产量高，每斤以七分钱的成本能卖得六七角钱，它还能立体柱形栽培，适宜作为农村家庭副业。可是在农村里初步推广后，县城内的市场太小，苏州和上海却很欢迎这种食品，于是运输的问题就发生了。所以他们要我设法买卡车。这封信给我的第一个启发是新商品要走新的商业渠道。既然原有的商品走集体形式的流通渠道困难重重，新的商品或许就比较容易创出新的方式来。我们应当支持奖励生产者自己组织起来作集体流通的新的尝试，一切好的形式都是从尝试中出现的。我们要积极发展小城镇，就要从一切方面用各种方法去尝试新的发展。

由此我想到应该进一步研究农村产品商品化的问题。凤尾菇产量大了就想到自己要买汽车运销。那是商品产量的提高促使他们想到的，如果农村除社队工业外的商品生产还不足以满足附近几个小城镇居民的需要，那么手拎肩挑的集市贸易渠道就完全可以承担流通任务，自然不必也不会有更上一层楼的要求。然而1982年江村杀兔吃肉的事实又说明，农村经济商品化的水平必须有新的立足于国内市场的流通渠道才能巩固和提高，如果一味把身子靠在洋人的背上过日子，人家动一动小拇指，我们就要跌筋斗。所以我希望有同志能从对农村经济商品化的现状出发，深入探讨小城镇商业流通渠道与农村商品化程度之间的相互关系。

我从这些事实又引出一个看法，小城镇商业的发展之所以没有社队工业的发展快，原因是受到原有商业渠道压抑的农村商品经济对小城镇的冲击力还不够强。一旦这种冲击力强大起来，包揽式的流通渠道就非得改革不可。现在农村经济尚处于生产责任制的低级阶段，商品生产的程度还不够高。要突破当前的局面，还有待于多种经营专业责任制的发展。看来从以家庭生产为单位的责任制到集体专业化生产的责任制，是当前农村生产力继续提高的必由之路。从整个苏南地区来说，集体专业化生产的责任制形式已经在某些方面出现。所以小城镇建设应当清楚地认识到客观的发展会带来的结果，以新的流通渠道的尝试和开辟，去自觉地适应、促进这一具有光明前途的新事物的发展。

七

小城镇怎样成为农村的服务中心、文化中心和教育中心，对此我只能谈谈自己的一些想法。

我四访江村时，听说在影片《少林寺》上映期间，浙江的南浔镇先贴出这部新片预告。震泽镇的电影院获悉这一消息后，赶紧抢先租到这部片子赶在南浔之前放映。这部片子在当时吸引了周围四面八方的农民。他们摇着船、带着孩子来镇上看电影。《少林寺》放映一周，卖座率始终不衰，使影院收入了1万元。农民上街看电影总得吃点面条、点心，还要往家捎回些东西。结果这7天内全镇商业的营业额增加了6万元。这件事在我看来是镇作为农村中心的生动例证。假如这种现象是经常性的，震泽岂不就是一个农村的娱乐中心和商业中心了么！

这件事说明小城镇的服务业是蕴有巨大潜力的。不是农民没有对现代社会生活的需求，而是我们不懂得农民的需求，致使小城镇上的服务项目、服务水平和服务质量远跟不上客观的形势。

为农村妇女烫发是现在小城镇的一个服务项目。1981年我三访江村时，很少见到有姑娘烫发。到四访、五访时，烫发的女青年逐渐多了起来。今年六访时看到，不论是社队厂的青年女工或是在田里干活的姑娘，头发几乎都弯曲起来，甚至连十二三岁还在上学的小女孩子也烫了发。据说她们大多数是到庙港和震泽的理发店里去烫发的，每次两元。每逢过年过节理发店日夜开业。在这件事情上庙港和震泽已成为农村姑娘的服务中心，而且为我们提供了测量这两个中心服务区域，即城镇乡脚的一个指标。但是农村姑娘烫发的风气完全是自发的。我们对电视机的下乡引起了什么后果可以说很不清楚。这些看来都是小事情，意义却十分深远的问题，需要我们严肃地进行科学的研究。

再说小城镇上的茶馆，过去这是附近农村的社会信息交流中心，城里的、镇上的、村里的信息都在茶馆里汇集，并散播到附近农村里去。它是民间相互咨询的服务场所，里面有社会新闻、有生产技术问题、有做媒等丰富的内容。现在民间的信息交流、咨询服务是否还在茶馆进行，还是另有场所和其他途径？在农业生产责任制和农副工综合发展的新情况下，农民到底有什么新的服务要求，怎样去满足他们的要求？这些都是迫切需要加以研究的课题。

在文化方面，除了电影院对农民开放外，镇本身现在很少有什么文化设施。青年们一般不上茶馆，又几乎没有文娱、体育等活动，连找对象在镇上也没有谈话的场所。去年松陵镇修了一座小公园，除了供人憩息，还有一些石条凳可坐，使农村青年男女进城来可以有个谈恋爱的地方。听说还有人反对，说是有伤风化。其实这并不是一个小问题。我看现在存在着严重的地缘、业缘内婚现象。青年男女没有正常的社交活动，不熟悉居住和工作范围以外的人，不得不在同村、同厂、同机关内部找对象，以致选择的圈子越兜越小。据说在一些交通闭塞的山村里，低能儿越来越多，原因很可能就是长期的近缘婚姻。所以扩大青年的社交范围对于反对父母之命、媒妁之言的封建包办婚姻，对于改变近缘婚姻是有积极意义的。男女青年有正常的社交活动，可以自己见面谈恋爱，这是一种文化中心的出现。文化中心不是一句空话，建设社会主义精神文明也不是空洞的口号。真正的中心作用是要使农民到小城镇来接头，在这里解决实际问题，满足农民的需要。也就是人与人要在这里碰头，物与物要在这里运转，信息要在这里交流。苏南、吴江这一发达地区的小城镇到底为农民做了多少事情？很值得我们去看一看、想一想。

在教育方面，使我最痛心的事是江苏的文盲率要比全国的平均数高，吴江更是高中之高。按理说，一个地区经济水平是与文化程度成正比的，实际上现在反过来了。其中的规律性值得深入研究。可我想提一个倒过来的问题：为什么要识字？不识字又怎样？如果不识字照样生活，收入还比识字的高，那就发生了为什么要识字的问题了。

这次我在太湖边上的庙港渔村里散步，我问了几个年龄不同的居民识字不识字，他们都对我摇摇头。 年纪大的都是有经验的渔民，年轻的孩子们正跟着父兄们学打鱼。 据说他们近年来的收入比农民高得多。 我在和他们的谈话中悟出他们不识字的道理来。 这些都是多年甚至世代在太湖上捕捞的渔民。 捕捞是搜集自然产物的生产方式，由来已久，说是原始经济也未尝不可。 这种生产方式需要有这一地区自然地理的丰富知识。 在太湖里打鱼，就得充分掌握太湖的气候、风浪和鱼源。 这是他们生活所依赖的知识。 这些知识都并不靠文字来传递，而是口口相传并在实践里体验来的。 要做成一个能靠捕鱼为业的太湖里的渔民，就必须从小就跟着父兄在船上生活。 试问他们为什么要在学校里花费多少年学会几千个方块字呢？ 年轻时进学校而不去跟父兄一起经风浪，到头来恐怕会在打鱼时被风浪淹死在水里。 但是如果要提高渔业的生产力，改捕捞为饲养，就是用人工去经营鱼塘以得高产，情况也就完全改变了。 饲养员需要知道温度、湿度、水里含氧的成分等等所谓“科学知识”，这种知识不懂文字是得不到的。 从太湖上的“浪里白条”变成鱼塘的饲育员，是从原始采集阶段的生产方式发展成饲育阶段的生产方式，也就是从不需要文字到离不开文字的发展过程。如果现在庙港的渔民安于在太湖里乘风破浪地以捕捞为业，那么我看文盲是扫不完的。 我从太湖边上散步回来，对扫盲问题的认识似乎又深了一步。 我们读社会发展史应当要用它来理解当前的实际问题：生产力不发展，教育普及不了。 从这个角度去研究当前农村的教育问题，也会看到目前农村生产力的迅速发展不仅提出了普及教育的要求，也提供了普及教育的可能性。 怎样才能满足农民对教育的需要呢？ 那就有赖于我们提供怎样的教育内容了。 因此怎样把小城镇建成农村的文化教育中心，对我们来说应当是一个重要的新课题。

八

我的发言应当结束了，在末尾我想附带提出一个名词问题。我素来不主张在名词上浪费笔墨的，但是也不能不注意到名副其实的必要。“小城镇”这个名词最近大家已经习惯了，但还可以考虑一下，用这个名词来作为农村中心的社区是否妥当？我们的字典里对城、镇、集、墟、街、场、村等名词都有一定的释义，我在这里不再重复。但必须指出，当前各种社区需要划分出一条城和乡的界线，各层的社区用哪些名词来表达最为妥当还是个值得考虑的问题。

如果把“城镇”这个名词用来指作农村中心的社区，从字义上看，它似乎应当属于城的一方，而实际却是乡的中心。为了避免这种因望文生义而可能产生的误解，不如称这种社区为“集镇”。我们知道有不少经济不太发达的地区，还没有形成固定的商业和文化中心，而停留在“日中为市”的定期赶集形式。津浦铁路进入安徽境内就有很多车站至今保留着某某集的地名。这些集所起的作用，程度上虽有区别，性质上是和吴江所见到的许多“小城镇”相同的。把这些集称作“小城镇”总不免有点牵强。所以我想不如把在吴江所见到的“小城镇”和这些集归在一起而称它们作“集镇”。

当然“小城镇”应当划归在城、乡的哪一边，还是一个可以研究讨论的问题。把它说成城乡的纽带，只说明了它的作用，而没有表明它是一个具体的社区。我主张把农村的中心归到乡的一边。但也可以考虑在城乡之间另立一格，称之为镇。麻烦的是汉字不习惯用单音节名词。镇字旁还得加个字，要加就不能再用城或乡，所以还是可以考虑称为“集镇”。

还要提到的是群众语言中有传统的分层模式，那就是“城里人”、“街上人”、“乡下人”。这种分层至今还有现实的社会意义，含有高低之别。上面提到过在婚姻上乡下人不敢高攀城里人的事就是一个例子。而我们所提到的吴江县的“小城镇”中在群众语言中却包含了三个层次。作为吴江县行政中心的松陵镇的居民过去被称作“城里人”。松陵镇过去也确有城墙，解放后才拆除。其他的镇上的居民在群众语言里都不称“城里人”，而称“街上人”。但是像庙港一样的公社镇，过去并不是基层行政中心，只是沿太湖的港口之一，像是一个较大的村子，所以它的居民够不上称“街上人”，还是“乡下人”。有人看到在现在所谓“小城镇”里还存在着和群众语言相适应的层次，所以主张用“城镇”、“乡镇”、“村镇”来区别。“城镇”指松陵一样的大镇，即县属镇；“乡镇”指公社一级，也是体制改变后乡政府所在地的镇；其下则是“村镇”。这种意见值得考虑。我在这里只是提出来供大家讨论。我们的调查研究越深入，对我们用以识别事物的概念也会越来越细密，也会要求我们所用的名词更加确当切实。现在一般应用的名词都有待我们进一步去研究讨论。

今天我的讲话里还是用“小城镇”这个名词，因为我们的讨论会的名称就这样用的，不能因为我个人不成熟的意见就加以改动。这也说明了这些概念和这些名词都有其社会的根源和作用。即使改动也要有个过程。我个人的意见也会改变，一门科学在初创时期总是这样的。

最后，预祝这次讨论会开得成功。

1983 年 9 月 20 日

小城镇　再探索

一

我们的小城镇研究是从农村研究的基础上发展出来的。1981 年我三访江村时，还只是以一个农村为范围进行观察，但是这年年底四访江村时，我们就提出要“更上一层楼”，从农村升一级，去调查研究作为农村政治、经济、文化中心的集镇。我们曾访问了吴江县的一些集镇，发现这些集镇正在从衰落转向繁荣。除个别例外，在过去 30 年里，绝大多数集镇普遍存在着人口外流，人数增长缓慢，甚至下降的现象。党的十一届三中全会后出现了新局面。这些集镇的册外人口大增，有些镇竟达居民总人数的 1/3。所谓册外人口是指住在镇上而没有户口的人。我们看到这里问题很多，所以决定从 1982 年开始，把小城镇研究列为我们调查工作的重点。这个意见得到了江苏省委的支持，因为就在我们提出这个意见不久之前，江苏省委在常州举行了一个城市工作会议，提出发展小城镇的主张，真是“不谋而合”。因此，中国社会科学院社会学研究所就和江苏省社会科学院社会学研究所联合组成了小城镇的调查研究组，开始这个课题的调查研究工作。

为了深入探索这个新的课题，我们采取了“解剖麻雀”的方法，把小城镇数量上号称“多子女”的吴江县作为解剖对象，并提出“类别、层次、兴衰、布局、发展”的十字提纲。我们的工作分两个阶段，先是从上而下，向各级党政干部请教，初步了解从县到镇的基本情况、有关的工作经验和已看到的问题。然后，按不同类别和层次，定点、定人、定题，课题组同志分别下乡作实地观察。去年秋季集合汇报，并邀请了中央有关部门及江苏省委政策研究人员、江苏省有关各市各县各镇领导干部，以及有关研究机关和高等院校的研究人员一起进行多层次、多方面、多学科的学术讨论。这就是1983年9月21日到27日在南京举行的江苏省小城镇研究讨论会。我在会上作了《小城镇　大问题》的发言。课题组及其他参加会议的同志提交讨论的一些论文，经过修改提高已汇编成《小城镇　大问题》(江苏省小城镇研究论文选第一集)，今年7月份可以出版。在这次会上成立了江苏省小城镇研究会。

1983年全国政协组织了有北京和南京各方面专家参加的小城镇调查组，从11月11日到12月6日到江苏的常州、无锡、南通、苏州四市和部分县、镇参观访问，对江苏小城镇讨论会所提出的问题和观点进行“会诊”。调查结束后，在苏州总结，会上的发言正在整理，陆续将在《社会学通讯》上发表。我这篇《小城镇　再探索》就是以我在这次总结会上的发言为基础整理而成。下面我只想把个人在四市和部分县、镇访问中的体会作一简要的叙述。

二

农村经济的繁荣，带来了小城镇的复兴。党的十一届三中全会后，在短短的5年中，广大农村落实了各项经济政策，全国农业生产，除了极个别地区，都有了普遍的显著的提高。农民确实富裕起来了，这是有目共睹的事实。我们所调查的苏州、无锡、常州、南通四市，在近年农村经济发展上，在江苏省来说是站在前列的，而江苏省在全国的经济发展上又是站在前列的。1982年江苏的先进纪录是“两个超过500亿”，即粮食571亿斤，工业总产值502亿元。1983年再创的新纪录是“六、七、八”，即粮食610亿斤，财政收入72亿多元，工农业总产值824亿元。

在我们调查期间，1983年农村的各项指标尚未结算，省委农村工作部提供的资料：1982年江苏全省社员人均收入309元，比1978年增加154元，四年翻了一番；同年间粮、棉、油总产量年均增长率都在4%以上；主要副业项目的年均增长率都高于10%；乡镇工业（公社及生产大队两级所办企业）总产值四年也翻了一番，占农村工农业（生产队所办企业算作农业）总产值的42%，占全省工业总产值的1/4。

我们调查所经过的地方，农民住宅已在更新，使得农村面貌焕然一新。长江北岸开始“草房改瓦房”；苏、锡、常开始“瓦房改楼房”。有些地方沿路可以看到装上阳台，阳台上摆满花卉的别墅式两层楼房，一幢接一幢的绵延几里。集镇上百货公司、电影院、文化宫、书场的新型建筑在宽阔的大道两边耸立。使旧上海的边缘市容相形见绌。有些生产大队开始兴建公共浴室。无锡县前洲乡的一位青年在他花费1万元建起的三层楼的新居中掰着手指告诉我们：近几年，他和他那在队办纺织机械厂工作的妻子一起，每年收入约4 000元，除了全家三口的日常开支，可以积蓄2 500元到3 000元。这种人家在前洲乡一类的农村里是很普通的。江南鱼米之乡出现的“建屋热”是农民丰衣足食之后开始解决居住问题的反映。农民造房子有些地方已超出了居住的需要，部分是属于家庭副业的生产投资，还有部分是属于“实物储存”。农民从商品生产中获得的收入，一时已消费不了。江苏农村在1982年末的储蓄额达20亿元，在苏州市平均每个农民有78.9元存进银行。但是有理由相信留在农民口袋里的现金很可能超出此数，这部分余资按农民的传统心理，要变成不动产才放心，所以也构成了兴建房屋的一种动力。无论怎样，在这四市的农村中已出现的小康气象是十分动人的。

使这地区农民富裕起来的主要因素是农村经济结构发生的变化。这些年来江苏全省农副工三业各以不同的速度逐年增长，其中农产品产量的增长率最低(约4%)，乡镇工业(即社队工业)的产值增长幅度最大(约90%)。这意味着在农民的收入中，来自农业的比重相对降低，而来自工业的比重越来越大。在我们调查的四个市中，以县为单位，工业产值占总产值的比例，都接近或超过一半，特别是长江以南这三市的县一般都在70%以上。1983年这三市中有无锡、常熟、江阴三县的工农业总产值各超过了20亿元，其中农业产值只占10～20%。据1983年统计，江苏已有塘桥、乐余、前洲、玉祁、周庄、华士、黄巷等七个乡的工农业总产值超过了1亿元，这些乡的工业产值都占90%。农民富裕靠工业，已成了普遍的事实。

值得特别注意的是，由于这些地方工业办得好，因而富裕起来的乡村，农副业收入所占的比例不断降低，而在绝对数字上却相应地增长，速度也较工业不发达的乡村为快。这个事实应当大书特书，因为它向人们展示出我们社会主义建设中的一种崭新的特点：中国社会基层的工业化是在农业繁荣的基础上发生、发展的，而且又促进了农业发展，走上现代化的道路。

这个特点的重要意义只要和西方早年工业化历史相对照就容易看得清楚了。欧洲工业化初期，在集中于都市里的机器工业兴起的同时，农村却濒于破产，农民失去土地，不得不背井离乡涌进城市，充当新兴工业的劳动后备军。资本主义国家现代工业的成长是以农村的崩溃为代价的。这是西方资本主义工业化的道路。与此相比，我国在社会主义制度下，党的十一届三中全会以来却出现了上述的那种基本上和资本主义工业化迥然不同的新道路：农民在农业繁荣的基础上，以巨大热情兴办集体所有制的乡镇工业。这种乡镇工业以巩固、促进和辅助农业经济为前提，农副工齐头并进，协调发展，开创了农村不断繁荣兴盛的新局面。这种工业化的道路，从具体历史发展来看，并不是从理论上推论出来的结果，而是农民群众在实际生活中自己的创造，经过了多年实践的检验，“实行几亿农民离土不离乡，积极发展乡镇企业”，终于被肯定为从我国国情出发的一个具有战略意义的方针。

三

在吴江县的集镇调查过程中，我们看到了集镇的转衰为兴是由于当时所谓社队工业即现在所说的乡镇工业的兴起。我们这次四市访问证实了这是这个地区共同的特点。

据反映，苏南地区的乡镇工业虽发生于70年代的初、中期，但那时是“偷偷摸摸地搞”，一般说来工厂为数不多，规模也较小；如雨后春笋般地蓬勃兴起，是党的十一届三中全会以后的事。例如无锡县的前洲公社1970年仅有一个农机厂，12名工人，全公社的工业产值才150万元，到了1982年，工业产值达到7 388万元，增长了48倍，务工社员也增长到7 700余人。从无锡全市范围来看，1978年以来乡镇工业的产值和利润分别以年均23%和7%的速率递增。

这一情况的发生，如我过去已经指出的，只有从乡镇工业与农业之间的内在联系中才能找到答案。苏南是一个农业开发历史悠久的地区，农业经济的发展吸引和积聚了越来越密集的人口。为了解决人多地少的矛盾，维持住该地区的“天堂”之富，这里很早就在农业稳定发展的基础上产生了家庭手工业。“牛郎织女”的传说反映了夫妇之间的分工和合作，表明了农业与手工业在一个家庭内的有机结合。这就是苏南地区人多地少、农工相辅的历史总结。

建国以后，苏南的农业由个体经济走上了集体经济的道路，农业生产力获得了前所未有的解放。可是，由于人口的一度失控，人多地少的矛盾在这里越来越尖锐，70年代初四市的人均耕田已经降到一亩上下。在党的十一届三中全会前，农村经济政策又受到“左”倾思想的影响，“以粮为纲”变成了单一的粮食生产，破坏了这一地区工农相辅的传统结构。越来越多的农业劳力没有别的出路，不得不以成倍增长的成本在有限的土地上搞强化开发，那是增产不增收的路子。据苏州市的测算，70 年代中期以来，纯农业的收入长期在人均 100 元上下徘徊。

我在《小城镇　大问题》一文里已经说过，江苏怎样在十年动乱中“逼上梁山”地找到发展乡镇工业的道路。我也指出过，农村的剩余劳动力寻找出路是乡镇工业发生和发展的内在因素。据我们这次调查的四市来说，以劳均 4 亩耕地计算，农村里就有 1/3 以上的剩余劳力，仅苏州市的五个县就有 120 万人，约占该市农村总劳力的 50%。这些原来被“大锅饭”所吞没的农村剩余劳动力一旦在自办的工厂里找到了从事生产的机会就成了农村里新增的生产力。党的十一届三中全会确立了生产承包责任制以后，农村里家家户户都发现了从有限的责任田上大可腾出手来另找生财之道，于是乡镇企业就遍地开花地在农村里生长了起来。因此，我们可以说，乡镇工业是农村剩余劳力以新的劳动手段与新的劳动对象相结合的产物。它是农民依靠集体的力量办起来的工业，它不但不会损害作为自己基础的农副业，而且能在为国家财政收入做一定贡献的同时，主动地承担起支农、补农和养农的责任，形成了我在上节里所提出的我国工业化的新道路。

从江苏全省来看，1983 年乡镇工业向国家纳税 11 亿元，占全省财政收入的 1/8。在 1979 年到 1982 年四年间，乡镇工业的利润中有 20% 以上用于购置农机、进行农田基本建设、兴办农村集体福利事业等，总额达 14.5 亿元，相当于同期国家对全省农林、水利、气象的投资总额。与此同期，乡镇工业工资总额和返队利润累计有 59.9 亿元，其中 1982 年为17.9 亿元，以全省农业人口计算，人均收入 35 元。苏州市的同志说：“我们这里正是由于乡镇工业的发展，依靠以工补农这着棋，才稳定了务农社员的生产情绪，促进了农业生产的继续发展。1982 年，全市五个县农村人均 255 元的集体分配收入中，来自乡镇工业的为 130

元。实质上，这是在弥补粮食价格背离价值的差额上，在国家宏观调节手段不足的情况下，乡镇工业为国家分挑的一部分担子。这副担子非挑不可，因此，乡镇工业也非办不可。”上述数字表明了苏南的乡镇工业对农副业的巩固、发展和农村的繁荣所做出的贡献。在调查中我们看到，凡是工业办得好的地方，随着工业对农副业的补养成分越大，农副业的发展也就越迅速。这不是偶然的现象，而是必然的联系。

乡镇工业补贴农业并促使农副工综合发展的这种作用，在形式上类似于历史上农民的家庭手工业。正是在这一意义上，可以认为乡镇工业是根植于农工相辅的历史传统的。但在新的历史时期下，农工相辅已不再以一个家庭为单位，而是以集体经济的性质出现。从一对对的“男耕女织”到一村一乡的农副工综合发展，使农工相辅的传统在社会主义制度下发生了历史性的变化。这一进步迅速改变了农村的面貌，使农民的富裕得到了保证。在调查中，四个市的干部和群众都提到这样三句话：“农业一碗饭，副业一桌菜，工业面貌改。”意思是说，农副业过关，充其量是解决温饱问题和略有余款，只有办起乡村工业，才能使农村的繁荣具有坚实的基础。这是各级干部与农民的切身体会和自觉行动，是一种“一荣俱荣，一枯俱枯”的感情。苏州的一些同志说，要是回过头来，把转移到工业上去的几十万劳动力重新捆在一人一亩的土地上，这是万万要不得的。

四

乡镇工业不仅与农业之间有着历史的内在的联系，而且与大中城市的经济体系之间存在着日益密切的联结。在旧中国，自从上海成为通商口岸的上百年间，外国资本和官僚买办资本就从这个商埠出发，沿着沪宁铁路把吸血管一直插到苏南的农村。首先被摧毁的是农民的家庭手工业；接着农业也独木难支；最后农民忍痛出卖土地，到上海去做工——走上了西方资本主义工业化的道路，还要加上半殖民地的性质。

解放前，由于农村破产，被迫走入城市的农民在工厂里学会了现代技术。他们在当前乡镇工业发生和发展中成了一个积极因素。据无锡市反映，解放前上海的钣金工中有近一半是无锡人，形成了上海机械工业中的所谓“无锡帮”。这些工人原来就是从农村流入城市的农民。中国的工人和西方国家不同，他们多半是只身进城，挣钱养活乡下的家口。这种“藕不断，丝还连”的状况至今还起着作用。我们走访了28家乡镇工厂，它们的创业都与各种各样的“关系”有关，而其中大多数就是由有乡土关系的退休工人或干部牵线搭桥或提供技术力量而诞生的。但乡土关系只是乡镇工业得到促发和催化的条件，乡镇工业与大中城市日益密切的联结是在党的十一届三中全会以后逐步发生和加强的。

在常州湖塘镇，一家社办的柴油机厂正在为常州市内的国营厂生产配件。据说近年来由于那家国营厂的生产量供不应求，要扩大生产规模，但是由于受到市内土地、资金、招工指标等许多条件的限制而无法展开。于是就通过某种关系找到了湖塘的社办厂为他们生产配件，形成了“一条龙”工业体系，生产关键部件和承担总装任务的“龙头”设在市内，“龙尾”则摆在集镇或乡村。在无锡、苏州等地，看到有不少轻工产品，如液压标准件、各式服装等订上了上海的商标出厂，询问之下才知道当一些城市工业转向高精尖产品时，同样受到条件的限制而无力再承担市场仍有需求的老产品生产，于是将老产品连同技术一起转移到乡镇工业，这被称为“产品脱壳”。

“一条龙”和“产品脱壳”都是城市工业与乡镇工业相联系的形式。目前联系的形式很多，大体上可以归纳为下列六种：(一)合资经营，产品或利润分成。(二)产品脱壳，部件扩散。(三)来料加工，保质保量。(四)技术支援，协作收费。(五)支援资金，补偿归还。(六)技术转让或专利转让。这些归纳和分类是否详尽和科学尚需研究，但可以说明，在党的十一届三中全会以后，由于经济体系的调整和发展，由于城市条件的限制，城市工业与社队工业联系也越来越密切，全面广泛的经济、技术合作正在逐渐取代那种只是通过几个“关系户”作媒介的联系。

以所调查的四市来说，在城市工业与乡镇工业的经济、技术合作中，可以清楚地看到，与上海市联系的乡镇工业最多，与常州、苏州、无锡、南通等市联系的次之。这就是说，上海市的经济发展对乡镇工业乃至地区的经济产生了重大的影响，起着中心的作用。从无锡县的情况来看，在全县2 000多个乡镇企业中，与上海、无锡等大中城市工业、科研单位挂钩的已有709家，协作项目895个，其中与上海、无锡两市协作联合的居绝大多数。由此可见，乡镇工业是以城市工业为依托的，城市工业是以乡镇工业为后方的，它们的相互依赖性在不断增大。特别是在乡镇工业经过了1980年和1982年两次整顿以后，它在城市工业体系中占有了一定的地位。仅以沙洲县锦丰公社玻璃厂为例，它在上海跃华玻璃厂的支持下，已年产30万标箱的民用玻璃，在华东地区属可数之列。据说，上海、无锡等市的工厂企业，向同它们挂了钩的乡镇企业提出了这样的要求：“心连心，不变心，一条心。”因此可以说，苏南的乡镇工业实际上已经成为城市工业体系中的一个组成部分。不仅是乡镇工业离不开城市，城市工业也离不开乡镇工业，两者的密切连接是区域经济发展的必然现象。

在苏南地区，城市工业、乡镇工业和农副业这三种不同层次的生产力浑然一体，构成了一个区域经济的大系统。这是一个在社会主义制度下农村实现工业化的发展系统，展现了“大鱼帮小鱼，小鱼帮虾米”的中国工业化的新模式。当然，对这个系统内各部分之间联系的细节还有待进一步研究，然而系统中各个部分的不同作用是明显的。从苏南地区的实际来看，这一区域经济系统已具雏形，各自发挥自己应有的作用。所谓区域经济系统，是指一种在特定的地域范围内才具有意义的经济模式，一旦越出区域，发展模式就会改变。在常州市的金坛县和南通市的如皋县，可以明显感到它们已是上海经济区的边缘地带，因为那里的经济发展已具有许多不同于整个苏南地区模式的特点。

当前，乡镇工业面临着不少迫切需要解决的问题和困难。其中普遍反映的有：(一)能源和原材料的供应缺乏计划渠道，乡镇工厂中有一部分变成了做做停停的“开关”厂，好几个县的负责干部在为煤炭、钢材而煞费苦心，千里奔波。(二)技术力量薄弱、人才缺少。(三)环境污染的治理和劳动保护的条件较差。(四)担心在1984年取消低税率后，乡镇工业将会处于劣势。对这些问题，还需要更深入地调查研究，才能提出切实可行和因地制宜的解决办法。

五

随着乡镇工业的发展，大量的农村剩余劳动力有了一条出路。据无锡市的统计，全市乡镇工业和其他乡镇企业已经安排的劳力占农村总劳力的34%。其他三市的情况与无锡市大体相仿。这意味着在苏南地区，农村劳力总数的1/3以上，已脱离了农业劳动。从全省范围来看，乡村工业的职工总数为400多万人，这一数字接近全省城镇户口的工业职工总数。与此同时，由于多年来集镇本身人口萎缩，县属和镇办的企事业发展也因人员缺乏而用各种方法招聘和使用相当数量的非正式职工，其中绝大部分是农村劳动力。据省劳动局统计，不包括外发加工部分，1982年全省城镇企事业单位共录用了农村劳力99万人。这一方面使农村的人口压力得到了一定程度的缓和，另一方面使这部分农民开始以新的劳动手段与工业生产的对象相结合。于是，在江苏农村形成了一支具有独特性质的劳动队伍。

各地对这支劳动队伍有许多称呼，例如农民工、务工社员、亦工亦农人员等等。叫法虽然不同，但意义却相同，那就是农工相兼。因此，兼业就是这批劳动者具有的独特性质。然而从实际上看，该地区的劳力剩余量是一个随着农时而变化的数字，农忙时剩余少些，农闲时则大量剩余。这就要求在剩余劳力转向工业的时候，应当保持他们在适当时间内能从事农业的弹性，以保证农业的稳定。因此，兼业是农村经济协调发展的需要。

在苏南农村，从人口与土地的总量上分析，就是在当前的技术水平上说，劳动力剩余已经成为严重的问题，因而剩余劳力向工业、商业、建筑、运输、服务业的转移是一种好现象，而且，这也是社会主义农村长远发展所需要的。现在县、乡干部已经改变了过去那种把农村看成可以无限制地吸收劳动力的观点，而全力以赴地为剩余劳力谋出路，开辟新的生产渠道，这是值得赞许的。

我们走访的乡镇工厂往往是采取每家农户出一人的招工办法。这样做似乎不合择优原则，但是却有符合农村具体情况的一面。他们告诉我们说，这样既可以保持农户在收入上的大致均衡，同时也是出于兼业的需要。每家抽出一个劳力务工，其余劳力在家务农，务工的上班时做工，下班回家后帮助干农活。武进县湖塘镇新光毛巾厂的女厂长就是这样的兼业者，她有效地管理着一个有1 800名工人（全部是兼业人员）的工厂，回家就务农。因此，在集体经济的基础上，工业与农业

1984年，费孝通在常州一家乡镇企业听工人技术员讲小五金器件生产

以劳务搭配的形式，结合到每个家庭中去，家庭成为兼业户。四个市中，兼业户约占农户数的80%左右。在乡镇工业较发达的无锡、常熟、江阴、沙洲、武进等县的农村里，除了五保户等特殊农户，几乎都是兼业户。

当然，对于兼业者来说，由于受到用工制度、上下班时间、工种以及家庭劳力状况等因素的制约，他们的兼业程度很不相同。大致上看，主要有三种状况：(一)以农为主兼营工业。这主要是指从事外加工的部分。务工者将刺绣、编织等手工产品承接回家，每天闲空时做工。(二)亦工亦农。这部分人一般是在非常年性的乡镇企业或离家很近的乡镇工厂工作，他们或者是在下班后仍从事相当数量的农活，或者是在农忙期间歇工务农。(三)以工为主兼营农业。这部分务工者一般都在离家较远的县城或县属镇工作，他们吃、住在工厂内，只是每周末回家做做帮手。

上述不同的兼业，实际上反映了由农民逐步向工人转化的过程，随着工农业生产水平的提高，农民有条件越来越多地转入兼业队伍，兼工程度也越来越高。在调查中可以看到，在从事工业生产方面，这批兼业劳动者中的绝大部分与城镇工人之间已经不存在本质的差别，他们同样与先进的生产力相联系，承担着约占办在镇上的工业1/3的生产任务；他们与有集镇户口的工人做着同样的工作，而且以能吃苦耐劳而受到称赞，许多人已经成为工厂中不可缺少的生产骨干，有的人实际上是没有职称的"技术员"、"工程师"和称职的管理人员。因此，他们无疑是从农村中生长出来的一批新工人，是中国工人阶级新一代的一部分。但是这些兼业者的户口在农村，吃粮靠农业。在工资待遇和劳保福利上，他们与城镇工人之间还存在着一定的差距，例如同工不同酬、劳保条件差、不能参加工会组织等等。对此，各地干部认为，粮油、户口关系的不变，不能成为否认以工为主的兼业者作为工人阶级成员的理由，他们要求工会组织接纳他们这批"与农村连着脐带"的新工人，并适当改善他们的工作条件和经济待遇。这确实是由苏南农村社会结构的变化而提出的一个新问题。

兼业劳动队伍的形成，不仅影响到社会结构，而且改变了人口的分布。整个苏南地区的人口密度很高，然而分布极不合理。多年来存在着两种相反方面的人口流动：一种是涌向大中城市的自然流向；另一种是将城镇人口下放到农村的政策流向。这两种流向，导致大中城市人口的膨胀和农村劳动力的严重过剩。与此同时，那些处于大中城市与农村之间的县城和集镇人口却普遍相对下降，形成了人口的两头粗、中间细的葫芦状分布，人口级差增大。

党的十一届三中全会以后，县、镇、社、队四级工业大多数是以原有的县城及集镇为基地迅速发展起来的，大批的农村剩余劳力到这些小城镇上来工作，这就导致小城镇人口数量上的增加和结构上的变化。以江阴县青阳镇为例，该镇总人口解放初期为5 500人，1960年为5 885人，这10年仅增长7%。从70年代起，乡镇工业开始吸收农村劳力到镇上从事工业生产。到1982年底，全镇聚居人口为15 366人，其中兼业劳动者为5 114人，占总人口的33%。再以武进县为例，63个小城镇现有聚居人口25万人，其中非农业人口7万人，占28%；兼业劳动人口10万人，占40%。青阳镇与武进县这种兼业者的比例在苏南地区只是一般水平。因此，在苏南地区，户籍人口数不能真正反映县城和集镇的人口规模。这些兼业者，绝大多数仍住宿在农村，每天在镇村之间作钟摆式的流动。县城和集镇就是以这种形式，控制农村剩余劳力向大中城市的盲目流动。从乡镇、县属镇到县城，各个层次的小城镇都在起着层层截流聚居人口的作用，从而减轻了大中城市的人口压力。

在调查中还发现，近年来这些地区开始用劳务输出的方式，将本地丰富的劳力、技能与边疆地区的开发、建设挂上了钩。仅南通市的农村集体建筑工程队就有13万人，现正在黑龙江、内蒙古、新疆等省、自治区进行施工。这些建筑队以质量高、进度快而受到建筑单位的欢迎。工人们既不带家属也不讲究生活条件，往往是一年的任务10个月就完成，然后回家帮助做农活，过年后再次外出。无锡、南通、常州等市县在劳务输出的同时，还在互利互惠的原则下，与边疆地区开展经济和技术合作。

如下两种人口流向，开创了在流动中改变人口不合理分布的新路：一部分劳动人口从农村向小城镇聚集，被称为“离土不离乡”；一部分劳动人口有组织地定期从本乡外出，被称为“离乡不背井”。在江苏全省，前者已达400多万人，后者也约有100万人。由此看来，“离土不离乡”和“离乡不背井”这两种方式，应该作为解决我国人口问题的两条具体途径来进行研究。

六

从历史上看，我们所调查的这四个市的集镇都具有商品流通的功能，而且可以说绝大多数是商业型的。在党的十一届三中全会以前，由于农村经济的单一化，由于商品流通趋向国营化、封闭式的单渠道，集镇上的商业萧条下来，集镇本身也就日渐衰落。70年代乡镇工业的发生，特别是它在党的十一届三中全会以来的蓬勃发展，奠定了集镇发展的经济基础。同时，由于工业原料的采购和成品的销售，急切要求流通渠道的支持。随着农村多种经营的发展，农村经济已从自给和半自给生产逐步走上商品生产的道路。过去那种狭隘的单轨流动渠道已不能适应新的需要。在这些压力下，集镇上的商业活动开始有所改变。从目前情况看来，流通渠道还需要大力疏通，否则将成为农村经济继续发展的障碍。据反映，现在集镇商业一般都具有国营、集体、个体三种经济成分，有国营公司、供销社、集体商业、乡镇工厂门市部、多种经营服务公司、个体户、集市贸易等七八条渠道。其中集市贸易(包括农副产品的长途贩运)的发展最为显著。据省供销社反映，1978年的集市贸易成交额为8.1亿元，只占社会商品零售额的8%，

1982 年达到 22.2 亿元，占社会商品零售额的 13%。 各地都反映，虽然一再地扩大集市场地并搭棚改善贸易条件，但仍然满足不了集市规模增长的需要。 上市时间也由早市、定期集变为全日市、天天集。 集市贸易的活跃，既是农村多种经营兴旺的标志，同时也反映了原有国营和集体商业渠道有不相适应的成分。 如南通市海安县，去年饲养鸡 680 万只，国营商业部门无力承担全部的收购、储运任务，于是从事贩运活鸡的人逾万。 据说，他们大多是用一辆自行车装着几十只活鸡到南京、上海去出售，人称“百万雄鸡下江南”。

这里，引出了目前在商品流通中的两大问题。

第一个是关于开辟着眼于国内市场的、与生产者利益密切相关的新的集体运销渠道的问题。 吴江县农民家庭多年来以饲养长毛兔著名。去年兔毛大幅度降价发生了农民杀兔吃肉的事情。 如今鸡与兔相比要幸运得多，因为它们毕竟运过长江，成为城里人的佳肴。 兔毛是依靠国营渠道统一收购出口到国外市场，而鸡是由个体或联户的贩运者销向国内市场。 这就是说如果不从打开国内市场着眼，如果商业收购部门与生产者之间脱节，那么农副产品的商品率就不可能保持稳定，也根本谈不上有大的发展，而只能维持在农贸市场热热闹闹的水平上。 由此看来，现有的国营商业必须多向国内广大消费者着眼，并将自身的利益和生产者的利益真正连在一起，才能谈得上真正的改革。 看来，要促进商品流通似乎应当首先着重开辟由生产者联合组成的新的集体运销渠道。

第二个是计划调节和市场调节的配合问题。 乡镇工业的能源和原材料的需要与计划供应的比例，与它的发展越来越不相协调。 不少同志反映，过去集镇所承担的城乡物资交流作用，只是将农副产品运往城市，把城市工业品供应给农村。 而现在的集镇，已成为城乡经济体系中的一部分，因而在商品交换的内容上也发生了很大的变化。 今天从城市运到集镇并通过它输向农村的，不仅是为数更多的日用工业品，而且有大量的供应乡镇工业的原料、燃料和各类机械设备。 从集镇运往城市的，也不限于农副产品，更多的是以轻纺和机械产品为主的各类工业品。这一新的变化，提出了城乡之间在经济发展重点上要有计划地加以分工的问题。但是目前乡镇工业除了自己争取到的与城市工业挂钩的间接计划外，原材料和燃料的70%以上要从市场调节获取。农副产品的粮、油、茧、猪、禽、蛋、皮、毛、骨、花、果、茶等12大类的品种都由商业部门收购运往城市，其中大部分用作城市工业的原料。在计划与市场的供应量如此悬殊的情况下，乡镇工业的继续生存和发展确是困难重重。因此他们提出，希望在城市工业与乡镇工业有所分工的基础上，考虑国营企业让出一些品种或一定数量的、适宜于乡镇工业生产的农副产品，作为乡镇工业的计划部分；同时，对于其他的原材料与燃料也作适量的计划供应。

七

由过去商业型的集镇，转变为今天工商结合、城乡结合的农村政治、经济、文化中心，这对集镇本身的建设提出了许多新问题：

首先是建设资金的来源问题。在调查的18座小城镇中，可以明显看出，九个乡镇的新建筑数量都超过非县城的县属镇，而县属镇的规模都大于乡镇，产生这一逆结果的原因是县属镇的建设缺乏资金。虽然国家和江苏省都明确规定，工商税收附加、公用事业费附加和房地产税返还这三项费用要用于集镇建设，但是“杯水车薪”，无济于事。以苏州市为例，全市三项费用共200多万元，县属镇有18个，平均每个镇仅摊到11万元。而且这些费用大部分用于县城的建设，其他县属镇得到的只有数万元。不少县属镇的干部反映，这些钱连危险房屋的维修都不够，根本谈不上搞其他建设。县属镇不但与设在镇上的乡政府是平级，而且对在镇上的全民企业和县属大集体企业也是看得见、管不着。据一些县属镇干部反映，以往他们在整顿街容修路铺桥时还可以向全民或县属集体企业集些资，但现在往往得到“不准乱摊派”的回答。他们认为这是对有关文件的一种曲解。他们说：集镇应当加以建设，建设必须要有资金，而集镇建设的资金不能依赖国家财政，只有靠集体集资的方式。因此，有权利者应当尽义务。凡是在集镇上的企业单位，按照不同的受益程度，规定集资的比例，是一条可行的解决建设资金缺乏的途径，它符合“人民城镇人民建”的原则。

其次是集镇的建设规划。对这个问题调查组内的建筑学家在实地观察后认为：现在的小城镇建设存在着缺乏整体性、各自为政、见缝插针等等缺点，必须加以纠正。他们还提出了以建成农村发展中心的建设方向以及区分类型和层次、找出微差、合理功能布局、综合利用土地、体现地方风貌和时代气息等建设原则。

我们建议由江苏省建设厅牵头，并由清华大学建筑系和南京工学院建工系协助，在一两个小城镇(比如吴江县黎里镇、无锡县东埄镇)，对建设规划进行具体的设计试点工作。

在集镇的经济发展、商业流通和建设布局中，有不少问题都涉及集镇的行政管理体制问题。这个地区集镇的行政管理体制现状是：在县城里有县政府、镇政府、乡政府(或区政府)的多重垂直和多种并列机构，在非县城的县属镇上有镇政府、区政府(或乡政府)的双重并立机构，在重点乡镇上有区、乡双重垂直机构，在一般乡镇上有乡政府，在自然形成的小市集或新兴的大队工业点上一般没有设立行政机构。

上述各层次的县城和集镇中，体制上矛盾最突出的是非县城的县属镇(即建制镇)。在这些镇上，由于几套行政机构的并立，将城乡之间的联系人为地加以分割，影响了城乡经济的协调发展。在江苏全省实行市管县的情况下，这种镇乡分割的管理体制，看来应该进一步加以改革。据吴江县黎里镇实行镇乡合并、镇管村的试点表明，这样的体制改革加强了镇乡的经济结合，有利于城镇建设的统一规划，打破了庄园式的封闭体系，还能统筹安排农村劳力和统筹解决城镇居民的生活设施。但由于原先的经济实力是公社比镇要强得多的情况，镇乡合并以后，就势必提取一部分原来由社队所办工业的利润用于集镇建设，对农村一头的好处不明显。对此，需要进一步在实践中总结经验。

行政管理体制的另一个问题是如何加强块块的领导，逐步改变条块分割的现状。目前在集镇上的县办企业名义上是条块双重领导，实际上只承认条条而无视块块，以致造成政府办工厂、工厂办社会的现象。对此如何解决为好，也要进一步研究。

另外，为使一些具有特殊资源或旅游价值的集镇发展得更快一些，起到它们应有的作用，在行政体制上应采取改革措施。例如宜兴县的丁蜀镇，是一个与江西景德镇齐名的陶都，现实际聚居人口已达 7 万人，但由于它只是一个相当于公社一级的县属镇，在镇上又是丁蜀镇、丁蜀区、周墅乡三重并列体制，严重阻碍了它的发展。像这样在国内乃至世界有影响的陶都，可以考虑升格为县级市，由无锡市直辖管理。考虑到宜兴县的实际情况，可以由市属镇给予财政补贴。

在苏、锡、常、通四市调查近一个月，同志们越来越感到小城镇确实提出了一个大问题。研究这个课题，对探索中国式的现代化道路，有密切的关系。参加调查组的研究工作者和实际工作者，对这次携手合作表示满意，对江苏省和有关市领导机关的支持深表感谢。我们意识到这次调查由于时间的短促，只是走马看花，对一些问题的认识还很不够，有不少问题的研究只是刚刚起步。而且这次调查的是江苏境内长江两岸的集镇，还没有去看正在大步前进、潜力很大的苏北地区。我们从这次调查中所探索到的一些事实和观点还是具有局限性的。因此，对江苏小城镇的调查并不能结束，过去的调查只是第一阶段的摸索。为了全面地认识江苏全省小城镇的面貌，以便与上述地区的经济模式作比较，我们已迈开双脚，越过长江、淮河，正在对徐州、淮阴、盐城、扬州、连云港五市的小城镇进行考察。我们希望我们的探索能有助于社会主义建设新局面的开展。

1983 年 12 月初稿，1984 年 4 月改写

中国人口分布问题的探讨*

今天，有机会在澳门东亚大学李约瑟博士卓越学者讲座上发表讲话，深感荣幸。我在半个世纪之前就和李约瑟博士相识，从此他一直是我尊敬的老朋友。我谨对给我这个机会的澳门东亚大学及林达光先生表示十分感谢。

我想借这个机会同诸位交流关于中国人口与发展问题，尤其是关于中国人口分布问题上的一些看法。在世界人口总数突破50亿的时刻，这一探讨无疑更有意义。

人口众多向来被看作中国的特点之一。本世纪初叶，即在我年幼的时候，我们熟悉于“四万万同胞”这个说法，二次大战后，人口增加到5亿多。到80年代，中国人口已在10亿之上。解放前的30年中国人口增加了1亿，解放后的30年中国人口增加了一倍。这表明中国人口增长速度是大大加快了。

在过去30多年，我国人口增长曾经历了几个高峰。1957年人口自然增长率为2.323%。1965年为2.838%，1970年为2.583%。从70年

---

* 本文是作者在澳门东亚大学李约瑟讲座的讲稿。

代以来，人口压力促使中国政府采取了一系列控制人口的措施，做了许多努力，卓有成效。我国的人口出生率由1970年那时下降到1985年的1.78%。

我历来主张人口要控制，生育要节制。在一个经济落后的国家里，人口如果任其增长，人民的生活程度是难以提高的。我不仅在理论上这样认识，实际上也是这样做的——我只有一个女儿。可是，我也常常感到计划生育固然十分重要，但也得承认客观上存在的限度，因为人口的控制，必须建立在群众自觉的基础上，这就和教育水平与文化程度有密切关系。我国计划生育在城市居民中，特别在知识分子中，推行得比较顺利就是这个道理。现在推行计划生育比较困难的地方是农村，原因在于文化不发达。我在40年前曾说过："人口众多是症候，而不是病源。"我至今仍坚持这一观点。解决中国人口问题的根本出路，在于社会和经济发展。

这些年来，尽管中国人口增长速度已降下来了，但由于人口基数过大，人口的数量还要一个时期才能稳定下来。过去的生育高峰造成的人口惯性增长使我们至今仍需为之付出代价。原打算到2000年把中国人口控制在12亿之内，现在看来是保不住了。这说明，中国的人口数量难以一下子得到完全的控制，更急迫的问题是不断增多的人怎么办，即多余劳动力怎样处置。我主要就这一点谈些看法。

我认为，人口研究不能限于围绕着人口数量的多少做文章，而应着力研究怎样使现有人口成为现实生产力，提出调整人口分布的前景。所谓人口分布问题，包括人口的行业分布和地域分布两方面，也就是人口结构问题。如果人口分布和人口结构合理了，中国人口问题就会不那么严重了。

所谓调整人口的行业分布，就是如何使农业人口转移到非农业生产中去的问题。直到80年代初，中国10亿人口，80%住在农村，靠农业吃饭。全国5亿多劳动力有3亿多从事农业生产，在土地上搞饭吃。很显然，这种状况不改变，经济就上不去，人口增长率也难以顺利地降下来。现在看来，在中国的条件下，实现这一转移的途径就是发展乡镇工业和小城镇，把1/2以上的农业劳动力转移到工业和第三产业，并星罗棋布地发展2～5万人口的小城镇，把小城镇作为人口的“蓄水库”。在农业不断机械化、专业化的同时，把农村的剩余劳动力大批地吸引到小城镇的工业和第三产业去，以防止大量人口向大城市集中，以减轻大城市的人口压力。

从1979年到1986年，我国平均每年大约有近千万农村劳动力转移到非农业，其中85%以上是就地转移的，就是离土不离乡。他们进入了本村本乡的工厂。现在全国已有1 500多万家乡镇企业，吸收了农村1/5的劳动力，总收入占农村经济收入的48.9%，工业总产值占全国工业总产值的23%。在乡镇企业就业的职工近8 000万人，大约相当于建国头30年我国城市工业吸收劳动力的总和。能在这么短时期吸收如此大量的劳动力，充分体现了我国社会主义制度的优越性和潜力。这是亿万中国人民以自己的首创精神谋求人口问题解决的生动范例。

调整人口的行业分布所产生的近乎奇迹的威力和效益，在近年来已逐渐为人们所承认。但是，对于调整人口地域分布的重要意义仍未引起足够的重视，这正是我们要研究的课题。

调整人口地域分布，实际上是人口与资源的关系问题。人口与资源分布不合理，加剧了人口问题的严重性，无论是在世界范围内，还是在中国，都是如此。在今天的世界上，我们一方面应该看到第三世界人口增长过快的倾向，另一方面也应看到世界上少数国家享用甚至挥霍着世界上的大部分资源。当然，这种状况是由历史造成的。但是，我们应当承认社会经济发展不平衡，是南北问题的关键，也是世界人口问题的关键。

中国是一个独立的主权国家。但历史造成的人口与资源分配不合理的状况依然存在。中国的人口在地域上的分布悬殊甚大，比如江苏的人口密度高达每平方公里600人以上，而西藏却不过1～2个人。恰恰东部沿海人口稠密地区缺乏资源，而资源丰富的西部地区却人烟稀少。我们需要对这种人口分布的不合理状况加以研究。这种状况的存在当然有它的原因，而且改变起来要付出巨大的努力，花费巨额资金。但它并不是不能改变的。

所谓西部资源丰富，主要指的是未开发的资源，但这种开发有一部分是目前的技术条件可以进行的。比如黄河流域原是中华民族的摇篮，但由于千百年来的历史变迁，造成水土流失，生态破坏，气候变化，人口稀少。可是，如果适当规划，种草种树，保护环境，大力发展水力发电，建立灌溉系统，黄土高原的落后面貌是可以改变而重现古代的富裕繁荣的局面的。可以肯定地说，到那时，不仅中国的整个经济面貌，而且人口分布状况都会大为改观。

有人认为，中国西部的人口已经太多了甚至饱和了，不宜再增加。这种看法是从承认现有的人口与资源平衡出发的。这方面也是有教训的。“文化大革命”中知识青年上山下乡，干部下放劳动，影响不好，收效甚微。这是因为那种迁移不是开发性的，而是惩罚性的。我们应该从动态的观点来看待这一问题。西部地区拥有大量的水利电力资源，矿产土地资源，有待我们去开发。开发与迁移是互相促进的。开发为迁移创造条件，迁移进一步推动开发。主要的问题还在于解决资金、人才和交通运输问题。

我近年来多次赴我国西部地区考察，作为我的研究课题之一，获取第一手的感受和资料。我的初步结论是我国西部，地大物博，潜力很大，开发大西北是完全有希望的。而且，我也注意到，随着西北的开发，一个人口移动潮流也将很快到来。现在，已经有几十万农民从江苏、浙江一带登上西北高原，深入穷山僻壤，从事服务业、修理业，开展长途贩运。这种季节性人口流动的规模及其对经济开发的影响，往往是我们所难以想象的。当然，各种形式的人口流动也会带来新的问题，这正是我们社会学和人口学所要研究的。观察和了解这些问题产生和发展的过程，研究如何使人口移动符合社会主义建设的需要，这正是我们研究工作者的任务。

我相信，我国调整人口的行业分布和地域分布，在我国现代化的过程中，将为我国的人口问题的最终解决，显示出越来越显著的作用，并为世界人口问题的前景提供有益的启示。

1987 年 10 月

论中国小城镇的发展

今天有机会参加有关中国小城镇发展问题的国际研讨会，我感到十分兴奋，因为中国小城镇的发展是我本人的研究课题。在85年前，我出生在中国江苏省太湖附近的一个还有城墙围着的传统小城镇里。60年前我在本乡的另一个传统小镇附近的农村里进行过社会学的实地调查，后来写出《江村经济》一书。农民生活离不开小城镇。当我年满七十(1980)开始我第二次学术生命时，又以小城镇作为我研究的主要对象。15年来我几乎跑遍了中国各省观察中国农村社会经济在改革开放中的变化，以迄于今，没有断过。

小城镇在当前中国的语言里已成了一个通用的名词，它指正在兴起的一种新型的社区。在这个国际研讨会上对这个在中国当前已属习惯用语作一点说明，也许对参加研讨的同人会有一点帮助。

在以农业为主要经济基础的社区里，最基本的生活单位是由农民以亲属关系组成的农户。若干农户聚居在一地构成一个农村。各地农村的大小不同，少至几户，多至几百户。这些由客观条件形成聚居的村落，称作自然村。为了行政上的便利，常把若干较小的自然村合在一个行政系统里称作行政村(在公社时期一个行政村相当于一个生产队)；

若干行政村组成一个称做乡的行政单位(在公社时期乡相当于一个公社)。

农户一般说来在经济上并不是个自给自足的单位。它有多余的农产品或副产品时可以到附近定期聚会的集市上和其他农民进行交换,或出售于商贩,又向他们购买别处贩来的日用消费品。这种集市在中国已有几千年的历史,即在企图把农村经济纳入计划经济的“文化大革命”时代,也并没有被完全消灭。至今在内地欠发达的地区依旧有这种为农民进行贸易的主要场所。在古代传下来的书面语汇中即称“市”。

在农村经济的发展过程中,这种临时聚会进行贸易的集市,逐步由固定的商店所代替,若干商店联成几条街,加上多种服务行业,集合成一个人口较为众多的以商业为主较为永久性的社区,普遍把它称作镇。据说镇这个名词的来源是出于这个人口密集的商业社区需要行政上的管理,成了政府官员驻守的据点。为了自卫,政府的据点常用城墙包围起来,城和镇于是联结在一起成为城镇。我们现在常称作“小城镇”的地方,尽管实际上保留着城墙的地方已经很少,但这个历史性的联结在语词中还留着遗痕。

大约在本世纪60年代,由于大中企业和大中城市的发展,脱离农业的人口为数激增,为了保证非农人口粮食的供应,在户籍制度上划分了城乡的区别。在公社制度下这个区别更是突出。农村居民由公社管理,从事农业生产。城市居民由市区管理,在国家机关和国营企业里工作。公社制度改革后,尽管户籍制度至今还没有相应的改革,但城乡区别已经受到了事实上的冲击。在这一变革的过程中,在行政系统上公社改称为乡,生产队改称为村,但名称上改变跟不上社会经济实质上的变化。小城镇这个当前已成为日常应用的语词就是出现在这个农村社会经济实质的变化之中。它是个新型的正在从乡村性的社区变成多种产业并存的向着现代化城市转变中的过渡性社区。它基本上已脱离了乡村社区的性质,但还没有完成城市化的过程。要理解这种过渡性社区的实质,必须回头讲一讲这一段变化的历史过程。

回顾这段历史，为了避免烦琐，我们不妨追溯到“文化大革命”结束，公社制度解体的70年代末期。在其后大约15年中农村社会经济的发展，可以分为三个阶段。各个阶段发生的具体时期，因地而异，我不能在此细述。

第一阶段是从农村里实行家庭承包责任制开始，标志着公社时期的结束。这个新的制度规定农民在承担向国家有偿提供定量的粮食等主要农产品的责任下，有权承包一定面积的土地使用权。这种规定实际上解放了农村的大量劳动力，因为在公社制下，农民在公社所有的土地上只提供了他们可以提供劳动力的一小部分。但在获得了对自己和家属的劳动力的支配权之后，他们就自动地力求对家有劳动力的充分利用，除耕种责任田之外，主动地寻找多种多样的生产行业，以求增加家庭收入。原来在公社制度下闲置和浪费掉的劳动力由农民积极自发地变成了生产力。这就推动了农村经济的大发展，进入了农村经济发展的第二阶段。

第二阶段的发展各地的机遇和条件不同，起步有先后，效果有差别，但是到今天来看，可以说全国除了十分偏僻和条件特差的少数地区外，已经普及了全国。由于各地农民选择的具体发展道路多种多样，我在这里只能举例来说，不能概括全面。

我最熟悉，而且15年来几乎每年去跟踪调查的是长江三角洲我家乡的农村，特别是太湖流域的苏南地区。这个地区，由于历史原因，首先挑选了发展小型工业的道路。早在30年代中期，我在家乡进行农村调查时，已看到这地方农民贫困的一个原因是在他们原来家家户户经营的传统副业和家庭工业，即养蚕、缫丝、纺织等已因西方国家现代工业的兴起而萎缩了。农民因而削弱了一条有效的生财之道。我当时主张恢复农村副业和农产品加工业。但是这种主张，在当时，正值抗日战争的前夕，是近于乌托邦式的空想。但是到了80年代经过了半个世纪，我们国家的处境已经大变，不需要我去重复提倡这种主张，各地方的农民已自己走上了发展小型乡镇企业的道路，而且很快地在长江三角洲一带的农村里推广开了。

最初在农村里开办小型工厂还是在公社时代。迫于人口的增殖和公社体制的不健全，这些地方的农民不能单靠农业维持生活，农民也只有在农业之外找贴补的出路，于是在农村里出现了一些简单的小型作坊工业。到了“文化大革命”后期，由于大中城市里的工厂“停产闹革命”，又有许多被派性排斥离厂的技术工人大批回乡，再加上下放的知识青年和干部，这一批技术力量被公社利用来办工厂了。当时在农村里单靠农民个体户是没有资金能办企业的，而公社却有少量集体积累的资金，足够在已有小作坊的基础上开始开办小规模的“社队工厂”，就是所有权属于公社或生产队的企业。公社解体时，土地一概分给了个体农户，但许多“社队工厂”却无法拆散和公分，所以保存了下来，改称乡镇企业，即由乡镇政府管理的企业。改革开放之后实行的市场经济正如火上加油，给这些已获得公开身份的而又不在计划经济控制之下的乡镇企业一个独特的发展机遇。

中国农民在改革开放后走上工业化路子的不仅是我家乡的长江三角洲。几乎同时发展乡镇企业的，而且特别惹人注目的是靠近香港的珠江三角洲，虽则这两地发展的机遇并不是相同的。以珠江三角洲的农村来说，他们的机遇最初得之于祖国大陆开放之后香港小企业向大陆的扩散。这些沿海地方的农村一般都曾有大量移民进入香港，成为香港的华人。他们中不少在香港经营小型的工业。当我们实行开放政策，准许他们回乡办厂时，他们发现如果他们的企业在香港和家乡之间跨地经营，由于工资差别获利可以成倍增加，于是产生了把店面留在香港，继续和客户接触，而把厂房搬回家乡的农村里或传统的小镇里的所谓“前店后厂”的经营模式。在80年代后期的短短几年里，珠江三角洲的农村里兴起了大量的这类“乡镇企业”。以此为契机，这地区的农村大为繁荣，成为举世瞩目的经济迅速发展的突出样本。凡是和珠江三角洲类似的沿海侨乡，如厦门、福州等地区，情况略同，也先后兴起。这里不再重复。

但从全国来看，还有内地的大片地区，在公社时代没有大力兴办“社队企业”，同时本地又没有出国经商的侨民，它们缺乏资金和人才，乡镇企业的发展比较落后了一步，出现了时间差。但是他们看到了工业化能发财致富的方向，也正在急起直追。他们一般采取迂回的战略，先发动和协助农民发展庭院经济，即由农户利用家有的庭院和闲置的土地进行各种副业，组织销售，增加收入或组织劳务输出到外地承包建筑工程，目的都是在使农户能积累财富，然后引导其集资创办乡镇企业。通过这种迂回办法，内地农村在过去10年中见效颇为显著。有些地方已出现不少亿元村，赶上沿海发达地区的经济水平。

农村里办小型工厂是中国当前农村发展第二阶段的特点。这类小型工厂只是农村工业化的起点。在市场经济的不断发展中，全国农村里所办的工厂由少变多，由小变大，大多为了便利经营起见也迁出了原来因陋就简的农舍作坊，盖起了有相当规模和设备的厂房，并集中到附近交通方便基础设施较优的市镇上。这样在“文化大革命”中日渐衰败，已经冷冷清清的传统市镇，在80年代初期获得了复兴。这就是新型小城镇的开始，也是农村经济发展的第三阶段的初期模式。

新型的小城镇是在乡镇企业发展的基础上出现和长大的。它不同于传统市镇，它已冲破了原来只作为农副业产品贸易场地的性质，正在逐步变成农民集体或个体兴办工厂、商店、服务业的中心。它已经可以直接从远程采购原料，经过制造过程，向远程提供半成品和消费品，实质上已成了广大市场的一部分，它和大中城市已接上了贸易关系，也就是说它已具备了一定程度的城市功能了。所以我们可以说农村发展的第三阶段是继第二阶段的农村工业化而发生的农村城市化。

新型小城镇一般是在传统市镇的基础上，经过拆迁翻新而建立起来的。凡是在内地公路上旅行过的人，沿路很容易见到正在兴建中的小城镇。它们大多是正在瓦砾成堆中树立起钢筋水泥的露天高架，充分表明着新旧交替的面貌。

以上这段说明，希望能指出当前中国新型小城镇的发展有它历史性的特点。简单地说，它是在中国传统社会现代化过程中出现的农民走上工业化和城市化道路上的重要里程碑。由于中国国土广阔，人口众多，地区差别大，这个过程所采取的具体形式和内容必然多种多样，而且有先有后。这种地区差和时间差间又相互依存，交相影响，因而既要看到各地小城镇兴起的一致性，还要看到这个过程的复杂性。我们中国并不是在一片空地上盖造新的楼房，而是在传统经济的区位格局里生长出新的符合于今后文化、社会、经济发展需要的新园地。只有对这项巨大工程的根本性质有深入的理解才有可能最经济，最有效地设计出这个巨大工程的蓝图。

我们至少要从人口、土地和国力等主要客观条件出发来考虑设计这项工程的任务。我们的任务是要在国力许可的条件下，把下个世纪的大约15亿人口，妥善地根据这段时间中人民的收入水平，以不同的聚居形式安排他们分布在不同地理条件的既定的国土范围之内，使他们能得到日益富裕、安居乐业的生活。

大约在80年代初，我们国家采取“限制大城市，适当发展中等城市和大力发展小城镇”的基本国策是符合实际的最佳选择。我毋需在这里重复申述不加限制地放任人口向大城市集中所可能引起的社会灾难。我在15年前已提出新型的小城镇可能成为防止人口过度集中的蓄水池的设想。意思是说今后农业经济水平的提高不可避免地会释放出长期关闭在传统农村里的大量人口，如果这股急流没有缓冲和蓄积的中间体，势必发生显而易见的社会恶果。何况中国在几十年里也决不可能有足够的财力建成10多个人口在千万上下的现代化大城市，来容纳这股人口巨流。新型的小城镇正可以发生拦阻和蓄积人口流量的有效作用。

究竟在过去15年里全国有多少具有农民户籍的人口住入了小城镇（流动人口），有多少农民是白天进镇做工晚上回返农村住宿的所谓“摆动人口”，我手边没有确切的统计。但我们在江苏省7个县200个小城镇进行抽样调查的结果告诉我们，其中较发达的苏、锡、常三市1989

年共有建制镇148个，到1992年底增加到237个。建制镇是根据人口较多、国民产值较高的标准选拔的。上述苏南地区集镇人口1992年比1989年增加80万人，同时建制镇增加了89个，每镇增加大约9 000人（不包括流动人口）。这不是说明了这地区的建制镇在这段时间里把农村入镇的人口几乎全部吸住了么？在苏南这地区的经济发展水平上，小城镇已经发挥了人口蓄水池的有效作用。同时对照着内地农村由于小城镇不发达，农村里的人口大量向发达地区大中城市流动，构成了这几年的“民工潮”，更可以看到小城镇对人口的滞流作用。

据我们估计当前中国各地县城（即新型小城镇的底子）的人口规模在沿海发达地区大约在6～10万人左右，在中部正在发展中的地区大约不超过5万人，在西部欠发达地区一般只有1万多人。这也表明了在今后中国社会经济发展过程中小城镇具有大量吸收人口的潜力。因之，我们乐观地估计如果中西部地区在今后10年中能跟得上发达地区，14亿人口是有足够的地区可以分散在星罗棋布的各地小城镇里的。

其次是土地问题。小城镇的兴起必然要扩大所占土地面积，以江苏省抽样统计看，一般扩大了一倍到三四倍，最突出的到六倍（锡山市前洲镇）。这就会减少当地的耕地面积。但是是否会影响该地区的粮食产量？这问题要从两方面去考虑，一方面那些过分扩大城镇占地面积是否是事前没有作出保证粮食生产的规划？另一方面是否出于耕种制度的改革和技术的进步？前洲镇是规模化耕种的最早试点。从提高农业作物单产量，是可以弥补缩小了的耕地面积的。解决乡镇争地矛盾也可以采取多种方法。譬如在适当地区开辟粮食供应专业基地，进行地区调剂；以及采取食品结构的改进，中国人主要从粮食中吸取热力和养料的传统习惯是可以改变的。

除了人口和土地利用这些基本考虑外，我们还要必须注意对新型小城镇建设中硬件和软件的研究。所谓硬件就是水、电、信息、道路、房屋、绿化及环境等基础设施。所谓软件就是文化、教育、公共道德、社会秩序、心灵修养等。我在这次研讨中对这些方面不能多作展开了，但愿意提醒研讨新型小城镇的具体建议时，上述的这些硬件的规划固然十分重要，即使这方面由于缺乏经验，发生错误，如果仅仅限于经济上的损失，那是可以补救的。当前沿海农村里的农民为了建设新的住宅，有的地方已翻造了三次以上。由于农民收入的提高，这些折腾他们还是负担得起的。如果在建设中忽视了软件的重要性，那就会影响到人民的素质，成为危及几代人的事了。

在结束我这次研讨前，我想起了一件事，就是解放战争结束时我正在清华大学教书，我的一位前辈梁思成教授特地找我商量，要我为建筑系的学生开一门“建筑社会学”（学建筑设计的人应当有社会学知识）的课程。我当时虽表示了同意，但是由于我功底不够和形势改变，这门功课半途而废，使我一生感到遗憾。今天提出中国新型小城镇的发展问题，我不能不感到这位老前辈用心之远和见识之深。现在不正是应该重复梁教授召唤的时候了么？

1995年10月9日于北京北太平庄

经济全球化和中国“三级两跳”中对文化的思考*

一

全球化是近年来人们越来越注意讨论的一个话题。经济的全球化，世界市场的形成，加上电子化的信息沟通手段，引起了社会各方面和文化的重大变化。但是，现代化过程中可能发生怎样的变化，目前还不能预测。不过，回顾一下全球化进程的来路，对我们认识这一段历史的发展，理解我们身处的现实，保持清醒的头脑，跟上现代化的潮流，取得参与全球化社会发展的自觉和主动，应该是有益的。

据我所知，对于全球化过程开始时刻的确定，存在着多种看法。其中有一种观点似乎更为合理，正在被不同领域的学者接受。这种观点认为，全球化即全球各地人们的密切关联其实由来已久，可以认为开始于15世纪末的航海大发现。航海技术克服了海洋障碍，人类的洲际交通成为可能，加上后来以机械化大生产为特征的工业革命，使西方那

* 本文是作者在“炎黄文化研究会2000年年会”上的讲话。

些生产力领先的国家向世界各地的扩张成为现实。它们对世界市场的拓展和向亚非国家的殖民活动是全球化过程开始阶段的根本特征。此后，到19世纪70年代告一段落。在这一阶段，最具有典型意义的例子是大英帝国霸权的确立。以英国为代表的欧洲国家在世界范围内进行大规模拓殖，用武力摧毁了亚洲、非洲、南北美洲的古代文明中心。试图把西方的社会制度和文化强行施加于这些地区，逐渐确立起以英国为首的西方中心地位。

在接下来的一个历史阶段，即大约从19世纪末叶到20世纪70年代初，美国崛起，并长期保持着生产力领先的发达国家地位。第二次世界大战以后，英国霸权让位于美国霸权，中心地位被美国取代。在美国霸权维持的经济秩序中，全球化进程明显加快了。运输和通讯技术的革新，使物资与信息的流动可以跨越种种空间障碍。经济交往的规模和频次大为提高，促进了经济组织的革新，以跨国公司为代表的经济力量对生产要素和世界市场进行新的整合。所谓“国际惯例”即市场上共同“游戏规则”的出现，是经济全球化进程在贸易交往制度上的反映，是与经济活动伴生的文化现象。更值得注意的一个事实是，由美国霸权主导的全球化进程，使美国模式的社会制度、文化价值观念等成了许多后起国家模仿的对象。

经济全球化的第三个阶段，是从20世纪70年代直到现在，目前还在继续发展。这个历史时期最突出的特点，是霸权受到强有力的挑战并在事实上将逐渐淡出中心地位，全球化进程的参与者以及驱动力呈现多元化局面。许多曾经被压制的力量和众多的新兴力量纷纷登场，走向前台，在全球化进程中积极强化自身的角色分量和参与权利。在这种多元格局里边，许多问题的产生和解决已经超出国界，所以，全球意识、全球共识、全球纲领、全球行动等越来越多地成为不同民族、不同国家、不同文化的人们自觉的追求。目前，全球化进程正在摆脱从单一中心为主导的局面，正在形成多元推动、多元共存、多元发展的强大趋势。这是包括中华民族、炎黄文化在内的当今世界各地的不同民族、国家和文化所共处的历史阶段。

二

上述的史实使我想起孙中山先生的一句话：“世界潮流，浩浩荡荡，顺之者昌，逆之者亡。”我相信，中山先生的话也是我们在座各位的共识。我国避免不了要进入全球化这一世界潮流。既然如此，我们就应该对自己所处的变局有一个清醒的认识。我想，当前所说的全球化，指的主要是经济的全球化，人类社会在政治、文化、意识形态和生活习俗方面还是多元的。全球化这个总的趋势，不可能一下子就实现，而是以一步一步变化来完成的。第一步是经济的结合，形成全球市场，构成一个分工合作的经济体系，但其他方面还没有合起来，还保持着民族国家的分割状态。民族国家是19世纪以来形成的格局，新的经济体系看来正在冲击它，但还没有好的代替办法。优势国家统治劣势国家造成的殖民体系在二战后发生了变化，但殖民主义造成的南北差距还存在。搞得不好，经济全球化可能会加深南北差距，扩大贫富悬殊。这是20世纪没有解决的问题，但是看来已退不回去，只能顺势下去，想办法解决南北贫富差距的问题。

经济上的休戚相关和政治上的各行其是、文化上的各美其美，在人类进入全球化进程的初期，会形成一个大的矛盾。这给我们带来一个不能不面对的课题，即文化自觉和文化调适问题。过去有过“化外之民”的说法，现在则到了一个想做“化外之民”而不得的时代。我国要顺着潮流走，要融合到潮流中去，先进的东西要学习和掌握，要接受现代化这个大的方向，但要软着陆。软着陆的前提，是知己知彼。要看清自己的条件，盲目接受新事物是不行的，我们在这个方面的历史教训很多，这里不去多讲了。现在要紧的是我们不光要知道我国是在这个潮流当中，还要知道是处在这个潮流的什么地方，也就是说，需要对自己有一个比较客观、比较准确的历史定位。

在这个问题上，我希望能够向这次研讨会贡献一点我从自身经历中得出的具体认识。

大体上可以说，我这一生经历了20世纪我国社会发生深刻变化的各个时期。这段历史里，先后出现了三种社会形态，就是农业社会、工业社会和信息社会。这里边包含着两个大的跳跃，就是从农业社会跳跃到工业社会，再从工业社会跳跃到信息社会。我概括为三个阶段和两大变化，并把它比做“三级两跳”。第一个变化是我国从传统的乡土社会开始变为一个引进机器生产的工业化社会。一般人所说的现代化就是指这个时期。这是我一生中最重要的一个时期，也是我从事学术工作最主要的时期。在这一时期里，我的工作主要是了解我国如何进行工业革命。我为此做了力所能及的实地调查，从个案分析到类型比较，写出了相当数量的文章。从这一时期开始，一直到现在，到接近我一生的最后时期，在离开这个世界之前，我有幸碰到了又一个时代的新变化，即信息时代的到来。这是我所说的第二个变化，即我国从工业化走向信息化的时期。

就我个人而言，具体地说，我是生在传统经济的社会里面，这一生一直在经历我国走向现代化的过程。作为一个见证人，我很清楚地看到，当引进机器的工业化道路还没有完全完成时，已经又进入了一个新的阶段，即信息时代。以电子产品作为媒介来传递和沟通信息，这是全世界都在开始的一个大变化。虽然我们一时还看不清楚这些变化的进程，但我们可以从周围事物的发展事实中确认，由于技术、信息等等变化太快，我国显然已碰到了许多现实问题。我们的第一跳还在进行当中，有的地方还没有完成，现在却又在开始下一个更大的跳跃了。我国社会的这种深刻而复杂的变化，我在自己的一生里边都亲身碰到了，这使我很觉得庆幸。虽然因为变化太大、太快，我的力量又太有限，要求自己做的认识这世界的抱负不一定能做到和做好，但我还是想尽心尽力去做。事实上，我所有的学术研究工作的成就和失误都是和中国社会变化“三级两跳”的背景联系在一起的。

三

我国社会的第一跳是以我国各地不同民族的农村生活为基础的。我生长在江苏一个以农业为基础的小城镇里。它最早的历史实际可以追溯到7 000年前的良渚文化。这个文化开始有了农业和家庭手工业。从考古学上，我们可以很清楚地看到这个时期已有村落生活。这就是我国第一跳的基础，也是我们乡土社会基本的性质。那个时候，从全国讲，文化形式已有很大的不同，已经是一个多元文化的基础。多元文化逐步交流融合，成为多元一体。这里也就开始了我进行研究的第一个阶段。我和前妻王同惠合写的《花蓝瑶社会组织》这本书里可以看到广西花蓝瑶社会和以我们家乡为代表的汉族社会文化的区别，以及它是如何受到汉族的影响的情形。

我第二阶段的研究题目，是从我国7 000年前的良渚文化基础上发展出来的到近代以来开始进入工业化时期的一个我国农村的变化，可以我的《江村经济》为代表。从30年代早期的江村可以看到一个代表传统的文化基础和社会组织的农村，如何面临着全新的科学技术和机器生产的早期冲击。这是我们现代化开始的原初的形态。接下来，我又和我的学生一起写了《云南三村》，反映了内地农村不同于沿海农村的特点。这便是我们的现代化最早的过程。从地域上讲，是由东向西、从沿海到内地的。我的《江村经济》讲的是沿海地区的农村，开始了工业化。《云南三村》描绘的却是一个形态比较原始的乡土社会，受现代工商业影响逐步走向现代化的过程。通过在云南的研究，我看到了与江村不同的发展阶段。这是我第一个时期里第二阶段的工作，这个阶段到1949年告一段落。

50年代初，我国社会进入了社会主义改造时期。新中国逐步实现了对工业的国有化政策。在产权方面，对农村的土地和城市的企业进行了新的界定和安排。直到1978年中共十一届三中全会以后，随着农村改革的进展，乡土社会的工业化问题被历史性地重新提出，并在最近20年里得到全局性的实践。我国农村的工业化和现代化过程因此获得了真正强大的加速度。我自己的第二次学术生命也和我国农村工业化和现代化的全面推进同步展开。我在这一段的研究工作主要体现在《行行重行行》一书中。

在这个时期，因为受身体条件的限制，我已经不可能在具体的地方长期进行观察和访问，主要工作就变为结合第二手材料和直接访问进行类型式的比较研究。对于同一时期的不同类型的研究，可以帮助我们看到中国基层社会的动态，特别是在现代化和城市化过程中如何改变的。在这一阶段，我主要提出了乡镇企业和小城镇发展两个主题，目的是解决农民的出路问题，促进我国的城市化发展水平，提高广大城乡居民的生活质量。同时，我还以“全国一盘棋”为出发点，既注重沿海地区的发展研究，也关注内地和边区的发展，特别是边区少数民族的共同繁荣问题。我曾经提出一些多民族的经济协作区的计划和建议，如黄河上游多民族地区、西南六江流域民族地区、南岭民族走廊地区、内蒙古农牧结合区等等。作为一个多民族的国家，从历史上开始，就在不同民族聚居的交错地带建立了经济和文化的联系。久而久之，形成具有地区特色的文化区域。人们在这个区域中，你来我往，互惠互利，形成一个多元文化一体共生的格局。我所提出的经济协作的发展路子，就是以历史文化区域为出发点。现在回过头来看，可以更清楚地看到，我对我国经济和社会发展的多元一体的设想，对我以下要讲的国际经济社会多元一体的全球化进程的瞩望具有启发作用。

四

经过80年代开始的最近20年的改革，到新的世纪的最初时刻，我们已经可以从我国经济发展和我们与世界经济的联系中看到经济、社会和文化的巨大变迁的来临，预感到21世纪即将给人类的生存和发展带来全新的面貌。为了提请人们及早注意适应新世纪的要求，在10年前的“21世纪婴幼儿教育与发展国际会议”上，我做了题为《从小培养二十一世纪的人》的讲话。在那次讲话中，我谈到，20世纪是个世界性的“战国时代”，意思是说，在20世纪里，国与国之间、文化与文化之间、区域与区域之间，有着明确的界限，这个界限是社会构成的关键。不同的政治、文化和区域实体依靠着这些界限来维持内部的秩序，并形成它们之间的关系。这是我们共同经历过的历史事实。而在展望21世纪的时候，我似乎看到了另外一种局面，20世纪那种“战国群雄”的面貌已经受到一个新的世界格局的冲击。民族国家及其文化的分化格局面临着如何在一个全球化的世纪里更新自身的使命。

我作出这样的判断，不是没有根据的。近几年来，我特别注意到区域发展过程中全球化的力量。我看到，信息产业的发展带来了一种十分严峻的挑战。美国在最近十多年里发展起来的微软公司，实力已经达到几千亿美元。这是个当代信息技术的密集型产业，是最新现代化技术的世界级龙头。它的作用已经使城市中的许多产业的传统操作技术面临深刻的危机。在这样的情况下，我们不能不重新考虑我国农村工业化和城市化的问题。我有一次访问广东的顺德，当地的领导同志对我说，根据当地的经济发展趋势，他们认为乡镇企业的概念已经过时了。为什么这么说呢？因为经济发展的现实告诉我们，小城镇的规模看来不具备接受信息技术产业的能力，应该使一批紧密相连的城镇和中心城市尽快兴起，以便接受快速发展的信息产业的较高要求。另外，产业组织的跨国化，同样也对小城镇的发展提出了新的问题。为及时解决这类问题，顺德从1992年开始进行机构改革，政府把三大产业分离出来，组建工业发展公司、农业发展公司和贸易发展公司。1993年起，实行股份合作制，并改革企业的医疗保险和养老制度，真正转变了政府职能。企业在解决了体制问题之后，接着就解决市场问题。市场问题不是一个简单的地区性问题，而是牵涉到香港以及世界其他地区，牵涉到地区与地区之间的新型关系，牵涉到大型中心城市的发展问题。这次谈话，给我很大的震动和启发。

跨地区和跨国界的经济关系，除了表现在市场的超地方特征之外，还表现在近年来跨国公司的大量发展上。跨国公司在产权方面与具有民族国家疆界的国有、私有企业不同，它们没有明显的地理界限。它们的最大特征就是“无国界性”。在经济全球化的进程当中，不仅外国人来中国设立他们跨国公司的办事处、子公司，拓展业务，而且也有越来越多的中国人到海外办公司、办工厂，甚至开设大型专业市场。我家乡的震泽丝厂在美国开办了分公司；我访问过的青岛海尔集团在海外开了分公司；我所熟悉的温州人在巴西开设了“温州城”……这样的经济交融，已经不是简单的“西方到东方”、“外国到中国”、“中国到外国”的老问题，而是一种新型的国与国、区域与区域之间交流和互动的新发展和新的经济组织形式。

五

从沿海地区和内地的局部地区看，我国一些企业乃至产业对经济全球化进程的融入已经相当自觉。但是从我国广大中西部地区看，整体情况还不能让我们很乐观。相比较而言，我国属于全球化进程中的后来者，而且是后来而暂未居上。由于历史的原因，我国的现代化进程曾经一再被延误，失去过很多宝贵的时机。

从 19 世纪 40 年代开始，我国由一个古老的文明中心被帝国主义的坚船利炮强行纳入了西方国家主导的全球化进程。包括我的朋友费正清在内的许多学者都认为，鸦片战争之前，中国的文化体系平行于其他的世界体系，并且一度比西方世界体系更为发达。但是长期的封闭导致政府腐败、科技落后、经济凋敝、装备松弛以及心理上的抱残守缺、妄自尊大，致使这个庞大的体系逐渐失去活力，终于被西方列强的殖民扩张所压倒，无从自主，只能在全球化进程中处于依附地位。

一个世纪以后的1949年，中国实现了独立与自主，却在苏联经济模式的影响下脱离并抵抗了西方主导的全球化进程。在对全球化主体潮流的脱离和抵抗中，我们虽然坚持了政治上的独立，却也造成了自身的封闭和僵化，无法从全球化进程中获得发展动力，结果是在现代经济和文化等方面的落伍，而世界的发展没有停下来等我们，“沉舟侧畔千帆过”，我们明显是落后了。

1978年，我们终于下定了改革开放的决心，主动并且逐渐深入地加入全球化进程的各个领域当中，急起直追。在政治上，我们与西方各国加强接触和了解，融洽了在“冷战”时期冻结的关系；在经济上，我们以经济特区为先导，依次开放沿海城市、沿江城市和内地，进行经济体制改革，建立市场经济体制，积极与国际惯例接轨，形成了加入经济全球化潮流的制度性保障。正是在这样的情况下，出现了我们在第一跳还没有完成的情况下已经不能不进行第二跳的局面。

这一局面来之不易，值得倍加珍惜。而这一局面给我们提出的艰巨使命，更需要进行深入的思考。第一跳还没有完成，已经必须跳第二跳了。这是我们走改革开放的路、融入全球化潮流所必然要碰到的局面。怎么办？小平同志说，要冷静观察，沉着应付，摸着石头过河。这就是科学的态度。我们要大刀阔斧地进行改革，又要小心谨慎地应付局面。不看清潮流的走向，不摸清自己的底子，盲目地进入潮流是不行的。我们的底子是第一跳尚未完成，潮流的走向是要我们跳上第三级。在这样的局势中，我们只有充实底子，顺应潮流，一边补课，一边起跳。不把缺下的课补足，是跳不过去的。历史不是过去了就算了，历史会对今天发生影响的。就物质与精神两个方面说，或者说是硬件与软件两个方面看，我们曾经有过精神(软件)讲得多，物质(硬件)讲得少的时代，现在却是物质讲得多，精神讲得少了。这叫矫枉过正，这就是历史的一种影响。在当前的发展过程中，重理轻文，差别太大，从长远看，会带来负面的东西。“文革”的影响太大了，不能不记取。

改革开放，不能只学外国的表面文章，而是要拿来现代化过程中形成的先进的文明成果为我所用。我们是要提高生产力水平，提高综合国力，提高人民群众的生活水平，是要把中国文化很好地、很健康地发展起来。现在中国的大问题是知识落后于要求。最近20年的发展比较顺利，有些人就以为一切都很容易，认为生产力上来了就行了，没有重视精神的方面。实际上，我们与西方比，缺了“文艺复兴”的一段，缺乏个人对理性的重视。这个方面，我们也需要补课，这决定着人的素质。现代化的发展速度很快，没有很好的素质，就无法适应现代化的发展要求。这是个文化问题，要更深一层去看。

六

中国文化的历史很长，古往今来的很多思想家为我们留下了十分宝贵的思想财富。中国传统文化思想的一大特征，是讲平衡和谐，讲人己关系，提倡天人合一。刻写在山东孔庙大成殿前的“中和位育”四个字，可以说代表了儒家文化的精髓，成为中国人代代相传的基本价值取向。我的老师潘光旦先生早在20世纪30年代就讲“位育”问题，认为在社会位育的两方面中，位即秩序，育即进步。位者，安其所也；育者，遂其生也。潘先生对“中和位育”作了很好的发挥。潘先生是个好老师，可惜我不是个好学生，没有能在当时充分意识到这套学说的价值，没有在这方面下够工夫。直到晚年，才逐渐体会到潘先生当年的良苦用心，体会到“中和”的观念在文化上表现出的文化宽容与文化共享的情怀。11年前，在一些学界朋友为我召开的80岁生日的欢叙会上，我展望人类学的前景时，提出人类学要为世界文化的多元和谐作出贡献。我说了四句话，16个字：“各美其美，美人之美，美美与共，天下大同。”作为一个人类学者，我希望这门学科自觉地探讨文化的自我认识、相互理解、相互宽容问题，确立世界文化多元共生的理念，促进天下大同的到来。实际上，这也是中国的传统经验里面一直强调的“和而不同”的思想所主张的倾向。

对于中国人来说，“天人合一”是一种理想的境界。天与人之间的社会规范就是“和”。这个“和为贵”的观念，是中国社会内部结构各种社会关系的基本出发点。在与异民族相处时，把这种“和”的观念置于具体的民族关系中，出现了“和而不同”的理念。这一点与西方的民族观念很不相同。我认为，“和而不同”这一古老的观念仍然具有强大的活力，仍然可以成为现代社会发展的一项准则和一个目标。承认不同，但是要“和”，这是世界多元文化必走的一条道路，否则就要出现纷争。而现在人类拥有的武器能量已经可以在瞬间毁灭掉自身。如果只强调“同”而不讲求“和”，纷争到极端状态，那只能是毁灭。所以说，“和而不同”是人类共同生存的基本条件。

“和”的局面怎样才能出现呢？我想，离不开承认不同，存异求同，化解矛盾。化解的办法中，既要有强制，也要有自律。从社会学的角度看，一个基本问题是个人与社会的矛盾、自由主义与平等主义的矛盾。自由要承认竞争为主，竞争就是有优势劣势之分，就形成了过去的格局。要解决这个问题，不能单靠社会控制的强加式的外力，还要有自我控制的内力。世界各国既然现在都属于一个地球村，这个“村”里就应该有一套“乡规民约”，大家认同，自觉遵守，否则就要乱套。“乡规民约”与法律不同，是习惯化的、自动接受的、适应社会的自我控制，是一种内力。中国老话里讲“克己复礼”，这个“礼”是更高境界的乡规民约。

要实现个人与社会的相互统一，不同文化之间的相互理解和适应，大家都自觉地遵守“乡规民约”，需要一个磨合的过程。只要愿意共存共荣，就必须要磨合。磨合就是通过接触交流、对话和建立共识，以达到矛盾消除的过程。事实上，我们现在就处在这个磨合的过程中。当前需要有一个对磨合的认识和肯定，要意识到，这个磨合过程需要种种的临时协定作为大家有利的“乡规民约”。有了这个方面的共识，才会有比较自觉的磨合行为，才会有比较好的磨合状态，才能比较顺利地从经济全球化过渡到文化上的多元一体，经过不断的磨合，最终进入“和而不同”的境界。

依照进化的观点和规律，21世纪的人类应该比20世纪的人类生活得更加聪明。事实上，已经有人在讨论新的发展观，提出了不同传统发展观的几个特点，比如合理开发资源、讲究生态效益，又比如注重社会平等、倡导精神追求、促进人的全面发展等等。我们可以发现，这些现代人类提出的准则，是中国传统文化精神一向坚持的倾向。这样的史实的肯定和弘扬，应该有利于帮助我们树立起应有的文化自信。

当今世界上，各地不同的文化部已经被纳入全球化的世界体系中，已经不存在化外之地。全球化潮流发端于西方世界，非西方世界在接受西方文化的同时，应当通过发扬自身的文化个性来对全球化潮流予以回应。我近年来在很多场合提到的“文化自觉”，就含有希望看到这种回应的意思。“文化自觉”是当今时代的要求，它指的是生活在一定文化中的人对其文化有自知之明，并对其发展历程和未来有充分的认识。也许可以说，文化自觉就是在全球范围内提倡“和而不同”的文化观的一种具体体现。把这个话放在炎黄文化研究会的年会上讲，我觉得应该有更充分的理由表达一种愿望，就是希望中国文化在对全球化潮流的回应中能够继往开来，大有作为。最近在许多文章中经常提到的“中华民族的伟大复兴”，应该包括这一个很重要的方面，就是中国文化的复兴。为了这个前景，我们有必要加强人文主义，提倡新人文思想。有如潘先生讲的，在原有传统文化的基础上，吸收西方科学精神，建设新的人文精神。回到今天我的讲话的题目上，面对经济全球化的世界潮流，我们在开始第二跳的时候，要记住把这些想法带上，把“天人合一”、“中和位育”、“和而不同”的古训带上，把对新人文思想、新人文精神的追求带上。这样去做，我们就能获得比较高的起跳位置，也才能跳得高，跳得远，在真正的意义上实现中华民族的伟大复兴。

2000年10月

家乡小城镇大发展的二十年

2002年的清明节刚过，我又回吴江老家，不少老朋友来看望我，他们不约而同地都谈到家乡这几年来的发展变化。他们说，家乡的每一个村镇，生产力都提高了，乡亲们收入增加，市镇建设加快，生活条件改善了。一句话：家乡城镇化进程大大加快，昔日的农民大多已经过上了城里人的生活。

20年来，从整个中国来讲我们一直在朝工业化、现代化这条路上前进，而且走得相当快，国民生产总值发展的速度在7%以上，超过了世界上许多国家，江南地区甚至超过了10%。吴江就在这个地区里，这个地区也是乡镇企业发展比较早和比较快的地方，当地的许多农民，已经脱离土地进了城，变成了工人。从某个角度上说，农村劳动力向城市流动的快慢，会直接影响工业化、现代化进程的速度。

朱镕基总理在九届人大五次会议的政府工作报告中，着重提出要加快农业和农村经济发展，努力增加农民收入；要求各地政府加快农业和农村经济结构调整，为农民进城务工经商提供方便；积极稳妥地推进城镇化，促进农村劳动力向非农产业转移。总理在政府报告中预示在今后几年内，我国小城镇又将迎来一个新的发展机遇；同时也预示着今后几年，将会有更多的农民离开土地涌向城市。有专家说，今后十年，将会有数以亿计的农民进城。

其实农民进城，他们的目的就是为了增加收入、摆脱贫困。这部分人里，大都是农村中的壮劳力或掌握一些技术的人，这些人往往会在农村里先富起来。

在改革开放之初，进城务工的农民，人数不多，他们通过亲戚、朋友这个跳板，在城里先有个落脚的地方，然后找工作，就可以解决问题。现在情况发生了变化，当数以千万计的农民离开家乡外出打工，在全国各地流动的时候，情况就不那么简单了。众多人的大流动，在找到工作和未找到工作期间，难免会出现种种意想不到的问题。这些问题涉及社会的方方面面，为了了解和解决这些问题，我们必须要对农民进城的这一情况进行认真的研究。

1983 年我在家乡搞调查的时候，看到世世代代守着土地讨生活的农民开始办起了工业；看到一些市镇出现了由衰转兴的苗头，对这一情况，我当时想到很多，虽然它只是初露端倪，但依我数十年在农村搞调查的经验，觉得此问题的出现，当是中国农村一次大变革的开始，对此，我写了《小城镇　大问题》这篇文章。这篇文章引起了决策者和不少人的注意，到现在它发表快满 20 年了，这 20 年来，家乡的小城镇真的一步步发展起来了，而且建设得越来越好。那么，这些年中那些小城镇是怎么样发展起来的？家乡的农民是怎样离开土地进了城？我们又是怎样来安置外地进城农民的生活和工作？现在，不是农村里的农民要不要出来的问题，而是农民出来以后我们能给他们提供多少“活路”，也就是多少就业机会……这一系列问题一直萦绕在我的心里。

这 20 年里，我们看到了人口向城镇集中的现象，而且这种集中的速度相当快。农民离乡要有两个条件，一是在乡下他们活不下去了或是生活得不好；二是农民离乡出去后要有活路，也就是有活干，能生活得下去。作为城镇，就要为他们提供活路，要在从事农业生产之外找到其他生活的路子。这就是我为什么提出“小城镇，大问题”的出发点。

我国加入WTO，把大门打开了，境外资本、先进技术涌了进来，一个广阔的国际市场展现在我们的面前，为当今中国的社会经济发展又加上了一个国际的力量，这个力量一进来，必然会影响到中国人社会生活的方方面面。世界正在大变化之中，特别是“9·11”事件发生以后，世界局势变得更加复杂，它变化的方向、变化的结果会是怎样，现在还显得扑朔迷离。在这样的局势面前，我们应该怎么办？那只有沉着应付。为了能够沉着应付，就必须摸清楚实际情况。我们现在要做的事千头万绪，其中有一件是要摸清楚城镇化进程在我们这个地方到了怎样一个程度，并且从过去的经验里总结出一些有用的东西，看看又出现了哪些重要的新情况。

城镇化这个名词是世界上通用的说法，英文称Urbanization，其实，这是一个过程，这个过程的第一步是从农业化的社会进入到工业化的社会；用我的话说就是从传统的乡土经济过渡到现代化的工业经济的过程。这个发展过程是一步一步向前走，有它一定规律的。在这个过程中出现了一个农村人口的流动和农村劳动力怎么充分利用的问题。

要摸清楚我们国家城镇化进程到了怎样的程度，这是一个大课题，以我这个越过90岁年龄的老迈之躯来完成这个题目，似乎是可“想”而不可即的了。我的眼力、听力、腿力已经不允许我再像20年前那样到下面的市镇里去访问，走家串户跟老乡们聊天。现在为了了解情况，我只好偷个懒，请下面搞实际工作的同志到我住的招待所来谈，或约一些过去负责这方面工作的老同志、老朋友来，讲一讲他们的体会、感想、意见；当然我还是要尽可能再到一些市镇去走一走，亲眼看一看那里的新面貌。所以在后来的几个月里，我又走访了张家港、常熟、太仓、昆山和苏北的盐城、阜宁；浙江的宁波、台州、临安等地。

一

1983 年，我和小城镇研究组的同志到吴江县的松陵、盛泽、震泽、铜罗、陆港、莘塔、庙港、平望等镇搞了调查。20 年过去了，这些小城镇的情况怎样了呢？我真想再到那些地方跑一圈，亲眼看一看它们的变化，和乡亲们拉拉家常，但是岁月不饶人，看来这个愿望似乎已经不好实现了。不过幸好这些年来，我每年回家乡的时候，都要到各地去走走，曾亲眼目睹过这些地方日新月异的变化。

这次调查，我在松陵镇听了一些地方同志的介绍，又访问了离松陵不远的盛泽镇，向镇上做实际工作的同志请教，从他们充满信心又不无自豪的话语中，我再一次体验到乡亲们为自己取得的成绩而感到喜悦的心情，同时也把我带进了美好的回忆和深刻的思索中。

我出生在松陵镇，松陵是我从小熟悉的地方，现在是吴江市政府的所在地。改革开放初期松陵的经济发展比较慢，进入 20 世纪 90 年代以后，他们做了三件事：第一件是进行乡镇企业产权制度的改革；第二件是建立吴江经济开发区，吸引了一批合资企业落户松陵；第三件是投资搞技术改造。这几项措施使松陵镇大大改变了面貌。

1982 年的时候，这个镇的建成区面积只有 1.6 平方公里，镇区人口仅 17 700 多人；工业产值 1 398 万元。经过近 20 年的发展，到 2001 年底，松陵镇建成区已经扩大到了 16 平方公里，常住人口达 88 200 多人，其中外来人口约有 25 000 人；工业产值已突破了 73 亿元，增长了 522 倍！交通、通讯、供电、供水、居民住房等基础建设不断得到改善，昔日衰老的小镇，又焕发出青春，如今已经成了颇具现代气息的国家级卫生城市。

另外一个是盛泽镇。历史上盛泽是一个专业化程度很高的丝织工业中心，这一特点始终没有改变过。同松陵镇一样，到 2000 年初，他们完成了乡镇企业的改革，加大了技术改造和发展外向型经济的力度。如今盛泽镇拥有当代先进水平的织机 2.5 万台，每年主要产品聚酯切片的生产能力为 26 万吨、纺丝 23 万吨；生产各类织物 15 亿米、织物印染 15 亿米、织物深加工 10 亿米。此外全国各地 3 000 多家丝绸商行云集盛泽镇的东方丝绸市场，市场的年交易额达到 138 亿元，是我国薄型织物的交易中心和价格形成中心之一。如今盛泽镇已经成了我国重要的丝绸纺织业生产基地、出口基地和产品集散地。

今日盛泽面貌已非昔比。1982 年时镇区面积只有 2.2 平方公里，人口 26 100 多人；全镇工业产值 4 642 万元。到 2001 年底，盛泽镇已经扩大到 20 平方公里，常住人口达 106 200 多人，工业产值突破了 65 亿元，增长了 140 倍！

吴江最南端的铜罗镇，也彻底摆脱了 20 年前冷清的局面。这个小镇在 1952 年时有 2 475 人，然而到了 1982 年却减少到 2 007 人，30 年来人口下降了 19%。如今铜罗镇依仗着传统的酿酒业以及新兴的纺织（绢丝）、服装业，把经济搞得红红火火，人口也翻了一番达 4 000 多人。

此外，当年全镇只有一家油泵厂的莘塔镇，今天已经是拥有（油）阀门、自动扶梯（电梯）、保险箱、服装、制鞋等多种行业的繁荣的小市镇。

还有一个曾经引起我们注意的小镇陆港。解放前它是太湖东南岸边一个商业性的小渔港，据说全盛时有 50 户人家做生意，经济活动相当活跃。后来，由于经济发展、行政设置、交通条件等因素的改变，小集镇的地位也发生了变化。到了“文化大革命”后，镇上只留下了两个商业门市部和一家茶馆，三十几名商业人员。我在《小城镇　大问题》里称这类小镇是“已吞未咽下”的小镇。经过了 20 年，这个镇终于被“咽”下去了。据介绍，今天陆港只是一个行政村，全村只有 4 个市镇户口的人，其余的都是农村户口；主要为村民服务的几家茶馆、理发店、裁缝铺和十几爿百货店，还在营业。但是随着吴江市经济的发展，陆港人的生活也发生了很大变化。村民已从 20 年前依赖农副业生产过日子，转变到主要依靠办工业和经营商业致富。据统计，全村1 350名劳动力中，有837人从事工业（包括家庭工业），从事商业的有196人，占了总劳动力的77%；全村人均收入从1982年的240多元，增加到2001年的5 300多元。

这20年里，家乡还有不少乡镇，在党的改革开放政策的指引下，抓住机遇，找准路子，在较短的时间里，形成一个规模大、实力强的行业，这种“一镇一品”的路子，给当地老百姓带来实惠。其中七都镇的崛起是一个比较有代表性的例子。

20世纪80年代以前，七都这个太湖边上的小镇，交通不便、信息闭塞，经济一直发展不起来。1985年他们看准电缆这个行业，在当时上海电缆研究所所长、七都老乡沈康的帮助下办起了电缆厂，取得了很大的成绩。1998年我去访问时，镇领导跟我说，他们要加大投入，开发新产品，并且派人到东南亚考察，寻求合作途径，扩大对外贸易，参与国际竞争。据了解，今天七都的电缆生产已经占全国产量的1/6，工业产值达46.38亿元。

还有一个横扇镇，这个镇走的路与七都不同。横扇在20世纪80年代末，还是个不惹人注意的小镇，小平同志南方讲话以后，当地人抓住机遇，利用农民手上的传统技术，发展起以家庭生产为基础的羊毛衫制作业。现在，全镇7 000多户居民中有一半从事羊毛衫制作，拥有横机3万多台，先进的喷水织机（无梭织机）2 000多台，近年还引进了十余台当今最先进的全电脑织机。年产羊毛衫8 000多万件，产品不但销往全国各地，而且远销西欧、东欧、东南亚和非洲等国家和地区。这个镇的羊毛衫还带动了毛纱业、织机和配件业、印染业、建筑业的发展。横扇镇已经成了羊毛衫产销专业镇。2002年10月，一座以引进资金为主兴建起来的大型羊毛衫交易商城将在横扇崛起。家庭羊毛衫业的发展，不仅使当地老百姓增加了收入，还吸纳了2万多名外地打工人员，据推算，这些打工人员每年一共可以拿到超过1亿元的收入。

还有金家坝镇的净化夹芯板业，有4 000多从业人员，去年年销售额达到 9 亿元；原青云镇的包装容器、八都镇的绢纺制造、菀坪镇的工业缝纫机、震泽镇的活动房……都形成了一个镇一个拳头产品的优势，既增强了本地的经济实力，又富裕了本地百姓。

朋友们的介绍，加深了我对家乡 20 年来所取得成就的了解。党的正确的政策引导，尤其是小平同志南方讲话大大激发了老百姓的积极性和创造性，乡亲们的努力，促使我的家乡吴江的经济发展又上了一个台阶。

1982 年春节前夕，费孝通“四访江村”

二

20 世纪 90 年代是吴江经济发展中一段重要时期。80 年代初，刚刚挣脱了“四人帮”羁绊的吴江人民，经过千辛万苦创出了以农村集体经济为主的乡镇企业。也是那个时候，我获得了“第二次学术生命”，重又到家乡搞社会调查，我觉得家乡农村经济的发展别具一格，就给它起了“苏南模式”的名字。苏南模式的乡镇企业是在集体经济基础上发展起来的，所以从它诞生的那一天起，就带上了计划经济的胎记。随着时间的推移，带着这些印记发展起来的乡镇企业，在我国市场经济逐步建立的过程中，在管理体制、资金投入、分配形式等各个环节上都出现了问题，使它在竞争激烈的市场经济里很难再获得发展。苏南的乡镇企业陷入了困境。

经过一段时期的摸索，从1997年末开始，吴江开展了全面的企业改制工作。这次改制的一个突出特点，即所谓的“民进公退”。原来的集体企业改成了股份制或股份合作制，还有的经过拍卖成了私营企业。经过3年，全市累计改制企业1 670家，涉及总资产152.95亿元。

通过这次改制，政府彻底放下了直接管理企业的包袱，实现了政企分开的改革目标，使之能更集中精力通盘考虑全市的发展、管理和建设工作；同时也大大激发了民间资本投资的热情，为前一个时期在兴办乡镇企业的实践中培养出来的一批长于经营的人才和企业家，提供了更广阔的用武之地。

结合改制，吴江市进行了大幅度的产业结构调整，乡镇企业的面貌已今非昔比，过去“以小补大、拾遗补阙、适小补需”的小打小闹，已被规模化、集团化，高精尖技术、出口外销所替代。从上世纪90年代开始，政府着力改善投资环境，大力开展招商引资的各项工作，结果引来了台湾电子工厂和众多的外商在这里安家落户。如今全市形成了丝绸纺织、通讯电缆、电子资讯三大支柱；全市一、二、三产业结构比例已调整为8.27：54.38：37.35，2001年全市国内生产总值达203亿元。

同时，吴江市的农业经济也出现了一种新趋势，全市建成了水产、畜禽、蔬菜、苗木等各类基地，初步形成了区域化布局、产业化生产、规模化经营的格局。同时还依靠传统的农副业优势，通过深加工发展创汇农业，形成了“桑、茧、丝绸、服装”，“养兔、兔毛、纺纱、针织”，“畜牧、制革、皮革制品”及“蔬菜种植加工、水产品养殖与加工”贸工农结合的一条龙生产体系。

上个世纪80年代末，吴江已经有了不少农民办的家庭小工厂，但那时政府并不鼓励这种做法。现在不同了，由于政策放开、力度加强，农民办工厂的积极性更加高涨。像上面提到的横扇镇，有一半农户搞羊毛衫编织，这些家庭办的小工厂，不仅吸纳了大量的农村富余劳动力，增加了农民的收入，还为农村培养出一批懂得经营的行家里手。就拿吴江比较偏远的桃源镇来说，该镇农户经过产业结构调整，看准城市建设需要大量绿化树木这个市场，开辟了10 000亩苗圃，由于经营的需要，出现了几百个推销这些苗木的经纪人，他们到全国各大城市推销桃源镇的苗木，同时还承接城市的绿化工程，从而繁荣了本地经济，富裕了本地百姓。据了解，桃源镇的九里桥村，2001年村里60个经纪人的总收入达到1.02亿元。

几年前我曾经说过，中国今后一个时期的农村工业化可能将要“采取上下两手并举的办法”和走“抓大放小”的路子来进行。看来吴江的这些实力强大、技术先进的集团企业和扎根在千家万户的私营家庭企业同时并举，不正是以上下两手并举的办法，在新形势下走出的新路子吗？

加入WTO后，我国的企业面临新的机遇和挑战。有专家说，在今后相当长的时间里，中国的生产“仍然是一种劳动密集型、低成本的模式”，中国工人的工资是东京——关西工业中心区的工人工资的1/20，所以日本公司在对华战略方面已经做出调整，“它们正在将生产产品的工厂转移到中国”。我在吴江就看到了这样的苗头。日前看到《吴江日报》一则关于“菀坪缝纫机行业今年开局良好”的报道上说：一季度，菀坪镇缝纫机整机及其零部件行业共完成销售1.16亿元，同比增长58.9%……。随着我国加入WTO，世界缝制设备制造业中心向中国转移已成定局。菀坪人为了进一步做大、做强缝纫机及其零部件生产这一行业，打响“菀坪牌”，正在努力准备条件。

我还听说盛泽镇目前不仅是我国丝绸纺织业重要的生产、出口基地和产品的集散地，而且盛泽镇薄型织物的交易和价格会对世界薄型织物的市场发生较大影响。依我看，如果江苏和浙江这两个我国丝绸织造业最发达的东部沿海地区能够携起手来，统筹规划，在现有的基础上继续加强自身实力，特别是在提高丝绸纺织业的科技水平上，再扎扎实实地下一番功夫，从而使这里成为世界薄型织物生产和交易中心是完全可以做到的。这也是 WTO 给予我们的一个机遇。

三

从历史上看，吴江的小城镇发育较早，数量也多，但是，由于种种原因，长期以来没有引起人们的重视，解放后还一度呈现出衰落的势头。据说到改革开放以后的 1982 年至 1984 年间，吴江才第一次有了全县七大镇和部分乡镇的发展规划。随着乡镇企业的壮大，吴江市的经济综合实力得到加强，1992 年他们抓住撤县设市的机遇，制定了市域城镇体系发展规划，实现了工业区、商业区、住宅区分离成片，从而使小城镇建设与乡镇工业发展相得益彰。

如今，吴江市小城镇的面貌已经发生了巨大的变化，人气也越来越旺。到 2001 年末，全市小城镇建成面积达到 85 平方公里，是 1982 年的 7.8 倍；常住人口增加到 41 万多人，是 1982 年的 2.6 倍。全市道路、通讯、供水、供电等基础设施不断完善，卫生、绿化、美化、环保越搞越好，1997 年吴江市获得了国家卫生城市的称号。为了适应加入 WTO 后面临的新挑战，吴江市将按照规划进一步把江南这个水乡建设得更美好。

乡镇企业的发展推动了小城镇的建设，促进了城市化进程，因为小城镇的兴旺发达，留住了一大批人。据统计，20 年来，吴江市城镇常住人口增加了 25.16 万人；2001 年到当地派出所办理临时居住证的外来民工有 112 038 人(估计还有未办理手续的外来民工 2 万多人)，这样算起来进入吴江的外来民工应当在14万人左右。其中盛泽镇有5万人，松陵镇有4.5万人，横扇镇有2万人，就是镇区人口只有4 000人的铜罗，打工仔、打工妹也有2 000人。这些外来民工除了一部分是来自本省的县市之外，主要来自河南、安徽、四川、云南、贵州等省。这些人中有96 506人进工厂打工(占86.14%)，10 141人经商(占9.1%)，4 878人从事服务业(占4.4%)，还有389人参加了当地的种养殖业生产。看来今天的农民工已经成了离土又离乡的工人了，他们为吴江市的经济建设作出了很大的贡献。

上面的这组数字是已经找到工作、有了去处的外来务工人员的人数，此外还有为数不少的、正在四处求职一时没有着落的人。要管理好这样一支无组织的、来自四面八方的、庞大的流动人口，其困难程度是显而易见的。吴江市政府十分重视这项工作，建立了一支由公安、劳动、人事、交通、工商、财政、城管、民政、司法、教育、计生等几乎包括了政府所有职能部门组成的外来流动人口管理领导小组。他们以教育、管理、服务为原则，想了很多行之有效的办法对外来民工进行管理。比如为了加强、健全管理网络，各镇外管办按照外来人口的2～3‰或按100～120户一名人员的比例配备协管员；在各村、居委会及外来人口较集中的工厂企业，专门设立外来人口管理服务站(中心)，由这些单位出钱聘请专职或兼职的协管员。除了建立一套管理机构之外，他们还建立了行之有效的三级督查机制，形成了一个在党委、政府领导下，以公安部门为主、各方配合、职责明确的外来人口管理格局。

外来民工找到工作以后，如此庞大的人群的居住成了大问题，为了使外来民工有一个较舒适、安全的居所，吴江政府要求招收20名以上外来员工的企业，要负责配合公安部门对员工进行管理，建立“员工之家”，让民工在厂区宿舍集中居住。宿舍区设门卫，建立必要的外出、会客、值班巡逻等制度，进行规范化管理。据说像这样的集体宿舍区，全市已经有180多个，集中住宿的人员有6.3万人。这样差不多有六成以上的民工在吴江可以得到一个比较安定、安全的住所。

政府还要求各镇因地制宜，把空闲的厂房、办公楼等房屋重新设计、装修，改造成适合民工居住的“社会性民工公寓”，然后按公寓式的管理办法，低价租给外来务工人员。有的公寓区里还开设了杂货店、公用电话、阅览室等公共设施，条件好的还办了托儿所、民工子弟小学，以优良的服务和规范的管理吸引外来人员入住。比如盛泽镇在新生和鹰翔公寓式住宿区的基础上，又开发了一批闲置房，建成了10处这样的公寓区。目前，全镇入住民工公寓的人数有4 600多人。

政府还对镇上出租住房的居民加强了管理，首先要求出租住房的人要办好手续，挂牌营业；房主要按照办旅馆那样对租房人进行登记、管理。

除了用规章制度把外来务工的人员安置好、管理好之外，有关部门还举办职业技能、法律、文化等各类培训班，对民工进行培训；举行图片展览，法律知识竞赛等活动，丰富外来人员的生活，通过种种办法提高他们的综合素质。有关部门还特别注意发挥外来人员中的党团员的积极作用，开展评选先进、鼓励优秀分子的活动。吴江政府希望为打工的农民兄弟提供良好的服务，使他们在这里工作、生活得愉快顺利。

除了对外来务工人员有一套比较完善、有效的管理、服务办法之外，还要依法保障他们的合法权益。政府要求用工单位和业主遵守国家有关法律、法规，贯彻执行劳务用工的各项规章制度，例如用工单位、业主必须同务工人员签订劳务合同。有关部门要按照“谁主管谁负责，谁用工谁负责，谁容留谁负责”的原则，加强对用工单位和业主的监督和执法力度；坚决取缔非法劳务市场、劳务中介机构，确实保障外来务工人员的合法权益，让吴江成为打工人的“第二故乡”。

四

近几年，除了春节前后，由于各地民工回家、返城时造成车站拥挤、交通堵塞；民工走了，城里人定的牛奶没人送、早点无处买……造成诸多不便，引得传媒关注，议论一番之外，人们对农民出外打工已经习以为常，不太关心了。其实这是一件很了不起的大事。

记得朱镕基总理在九届五次人大会的一次记者招待会上说，他目前感到最头痛的事，主要是怎样能增加农民的收入。让总理头痛的重要原因之一，就是因为我国地少人多，农村里众多的劳动力闲置着，没有成为生产力，赚不了钱。有专家估计，“2000 年至 2010 年将有近7 000 万人离开农业部门。加入 WTO 本身又会使这个数字再增加约 200 万至 300 万。”还有人“初步匡算，我国 1/3 农村劳动力处于就业极不充分状态，现有农村富余劳动力总数在 1.5 亿人左右”。换句话说，我们的政府要为农村富余劳动力提供数以亿计的就业机会，使这部分闲着的劳动力变成生产力，变成钱。这是一个十分艰巨的任务。

其实这是个老问题，20 世纪 30 年代，我在家乡搞调查的时候就看到了这个问题，并试图提出解决的办法。时间过去了半个世纪，一直到 80 年代中期，中国广大农民在党的政策指引下，终于闯出了一条兴办乡镇企业的路子。乡镇企业的异军突起，吸纳了大量的农村劳动力

2002 年 9 月，费孝通第 26 次访江村，同乡亲们话家乡变化（姚富坤摄）

(2000年乡镇企业从业人员为1.28亿人，占农村劳动力的27%)，增加了农民的收入，使大多数农民摆脱了贫困，同时将中国引向繁荣发展的道路，开创了今天这样一个欣欣向荣的局面。

在乡镇企业发展的过程中，中国农民挣脱了千百年来被土地束缚住的手脚，涌进了市场经济的浪潮中，形成了一股势不可挡的、冲向城镇的力量，根据2000年人口普查资料推测出的全国现有流动人口有1.21亿人。有资料说，“流动就业的农民，80%以上进入城镇，他们进入大中城市、小城镇和农村的比例约为4∶4∶2”。就是说有四成的人流向大中城市，四成的人留在小城镇，还有两成的人易地从事农业。比如上面提到的，吴江有389个外来打工人员(占外来人口的0.3%)在吴江农村从事种养殖业。

20年前，我曾经提出把小城镇建成人口“蓄水池”的观点，就是想到一旦千千万万农村中的富余劳动力“冲”出来以后，他们到哪儿去？我想还是应该多渠道地安置他们。如果把星罗棋布的小城镇建设好，经济发展起来，就能够吸纳一部分人，起到拦截的作用，使他们不至于一下“冲”进大中城市。

今天，加强小城镇建设已经成为大家的共识，这几年我在各地访问的时候，亲眼看到各级政府重视小城镇建设的情景；在张家港、常熟、太仓、昆山，苏北的盐城、阜宁和浙江的宁波、台州、临安等地，都目睹一座座生机勃勃、颇具现代化风貌的小城镇已经拔地而起，吸引着四面八方来打工的人。

小城镇发展的势头很猛、很快，使我们的许多工作跟不上了。我在同松陵镇的同志座谈时，听他们说起近年来在城镇建设工作中碰到的一些问题，有人说，松陵镇是吴江市政府所在地，是这一地区政治、文化的中心，镇区常住人口有8.8万多人，外来人口2.5万人。全部人口中，非农业人口占总人口的63.9%，比例占得不小，但是用一个中等城市的标准来衡量，市区非农业人口要达到30万人以上，才能进入城镇化的发展轨道，这么看，松陵的差距还很大。

可是要增加镇上的非农业人口亦非易事，因为随着城乡一体化程度的提高，乡下的“软硬件”建设不断改善，城乡差别日益缩小；再加上由于各项改革的不断深化，现在的“城市户口”在就业、教育、医疗等方面享有的优惠待遇正在逐渐减少，所以非农户口不再像过去那样吃香了。相反，近年来城里人提出要求“非转农”的倒有所增加。

另外，由于形势发展得快，政府的很多政策、措施跟不上，影响了工作的顺利进行。比如松陵镇镇区内有大片土地已经开发成工业区或做其他用地，那里的农民绝大多数成为无田可种的非农业人口，但是由于没有相应的配套政策，缺少行政和经济上的手段，从而降低了农民参与户改的积极性。1999年松陵镇曾经划出一定的区域做为户改的试点区，两年多过去了，城区的实际发展已经远远超出了那时划定的范围，可是户改试点区的规定没有改，使得一部分村组不能及时按政策得到安置，影响了户改工作的进一步推行。他们希望上级有关部门，应该根据实际情况及时修订政策，采取切实可行的措施。

我国计划经济时期为了限制人口的流动，制定了一系列的政策和规章制度，这些政策、规章制度严密地挡住了农村人口进入城市。20世纪90年代以来，农村富余劳动力跨地区的大流动日趋活跃，为了适应改革开放后出现的新变化，政府有关部门已经对一些旧的政策、规章制度进行了改革，例如对养老、医疗、社会保障等制度的改革。但是对人口流动限制最严重的户籍制度，似乎改革力度还不够。松陵的同志希望有关部门加大对户籍制度改革的力度，放宽对户口迁移的限制，按照外来人口的纳税、投资、拥有固定住所、学历、工作等情况，放宽落户条件，实行以居住地登记为原则的户口管理制度，逐步打破城乡分割的户口二元结构，以适应当前经济发展的需要。

五

前几年，我在《农民入镇》的一篇短文里说过，农村走向城镇化，自我完成了从农民到工人的角色转换。这句话有着两层意思，一层是说由于工业下乡，迫使千百年来脸朝黄土背朝天、守着几亩黄土地讨生活的农民，放下了手中的锄头，操纵起隆隆作响的机器，他们要按照工业生产的规律来管理、经营自家的小工厂，他们被推上了市场经济的大潮中，随时要关心自己的产品能不能够卖出去，什么东西能够卖个好价钱……农民的日常生活发生这样巨大的变化，在中国可以说是史无前例的。

另一个方面则是大批农民涌进城市务工，这些人一下子从农村进入城市，变成了工人，他们的生存条件发生了急遽而巨大的变化。我们知道，人的一切行为无不受到他的社会关系、生活方式，特别是他的思想意识、价值观念的因素的影响。在从农民到工人这个角色急遽转换面前，他们跟不上了，有些不知所措，这种现象是不足为奇的。

因此，加强对农村劳动力的文化教育和技能培训，提高他们的文明程度，以满足各地对劳动力的素质越来越高的要求，是各级劳动部门要下大力气抓好的工作。我们相信，在这一场史无前例的社会经济大变革中，中国的农民一定会克服各种障碍，迈向现代化。

随着国家工业化、城镇化的进展，进城打工的农民会越来越多，我们“城里人”应该怎样来迎接他们，我看除了创造更多的就业机会之外，建立健全各种劳动用工法规、完善各项劳动保障制度，确实保障外来打工者的合法权益，营造一个有序的人口流动环境，是当前政府有关部门必须认真对待的问题。据我所知，国家为此已经制定了一系列政策、制度，比如进城的农民要持有当地有关部门的务工准许证，妇女要有婚育证；城里的雇工单位必须为雇用的外地工人办理暂住证，必须同工人签订劳动合同、办理保险等等，但是由于种种原因，有些规定还未被认真执行，或者被严重干扰。

我们又经常可以从各种媒体上，看到诸如不法中介机构设圈套，坑害求职工人；雇主克扣工人工资、殴打工人，工厂使用有毒原料，致使工人中毒，甚至死亡；还有的雇主甚至国家用人单位，不按规定与工人签订用工合同或上保险，一旦工人与雇主发生纠纷，吃亏的往往是工人等等这样的报道。看来今后还需要下大力气加强对劳动用工的各项法律、法规的执行和监督，并且要不断加以完善。

我曾经问一位当过市长的老同志，农民进城落户，有什么困难。他说他不希望太多的农民落户到城里，因为他们成了市民后，他这个市长的负担就加重了，特别是当他们丧失劳动力时，问题就更多。一市之长要为市民的衣食住行、生老病死操心，在一个地方经济实力还不十分强大，又没有建立起健全的、有力的社会保障制度的情况下，过多的市民反而可能会拖了城市发展的后腿。况且改变一个“户口本本”就会牵扯到物价、就业、教育、住房、计划生育、征兵与退伍安置等问题；有专家说，“农民与城里人的待遇差别达 47 项之多”，要解决这些问题可不是一件轻松的事。老市长说得不无道理，看来他担心的原因，就出在我们现在正是从计划经济向社会主义市场经济转轨的时候，新生事物如雨后春笋般涌现出来，但是许多陈规戒律还在起作用，而新的规章制度尚未确立起来，这时就难免发生问题了。

记得大约是一两年前，北京电视台曾经播放过一位成功的外地企业家得到了北京市户口的新闻；最近又听说石家庄市户籍改革后，一年有 10 万人迁入该市；还有济南市出台了户籍改革政策以后，一个多月来已经为 4.2 万多原来郊区的农民办理了户籍变更手续。这些消息表明，由于形势发展的需要，户籍制度的改革正在积极进行中，这些改革必然会为农民进城提供方便。

六

上面所讲的是我在 2002 年清明时节去家乡吴江市所了解到的有关小城镇的发展情况。

金秋时节，溽热退去。我又回了一趟家乡，打算从更大一些的范围里了解小城镇的变化，于是到苏州地区的张家港、常熟和毗邻上海的太仓、昆山走了一圈。在苏州的各个县市里，吴江的经济发展并不占先，比如张家港的国民生产总值就比吴江大得多，这些先进的县市最近几年里在发展速度上都有猛进之势。

张家港在改革开放的20多年里，由一个贫困的小村子变成全国赫赫有名的小城镇。我在1997年一次访问后，曾经写了几句话表达我的感想：昔日荒凉人稀一沙洲/今朝路阔港深耸高楼/乡镇富埒市/企业起家十有九/人人称道秦大哥/感君改革开放敢当头……

这次来到这里，当地的同志又高兴地向我介绍说，张家港市目前发展到有20个镇，356个行政村，总面积999平方公里，总人口95万人（其中有10万外来常住人口）。2001年全市完成国内生产总值306.8亿元，比上年增长14%；财政收入32.08亿元，比上年增长15.6%；全市农民人均收入5 898元，城乡在岗职工人均年工资收入11 777元。全市工业经济发展明显提高，比如当年以拆旧船炼废钢铁起家的沙钢集团，已经成了国家特大型工业企业，拥有总资产116亿元，员工7 500多人；年产铁、钢、型材的能力分别为100万吨、350万吨和450万吨，是我国目前最大的电炉钢、优特钢高线和螺纹钢生产基地。2001年沙钢实现销售收入112.98亿元。为了进一步增强综合竞争能力，向世界钢铁工业20强进军，沙钢人还要不断降低成本，提高生产率，提高科技含量，赶超国际水平。此外全市还拥有像陶氏化工、东海粮油工业（张家港）有限公司、张家港海螺水泥有限公司、永嘉集装箱码头有限公司等一批颇具实力的龙头企业。在张家港的沿江区域已经形成了全国最大的电炉钢生产基地和优质线材生产基地、亚洲最大的粮油加工基地、全国最大的木材水运集散地。

张家港近年来取得的发展得益于他们的创新精神，他们比吴江早一年，于1996年起实行了企业产权制度的改革。到1999年他们根据实际情况，按照“摘帽一批”、“还原一批”、“转让一批”、“退出一批”、“规范一批”的思路，将本市的各类企业梳理清楚，促进了各类生产要素向优势企业、优质产品和优秀企业家集聚，为做大做强规模经济创造了条件，从而形成了目前的十大经济支柱产业；同时，他们还积极推进体制创新，突破了发展单一集体经济的传统思维模式，积极利用民间资本和外来资本，大力发展非公有制经济(2002 年 1～7 月，全市新批办私营企业 1 593 家，新批办个体工商户 5 818 家)。 2001 年全市个体经济上缴税收达 7.3 亿元，占全市财政收入的 23%。 张家港的这套行之有效的做法，使我想起了前几年我访问吴江时，看到开弦弓村村民有的织羊毛衫，有的办线路板厂，户户办家庭工业，个体经济搞得热火朝天，人人有活干，家家收入增加；同时，我又在七都看到这个镇的电缆业生产，已经占到全国产量的 1/6，工业产值达到 30 亿元，而且电缆业又带动了一批相关产业迅速发展起来，形成了该镇实力强大的支柱产业。由此我提出了乡镇企业在全面改制的时候，也要注意“抓大放小”的主张。 我想，在今后相当长的一段时期里，“抓大放小”仍然是一个值得注意的问题。

张家港、常熟、太仓都地处长江沿岸。 张家港境内有长江深水岸线 33 公里，有 30 个万吨级以上的泊位，开通了 18 条国际航线，是长江沿线最大的国际性贸易商港。 常熟是一个历史悠久的港口，是国务院批准的一类对外开放口岸，现已建成可停泊 3.5 万吨以下各类船只的多功能港，常熟港年吞吐量超过千万吨，进入全国内河航运十大港口之列。 近几年太仓的港口建设也取得了较快的发展，目前已形成生产性泊位 16 个，其中万吨级以上的泊位 5 个；目前在建万吨级以上泊位 1 个，即将开工建设的万吨级以上泊位 4 个，这 5 个泊位建成后，太仓港的吞吐能力将大大提高。 这几个县市都打算要依仗自己的地理位置和悠久的航运传统，并且要紧紧抓住上海洋山深水码头建设和黄浦江整治货运外移的时机，打一个“时间差”，把各自的港口建设搞上去，准备好条件，抓住我国参加 WTO 这个机遇，到世界上去闯一闯。

我想，沿长江还有一批像江阴、常州、南通这样的港口城市，它们也在大力开展港口的建设。 那么，这样众多的港口怎样在面临的洲际贸易的大格局里面合理配置，在互惠互利的前提下合理分工？对沿海港口的层次、布局也要在这样一个局面里统筹安排。这需要有关部门的领导者以高屋建瓴的眼光作出决策，防止因为我们考虑不周而分散了力量。我在太仓访问时，在《太仓日报》上看到一则报道说，交通部水运司的领导同志正在太仓对“港口建设发展情况进行调研，并出席了上海国际航运中心江苏一翼港口发展现场调研座谈会”。看来这个问题已经引起政府的有关部门和专家们的关注了。

我这次访问的，可以说都是开放力度比较大的县市，当地同志异口同声地对我说，他们要尽快提升城市品位，形成现代化城市格局，并按照与市场经济相适应、与国际惯例接轨的要求，进一步深化各项事业的改革；要不断扩大对外贸易，加大迈向世界的步伐。张家港的同志告诉我，这几年全市的外向型经济稳步发展，2001 年完成进出口总额 22.5 亿美元，比上年增长 18.6%；2002 年的外贸发展趋势令人振奋，外资投资项目增多，目前已有日本三菱、伊藤忠、旭化成，韩国浦项，美国雪佛龙，英荷壳牌等近 50 家国际著名大公司来这里投资。又比如毗邻上海的昆山市，至 2001 年底，全市已累计批准来自世界 54 个国家和地区的投资企业 2 300 多家，合同外资超过 110 亿美元，实际到位外资超过 50 亿美元；2001 年全市进出口总额达 50 亿美元。

我也注意到，这几个县市把眼睛盯住国际市场的同时，更是目不转睛地关注着身边的“大上海”。我同太仓市陆渡镇和昆山市淀山湖镇的同志座谈时，他们都表示要“主动依托上海、服务上海、融入上海，成为上海的‘后花园’”。除了发展绿色农业，当好上海的“菜篮子”之外，还要抓紧上海一城九镇开发的契机，把自己的市镇建设成环境优美舒适、设施配套齐全的现代化小镇。筑巢引凤，吸引国内外投资者，特别是吸引上海人来这里投资和居住。

据说近几年，上海采取措施将劳动密集型产业扩散到郊区的八个县，这是扩大自己腹地的第一步，我想这个腹地应该越大越好。1990 年我曾经提出过建立长江三角洲经济开发区的设想，意思是在这个区域里，以上海为龙头，江浙为两翼，长江流域为腹地，通过互相间的合作，加快长江流域的社会经济的发展。整个长江流域里实力强劲的、众多的大小城镇，众星拱月般把上海托上去，促使上海更上一层楼，逐步发展成为世界上一个重要的经济中心。上海应当是一个洲际贸易、金融的中心；是一个繁荣的、以洲际交通为主的国际大都会。上海必须用全国一盘棋的眼光来看待这个变化，当上海成为这个国际贸易上的一个"亮点"的时候，长江就是经过上海通向世界的物流渠道，上海应当是这个经济区域的总调度室。这就是我理想中的，一个超越行政区域的"大上海"，大上海就是 Greater Shanghai。这里我提出"大上海"的观点，留待身后实现，现在只是作个登记。

可以说，从 20 世纪 30 年代开始，中国城乡发展的道路一直是我研究的重要课题。几十年来，我跟着我国农村经济形势的发展仔细观察、进行思考，从基层农村逐步进入城市。最近的 20 年，我国的经济实现了质的飞跃；不久前又加入了 WTO。在经济全球化和信息产业化迅猛发展面前，迫使我必须进入更大的范围和更高的层面来关注和思考我们今后的经济建设问题。

20 年来，我在家乡看到了乡镇企业的异军突起，看到了小城镇的由衰转兴；然后走出"江村"，在祖国各地的农村和市镇间奔走。在实际工作中，我深刻地感受到由于地区间经济发展的不平衡给我们带来的问题，并且逐步产生了"区域经济"的概念。继而又在世界经济走向一体化的形势下，进一步思考我们应该怎样应对未来的局面。

这次为了了解小城镇发展状况，我所访问的苏州地区的几个小城镇，都是地处我国经济最发达的上海经济区里。我在这里似乎看到了一个超越行政区划的、金字塔型的经济区域结构——上海这个国际大都会，在苏、锡、常、通、杭、嘉、湖、甬等这些发达的中等城市的簇拥下高居塔的顶端；中等城市的下面是一大批新兴的、实力强劲的小城镇和千千万万个生机勃勃的农村构成的基础。这个基础越宽广、厚实，金字塔就越牢固。这个"塔"充满活力，从塔顶到塔基，纵横交错的"血脉”(交通、通讯网络；人流、物流等经济交往)延伸到每个基层单位，把它们紧紧地联系在一起，形成了一个比较靠得住的现代经济区域。

眼前的这座金字塔还在构建之中，但是它的壮丽的前景已经展现在人们的面前。我想，虽然我国各个地区的发展还不平衡，小城镇建设的进度参差不齐。况且，我在这篇文章里写到的，只是我们国家960万平方公里中的一隅，这“一隅”又是我国经济发展最快的地方，所以我想再啰唆一句：我们虽然在这里看到的只是一个小小的局部，但是见微知著，从这个局部，我们看到了中国经济发展的美好前景。

去年11月，共产党第十六次全国代表大会隆重召开了，大会向全国人民发出了“全面建设小康社会，开创中国特色社会主义事业新局面”的伟大号召，指明了今后一段时期里我们奋斗的目标；大会在提出经济建设和体制改革的问题时还指出，要全面繁荣农村经济，加快城镇化进程。在逐步提高我国的城镇化水平的时候，要坚持大中小城市和小城镇协调发展，走中国特色的城镇化道路。这预示着作为建设小康社会的载体，我国的小城镇建设又将迎来新的大发展的时期。

我年纪大了，做事情已经力不从心，只能把在我国建立起一个丰衣足食、安居乐业的小康社会，让所有农民都能享受到现代化的美好生活的希望，寄托在年轻一代人的身上。

大概是出于对家乡的偏爱吧，这20多年来我年年要回家乡走走、看看，对这片我从小熟悉的土地上的变化，感受尤其深切。我的家乡在江苏省里并不是发展得最快、最好的地方，但是我还是想在家乡的小镇里多走走、多看看，和乡亲们一道感受改革开放带来的喜悦，同时把家乡在小城镇建设方面所取得的成绩记录下来，作为一个例子，说明我们国家在城市化进程中已经做到了什么样的程度，和小城镇在我国迈向工业化、现代化过程中所起的重要作用。我想用这个记录为我对“小城镇，大问题”的调查画上一个句号。

癸未年(2003年)春节于北太平庄

中国城镇和乡村的关系

本篇关键词

中国问题　都市(城)　乡村(乡)　城乡关系　相成相克　人口流动　社会变迁　社会累积　社会接触　地位秩序　文化秩序　自然区域　城乡对立　现代化　中国现代化　工农结合　城乡结合　城乡协调发展

● 我认为城乡在经济上及政治上都有相成和相克的两方面，在历史的演变中，双方的分量常有轻重的变化。

● 我们不走把农村集中城市里去发展工业的路子，而是让农民把工业引进乡村来脱贫致富。这是在一定具体历史条件下做出的选择。这个选择也就决定了农民必须和已有的城市相结合，而产生了我国当前新型的城乡关系。

● 乡镇企业从第一次劳力剩余发生起来，并在它的发展中引起了小城镇的复苏和繁荣，带来了城乡生产力和社会关系的一系列变化。那么第二次劳力剩余又意味着什么呢？我认为这决不是一种简单的循环，在一些乡镇企业发达地区出现的第三产业队伍是一个信号，它或许就是城乡在坚实的经济联系基础上达到全面融合的前奏。

● 从工农关系、城乡关系的角度看，现代中国主要从20世纪80年代以来发展起来的乡镇企业和小城镇，表现出了与历史上曾经出现过的工农对立、城乡对立完全不同的面貌，它们在中国的工业和农业之间、城市和乡村之间，发挥着沟通、协调、缩小差别、促进融合的建设性作用。事实上，通过发展乡镇企业和小城镇，中国农民不仅是在创造着巨量的物质财富，也在创造着中国的市场经济和富有特色的现代化道路。

● 我在京九铁路尚未全线正式通车的时候就在想，这一条南北大动脉通车以后，要借鉴沪宁铁路沿线地区的发展经验，吸取陇海铁路长期以来“酒肉串肠过”的历史教训，尽快把国家投入巨资修建的京九铁路变成一条创造财富的富民之路、强国之路。在考虑自己能为这个大目标做些什么事的时候，我想到的一个题目是：利用京九铁路穿成一根“糖葫芦”。意思是，利用铁路干线的交通条件，促进一连串中等城市的兴起，通过这些中等城市对周边农村地区的辐射和带动作用，形成一个位于东部沿海地区和中部地区之间的、经济发展速度明显提高的带状区域。

社会变迁研究中都市和乡村

近来在国内似乎有一个趋向，以为“中国问题”是一个乡村问题。若是所谓“中国问题”是指中国社会变迁而言，则在社会研究的观点上论，我们不敢附和这种见解。我们认为中国社会变迁中都市和乡村至少是有同样的重要性。若是离开了都市的研究，乡村的变迁是不容易了解的。所以我们愿意在此“乡村运动”的高潮中指出都市研究和乡村研究的关系，并且介绍一些研究的方针。虽则我们明知这个题目决不能在这狭小的篇幅中发挥详尽，但是若能在观点上，方法上有一些梗概的叙述，未始不是将来讨论、补充、修改的底子。在入题之前，我们愿先加一个短引，以解释社会变迁的性质。

一

让我们先想象一个“鸡犬相闻，老死不相往来”的世界，在这世界里零零散散地住着各个很小的人口群体，当然我们不能想象一个人与人间绝无往来的世界，但我们可以假定那经营共同生活的群体，人数极少，各群之间没有往来。这些少数的人住在一起，因为要维持共同生活，自然不能不有一种大家能懂得的语言。各人所遭遇的经历既有很多相同，自然产生了共同的知识和记忆，形成共同的爱恶。大家要参加和完成共同的事业，于是有集合行为和共守的纪律。这样，这群体就成了一个社会，而且具有一群共同的行为形式。

一个新生下来的孩子，就生在这些已经存在的社会中，他学着已有的语言，以获得已有的知识，听取已有的记忆，养成已有的爱恶。在参加共同事业时受已有纪律的约束，已有的社会生活形式，这样就规定了他个人的生活方式。

若是群与群之间没有往来，没有接触，则它们社会生活的新方式，只有出于个人的发明。比如，由经验的累积而知识增加，因新事业的兴起而制度扩充。但是这些新发明多系“社会累积”而少“社会变迁”。社会累积是生活形式的增加，而社会变迁是破坏旧有形式代以新的形式。在孤立的群体中不易有社会变迁原因是如此：个人的习惯有他的惰性，社会的习俗亦然。任何社会均有一种强制个人依遵社会标准而行为的倾向。若是一种新的行为方式和社会标准相抵触的，就会受到社会的裁制。所以要使全体人民通行一个和旧有形式抵触的行为方式，远不若引进一个以前本来没有的新方式为容易。

而且，更重要的是我们的生活若不发生困难时，不会引起我们的注意。我们生活的大部分是不自觉的。很明显的若是我们日常生活都须经一番考虑然后取决实行，则我们决不能有这样繁复的生活了。不自觉的生活是谈不到改造，一定要生活发生了困难，所谓“生活不下去了”才会发生问题，发生了问题才会引起注意、考虑，以至于改造。生活不下去就是旧有形式不能适用，不能适用的原因是出于环境的改变（至于环境的意义和生活的关系，在此不能深入讨论，只能留之他日）。但在这里我们要指明的就是在一个定居的群体，环境的改变很慢，生活上不易发生困难，其社会因之不容易有变迁。

生活方式原是对付环境而发生的，所以处在不同环境下的群体，他们所累积的生活形式自然有很多不同之处。所以我们所想象的世界中，非但散布着许多人口的群体，而且是隔离着各样的生活形式，各于各地持续在它们自己的群体中。

事实上，除了很远的上古时代，群与群之间完全没有往来的情形，是很少的。在群与群不断地接触中，个人就会同时见到各种生活形式，使他在比较中，对自己的生活方式发现问题。以前不自觉的，现在自觉了。以前不推考所以如此的，现在要寻求理由了。若是因种种原因，经过种种历程，他学了他群的形式而放弃了原有的形式，在他群体说来是社会持续的破坏，是社会变迁。

依上说来，社会变迁最重要的动力是各种不同生活形式的接触。生活形式自身是一个抽象的东西，一定要靠人口的流动才能接触。所以归根社会变迁还是起于人口流动，人口流动非但使各个人能见到不同的生活形式，而且使个人遭遇新环境，要求新应付。

派克教授曾说：

> 活动和移民非仅是偶然的事情而是每种社会变迁的原因，这一原理已早为研究文化与社会生活者所承认的了。泰嘉德（Tegart）引德国人类学家威斯（Waitz）之言最切："无论其文化程度之高低，倘使其种族的人民不和外人接触，我们即可见它文化的停滞，智识的怠缓，动作的欠缺，使任何社会、政治情形几乎不能变迁。"威斯以中国为一显著的佳例。中国足以代表泰嘉德所谓"固定的、停止的、阻滞的、依习俗的过程"。这并不是说中国人头脑愚蠢，只是缺少后起的要素——商业、移民、战争——以打破文化的固定，令个人的见解从传统的思想中解放出来（"Sociology"见 Gee 著的，*Research in the Social Sciences*，第 15～16 页）。

我们可以结束以上的话，人是生活在群体中的。每群体因所处的环境不同，有它特殊的生活形式。个人的生活方式除了极少数是自创者外，其余都是由群体的形式中学来的，群与群因人口流动而接触，群与群的接触使个人看到不同的生活形式，使他们自觉其生活，使他们有选择的机会。更因人口流动使群体遇到新环境，需要新应付。于是旧有的形式破坏，新形式发生，这就是社会变迁。

二

人口流动和积聚，须有两个条件：第一是要一种生产方法，可以在经济上维持多量人口于狭小的土地上；第二是须有交通设备，使各地人口能够集中，一地的出产可以和他地交换生活的资料。所以一地人口数目是受这两个条件所决定的。因之，凡是生产方法不同，交通设备不同的地方，人口积聚的数量亦不同。一个经济组织中，区域分工的结果，人口分布就发生疏密不均的形式。所谓都市和乡村就是现代文明社会中人口分布的两种形式罢了。

都市因其工业的发达，分工的精细，交通设备的完密，能容纳多量的人口。都市人口虽多，但这些人并不都是生在都市中的，很多是由各地迁移来的，这一点可以从都市人口的增加率和生产率的比较中获得佐证。若是一个都市全靠自己生产孩童以增加人口，不久这都市就会消灭的，因为都市中的死亡率常比出生率高。

都市的人口既来自各地，而各地的人民所有的生活形式，因其所从出的社会群体不同，所以亦不一致。于是在都市中各种相异的生活形式不期而遇了。而且都市中分工精细，进入城市中的人，被送入了新的境地，新的职业。一方他们因与他种生活形式相遇而破坏了他们原有的形式。一方又因新群体的形成而获得新的形式。都市不应当视作一经济的、政治的，或地域上的单位，而是一个社会变迁的中心，一个人类行为改变形式的大熔炉。

在乡村中，因其经济以农业为中心，所以人口和土地的关系密切，不能自由流动。而且乡村中不易容纳外来的移民，所以人口比较安定。加以乡村中常能自足自给，商业不占重要地位，更没有往来于各种不同群体中的必要。据郑君兆良在邹平调查旅客数目的结果，乡村商业及行政中心的地点，其外来的旅客每年只占全人口25%。此数若加以居住日数的修改，为数一定更小。人口流动率低，就使一个社会发生变迁的机会少。而接近我们在上节中所想象的世界。

其实中国的乡村一词之中不知包括着多少不同的群体和不同的生活形式。所以若是我们要研究中国乡村，一定要先承认中国各地的乡村并不是同一的东西。我们应当如民族学家对付着不同的部落一般地对付我们的乡村。至于如何去叙述一个乡村的社会状态，本刊已发表了几篇文字，在此可以不再重复了。

若是都市和乡村间人口流动，只是一方面的，或是说，若人口只是从乡村向都市的流动，则乡村的社会变迁可以和都市不发生严重的关系。因为若是没有人从都市中流动到乡村中去，乡村中的人民就不会因都市中人民生活方式的改变而受到影响。但事实不然，都市和乡村间人口的流动常是双方的，虽则双方流动的速率不同，但由都市向乡村去的人亦是很多的。这些人在都市中学得了新的生活方式，来到乡村中，做乡村社会变迁的种子，所以乡村社会的变迁常策源于都市。我们要明了乡村社会的变迁，自然不能不从变迁的源头都市入手。事实上，要明了中国乡村变迁的原因和趋势，若把天津、上海、汉口、广州等都市提开不论，实是无从说起，只有从都市入手研究中国社会变迁，才起讫分明，不但可以解释现在乡村中所发生的现象而且可以推测将来所会发生的结果。

三

都市社区是许多小社区的组合体。这许多小区域自成一格，各具特性，实可以说是有其特别生活形式的群体，这些群体的形成是出于两种势力：一是移民旧有生活形式的持续，一是都市经济分工的隔离。

个人生活的改变不是突然的。人民由乡村进入都市大都是出于谋生的原因，很少是出于羡慕都市生活形式的。所以虽则身处于都市新环境中，还是依着旧有形式而生活。这辈出于一地的移民，因生活形式的相似，自然易于往来，而聚集同居。在城市中保持其群体的特性。

都市经济的分工极细，因职业的殊异，将人口加以新的分配，并且因各职业的专门性质，使同一职业的人产生其特有的生活形式，而成为一种群体。

这些不同的群体，又因都市中地价的高低，在地位上形成一种新的秩序。简单说来，都市中心区域，为百货商店聚集之区，地价最高。离都市中心越远，地价越低。人口聚集越盛，都市中心的地价亦越高，范围亦越大。所以在都市中心附近的一圈本来是住宅区域的，因地价压力，将原主逐出，预备这市中心扩大成为商业区。这一个过渡区域中常为种种游民暂住之所，形成一带贫民窟。贫民窟的区域之外地价仍高，不宜建筑私人住宅，所以成为巨大寄宿舍的区域。宿舍区域之外才是普通住宅区域。这许多区域，因其并非出于任何人的计划而是自然形成的秩序，所以称之为自然区域。

各自然区域间因其经济及社会地位的阻隔吸收各种不同职业和不同地方的移民，易言之，吸收着不同生活方式的群体，因之都市自然区域非但系一地位的秩序，而且亦是一文化的秩序，表现出各种不同生活形式的分布。

所以都市研究的第一步就在发现它的自然区域。我们的问题是：

根据人口的密度、生产率、死亡率、性比例、年龄、婚姻、职业、种族、籍贯等统计，能否将都市划分若干自然区域？各区域的生活形式是如何？有何特点？和其他区域有何不同？

这种自然区域虽有其地位的分布，但是根据人类生活形式而分划的。生活是动的，所以自然区域亦是动的，因之我们划分的自然区域只是在都市中各种生活形式交互作用的历程中照下一个横断面的相片罢了。所以要明了生活形式的交互作用，仍须进入自然区域去观察各区域间人口的流动，和他们生活方式变迁的历程。我们的问题是：

各自然区域间的人口流动如何？其人口在地位上的移动是否出于生活方式的变迁？

个人生活方式的改变出于各种生活形式的接触，所以在研究自然区域内容的变迁时，就得寻求社会接触的中心，这些接触的中心时常是在自然区域的边际。因为任何社会组织都有一种力求自存和排斥其他生活形式的力量。在一自然区域中，各个人奉行着同一的行为形式，各人均预知他人的行为和他人期望于自己的行为，这就是社会组织。大家不愿意他人有出于期望之外的行为，所以社会组织有它的裁制力。因之，都市人口虽形复杂，各种各色的生活形式虽随时随地均有接触的机会，但是个人能自由选择其生活方式的地方，则必须在自己群体的社会组织范围所不及或势力虚弱的地方，所以接触的中心常在自然区域的边际上。而且社会接触不等于身体接触，一定要有感情，态度行为，有意识的互相交通。所以这些接触常发生于共同生活或集合行为中。好像学校俱乐部、游戏场、跳舞场、咖啡馆、妓院等等地方。所以我们的问题是：

各自然区域中的人口如何互相接触？这些地方在自然区域的何处？和自然区域的位置有什么关系？

生活方式的变迁是个人私人的历史。所以我们若要叙述生活方式如何变迁就不能不从个人的私人历史入手。易言之，若我们已发现跳舞场是社会接触的中心之一，于是就可在跳舞场中去观察个人的生活如何由甲形式变为乙形式。这是要一个人一个人地加以记录的。最好是由经过这一番变迁的人自述其历史。我们称这种方法为个例法。用“个例”二字来称这方法是因为一个人的生活方式是由他所处的群体所有的形式中蜕印来的，所以并不是他个别私有的，而是和他同生在一形式中的人所共有的。他个人在某环境中发生变化正是代表着他群体的形式在新环境中发生的变化。所以他个人是群体的一个例子，是一个同群各个人的代表。

已经改变生活方式的人，要脱离他原属的社会组织，加入或形成一新的社会组织，并不是一件轻而易举的事。经济上、感情上，均使个人不容易和原属的社会组织脱离关系，于是新生活方式和旧有群体生活形式间的冲突，在个人心理上造下了极不易解决的矛盾。这种矛盾常是犯罪、自杀、精神病等的来源。所以我们可以从而研究下列问题：

> 个人生活方式的变迁，在原有的社会组织中所引起的影响是什么？个人生活方式变迁之后，如何生活于原有的社会组织中，其心理上所发生的变化如何，其行为上产生的结果如何？都市中犯罪、自杀、精神病者的分配是否与自然区域之分配相同？何种区域中此种统计为最多？

四

都市和乡村间的人口流动是双方的，以前所论是限于由各乡的移民在都市中互相影响而发生生活改变的情形。现在我们可以用同一观点来研究由都市到乡村中的人口如何影响乡村的生活形式。

由都市到乡村来的人可分为两类，第一类是本乡的人到都市中住了一时后又回来的。第二类是别地的人由都市中到乡村中去经营其谋生的事业的，如经商及教育等。我们研究时最重要的问题是这些人分别在乡村中的地位，和乡村中人民对于他们的态度。而追踪其所引起乡村生活形式的改变。

目前中国，在社会研究上，最有意思的问题，就是农民对于乡村运动所抱的态度是怎样的。我们只看见要知识分子下乡去的宣传，要改革这样要改革那样的呼声，但是我们绝没有机会听见一个调查农民态度的忠实报告。好像邹平、定县已在乡村中引入了种种新的生活形式，我们很愿意知道这辈在改变生活形式中的农民对于这些新形式的认识是怎样的，在态度上，我们才能预测这种乡村运动的前途。

在我们看来乡村的变迁是由于都市中移民的回乡所引起的，较之所谓“社会试验”所引起的更为重要。因为前者是社会变迁的自然方式而后者是人工的方式。自然方式将继续不息地引起乡村的变迁，而这种变迁的趋向是我们研究社会的人所极应明了的，所以深愿研究乡村的人能注意及此。但是欲研究此种现象，若撇开了乡村变迁的都市背景，是无从着手的。

1933 年 11 月 15 日

乡村·市镇·都会

相成相克的两种看法

对于中国乡村和都市的关系有相成和相克的两种看法：

从理论上说，乡村和都市本是相关的一体。乡村是农产品的生产基地，它所出产的并不能全部自消，剩余下来的若堆积在已没有需要的乡下也就失去了经济价值。都市则和乡村不同。住在都市里的人并不从事农业，所以他们所需要的粮食必须靠乡村的供给，因之，都市成了粮食的大市场。市场愈大，粮食的价值也愈高，乡村里人得利也愈多。都市是工业的中心，工业需要原料，工业原料有一部分是农产品，大豆、桐油、棉花、烟草，就是很好的例子。这些工业原料比了粮食有时经济利益较大，所以被称作经济作物。都市里工业发达可以使乡村能因地制宜，发展这类经济作物。另一方面说，都市里的工业制造品除了供给市民外，很大的一部分是输入乡村的。都市就用工业制造品去换取乡村里的粮食和工业原料。乡市之间的商业愈繁荣，双方居民的生活程度也愈高。这种看法没有人能否认。如果想提高中国人民生活程度，这个乡市相成论是十分重要的。中国最大多数的人民是住在乡村里从事农业的，要使他们的收入增加，只有扩充和疏通乡市的往来，极力从发展都市入手去安定和扩大农业品的市场，乡村才有繁荣的希望。

但是从过去历史看，中国都市的发达似乎并没有促进乡村的繁荣。相反的，都市兴起和乡村衰落在近百年来像是一件事的两面。在抗战初年，重要都市被敌人占领之后，乡市往来被封锁了，后方的乡村的确有一度的(即使不说繁荣)喘息。这现象也反证了都市和乡村实在害多利少。这个看法若是正确的，为乡下人着想，乡市的通路愈是淤塞，愈是封锁，反而愈好。

这两种看法其实都是正确的，前者说明了正常经济结构中应有的现象，后者说明了中国当前经济畸形发展的事实。让我先分析一下为什么在中国应当是相成的经济配偶会弄得反目相克的呢?

传统市镇并非生产基地

第一我们应当了解的是乡市的差别在中国并不是农工的差别。在传统经济中，我们的基本工业是分散的，在数量上讲，大部分是在乡村中，小农制和乡村工业在中国经济中的配合有极长的历史。孟子已经劝过人家在田园四周种些桑树，意思是农业本身并养不活农场极小的人家，惟一的求生方法是兼职，农闲的时候做些手工业。基本工业分散的结果，乡市之间并不成为农工的分工了。乡村是传统中国的农工并重的生产基地。它们在日常生活中保持着高度的自给。惯于降低生活来应付灾荒的乡下老百姓，除了盐，很可以安于自给自足的经济，虽则这种自给自足的经济必然是匮乏的。

在乡村里生产者之间，各人所生产的东西可能并不完全相同，于是需要交换。这种贸易在大部分的中国到现在还是在日中为市式的“街”、“集”等临时集合的摊子上进行的。街集之类的贸易场合里甚至还有直接以货易货的方式，即是以货币作媒介的，货币也常只是价值的筹码；带着货物上街的人，还是带了其他货物回家的。乡村里很大部分的贸易活动就到这类街集为止。

在比较富庶的地方，这类街集集合的时间可以频繁些，频繁到每天都有，更在这些集合的场所设立了为憩息之用的茶馆，为收货贩运者贮货的小仓库——成了一个永久性的小市镇。我愿意相信这类从乡村贸易需要里产生的小市镇在中国各处都有，但是中国很多较大的市镇却并不都是这样兴起的。

中国人口的繁殖，使乡间的劳力过剩。过剩的劳力在只有农业和小规模的家庭手工业的传统经济中并不能离开乡村，他们尽力地以降低生活程度为手段向别人争取工作机会。劳力成本的降落，使一部分稍有一些土地的人付出很低的代价就可以得到脱离劳作的机会了。他们出租了土地，自己就离乡住入较为完全的城里去。在乡间做个小小富翁并不是件太安心的事，那是我们中国人的普通经验，用不着我来举例作证的。那些地主们在他们住宅周围筑个城墙，可以保卫。他们有资本可以开典当铺，可以在谷贱时收谷，谷贵时卖谷，可以放高利贷，可以等乡间的自耕农来押田借谷，过一个时候贱价收买。Tawney 教授曾说：那些离地地主和佃户的关系其实是金融性质的。我想我们很可说，这类市镇所具的金融性质确在商业性质之上，至于工业实在说不上。在这类市镇中，固然有兼做大户人家门房的裁缝铺，有满储红漆嫁奁的木匠铺，有卖膏丸补药的药材铺，有技术精良专做首饰的银匠铺——这些只是附靠着地主们的艺匠，与欧洲中古封主堡垒里那些艺匠的性质相同。

这些市镇并不是生产基地，他们并没有多少出产可以去和乡村里的生产者交换贸易。他们需要粮食，需要劳役，可是他们并不必以出产去交换，他们有地租、利息等可以征收。乡村对于这些市镇实在说不上什么经济上的互助，只是一项担负而已。

乡村靠不上都会

自从和西洋发生了密切的经济关系以来，在我们国土上又发生了一种和市镇不同的工商业社区，我们可称它作都会，以通商口岸作主体，包括其他以推销和生产现代商品为主的通都大邑。这种都会确是个生产中心。但是它们和乡村的关系却并不是像我们在上节所提到的理论那样简单。我已说过中国传统经济中曾有很发达的手工业，技术上当然很差，出品也不漂亮，但是却是乡下老百姓的收入来源。现代都会一方面把大批洋货运了进来，一方面又用机器制造日用品。结果是乡村里的手工业遭殃了。现在到乡村里去看，已经没有多少人家自己纺纱织布了。都会兴起把乡村里一项重要的收入夺走了。如果乡村里农业因之繁荣了，手工业的崩溃并没有什么关系。可惜的是农业并没有因都会兴起而繁荣起来。都会里确是需要粮食。需要增加，粮食价格不是也可以提高了么？不然。中国的现代交通只沟通了几个都会，并不深入乡村。这种特殊的，有人说这是专门为推销洋货而设计的交通系统，的确会发生向海外运粮食比向国内产粮食的乡村中去购买和运输为便宜的事情。而且，在都会和乡村之间还隔着一个市镇。

西洋货实际上运到乡村里的并不多。牙刷、牙膏之类当然用不着，就是布匹还是以洋纱土织的居多。乡下老百姓决不是和外汇发生直接关系的人。中间有市镇挡着。市镇上这些不事生产的地主们，在享乐一道上是素有训练的。他们知道洋货的长处。他们把从乡村里搜来的农产品送入都会，换得了洋货自己消费了。乡下的生产者并没有看到洋货的影子，看到了也买不起。乡村里的老百姓本来靠手工业贴补的，现在这项收入没有了，生活自然更贫穷了。他们不能不早日出售农产物，不能不借债，不能不当东西，结果不能不卖地。从与日俱增的地租、利息——且不提因政治而引起的摊派、捐税、敲诈——使他们每年留在乡村里自己消费的产物一天减少一天，大批无偿地向市镇里输送。在市镇里过一道手，送入都会。市镇里的地主的享受增加了，但是乡村的血液却渐形枯竭。

这个分析，说明了在中国的过去和现在，乡村和都市(包括传统的市镇和现代的都会)是相克的。如果我们不能改变这个局面，将来也还是这样。所谓相克，也只是依一方面而说，就是都市克乡村。乡村则在供奉都市。在这情形下，乡村没有了都市是件幸事，都市却绝不能没有乡村。我们若了解这一点，我们才能明白为什么在抗战时期，后方乡村有过一度喘息的机会，为什么工合运动可以很快地发展。我们也才能明白为什么很多地方的老百姓并不因目前军事把乡村和都市隔断而发慌。这是乡村里的老百姓所求之不得的。乡村和都市一隔断，受打击的是都市。以往近百年来，都市并没有成为一个自立的生产基地，主要的是洋货的经纪站。洋货固然没有大量地流入乡村，但是用来换取洋货的土产却几乎全部靠乡村供奉的。供奉的来源一断，除了不受偿的救济品和借来的东西外，洋货是进不来了。现在我们似乎已碰着了这个僵局。

都市破产乡村原始化的悲剧

自从现代交通纵贯南北的路线打通了由自然地形所划分的三大流域之后，南北朝的局面在今后历史上已不易有出现的机会。可是这都市和乡村间近百年来所累积的矛盾却终于暴露了一种新的裂痕，点线和面脱离了政治和经济的联系。在短期看，乡村离开都市可以避免农产品的大量外流，使乡下老百姓在粮食上不致匮乏以致饥荒。这本是一种消极性的反应，因为乡村一离开都市，它们必须更向自给自足的标准走。自给自足得到的固然是安全，但是代价是生活程度更没有提高的可能。回复到原始的简陋生活，自然不是解决中国经济问题的上策。可是我们也必须承认，乡村宁愿抛离都市，老百姓宁愿生活简陋，原因是都市在过去一个世纪里太对不起乡村了。先夺去了他们收入来源的手工业，他们穷困了，更乘人之急，用高利贷去骗出他们的土地，最后他们还剩些什么可以生活的呢？ 乡村若决心脱离都市，对它们短期间并不会有比以往更苦的遭遇；但是都市却不能没有乡村。 所以问题是发生在都市里。

都会工商业的基础并不直接建筑在乡村生产者的购买力上，现代货物的市场是都市里的居民。 这些人的购买力很大部分倚赖于乡村的供奉。 乡村的脱离都市最先是威胁了直接靠供奉的市镇里的地主们，接下去影响了整个都市的畸形经济。 为了都市经济的持续，不能不利用一切可能的力量去打开乡村的封锁了。 愈打，累积下来的乡市矛盾暴露得更清楚，合拢机会也更少。

中国的经济决不能长久停在都市破产乡村原始化的状态中；尤其是在这正在复兴中的世界上，我们的向后转，可能在很短时间里造成经济的陷落，沉没在痛苦的海底。 怎样能使乡市合拢呢？ 方向是很清楚的，那就是做到我在本文开始时所说的一段理论，乡村和都市在统一生产的机构中分工合作。 要达到这目标，在都市方面的问题是怎样能成为一个生产基地，不必继续不断地向乡村吸血。 在乡村方面的问题，是怎样能逐渐放弃手工业的需要，而由农业的路线上谋取繁荣的经济。 这些问题固然是相关的，但是如果要分缓急先后，在我看来，应该是从都市下手。在都市方面，最急的也许是怎样把传统的市镇变质，从消费集团成为生产社区，使市镇的居民能在地租和利息之外找到更合理，更稳定的收入。这样才容易使他们放弃那些传统的收入。 这些市民应当觉悟，世界已经改变，依赖特权的收入终究是不可靠的，等人家来逼你放弃，还不如先找到其他合理的收入，自动放弃来得便宜。 中国是否可以像英国一般不必革命而得到社会进步，主要的决定因素就在这种人有没有决心。

乡村和都市应当是相成的，但是我们的历史不幸走上了使两者相克的道路，最后竟至表现了分裂。 这是历史的悲剧。 我们决不能让这悲剧再演下去。 这是一切经济建设首先要解决的前提。

1947 年 4 月 20 日于清华新林院

论城·市·镇

我觉得，我们对于城乡关系问题的讨论，已经到了对这有关的双方——城和乡——的性质在概念上应当作更进一步加以详细检讨的时候了。记得我最初写《乡村·市镇·都会》的那篇短文中，就已感觉到应当把我们通常归入“城”的一类的社区，加以分别成“市镇”和“都会”两种形式，我那时的看法多少带了一点历史的观点，就是把没有受到现代工业影响的“城”和由于现代工业的发生而出现的“城”分开来说，前者称之作“市镇”，后者称之作“都会”。半年多以来，参考了许多朋友们的讨论，我已觉得这种分类还不够；不够的意思是说，依这分类，每个形式中还有值得再加以分类的“次形”。换一句话说，在原来所分出的形式中，还包括若干在某些方面性质相异的社区。当我们讨论时，如果不在概念上有清楚的规定，很容易因为用同一名词指着不同对象而发生混淆。我在本文中，想对于“城”这一类社区加以分析，希望能有助于今后的讨论。

人口与城乡

怎样的社区才能算是一个“城”？ 这问题是很不容易确切回答的。美国人口局规定2 500人以上集居的社区称之为“城”（city），以别于乡。凡是居民超过10万人，其中至少要有5万人住在“市区”，近郊的区域的密度每方里150人以上的社区，称作“都会”（metropolitan district）。若干社会学家对于这类规定并不同意，但又没有一致的看法。 譬如，Mark Jefferson认为人口密度须每方里在1万人以上才能构成城市，而Walter.F.Willcox却认为1 000人已足。 无论他们所规定的数目多大出入，有一点是相同的，就是根据人口密度区别“城”和“乡”。

究竟人口密度要高到什么程度才算是够得上构成城市社区的资格？依我看来，这里并没有一个绝对的标准，譬如中国有很多省区的平均人口密度已超过每方里500以上的（山东615；浙江657；江苏896），这些省区里有些地方据说每方里人口可以达到6 000的，成都平原平均密度就在2 000以上。 如果依Willcox的说法，这些都可称作城市社区了。这种说法显然和常识不合。 如果各地的标准不必一律，问题也就发生了“怎样去决定每个地方的标准呢？”这问题也说明，单以人口密度一项来看是不能用来区别城乡了。

从人口角度去区别城乡，其实并不只是一个数量和密度的问题，而是分布的问题。 这是说，人类经济生活发展到某一程度，一个区域里会发生若干人口密集的中心地点，像一个细胞中发生了核心。 一个区域的核心就是“城”，核心的外围人口密度较低的地带是“乡”。 如果我们对照着核心和外围来看，数量和密度上确有显著的差别，但是差别的程度却依人口集中的程度而决定，并没有一定的标准。 因之我们要讨论城乡的区别就得先分析人口为什么会发生集中的形态。

在自给经济中，不论是采集、渔猎、游牧或是农业，每个生活单位可以孤立地存在时，一个区域里散布着类似的集团，并不需要有细胞核心形的中心地点。各个生活单位是一个简单的细胞，并不和他单位合组成一个共同的细胞。它们尽可以鸡犬相闻而不相往来。

单以农业的区域来说，如果没有其他的原因，纯从耕种技术上的需要，每个农家最好是住在他所经营的土地上。这样他们可以免于运输和往来的跋涉，而且易于看守他的田地——这是散居式的社区。美国的农家大多还是散居式的，和我们聚居的村落不同(但在四川，因为地形和历史的原因，还可以看到散居的形式)，经济上充分自给的农家聚居在一个地点构成村落，并不是出于耕种技术上经济的需要，而是出于社会的需要，主要的是亲属的联系和安全的保卫。在一个兄弟平均继承土地的社会中，一个农家经了几代就可以长成一个小小的同姓村落。如果这地方的四围还有可以开垦的土地，这种村落也可以继续长大。亲属的联系使他们在一块儿居住。土地和居住地点距离增长，在经济上说是不利的。但是集居却在自卫上有其利益。农业的人民是很容易受到侵略的，除非在安全上有着保障，不必自卫，妇孺老幼加上存贮的农产最好是集中在一个容易保卫的地点，周围加上一些防御工程，成为一个“村落”。

在我们各地乡村的建筑上很可以看得出自卫的性质。在山区不易有较大村落的地方，分散的农家常常建筑近于堡垒式的住宅，至少向外是没有窗的。在较大的村落里也有在中心区筑了围墙，在必要时居民可以撤退到这围墙之内去，每家的农产品在必要时也可以集中到这类堡垒里去。在安全较为可靠的江南乡村中，人数多，河道可以封锁的情形下，房屋的建筑式也改变了，每家并没有个别的围墙，窗门可以开向通路。

这一类多少是自给的生活单位的聚居，不论人数有多少，在性质上并不能构成我们普通所谓的“城”。“城”的形成必须是功能上的区位分化，那就是说，有一个赋予某种特殊社区功能的中心区。换句话说，为了功能分化而发生的集中形式。

衙门围墙式的城

说到这里，我想把以上统称的“城”字予以较狭的定义了。我想把这字用来指一个区域的政治中心。“城”字本意是指包围在一个社区的防御工事，也即是城墙。如我上面所说的，实际上这类防御工事可以有大有小，小到一家、一村，但是我们称作“城”的却又常限于一种较大规模的防御工事，它所保卫的是一区域的政治中心。城墙的工程浩大，费用繁重，不是被包围在内的人民所能担负的，它须是一个较大区域中人民共同的事业。除了凭借政治力量，为了政治的目的，这种城墙是建筑不起来的。

“城”墙是统治者的保卫工具，在一个倚靠武力来统治的政治体系中，“城”是权力的象征，是权力的必需品。因之，“城”的地点也是依政治和军事的需要而决定的。在皇权代表的驻扎地点必然要有一个保卫的“城”。有时几个县的政府合住在一个城里，所以城墙其实是衙门的围墙。在云南，我们可以看得很清楚，县城的形势是：一半在居高临下的山丘上，一半在平地里，这是易于防守的形势。在没有山丘可以筑城的地方，沿城要掘一道环城的水道，也就是所谓的“池”。城池是连成一个名词的。这条水沟也称“隍”，“城隍老爷”也是政治权力的象征。在城内，都有一些可以种植的田地；就是像北平、南京、苏州等一类大城，也有它的农业区。这些田地被围在城里，可以供给居民必要的菜蔬和其他不易贮藏的农产品。不但在历史上我们常读到长期守城待援的事例，就是在我们自有的经验中，城门也有时会阻碍经常的出入，那时城里的田园的重要性就显著了。最理想的“城”是一个能自足的堡垒。

这种城区在人口上并不一定比村落为多为密。在云南有许多县城，譬如呈贡，在人数上较附近的村子为小。但是这种有着较坚固防御工事设备的城区有它吸引人口的力量。许多脱离劳作不必经常在乡村里居住的拥有较易注目的财富，而且继续和农民维持剥削关系的地主们，在乡村里住着并不安全。他们就被吸收到这类“城”里去了。从积极方面说，他们要维持剥削关系必须凭借政治势力，必要时得动用政府的武力，靠近政治中心居住可以使他们和政府的关系拉得紧些。地主们集居到这类城里来了之后，增添了这类社区的经济特色。他们在四乡带来了财富，而且经常的依靠地租，吸收着四乡的农产品。这笔财富一部分是被地主们所消费了，一部分被利用来成为继续吸引四乡财富的金融力量。

为了地主消费的需要在城里或城的附近发生了手工业的区域。他们从事于各种日用品的生产，供给地主们的消耗。地主集中的数目多，财富集中的力量雄厚，这类手工业也愈发达，手艺也愈精细，种类也愈多。成都、苏州、杭州、扬州等可以作这类“城”的最发达的形式。为了各个城里货物的流通，以及各地比较珍贵的土产的收集，在这种城里商业也发达了起来。这种城的经济基础是建筑在大量不从事生产的消费者身上，消费的力量是从土地的剥削关系里吸收来的。

地主们除了从地租获得他的收入之外还利用他的资本作高利贷、典当、米行等一类金融性质的活动来增加对乡村的吸血。我在云南一个县城里调查高利贷活动的情形时，有一位熟习这情形的朋友告诉我：“城里这些人全是放债的。”这句话并非完全系事实，只是指放债的人很多的意思。典当是高利贷的一种方式。米行在性质上也富于金融性质，在谷贱时向乡间收米，米贵再卖给乡间；但是也有一部分是卖给城里的工人，以及运往其他地方去的，是一种商业。而且乡间出卖的是谷子，到了城里才碾成米。碾米的工作，有时用水力，现在已大多用柴油机和电机，是最基本的农产品加工的作坊工业。因之，在这类城里也有这类作坊工业。

不论附属于“城”的工商业怎样发达，在以地主为主要居民的社区里，它的特性还是在消费上。这些人口之所以聚集的基本原因是在依靠政治以获得安全的事实上。

贸易里发达出来的市和镇

乡村里农家经济自给性固然高，但并不是完全的，他们自身需要交换，而且有若干消费品依赖于外来的供给，这里发生了乡村里的商业活动，在这活动上另外发生了一种使人口聚集的力量。这种力量所形成较密集的社区我们可以称之为“市”，用以和“城”相分别。

在中国内地还通行着临时性的市集，各地方的名称不同：街、墟、集、市——但都是指以生产者之间相互交换为基础的场合。生产者并不需要天天做买卖，所以这类市集常是隔几天才有一次，在云南普通是6天一街。赶街的那一天，各村的乡民提着他们要出卖的东西上街，再用卖得的钱去买他们所要的东西。街子有大小（依交通方便和附近人口的数目而定），大的可以有几万人，昆明附近的龙街、狗街、羊街等都是这种大街子。在高地望下去，像个人海，挤得真是摩肩接踵。但是这种热闹场面并不是长久的，一到太阳偏西，一个个又赶着回家；黄昏时节，只剩下一片荒场。

街子式的市集并不构成一个经常的社区，它不过是临时性的集合，本身只是一个地点，依着交通的方便而定。为了要容得下大量的人数，所以这地点必须有一个广场。但是商业活动逐渐发达，市集的集合逐渐频繁，在附近发生了囤积货物的栈房。居民需要外来货物的程度提高了，贩运商人不必挑了货担按着不同市集循环找卖客，商店也产生了。从商业的基础长成的永久性的社区，我们不妨称之作“镇”。

在太湖流域，水道交通比陆路交通方便，镇也特别宜于发达。在我所调查过的江村，有着一种代理村子里农家买卖的航船。一个航船大概要服务100家人家。每天一早从村子里驶向镇里，下午回村。我所观察过的镇经常有几百个航船为几万农家办货。镇里的商店和个别的航船维持着经常的供应关系。这样大的一个消费区域才能养得起一个以商业为基础的镇。这种镇在内地是极少见的。

市镇和城不但在概念上可以分开，事实上也是常常分开的。在云南这种情形可以看得很清楚。昆明这个大城的附近就围绕着六七个很大的街子。当然昆明城里的商业也很发达，但是这不是乡民所倚赖的市场。正义路上的百货公司和金店，晓东街的美货铺面，甚至金碧路上的广货和越货店——它们的顾客是昆明的居民以及各县城里来采办的商贩，不是四乡的农民。农民的商业不在昆明，而在昆明附近的街子上。

更清楚的是在居民不多的县城里。以昆明南的呈贡说，县城里虽有一条街，但是市集却不在城里，而在离城约 15 分钟的龙街。县城和市集遥遥相望，并不并合在一起。那是因为这两种社区的性质是不同的，前者是以政治及安全为目的，所以地点的选择是以易守难攻为主要考虑之点。而后者是以商业为目的，地点必须是在交通要道，四围农村最容易达到的中心。以太湖流域的情形说，我的故乡吴江县的县城在商业上远不及县境里的镇，好像震泽、同里都比吴江县城为发达。在清代，震泽和吴江分县的时候，两个县政府却一起挤在这荒凉的县城里，不利用经济繁荣的镇作政治中心，也表现出“城”和“镇”在性质上的分化。

城和镇在表面上有着许多相似之处，那因为镇也是地主们蚁集之所。在经济中心里住着，地主们可以有机会利用他的资本作商业的活动。但在传统社会地位来说，镇里的商人地主没有城里的官僚地主为优越。这种传统逐渐消失之后，镇的地位事实已有超过了县城的。镇上经济的繁荣，商店的发达，同样要一批手工业的匠人来服役，因之在这方面很类似于城。

本文中想特别提出城和镇的两个概念来，目的是想指出这两种性质上不完全相同的社区，它们和乡村的关系也有差别。这里所指的城，那种以官僚地主为基础的社区，对于乡村偏重于统治和剥削的关系；而那种我称作镇的社区，因为是偏重于乡村间的商业中心，在经济上是有助于乡村的。

最后让我补一笔，在很多事例中，城镇可能是合一的，我在本文中，因为注重于社区的分类，所以着眼于比较单纯的事例，两种形式的混合是不免的，但是为了分析的方便，我们在概念上最好能分开来。

如果我们要分析现实的社区，还得增加一个概念就是“都会”。我在本文里不能对这一个概念多加说明，只能简单地说，它是以现代工商业为基础的人口密集的社区。但是中国的都会性质上也不能完全和西洋的都会相比，因为它主要的经济基础是殖民地性质的。它可以说是西洋都会的附庸。关于这一方面，我想留到以后再分析了。

1947 年

关于“城”“乡”问题

——答姜庆湘先生

庆湘先生：

今天收到《中国建设》第5卷第5期，拜读《再论城乡对立的经济关系》，十分高兴。我说高兴，并非客套，确是实情。我写那些有关城乡问题的文章，原不过是抛砖引玉之意，先生不吝一再赐教，使这个我认为相当重要的问题能引起更多读者的思忖，是我觉得高兴的原因。而且如果我这篇可能引起不良影响，经诸位朋友的指正，这影响也不至于再引起不良作用。我愿意很诚恳地同意你，如果我已发表的几篇文章真会使读者认为我是在想以恢复旧式的农村副业来为中国经济找出路，想以恢复乡土社会中士绅阶层的领导地位为中国政治文化找出路，我那几篇文章在我自己说是写得失败的，对读者说是可能发生不良影响的。所以我感激你肯提醒我，确有许多读者对我那几篇文章，有此印象，使我还有机会可以申说一下。

让我先说以下两点："乡土工业"的性质不一定是旧式的农村副业。我在张之毅先生的《易村手工业》序文（即《中国乡村工业》）、《人性和机器》以及不久以前所写的《小康经济》诸文中，一再说明，我们的问题是怎样把现代技术输入乡土工业里。我主张乡土工业技术上应当变质。问题是在分散性质的乡土工业里所能输入的现代技术有什么限制？这一点我极愿意有人给我指教，大概只有实地试验之后才能答复。我在 *Peasent Life in China* 一书中描写、分析和批评过乡村中的小型制丝合作社。可见我在 10 年前已经不主张“旧式乡土工业的恢复”。同时，熟悉我的朋友，大概知道我这套看法并非完全是乌托邦的设计；我有一个姊姊，费达生先生，她是改良中国丝业的重要工作成员，20 年来不但在技术上把中国的生丝提高了，而且她一直在试验怎样可以使中国现代工业能最有效地用来提高人民的生活程度。我经常地和她学习和讨论，尤其感觉到兴趣的是怎样去解决技术现代化和经营社会化的问题。乡土工业并不是一个空洞的概念，而是应当由我们对社会学经济学有兴趣的人和技术家一同去探讨的问题。

我主张工业分散在乡土里的理由，已经在以前发表过的文章中提起过。这里我得补充的是有些朋友一听见我说乡土工业就联想起家庭手工业。我所指的乡土工业可以包括家庭手工业起到五六百工人的工厂(江村的制丝合作社是利用蒸汽发达的，规模较小，并不能吸收全村的原料和人工。后来我的姊姊设计一种生丝代缫机构，利用电力发动，规模就可以以当地原料和劳力来决定。维持一个合作社的代缫所，也不限于一个村，而应该是一个区域。关于这个问题，我将另外写文在乡土复员论里发表)。朋友们一定要说我在开倒车，提倡手工业，未免是过甚其词。我的确不主张不管三七二十一地把乡村手工业加以破坏。我是着眼于农民的生计，他们的收入；如果有些工业，如绣花，近于艺术的活计，只能在家庭中用手工经营的，不妨设法扶助他们，在花样上请专门人才去设计，在原料的购买，成品的运销上组织合作社去经营。凡是可以部分用机器的，尤其电气的供给能普遍后，就得由专门的推广机构去指导乡民学习采用现代技术，能在家庭里经营的不妨在家里经营；凡是不能不集中在作坊或小型工厂里的，就搬出家庭来经营；凡是需要大规模集中经营的像钢铁工业等，就不能容纳在乡村里。

说我这种说法是保守，我想不太确切；说是泛泛无甚高见，则是事实。除非有人主张我们不必去安定乡村经济，不妨利用乡村衰落，人口外流的机会，获取便宜劳力在都市里发展工业，我这种平凡的看法可能是比较切实的。如果觉得我这种看法不太进步，我很愿意知道怎样才能更快地可以使农民大众得到工业化利益的方案。

至于有人认为我在提倡绅权，那真是使我不太能明白我的文字怎么会这样地传达了和我相反的意见。我甚至想这个误会可能读者应负的责任应该比作者更多一点，因为我一再地在批评传统地主阶层的社会地位，而读者却会因我的批评而联想到我在憧憬于这阶层的复兴，维持这阶层的利益。我不能干涉别人的联想，我也明白这联想的起因，所以我在《再论双轨政治》说明了我如果在幻想一种乡土社会中有用的绅士，这绅士是如我在《重访英伦》中所说到的那些退休的公务员，在为地方兴水利，甚至开了汽车服务人民。我这样说，在我是很显然的，并不是想在维持寄生性的传统绅士了。除非有人认为中国的地主阶层的人物会是该死的，我们自应该为这阶层想出一条应走的出路，所谓出路是怎样转变成一个在新秩序中有用的人物，并非设法去维持特权。我在《黎民不饥不寒的小康水准》一文中，已说过，地主阶层只有以放弃其特权才能有出路，我实在不知道应当怎样说法才能使人不再说我是在维护地主阶层的特权了。我说“地主阶层的生存兴趣”是指他们能否在新秩序中生存下去，而先生用这话来说是我在维持地主阶层利益，我只有怪文字之不易传达了。

我相信如果乡村经济、政治、文化各方面要现代化，生活程度要提高，无可避免地需要有大批为它们服务的人，我所希望的是地主阶层的子弟们曾享受了传统特权，受到了现代教育的机会，应当从各方面去服务乡村。我想这种看法不至于“不良”吧。除了这样，试问乡民怎样得到现代技术的机会呢？

以上两点，经我这样说明之后，也许可以减少若干我和先生的距离。我也觉得我们所不同的并不在于将来的展望，而是在对当前城乡对立的分析中，对于各个因素所给的重量。先生注重内在的因素，而我偏重于外来的因素。因之先生觉得我忽视了“封建社会主要剥削根基的土地制度”，虽则也承认“乡土工业的衰落，也确实不无相当的理由”。我想先生因为偏重的不同进而说我有意要转移视线，为地主阶层开脱，可能是一时意气之词。这一点意气可能也使先生把我“两线作战”之诫看成了对农民而说的了(我想我这话是劝地主阶层和农民联合争取建立民族工业的机会，而且我是跟着上文要求地主阶层自动放弃特权而说的，先生说我幻想则可，说我在谆劝农民则不可)。平心而论，互有偏重是无妨的。说我完全忽略了土地制度，我想也不公道的，我整篇文章是在说土地制度；我不嫌繁重，列举数字，岂不是在说明地租所引起的贫困？我一再说土地问题早已存在，只是在乡土工业兴盛的时代，这问题并不像现在严重。我还相信这话没有说错，也并非在维护传统土地制度。先生认为中国历史上一直有像现在这样严重的局面，那也就受了太忽视外来因素的作用了(我所谓外来因素是指西洋的工业势力，乡土工业衰落是这个因素所引起的结果)。

我希望我们对这重要的问题能容许多种角度的发挥，每个人的看法都不免有一点偏，所以用得到讨论。如果不从自己所偏的一方面多作申论，去矫正别人的偏，结果也得不到讨论之益了。因之，我不希望从别人所偏的一端多做联想，甚至给别人代下结论，强人进入自己所设下的名目。我不希望这样的原因是在那对于所讨论的问题并不能有良好影响的，至于对于个人的影响，倒并无任何值得考虑的地方。

可以多有一些不同的看法，但我并不太看重我自己的看法。我所见到的很有限，我自己也不免有种种的“蔽”，这也是我不敢否认在我潜意识是否在留恋地主阶层的优裕生活的理由。我也会承认我是在为我所熟悉的这批地主的子弟们打算，可是，我想，我的打算是怎样转变，而不是怎样维持特权。如果这是罪，那我得自动的领罪了。每个人都有他的教育，他的立场，他的希望，以及他现在所处的社会地位蔽障着他所能看到的全部问题。因之，问题是需要讨论的。

我不妨强调一些我们的相异之处。我是认为中国的地主阶层在这时代考验之下应当可以自动转变的，从特权的寄生地位，转变成服务的地位；而先生认为这可能性很小。究竟会不会转变，或是其中有多少人能放弃特权，用他们的知识和技术去服务社会（其实现在已经不少），那是不太久的历史会证明的。我如果鼓励我们中国人赶快结束内部的矛盾，一致向外抵抗工业的侵略势力，联合所有的力量来建设民族工业——让我再加两个注以免再被误会，（一）结束内部矛盾的和平方式必须由地主阶层自动另找经济基础，也就是以服务来得到生活的报酬；（二）民族工业包括乡土的手工业、机器工业以及集中性的重工业，此外更重要的是供给乡村工业动力的发电站——大概不致发生“不良的影响”的罢。

最后，我希望这信在《中国建设》上发表，一则因为祖文兄索稿未复，想以此塞责；二则，我想读者中也许同样对我以前几篇文章有疑问的，借此一并答复。我很自知有时会愈说愈糊涂的，而且在报纸杂志上发表的文章，在作家也不免写得苟且，加以篇幅之限，更不易充分和周到地把一个意见说明，因之误会再生误会也是常有之事。但是我想如果大家以问题看得比作者重要，我想在讨论中是可以得到良好影响的。

我还在继续写乡土复员论，继续发表，还希望先生不吝赐教。

1948 年 2 月 14 日于清华园

关于“乡土工业”和“绅权”

安平兄：

谢谢你来信要我写一篇有关城乡关系的论文给《观察》，因为你告诉我，近来有些读者对我以往发表的言论有很多疑问。我最近在《中国建设》发表了一封给姜庆湘先生的信，曾答复过一些问题，《观察》能给我一个机会再补充若干意见，我是十分感激的。让我先说，我对于这问题是极有兴趣的，这一年来，我在《观察》和《大公报》写过若干有关的短篇，目的就在引起读者的讨论，一切的批评，即使带一点误会或攻击，都愿意虚心的接受，因为最知道自己思想没有成熟和见闻不够周到的应当是我自己。当然我也希望批判者能多偏重于问题本身。

我认为城乡在经济上及政治上都有相成相克的两方面，在历史的演变中，双方的分量常有轻重的变化。各人因为见闻难能周全，所作估计也因之可能有偏重之处。我希望的就在多让多种看法尽量发表，然后共同来作一篇综合的总结，结果我想必然能更完全些。这是我给姜庆湘先生的信上已提到过的。

我在已发表过的文章中曾提出下面的看法，究竟对不对，很愿意读者给我指教的。

在传统经济中，中国的城乡关系不尽是工农的关系。在乡间有很多发达的乡土工业，乡民的日用品大部是自给。因之我曾要知道在经济上乡村在哪些方面依赖都市的供给？如果出多入少，则我们可以说城乡和乡村主要的经济关系不在货物的交换上，而在根据于地租的片面供奉上。

我和这里的朋友们也讨论过这问题。后来我们觉得应当把传统工业分成三大部分：一是皇家独占的工业；二是供给有闲的地主官僚享用，以及小市民间互相交换的市镇工业；三是乡民在家庭及作场中所经营的乡土工业。皇家独占性的工业由来已久，盐铁、军备、货币以及重大的工程，大体上说一直是由皇家包办的。皇家可以用奴隶、囚徒以及民间征来的劳力经营这些工业，或是由大商承办，普通人民很少有机会染指。也许这就是中国工业不易发达的一个重要因素。最近王亚南先生在《时与文》上提到过这意见，很和此间朋友的看法相合。皇家工业和乡村的关系，又可从两方面看。在原料和劳力方面如果有须取给于乡村的时候，是征发来的，即使名义上给与报酬，经过官僚之手，也就很可能化为乌有。另一方面，我们可以问：皇家工业的出品有多少进入乡村的呢？大部分的皇家工业是为政府所需的消费而设立的，如军备和货币；也有专门制造各种宫廷的奢侈品；无论哪一种人民都是没有份的。进入乡村的是盐铁等必需品。在专卖制度下，这类东西有类于赋税性质，是国库的收入。在经济上看，皇家工业和乡村的关系可以说是片面的。

这种工业究竟占中国传统城市工业中多少部分？这问题是值得我们研究的。鞠清远的《唐宋官私工业》一书中曾说过，在唐代从事于官工业的人数“已约占全户口之 1/20”。这说法有多少正确性，我无法知道。但是因为皇家所需的器材和货物大部由官工业自行制造的缘故，数目上不能太少。

其次值得我们注意的是城市居民所需日用品的来源和市镇工业品的市场。在闭关时代，城市里所用的工业品(加过工的制造品)有多少是从乡村里来的？反过来问，市镇工业的制造品有多少是用来供给乡村人民的消费的？这些问题其实是我们所要讨论的城乡经济关系的关键。

市镇本是工业的据点。我以前曾说过中国工业主要是乡土工业，经朋友们批评之后，我觉得这句话是有毛病的。我说那句话时，心目中并没有顾到市民群的消费，只就乡村说，乡民所用工商品曾有过高度自给的情形。我忽视了市镇工业，那确是应当矫正的。乡村供给市镇的大部是原料和半制造品，粮食、纱布、蔬菜、丝绸等等；市镇同时吸收皇家工业盐铁等原料，而自行制造各种消费品，所以在市镇中有着专门从事制造业的工匠。

市镇的工匠可以分出两种性质，一种是出卖技术的，一种是出卖制造品的。同一工匠也可以兼有两种性质。市镇里的大户人家，就是在二三十年前还是如此，自己预备了原料，雇工匠到自己家里制造所需的日用品：裁缝在家里缝衣，木匠在家里制造器具（尤其是嫁妆之类大批的木器），甚至过年时的年糕也请了师傅在家里蒸的，工资依时间计算，一个工匠常有一定的长期雇主，世代相承。这些工匠无须自办作坊，无需资本。这种方式也可以说是封建性的。

有足够资本的工匠可以同时经营作坊，替雇主制造定货，原料时常是由雇主自备，按件付工资。在目前很多裁缝铺还是这种性质，以上两种方式的城镇工业都是靠市民支持的，虽则工匠们也偶尔下乡，大的如造屋的工匠，小的像剃头，修理农具等工匠则按村巡行，零星找雇主。这种以技术去服务乡民的工匠在数量上是不多的。

还有一种是出卖制造品的工匠，在铁匠铺里常有挂着很多农具，等待买客的光顾。光顾的买客包括市民和乡民。也有小商人买了之后，挑了去乡村或在市集上转售给乡民。城里工农间交换偏重在这一类的小工业里。

我们对于传统市镇的研究做得很少，因之，我手边找不到关于这几种不同性质的工匠数量上的比例。我们正在计划做这项研究工作，有了结果，另作报告。现在我只能依我的印象说。在靠近大都会的市镇上，商业势力已显著的压倒了工业，那是因为上面所说的第一二类的工匠正在日渐减少中。市民的消费品已大部由外洋的和大都会的工业所供给，不再个别雇佣工匠在家里制造了。另一方面，乡民因为经过了长期的经济衰落，固然无力购买大都会和外洋的工业品，生活程度降落的过程中，也萎缩了向市镇的购买力。城乡交换经济因之也如游丝一般若继若续，加强了目前片面的经济关系，所谓片面的经济关系就是出多入少。在出的一方面的确在增加，地租没有减，征实加重了赋税，而且额外的附加、摊派、强购，以至劫夺，乡间的生产品源源外流，所谓城乡对立是从这现象来说的。

城乡片面的关系，在传统结构中已伏了根，但是因为乡村生产力较现在为高（乡间原有乡土工业一项的生产事业现在业已大为衰落），而且以往城市取给于乡村的程度较现在为低，所以还能维持一个不利于乡村的平衡（这平衡一旦倾侧，就发生农民反抗，在历史上过了一些时间就发生一阵），现在由于内外的种种因素，一面打击了乡村的生产力，一面又加重乡村的担负，使这片面关系更为暴露了。

讨论城乡关系的还可以注意到经济以外的其他方面。我曾就基层行政僵化为题提出了政治上的危险局面。这几篇文章曾引起过若干朋友的误会，甚至有说我在提倡绅权，而且被指为荒避理论的。我承认这几篇文章中可能有引起这些误会的缺点，尤其在《再论双轨政治》中我为了要说明知识分子下乡服务的重要，所以提到我在英国乡间看到的情形，而说如果这些人也能包括在绅士一流人物中，则我确对他们寄托着希望。现在有些读者看文章时对于许多假设词不太注意，不但断章，甚至断句去念，加上印刷上也有缺点，引起误会是很难避免的。

我觉得要分析传统的政治结构应当注意皇权，绅权，帮权和民权四者之间错综复杂的关系。我所谓“权”是指实际的政治势力。在这四者之间民权是最不发达，吴晗先生和我讨论这问题时，曾表示怀疑“民权”在传统政治结构中是否存在。他的意思是前三者交横错综的统治着基层的人民，人民是被统治的，所以说不上“民权”。我认为在基层上有着一层自治的地方公务，这些公务固然是绅权发挥的领域，但是守望相助，疾病相扶，有关人民本身利益的事务中，还留着人民自助的组织，这组织的规模很小且很脆弱的，但并不说完全没有。

在这里若干朋友的讨论中认为最成问题的是绅权的性质。因为这种政治势力相当特殊，所以我曾特别注意它，想把它的性质弄清楚，分析这现象和提倡或维持这现象绝不是一回事。这点我本来不用说，因为近来有人这样指斥我，所以不能不把这简单的道理在这里提上一笔。

对于绅权有两种看法：一是绅权乃皇权的延长，它是帮助皇权统治人民的，在这任务上得到了皇权的纵容。绅和官是一体。另外一种看法是绅权和皇权来源不同，绅权是社会经济的产物，握有传统的势力。而皇权却是靠武力获来的，建立在武力上，它和绅权有冲突的地方。在中国历史上，这两项势力常常发生争执，因之也时有消长。在一个时间譬如六朝门第制度坚强时，皇权固然可以用武力夺来，但支配社会标准的势力却握在皇帝所无可奈何的绅权手上。门第制度被科举所代替后，皇权控制了绅权，而且皇权的专制性也因之加强，于是绅权退居消极的守势。绅权利用官僚机构软禁皇权，自求逃避专制权力的压迫。这种情形我在《论绅士》一文中已说过。

从绅权对皇权的冲突上看，它可以作为皇权专制铁腕深入民间的缓冲力量。再从绅权发生的根源上是地主和知识阶级的事实上看，它为了自身的利益有着开发和保护地方社会的兴趣。所以我曾说除了它从土地制度中剥削农民之外，它可以为地方做事的，因为在人民的立场看去，还有着随时可以来要钱要命的皇权和帮权。我这样说并没有忽视绅士本身的容易腐化，成为土豪劣绅鱼肉乡民的土皇帝。

还有一点又容易引起误会的，事实也已经引起误会的，是我所说的双轨政治。我认为一个健全而可以持久的政治必须有自上而下和自下而上的双轨。宪法和民主都是在加强自下而上的那条轨道。宪法是对政治权力的限制，民主是使政权对选民负责。这一层意思应当是很清楚的。发生误会的是在我用这些概念来分析传统政治机构。我首先承认中国传统中没有宪法和民主，那就是说没有合法的自下而上的政治轨道。但是这样不是说只存自上而下的单轨了么？又不然，因为我认为在传统政治中却另有一种防止皇权横行无阻的机构。于是我提出了两道防线的说法。一道是无为政治，使皇权有权而无能，一道是绅权的缓冲。在限制皇权，使民间的愿望能自下上达的作用上，绅权有它的重要性。可是我也曾立刻跟着说这条无形轨道不但不普遍，而且不常是有效的。当这轨道淤塞了，皇权的专制势力立刻侵入民间，引起人民的反抗。我想从各种政治势力的交互作用去说明这个动态的现象。我承认这是个相当复杂的现象，我个人才学有限，只能捉摸着一些，可能有瞎子摸象之嫌，但是我仍愿提出来供给研究城乡关系的朋友们参考的，那是因为讨论到城乡的政治关系时这个现象是无法忽视的。

我关于经济和政治这两方作了如上所简述的分析之后，也曾想贡献一些改善的意见。在这方面我只能从制度上及原则立论，至于改善的方法则是另一问题。在政治上，我认为传统的机构已经不合当前的客观环境(这点我是一再说明的，无奈有人说了我留恋过去惯作梦呓之后，读者不看原文，跟着乱骂了)。我曾强调说无为政治是做不通了，因为现代社会必须有能的政府，中央集权并不就是专制(曾举英国当前的政府为例)，只要这集权政府向人民负责。负责并不是拍胸脯，而是由民意决定它的去就。换一句话，自上而下的政治轨道得讲究效率，而同时更重要的是必须确立自下而上的有形轨道，那就是代议制。皇权变质而成负责的民选中央政权，绅权变质而成民间的负责立法代表，官僚变质而成有效率的文官制度中的公务员，帮权(我还没有详细分析过的一个政治势力)变质而成工商业社会的公会和职业团体，而把整个政治机构安定在底层的民权基础上。我所谓“变质”并非改穿洋装，而是从传统封建性质变成现代民主性质。我这样说明了，希望有许多曾误会我的读者不致再认为我是在提倡绅权了。这样变质，在政治上城乡不再是统治关系，而成为组合关系了。

在经济方面，我在给姜庆湘先生的一信已有过一些说明。我认为在乡村中复兴工业是很重要的。但是所建立的并不是落后的家庭手工业。关于乡土工业的内容，我最近又写了三篇《申论乡土工业》，将在《大公报》发表，希望读者能明白我所谓乡土工业，在技术、组织、经营各方面是怎样的。

要改变乡土工业的技术，最重要的是乡村电气化，英美苏都在努力向这方面做去，因为这是最基本的，动力改变之后，工业的规模和组织方能谈得到改善。在这里我不再赘述了。

还有一点要说明的是，我主张复兴乡土工业并不包含取消都市工业的意思，二者并不相冲突的。有许多重工业和重大的制造业是不能够分散的，那些不妨留在工业中心去经营。我只主张把可以分散乡间的工业尽量分散。

城乡对立是病态，它们本是相辅相助的经济配合体。我们最后的目标是重建城乡的有机循环，互相有利的配合。我极愿意继续在这问题上多作思考，但是同时也极盼望读者能够多给我批评。

1948 年 3 月 10 日

城乡协调发展

《城乡协调发展研究》一书的编者把该书的清样寄给我做最后的审定。我以先读为快的心情仔细地看了一遍。这里记载着的很多是我这10年来亲眼看到，亲耳听到的一桩桩动人心魄的事情。在我心头浮起了一幅幅亿万农民脱贫致富、振兴中华的壮丽画面。读完这本书之后，除了感谢各篇论文的作者在我“破题”之后，深入现场，继续钻研，取得了可喜的成果外，我似乎有一种冲动，想把这里分别叙述的各种发展模式，贯串起来，形成一条具有内在联系的线索，勾画出一个发展的序列，也许可以有助于深入一步思考。利用今年暑休的机会，我陆续把这些体会写了下来，作为这本书的后记。

一

从《小城镇的研究》到《新型城乡关系的研究》，我一直是个积极的参与者。关于这些研究课题的提出和展开的经过，我在1984年发表的《社会调查自白》和1989年发表的《四年思路回顾》两文里已经讲过。

记得 1983 年开始小城镇的研究时，我得出了“类别、层次、兴衰、分布、发展”的 10 字课目作为研究的范围。这里所说的类别是针对形成小城镇的不同基础而说的，比如吴江的七个大镇里有的是以农贸集市为基础的，有的是以手工业作坊为基础的，有的是以行政中心为基础的等等，因而说它们属于不同的类型。也就是说，小城镇这样的社区固然都具有共同的功能，而每个小城镇却都有所偏重而取得它的个性，因而我们可以据此加以分类。“类别”这个概念在分析小城镇的传统形式时是有用的。当时吴江的各大镇确是各有特色的，松陵、盛泽、震泽一望就可以看到它们的不同之处。

在 80 年代乡镇经济大发展中，由于乡镇企业的兴起，不论过去属于哪一种类型的乡镇都走上了工业化的道路，几乎都成了以乡镇企业为基础的小城镇。这个客观的历史事实使我们产生了“模式”这个新的概念。概念原本是认识的工具，新概念的形成反映了客观实际的变化。新的概念是用来认识新生事物的。

模式是从发展方式上说的，因为各地的乡镇所具备的地理、历史、社会、文化等条件不同，在向现代经济发展的过程中采取了不同的路子。不同的发展路子就是我们所说的不同发展模式。

模式这个概念产生在 1984 年我们走出苏南，进入苏北调查的过程中。当时我们看到苏北小城镇兴起比较慢，乡村里工业化程度比较低，和苏南相比似乎另有一种样式。所以在总结苏北调查的《小城镇——苏北初探》一文中，我们提出了“苏南模式”这个名词，但它作为一个科学概念还不十分明确。

1986 年我们到温州考察时，对发展模式这个概念才有进一步的认识，明确了它的意义是指：“在一定地区、一定历史条件下，具有特色的经济发展的路子。”这个概念使我们的研究工作推进了一步，要求我们从整体出发探索每个地区的背景、条件所形成的和其他地区相区别的发展上的特色，从而引导我们进入不同模式的比较研究。

但是回想起来，当时我们还只看到了各地有不同的发展路子，并强调不同地区不应当照搬别地区的经验，所以提出了“因地制宜，不同模式”的观点。这个观点后来看来多少还带着一点静态的意味，没有照顾到它本身是个变数；而且路子固然不同，但不能排斥相互交叉和学习。接着我们在广东梅县和广西东部看到这些地方正在向珠江三角洲的发展路子靠拢和转型时，才觉得模式这个概念应当从静态的理解提高到动态的认识，提出了“随势应变，不失时机”的观点。最近读了这本书我又发现自己过去似乎太看重了各个模式的“特色”，也就是它们的个性，而相对地轻视了各种模式之间交相作用，互相学习而趋同的一面。

模式这个概念的产生和发展反映了我们在这 10 年中观察范围的逐步扩大，比较方法的逐步深入和观点的逐步提高。我们对小城镇这个研究对象，从模糊的一般印象里分出了类别，又从它的发展路子中分出了模式，更从各模式本身的变动中观察到它们共同的发展方向。这些都表示了我们研究工作在不断创新，不断前进，对我们所想认识的对象日益清楚明确。这本书反映了我们许多研究工作者一起达到的一些共识，也将成为今后继续研究的基础和新的起点。

二

各种模式之所以能相互比较，是因为它们是在共同基础上出发，又向同一目的前进的。共同基础是我们传统的小农经济，同一目的是脱贫致富、振兴中华。

我国农村经济在最近半个世纪以来遭遇到了日益严峻的问题，就是人口越来越多，耕地面积越来越少。各地区的人口压力固然略有轻重，但农村里劳动力得不到充分利用是共同的基本情况。目前中国的人口至少有 80% 住在农村里，而在现有的技术条件下，其中能有效地利用在农业生产中的至多不到一半，因此至少有两亿多劳动力没有成为有效的生产力。这是长期以来农村经济中的包袱。怎样把这样巨大的剩余劳动力转化成生产力是当前我国经济发展的关键问题。

在80年代以前，我国各地都实行公社制度。农民在集体组织下从事于以种植为主的粮食生产，他们不能自己支配自己的劳动时间和劳动对象。人多地少，大量的剩余劳动力白白地浪费了。这种情况到80年代初才有改变，各地先后落实了农业体制改革，实行了家庭承包责任制。农民得到了利用多余劳动力的自主权，他们在承包的耕地上经营农业外，可以主动地从事其他的生产活动，以增加家庭收入。这也就是说把怎样使农业的剩余劳动力转化成生产力的问题，交给了农民自己去解决了。这就大大地调动了农民发展经济的积极性，他们千方百计地去开辟种种生财之道，农民常称它为“找活路”。各地农民处境不同，条件有别，所找到的活路多种多样，因而形成了农村经济发展的各种发展模式。我们研究各种发展模式时，不能忘记它们只是解决同一问题的不同答案。我们对各种模式进行比较研究也就是要说明它们有什么不同和为什么不同。具备了这种知识，各地农民可以主动地创造条件，取长补短，使自己早日脱贫致富。

三

农民在发现自己可以利用多余劳动力来经营生产活动时，最普通的办法也许就是发展家庭副业。家庭副业是农民用以辅助农业的传统生财之道。在自给经济时代，农民也要男耕女织才能做到衣食自足。社会经济开始分工时，农民也多是靠他们副业所生产的东西来进行交换。这是商品经济的根子。农村里的老婆婆抱着一只鸡到集市上去换盐巴是社会经济发展的一个重要起点。这起点是农民的家庭副业。

家庭副业在商品经济的推动下逐步发育成家庭企业。30年代我在家乡太湖流域的农村里就看到这个发育过程。我家乡的农村里几乎家家养蚕。各家在自己的土地上种一些桑树，春天养几匾蚕，结了茧，缫了丝，过去还有人家织成绵绸。我幼年时还穿过这种绵绸做的衣服。这是自给经济性质的家庭副业。后来，市镇上有丝行收购土丝，土丝成了值钱的商品。丝价高，就有农民买了桑叶来养蚕，缫了丝出卖。用现在的名词说，出现了养蚕的专业户，是以商品生产为目的的农户。家庭副业上升为家庭企业。当然在实际情况中自给经济和商品经济开始时总是结合的，特别是规模小，产品少，卖不出去就自家用或是馈赠亲友，取得社会价值。

像我家乡那种家庭企业在各地农村中也是常见的。在小农经济中长大的农民对此也大多是熟悉的。尽管过去有一段时间，为了防止“资本主义复辟”，在农村里禁止过农贸市场，把农民的家庭副业压缩在自给经济的范围内，但事实上是行不通的。一旦开放了农贸市场，农民就在这条熟悉的老路上把多余的劳动力转化成为财富了。

我在 1984 年访问甘肃的贫困地区定西县时，就看到有些人家通过经营家庭企业而脱贫致富。有一家兄弟四人不分家，老大种田，老二养猪，老三和老四分别养兔和经营其他副业，全家男女老少都参加劳动，副业的产品全部出售，兄弟合力的结果，这家的收入就不少了。另有一家夫妇两人在自己院子里养了几百只兔子，全部由外贸部门收购，成了有名的专业户。

在上述的基础上再发展一步，全村家家户户搞副业，由基层集体组织为各家各户提供产前产后的服务，帮助解决品种、技术、运销和金融问题，就出现了本书里所叙述的“常德模式”的庭院经济。实际上这种从家庭副业的基础上发育成长的庭院经济，是比较普遍的，特别是在原来农业比较发达而又远离现代城市的内地和边区容易看到。我认为不妨把它看做农村工业化前期的发展模式，也可以说是我国农村经济发展的初级阶段。

可以把庭院经济说成是当前农村经济发展的初级阶段，因为它基本

1999 年 5 月，吴江庙港镇开弦弓村农民向复旦大学社会学系学生讲述科学养蚕知识（刘豪兴摄）

上并没有走出农业的范围。记得 80 年代初期，就有人提出“大农业”的概念，主张把农、林、牧、副、渔统统归入农业的范围。这种主张现在回头看来正是为当时发展中的庭院经济提供理论基础。同时也应当看到这个发展阶段的特点，它已走出自给经济，发展了商品经济，但还在农业里做文章，为农村走上工业化的道路做了前期准备。

四

小城镇研究这个课题是我在 1982 年三访江村时提出的。当时苏南太湖一带的农村里正在兴办乡镇工业。这地区的农民采取了发展工业这条路子来解决农村中多余劳动力的利用问题。他们比洞庭湖附近的农村那样走发展庭院经济的路子又前进了一步，他们一只脚踏入了工业王国。

如果我们要追究一下为什么这两地的农民在解决同一问题时采取了不同的路子，那就会带出一系列的思考。

我想我们不能不承认农村里办了工业比停留在农副业上发展要快得多。但是要在农村里兴办工业并不容易。尽管因陋就简，办个工厂总得有一套设备，就得花一笔钱，叫做工业化的启动资金。我们说从农业里长出工业来，就是指在农业里积累出能启动工业的资金。一个农业国家要工业化，所需的启动资金说到底还是从农民身上积聚来的。但在农村范围里农民自己要办工厂，这笔启动资金怎样积聚起来的呢？

苏南各市的乡镇工业的兴起有个历史机遇。它们的前身是公社时期的社队工业，社队工业是指公社和生产大队、生产队办的工业。公社和生产大队、生产队是集体的经济实体。它有权在社员的劳动所得中积累一部分基金，用来办集体公有的工业，称社队工业。农村实行家庭承包责任制时，苏南的农民没有把社队工业分掉。在改制过程中，乡和村分别继承了公社和生产队的企业，保存了集体的经济实体，社队工业改名为乡镇工业而继续发展。所以可以说苏南农村工业化是在公社制度中启动的，启动资金来自农民的集体积累。

凡是在公社改制之前没有办集体工业的地方，改制之后就不能利用集体机构来积累启动资金了。我们在上节里所讲到的那些实行庭院经济的地方大多是因为它们脱了公社这班车，失去集体积累的机会，一时办不起乡镇工业。如果它们要走上工业化的道路，那只有采取与苏南不同的路子了。我们在河南民权曾看到当地发展了庭院经济，主要是种葡萄的果农专业户，后来由县里动用财政收入投资创办酿酒厂，维持住了上万户果农的生产，形成本书里叙述的“民权模式”。民权模式中的工厂是依靠政府投资办起来的，和苏南模式不同。

苏南的农村在70年代由于人口日增，公社里的社员分得的工分值越来越低，不能不千方百计在农业之外找活路。在“文化大革命”后期利用当时的特殊条件走“以工补农”的路子兴起了社队企业。社队当时还是集体的经济实体，多少有一点积累资金的能力，可以投资办工业。我所熟悉的江村第一家丝厂就是由若干生产队凑资建立的。工业的效益高，几年内就把启动资金挣了回来，开始“滚雪球”增加了自身的积累。实力壮大后有条件向银行贷款扩大资金来源，经营得力逐步发展了起来。这条路子虽和家庭企业一样都是靠农业里的积累启动的，不同的是一属个体，一属集体。集体积累比个体强，抢先把工业引进了农村，赶上农村体制改革这班车，得到了发展成乡镇企业的好机会。

像苏南一样通过集体经济的积累一步到位地把工业引进农村的地方并不多。如果错过了公社制度这班车，集体的经济实体解散之后再要办工业，就得从其他渠道去取得兴办工业的启动资金了。温州地区给我们提供了另一个模式。

温州和一些浙江的沿海地区原来也是穷地方，人多地少，单靠农业连温饱都难维持。这些地方的农民在公社制度解体之前迫于穷困大批到外地去打零工，卖手艺，如木匠、成衣、修鞋、弹棉花等等不需要投资的服务行业。一时浙江人满天飞，远到边区的小镇上都有他们的足迹。这些流动的劳动大军省吃俭用，把在外地挣的钱寄回家乡积累起来，成了后来在温州一带发展家庭工厂的启动资金。我们称之为“温州模式”。

我 1984 年在苏北调查时，在徐州初次了解到这地方的农民组成了建筑队到外地去承包建筑工程。80 年代中期起全国各地的城市掀起了一阵大兴土木的热潮。这样大规模的建筑需要大量的建筑工人。这个庞大的建筑队伍几乎全部是从农村里来的。在农村方面说这是劳动力输出的大好机会。比如大庆油田的厂房建筑这些年几乎全是由江苏农村里的建筑队承包的。这些建筑队伍所得的工资绝大部分流向农村。如果全面估计一下在这 10 年里城市的建筑热潮中流入农村的资金总数必然是惊人的。这笔资金通过农民的劳动分散到农村里，成了农村工业化所需要的启动资金。城市的繁荣带动了乡镇企业的发展。

农民千方百计在农业之外开辟收入来源，启动他们的家庭企业，逐步从作坊发展成工厂，办起个体经营的乡镇工业，我在苏北宿迁市的耿车乡看到原来十分贫困的地区，就是由各家自己积蓄少量资金，进行多种多样的不需要大量投资、单凭体力劳动可以经营的家庭企业。我亲眼看到一家男女老少一起劳动，以收集到的树根做原料，硬是用双手锯凿制造简单的木器农具，到市集去出售，后来添置简单机器成了小型工厂。还有人家外出收集废品回家加工再生制成日用品。有一个塑料再生作坊发展得很快，现在也成了一个有相当规模的小型工厂。耿车竟以废品再生的能手而出名。

五

我曾一再说过这10多年里像异军突起一般出现的乡镇企业是我国农民靠自己的力量创造出来的伟大事业。这样说强调了乡镇企业发展中农民的主导作用。正如上面所说的，乡镇企业的兴起是出于农民的迫切的需要，是他们在生活日趋穷困的压力下的自救措施。兴办乡镇企业时所需的资金基本上是农民自己在农业里累积出来的。农村里开始办工厂时，我们看到农民把自己的住房让出来安装机器，让自己的子女无偿劳动。没有这种把工厂看成自己事业的精神，乡镇企业是诞生不了的。从这些方面来看，乡镇企业确是“内发性”的。

但是如果过分强调了它的内发性而忽视了它和农村之外的条件相结合，那就会影响我们对这一段农村经济发展过程的全面认识了。我们且不提发生乡镇企业的宏观条件，如当时限制城乡人口流动的政策，城市里的工业不能适应市场的需求等等，即用最朴素的话来说，单靠农民即便有了劳动力和启动资金工厂还是办不起来的。主要是因为办一个在现代市场上站得住的企业要有一套本领，而这套本领一个农民在传统的农业生产中是学不到的。办什么厂，生产什么，怎样生产，生产出了成品又怎样卖出去，而且要能赚钱不赔本，这一系列的问题，对一个只懂得种田和搞家庭副业的乡下人来说都是新问题，单靠自己是解决不了的，那么农民怎样从农业里跨进工业王国里去的呢？

不妨带了这个问题去看苏南的经验，我们可以发现他们能一下跨出农业，在农村里办工业，有两个有利的条件：第一是这地区靠近现代工商业的大中城市，有所依托；第二是这个地区有掌握科技的人才和在现代工厂里当过工人的老手下乡帮助他们。以江村为例，在30年代江苏省的女蚕校曾把这个村子作为改革蚕丝业的试点，办过一个小型的合作丝厂。这个村子离女蚕校不远，又有一定的社会关系，所以被选作试点。这是这地区在农村里办工厂最早的事例。这个工厂不能说是“内发”的，而是村外的先进科技力量帮农民办起来的。后来这个厂在抗战时期被破坏了。到了70年代，别的村子开始兴办社队企业时，江村的生产队看到村子里有桑树又有会养蚕的人，想把被破坏了的丝厂恢复起来。他们开始时是靠了一些本村过去在丝厂里当过工人的老手和一些老式缫丝机上马的。后来才找到当年女蚕校的教师替他们更新了设备和培养了技工，才立住脚跟的。可见农民内发的要求还是结合了外援才能办成这个工厂。

再举一个例子：现在已经出名的吴江达胜皮鞋厂，70年代还是个农村里的皮革小作坊，后来从上海请来了一位制鞋的老师傅，靠了他的技术和信息，才开始制造女式高跟皮鞋，到上海去销售。现在已发展成一个装备了从国外引进的自动流水作业生产线，年产值高达5 000万元的现代中型工厂了。他们承认，没有那位上海老师傅，没有上海这个市场，这个厂是不会有今天的。

我举了上述两个例子是想说明乡镇企业必须有现代工业的制造技术和工厂管理的知识以及市场的信息，而这些在农业传统里是得不到的，必须要向工商业中心的城市中去引进。所以靠近城市的乡村比较容易发展工业。

当我们在苏北考察时曾经把这个地区在发展上不如苏南的原因中列

入了离上海这个大城市较远和缺乏如苏州、无锡、常州那样的中等城市，而且建议从速把淮阴和盐城等城市建设起来，使苏北各地的乡镇企业有所依托。从那时起我们的研究工作也更注意到城乡之间的关系，从“小城镇研究”逐步走向“城乡关系的研究”。

六

我国农村当前正在发生的重大变化本质上是一个工业化的过程。把工厂办到农村里去的另一面就是乡村的城市化，也可以说城市扩散到乡村里去。这可能是我国工业化的一个特点。我们不走把农村集中到城市里去发展工业的路子，而是让农民把工业引进乡村来脱贫致富。这是在一定具体历史条件下做出的选择。这个选择也就决定了农民必须和已有的城市相结合，而产生了我国当前新型的城乡关系。这本专著的作者们从城乡关系的角度分析了我们已经看到的各种发展模式，在研究工作上可说是前进了一步。

在边区发展的研究中，我们觉得城市对乡村的扩散作用更为突出，也更为重要，甚至可以说，这些原来经济很不发达的边区的现代工业基本上是靠外边的力量兴办起来的。我曾到过内蒙古、甘肃、陕西和四川，在这些地方看到抗战时期曾经从沿海地区迁入了不少现代工厂，新中国成立后在苏联的帮助下建立了一批重点企业，60 年代为了国防需要又兴建了许多三线企业。这些具有现代机器装备的大中企业，依靠行政力量搬进或兴建在原是农、牧为主的经济不发达地区。它们不仅所有设备，甚至绝大部分的劳动力都是从外地输入的，因而形成了一个个平地起家的大小新兴城市。它们和周围乡村在经济和社会各方面很少联系，有点像海洋里的孤岛。城乡分隔，贴不到一起，长期以来边区的农村依然处于不发达的状态。

没有乡村腹地的工业孤岛在人文生态上是不正常的。孤岛上的工厂不仅要管理生产事务，工人和他们家属们的衣食住行和生老病死等生活福利，工厂统统得包下来，不能不管，工厂成了个封闭的小社区。在这个社区里人口不断增长，工厂的规模却不可能相应地扩大，结果日益增加的社会福利费用，都得算在工厂的账上，导致这些企业的生产成本跟着增长。这种企业在有国家补贴的条件时，还能维持下去，一旦要求自负盈亏，那就难办了。80 年代中叶起大中企业的体制改革使得这些孤岛上的企业不得不开门出来找出路了。

正在这时候四围的乡村也看到了无工不富，要求发展乡镇企业，双方为了解决各自的难题，走到一块儿来了。由大中企业提供信息、技术和部分设备，乡村提供土地、劳动力和部分资金，合作办中小型乡镇企业，成了一条双方有利的出路。这在陕西叫“城乡一体化”，在甘肃叫“一厂两制”。在边区的这些事例里，城乡关系中城这一方的主导作用更容易看得清楚。实际上即使是在苏南模式里，乡镇企业同样是城乡结合的产物，只是农民的主动性比较突出一些罢了。

七

农民为了要自主地利用自己的劳动力来增加收入，提高生活，不论在家庭副业基础上搞专业户和家庭企业，或是直接把工厂办到乡村里来发展乡镇企业，都是在走从自给经济或公社经济进入商品经济的路子。商品经济对中国一般的农民来说是不熟悉的。当然在传统的自给经济里并不是没有商品交易，农民的生活需要不可能完全自给自足。30 年代我在广西大瑶山里看到瑶民还是要依靠进山的商贩买到盐巴和针线。所谓自给经济只是指主要的生产活动不受市场支配罢了。公社经济属于计划经济范畴，由行政上的调拨来控制供需关系。农民的生产活动是由集体规定的，农民不必自己拿主意。商品经济则需要按市场规律来生产，来流通。生产出来的东西要成为在市场上卖得出去的商品，而且卖得的价钱要比投入的成本高，有利可图，生产才能运行不息。我说农民不熟悉商品经济就是因为他们过惯了自给经济和公社经济，很少有直接和市场打交道的机会。一个瑶族姑娘用一只鸡换一根引线的针，我们说她吃亏了，那是因为在市场上一只鸡可以换一包针。这个瑶族姑娘不熟悉商品经济，不知道市场上的价值规律，吃了亏还不明白。

在 80 年代初期，农民一头闯进商品经济的大海洋里，确是闹过不少类同于瑶族姑娘买针的故事。在国家政策上容许农民发展副业和鼓励他们发展家庭副业时，农民开始有机会自己做主利用他们多余的土地和劳力来生产一些可以拿到市场上出卖的商品了。生产什么呢？这时他们需要的是市场信息，但是他们对市场不熟悉。他们的传统办法是“见人学样”。看别人生产什么能挣钱也就生产什么。我在 1982 年三访江村时，太湖一带农业掀起了一阵养蚌育珠的高潮，凡是在有水荡的地方农民就用来养蚌。人工培养珍珠成了一项生财之道。于是一哄而起，珍珠产量陡增，无情的市场规律起作用了，原来值钱的珍珠，不值钱了，卖不出去了。农民自叹倒霉，收摊不干。1984 年我去江村又碰到“养兔热”，家家户户养毛兔。1985 年我再去江村，村子里的老婆婆因为兔毛跌价气得把兔子杀来吃了。1986 年我访问洞庭湖一带的农村时，正当苎麻涨价，农民争种苎麻，人家说农民有点发“麻风”了。第二年麻价果真大跌，农民吃了苦头，许多争着抬价的商人也叫苦连天。

上面几个例子还是属于商品经济初级阶段庭院经济的范围。进入乡村工业化的阶段时，类似的情况自然更为严重了。初期的乡镇企业有个别号叫“开关厂”，说得好听一点叫“船小好调头”，实际指的是这种企业在风急浪高的市场海洋里翻腾颠簸，停停关关成了平常的事。在早期经营乡镇企业的大多是公社干部，习惯于用行政手段办事，甚至还有官僚作风，但是这些不适应商品经济的东西在市场的风浪中是站不住的，结果纷纷淘汰。由于没有靠山，吃不了大锅饭，只有符合经营需要的乡镇企业才能成长。现在已有不少乡镇企业进入了国家优秀企业的行列了。

我们也不能不看到乡镇企业有它的特殊优势，能抵得住市场上的风险。我的体会是乡镇企业的根是深深扎在千家万户的农民求生存和要过好日子的基本动机上的。在农民的心眼里这些办在乡村里的工业是一种集体副业。他们是用对待家庭副业的态度来对待它的。自家的事好商量，在厂里做工的就是自己家里的人，吃住在家里，又不脱离农业，工厂有困难，停停关关，在家里还是有其他活路可做，一家老小也不靠厂里发的工资吃饭，不发生城市里失业断炊的恐慌。所以我称它作“草根工业”，真是野火烧不尽，春风吹又生。这种工业当然是初级的，但确有耐得起风浪的坚强生命力。农民也依靠了这种企业的生命力，才能在惊涛骇浪中学习游泳，把不熟悉的商品经济学到手。中国的农民真是经过了千方百计和千辛万苦，才开辟了这一条具有中国特色的工业化道路。

八

乡镇企业的发育生长是一个很生动的过程。商品经济中最不容易学的一课是为市场的需要生产，流通是生产的前提，不应当生产卖不出去的东西。这一条恰恰和家庭副业相抵触，家养的鸡生的蛋，卖得出去固然好，卖不出去可以送亲戚、招待客人或自己吃。在公社经济里，农民按任务生产，到时交货，不用关心没有人来收购。自己办工厂，产品如果找不到人买，囤积起来就要亏本。这一点农民是不大熟悉和不易理解的。我在上面提到的在庭院经济阶段中培育珍珠、养毛兔和种苎麻等都是犯了只知道生产，不知道流通的毛病。

乡镇企业初期各个工厂要自己派人到各处去找买主，所以一时推销员满天飞。他们是相当于挑了货色沿街叫卖的货郎担。我知道苏南有些县长曾经为了乡镇企业积压太多，亲自出马去招揽生意。货郎担式的推销是很费钱的。后来发展了一步，效法传统赶集式的方式，在定期或不定期的交易会上摆摊子。卖主和买主在约定的时间和地点洽谈成交。不少地方利用各种集会，如内蒙古的那达慕大会，南通市的风筝节等等招揽顾客，最近还时行在大城市里召开各种所谓产品展览会、新闻发布会进行批发订货。最后才出现坐庄式的在固定的地点开设长期性的专业市场。我最早看到的是温州包括桥头镇纽扣市场在内的十大市场。其后苏南出现了常熟名叫招商场的服装市场和吴江盛泽的东方丝绸市场，规模相当大，年成交额达几亿元。这些是从分散性的乡镇企业为解决他们商品销售而产生的具有特色的流通方式。

当然为了便于与广大买客接触，乡镇企业的产品还是大多得集中到各级城市的百货商店里。这也说明乡镇企业和城市的关系是密切不可分的，市场交易要靠城市。城乡结合的程度也越来越深。但是在流通上城乡之间的结合也是逐步发展的，而且也是经过一番周折才取得的。

乡镇企业把农民带进了现代化的市场里，其中现在已培养出了成千上万的企业家，靠了这些农民企业家，乡镇企业也已被公认是当前国民经济发展的支柱了。这是一个具有历史意义的大变化。

九

在这10年里，我国在沿海建立了经济特区，推行了开放政策，又进一步推动农村经济的发展，在沿海诸省出现了新的发展模式。我亲自接触到的有广东的珠江模式和福建的侨乡模式。这些模式和我在上面所提到的各种模式基本的不同之处是在外联和内发的区别上。

外联是指资金、经营、运销靠国外投入，不靠国外的是内发。当前不少较先进的内发性的乡镇企业已经开始外联，称外向型企业，出现了内发和外联结合的方式，但在研究发展过程时，外联和内发的区别在概念上还是有用的。

以广州为中心的珠江三角洲地理上和香港相连。在大陆被封锁时期，香港成了我国向外经济联系的后大门。通过这个后门我们进行国际贸易。这样把这个原来只是国际航道上添煤加水的中间站培育成了东亚的重要国际贸易、金融中心，取代了我国上海的原有地位。

“文化大革命”时期大陆上大量人口进入香港提供了廉价劳动力，香港乘机发展了大批小型轻工业。这些工厂在香港的特殊条件下发挥了原料和市场两头在外的加工经营中心。我国实行了开放政策，沿海地区开辟成对外开放区，规定了优惠条件，香港的这些小型工业就扩散到了大陆。珠江三角洲是近水楼台，短期间在顺德、东莞、中山等县的乡镇里各种工厂如雨后春笋地蓬勃兴起。它们的特点是和香港密切相连构成“前店后厂”的新形式。前店是指企业的经营部门留在香港进行订货、购料、运销等活动。后厂是指把生产部门设立在广州各县，招工制造。广州这一头主要只提供土地和工厂的基础设施和劳动力。可以说软件在香港，硬件在广州；收益的大头在香港，小头在广州。但是由于资金、技术、经营、市场等商品经济必需的条件由香港提供，广州的企业也就比其他地方内发性的乡镇企业容易发展了。当然，珠江三角洲各县的乡镇企业内容也是多种多样的，不仅有上述前店后厂的部分，也有内发式的部分，既有集体又有个体。而且外联式的企业联系的程度和方式也不尽相同，还有由外联而变内发的，但从珠江三角洲各县发展的主要特色来说是在它和香港的联系上，我们称它作“珠江模式”。

福建沿海又看到一种侨胞把国外的工厂移植到本乡来办的模式。有些侨胞把原来可以在国外办的厂搬到家乡来办。资金、原料、设备、经营管理、运输销售一概由侨胞负责，除了土地和劳动力外全部是外来外出。有些甚至把这些企业盈利指定用来办家乡的公益事业。这种侨乡模式固然具有它的特点，但基本上是珠江模式的一类，是外联型的模式。

外联型的模式可说是开始于特区经济，扩散到和香港接壤的珠江三角洲，而且正在向全国扩散。在全国各地掀起了发展外向型企业的热潮。外向型企业开始时是在原有乡镇企业基础上，吸收外资，引进国外先进设备和开辟国外市场。这可说是商品经济的深化使乡镇企业闯入国际市场，促使它向高层次发育成长。我曾在家乡吴江对这个发育过程进行了观察，写出了《吴江行》这篇报道。在这个标本里看到的已有内发型和外联型的混合体。这种外向型企业在苏南地区已经相当普遍，所以可以看做“苏南模式”的新阶段。

在苏南及其他沿海各大中城市还可看到一种开发小区。这些城市在自己所属的范围内划出一定的区域，仿效珠江三角洲各县的办法，为引进外联型企业作前期准备，建设交通和消息网络，建设水电供应体系，在这个开发小区内发展三资企业。上海的浦东开发区是最近也是最大的典型。在这种开发区里开办的企业已不能再包括在乡镇企业的范围之内了。但还是乡镇企业的继续发展，已走出了乡镇原来的小天地了。

我们从农村体制改革后遍地开花的家庭企业和局限在乡村小天地里的小型社队工业，一直看到正在发展中的大城市的开发区，近亿农民不同程度地离农投工，广大乡镇已换上了小城市的面貌，农村生产力大大增加，人民生活普遍提高。不过10多年的时间，我们这个小农经济的国家出现了城乡一体工业化的宏伟前景，也许这正勾画出了我国进入改革开放时期中走出的一条具有中国特色的现代化道路。

最后让我加一段关于本书编写的经过。

《城乡协调发展研究》是北京大学社会学研究所进行“七五”期间国家哲学社会科学的重点研究课题，由我负学术指导的责任。1988年6月在长沙召开第一次学术讨论会，1989年又在西安召开第二次学术讨论会。在会上我建议编写一本专著，反映参加这两次讨论会的同志们的研究成果。会后，由北京大学副校长、中国社会发展研究中心主任周尔鎏教授及中国社会科学院社会学所张雨林研究员负责具体组织工作。嗣后参加编写的同志们举行了几次会议，决定本书导言和结束语由张雨林同志执笔，第一篇分别由有关地区研究人员分章叙述各发展模式，执笔人分别署名于章末，第二篇各章由江苏省社会科学院吴大声、居福田，湖南省社会科学院母青松，陕西省宝鸡市委政策研究室张良铭等同志起草。1991 年 4 月由周尔鎏同志主持在长沙召开编写会，进行集体讨论，并委托张雨林、吴大声、居福田同志做文字统稿工作。历次会议都得到所在省、市领导同志及有关部门的支持和帮助，谨在此表示由衷的感谢。

我还想声明：我虽是这个研究课题的倡议者，同时也负有理论上的指导任务，但是并没有参与本书的编写过程。我只做了破题和开路的工作。我一贯主张学术工作是细致的脑力劳动，必须在充分自主的条件下才能发挥主动的积极性。我只能用自己的调查研究成果去引导别人，同时我严守尊重参加这项研究课题的工作者发表个人意见的权利，不仅允许而且鼓励在这本书中存在不同的观点和意见。本书编成后我一字未动，文责自负。这是符合学术上百家争鸣的方针政策的。我们也欢迎持有不同意见者的批评和商榷。

在我指导下同时进行的还有“边区与民族地区发展研究”的课题，实质上是和本文集所研究的“小城镇和新型城乡关系研究”的课题相关联的，也是相配合的。因之两题的资料和论点是交叉相成的，论述上不免有重复之处。前题另有总结独立成章。本书中凡涉及边区的论点，留在另书申说。

1991 年 8 月 19 日于丹东宾馆

中国农村工业化和城市化问题*

今天我来参与讨论的这个题目，是中国从传统的农业社会向现代化社会发展的这段历史中实际发生的一个题目。若是把《江村经济》看成是我一生学术道路起点上的一个界标，也许可以说，正是这样一个题目把我带上了学术道路，使一个人和一段历史联系了起来，使我有机会伴随着中华民族发展过程中一个很不平凡的时期，从学术道路的起点就开始注意中国农村工业化的问题，一直持续到晚年，并有幸在晚年亲眼目睹、亲身经历、亲笔记录了中国农村城市化问题的提出及其到目前的发展过程。由于我在本世纪30年代中期就注意并描述了开弦弓村的合作工厂，并注意到其普遍意义，可以说，这个题目是一个老题目；由于中国农村工业化和城市化的进程仍在继续，我也仍然在进行跟踪式的观察和记录，可以说，这个老题目又因不断充实新内容而得到新的发展，增添新的意义，给我以新的启发。中国有句老话，叫"温故而知新"，我希望今天我在这里对这样一个亦老亦新的题目的讨论能给有兴趣了解中国农村工业化和城市化问题的新老朋友提供一些新的素材和思考。

---

* 本文是作者参加浙江农业大学与加拿大贵而富大学联合举办的国际学术研讨会上宣读的论文。

一

中国农村工业化的苗头，从我所接触到的事实来说，开弦弓村在20年代末搞起来合作工厂可以作为一个实例。我认为它是发展中国农村经济思路上的一个突破，是现代工业进入农村的一个标志，是一场具有重要意义的实验。我也把当年进行实地调查时对这个工厂的关注，看成是我对乡镇企业最初的接触和理解。

由于时代条件的限制，发生在开弦弓村的这一场实验，当时没有能在更大的范围内成为一种普遍的事实。我对中国农村工业化的早期接触和理解，也就无从离开这个苗头而走得更远。但是，这个苗头是重要的。它实际上连接着中国农村经济发展的历史和未来。历史是被我概括为“人多地少，农工相辅”的传统，未来是利用现代技术改造传统手工业的工业化前景。这是我对这个苗头所具有的意义的一点基本理解。

我从这一理解中提出的基本想法是：从传统经济向现代化经济发展，从农业经济向工业化的方向发展，这是中国必然要走的路子。这条路子怎么走法，应该根据中国的特点来考虑。传统中国的特点是人多地少，农业为主，工业停留在手工业状态。靠农业和传统手工业的发展不可能满足现代化的需要，必须用现代技术改造传统手工业，改变工业结构。

把传统手工业为主的工业结构改变为现代工业结构，怎么做才比较可行，比较有效，我们没有现成的经验，不可能一开始就有自觉而成熟的做法。大家也会有不同的主张。因此，在三四十年代的中国，就有过讨论和争论。我当时提出的主张是技术下乡、工业下乡，把现代工业分散到广大农村去办。用现在的话说，就是发展乡镇工业。这个主张来自江村调查和禄村调查一再给我的启发，我相信是有道理的。但是当时的整个社会局面是处在战乱当中，并不具备从容着手改变工业结构的条件。哪怕是有道理的主张，当时也只能是纸上谈兵。

中华人民共和国成立之后，大规模的工业建设提上了日程。由于当时影响决策思想的各种因素的辐辏，中国工业化的整体性起步，事实上是从计划经济的办法和集中办工业的路子着手的。从第一个五年计划开始，由国家投资布点，把大中型企业主要放在东北、西北的边区和“三线”，形成工业基地，又由于工业基地的形成而出现工业城市。这样的办法，使中国的现代工业有了一个开头，形成了大量的国有工业企业和巨额固定资产。但同时也使得这些工业基地处于分散和孤立的状态，形如“孤岛”，和原有的工业形式脱了节，互相融不进去，不仅没有带动起农村工业化局面的兴起，反而加深了城乡差别的鸿沟。

可以说，这是集中力量改变工业结构的时期。集中的路子反而造成了分散、孤立的效果。这样形成的工业孤立于民族传统经济之外，中国的经济也孤立于世界经济之外。

70 年代末中国实行改革开放政策以后，出现了一个根本不同的，农民出来办工业的局面。农村家庭联产承包责任制的全面实施，带来了农村生产力的大幅度提高，也带来了农村劳动力的大量解放。数千万计的农村富余劳动力离土求生的强大需求，在城乡二元体制使他们没有进城机会的约束下，找到了工业下乡这条路子，整个局面一下子活了起来。他们以农村为基地，以地方性社区的各种用得上的生产条件为基础，在传统手工业的底子上引进机器和技术，并且一呼而百应，千家万户地干，千辛万苦地闯，千方百计地学，千山万水地跑。从沿海到内地，中国农民创办的乡镇企业很快就从星星之火发展成为燎原之势，打出了中国农村工业化异军突起的红火局面，有效地促进了中国农村传统经济结构的变革，培养出了现代中国市场经济的先导力量。

可以说，这是分散力量改变工业结构的时期。分散的路子恰恰促成了集中的效果，使中国的工业化进程真正出现了实质性的突破。乡镇企业不光融进并改造了历史上传统手工业为主的工业结构，也使中国工业大步跨进了世界经济当中。我在苏南地区的乡镇企业里看到过直接出口欧美的高档服装；在中原地区的乡村工厂中看到过和日本汽车配套的机械部件；在广东的小镇上看到过畅销海内外的各种家用电器；在浙江的大型乡镇企业集团中看到过国际先进水平的高科技产品……像这类具体而生动的事例恕我不再一一列举。我被中国广大农村里突起的这股“异军”所吸引，跟着它看发展，南北往返，东西穿梭，几乎走遍了全国各省，直到今天，我也没有停下脚步。在这将近20年里，我把自己在各地看到的乡镇企业因地制宜找到的不同发展模式一一记录在了《行行重行行》一书及其续集当中，这里可以不再赘述。但是，既然已经提到这个话题，既然这个话题中有我60年前的梦想，并且亲眼看到中国农民在最近20年里亲手把这梦想变成远远超出我的期望的辉煌现实，我就很难抑制住自己内心的激动。在这里我想说，蓬勃发展的乡镇企业，是中国农民在人类20世纪进步历史上的一个伟大的创造，是中国农村工业化的具体表现形式。它使中国农村工业化得以在农业繁荣的基础上发生和发展，并且反过来以工补农，进一步促进农业向现代化道路发展。同时，这也是中国从几千年来以农耕传统为主要特征的传统经济向现代化工业经济转变的一条希望之路。这是一条与西方工业化迥然不同的道路，是适合中国国情、具有中国特色的农村工业化的道路。

二

乡镇企业的蓬勃发展，带动了小城镇的兴旺和发展。换句话说，中国农村工业化在取得节节进展的同时，接踵而来的就是农村城市化的起步和发展。80年代初，我去四访江村的时候，意识到农村的具体建设工作中存在着许多值得研究的问题，特别是看到了农村的发展和小城镇建设的密切关系。这使我回想起1936年夏季做江村调查时留下的一个伏笔。当时我从村民日常生活中柴米油盐酱醋茶烟等日用品的供应上感觉到有一股外来的力量，对村民的经济活动和社会生活产生影响。我意识到这股力量应该是来自村外的集镇。但是当时由于人力和时间的因素，都使我没有条件进入对集镇的调查。我在《江村经济》一书的“贸易”一章提到了集镇的作用，但没有展开。时隔40多年，条件终于成熟。1982年，我要求自己的农村研究增加一个题目，在跟着看乡镇企业发展实况的同时，去研究作为农村政治、经济、文化中心的集镇。

我的这个想法，可以说是赶上了农村经济与社会发展的步调，适应了当时和后来农村建设工作的迫切需要，因此得到了多方面的支持。在随后的几年当中，我从家乡吴江开始，集中力量对小城镇进行实地调查，并提出了“类别、层次、兴衰、布局、发展”的10字提纲。我把自己在调查过程中看到的成绩，发现的问题，产生的心得，先后写进了《小城镇　大问题》、《小城镇　再探索》、《小城镇——苏北初探》和《小城镇　新开拓》等一系列调查报告中。在一站接一站的实地调查中，我逐步加深了对小城镇衰而复兴的原因的认识，也更清楚地看到了农村工业化和农村城市化的递进关系。

若是以吴江为例，小城镇的兴衰变化大体可以分为两个时期，以70年代初期为分界线。70年代以前，农村经济政策是以粮为纲，取消商品生产，商业国营化，集体和个人经营受到限制和打击，小城镇失去了作为商品流通和小手工业生产中心的作用，人口下降，经济萧条，趋于衰落。进入70年代初期，小城镇开始有了转机。到70年代后期，中国实行改革开放政策，小城镇进入复兴时期。

80年代初期，我在家乡看到了农民家庭副业的兴旺和小城镇衰而复兴的景象，曾经产生过一个错觉，以为是农副业商品生产的发展促进了小城镇的复苏。后来进行实地调查的结果，证实小城镇复苏的直接原因是乡镇工业的发展。办工业不同于搞农业，工业生产对能源、仓储、运输、市场等条件的需求，使它寻求农村中交通便利、易于集散的中心地带，这就找到了当时还带着冷落、凋敝景象的小城镇。越来越多的工厂在那里安家落户，机器轰鸣，产销两旺，人气聚集，物流加快。对相关服务行业的要求增加，自然就把小城镇的发展带了起来。

我把自己当初的错觉和后来的发现，原原本本地记录在了上述关于小城镇的四篇文章中。这四篇文章，在 1985 年由新华出版社结集出版，书名为《小城镇四记》。这本小书因为及时地提出了问题，在国内引起了广泛的关注。从当时的中央最高领导，到我所接触的许多基层干部，都对它表示兴趣。不过在当时来说，中国的小城镇建设才刚刚拉开序幕，我对于小城镇的研究也才刚刚破题。《小城镇四记》记录的只是我在江苏一个省看到的情况，更大范围内小城镇发展的事实还有待于去接触，去观察，去记录。

从 80 年代中期开始，我的社区调查范围越出了江苏省界。到目前为止，国内除西藏和台湾以外的各省区，我都走到了。小城镇研究的题目也被我带到了所有走过的地方。在最初的几年里，我看重小城镇发展的一个主要原因，是它积聚人口的功能。举例来说，80 年代中期，苏州市的乡镇企业职工人数达 70 余万人，已经超过苏州市区的人口总数。1985 年，全国乡镇企业的职工人数已超过 6 000 万。如果加上小城镇里原有的居民，小城镇以及靠近小城镇的农村企业已经吸收了大约 1 亿人口。到 1996 年，通过乡镇企业和小城镇这条吸纳农村人口的主要渠道，转移到非农产业的农村劳动力已经达到两亿左右。这是一项了不起的成就，是中国农村劳动力和生产力的大解放。在这个解放过程中，从集镇、乡镇、县属镇到县城，各个层次的小城镇都在起着层层截流人口、聚居人口的作用，十分有效地减轻了大中城市的人口压力。如果不是兴办乡镇企业和发展小城镇，中国要达到目前的经济发展水平，原有的那些大中城市受到的人口压力将会是灾难性的，是无法想象的。

在我跟踪着小城镇的发展一边观察、一边记录的过程中，大量的发展事实也在潜移默化地教育和启发着我，使我在小城镇的内涵里发现了比“人口蓄水池”的功能更为深刻的东西。既然是乡镇企业的发展带动了小城镇的发展，乡镇企业在其发展过程中所形成的那股现代中国市场经济的先导力量也就顺理成章地进入了小城镇的发展过程。广大农民群众不是等着计划经济体制内层层报送、层层盖章的预算、立项、审批、拨款，而是说干就干、自力更生、自己投资去建设家园。例如浙江省温州市苍南县的龙港镇，就是农民投资建设小城镇的一个标本。那里的农民采取市场经济的思路，以乡镇政府所在地为依托，通过出让土地使用权的办法，收取城镇建设设施费，在先前的一片滩涂上建设成了已有十几万人的繁荣城镇。我初访温州的时候，龙港还只有一条土路。重访温州时又到龙港，已经可以住进镇上的四星级宾馆了。如此之巨大的变化发生在 8 年里边，这是计划经济时代的几十年里想都不敢想的事情。像这样的城镇，目前在温州已经有 100 多个，当地农民为此投资累计 100 多亿元。据国家建设部统计，最近 10 多年来，全国农民投入到小城镇建设上的资金，平均每年都在 1 000 亿元以上。

我的小城镇研究刚开始破题的时候，还只是在家乡看到小城镇的衰而复兴。经过 10 多年来的发展，中国的小城镇建设已开始呈现出星罗棋布、遍地开花的可喜局面。小城镇的建设与发展，是中国农民继乡镇企业之后的又一个伟大的创造。从乡镇企业的兴起到小城镇的发展一再说明，中国经济与社会发展之最深厚的伟力存在于广大农民之中。他们不是照搬西方工业化集中在大城市的发展模式，而是让工业生产方式适合于自己生活的需要，把现代工业扩散到了乡村中去，走通了一条独具特色的工业化道路；他们又在世代躬耕的田野上第一次建设起一座座现代化的城镇，走通了一条独具特色的城市化道路。从工农关系、城乡关系的角度看，现代中国主要从 20 世纪 80 年代以来发展起来的乡镇企业和小城镇，表现出了与历史上曾经出现过的工农对立、城乡对立完全不同的面貌，它们在中国的工业和农业之间、城市和乡村之间，发挥着沟通、协调、缩小差别、促进融合的建设性作用。事实上，通过发展乡镇企业和小城镇，中国农民不仅是在创造着巨量的物质财富，也在创造着中国的市场经济和富有中国特色的现代化道路。

三

今年春天，我完成了在全国人民代表大会所担任的公职，得以“告老还乡”。但是“告老”不是从此不再做事情，而是想趁脑筋还可以思考的时候，写一些对自己过往学术思想的回顾和反思的文章。“还乡”也不是图安逸，颐养天年，我还在追踪观察中国农村工业化和城市化的新进展。最近多半年中，我在福建、浙江、山东、江苏等地看到的发展事实，在推动我对中国农村工业化和城市化的问题做出进一步的思考。

众所周知，中国的乡镇企业在最近几年里遇到了一些困难，有点难以适应当前市场的要求。各地的农民群众都在想办法，一边改革已经不能适应当前形势的体制，一边探索新的路子，力图保住并进一步发展乡镇企业。事实上，不少地方的改革和探索已经很见成效。乡镇企业在取得自身稳定和发展的同时，还直接帮助国有企业解决了困难。我在浙江金华附近的一家乡镇企业看到，他们正在从重庆招收相当于企业现有职工人数的国有企业下岗职工。我又在山东济南附近的一家大型乡镇企业集团看到，集团所属几个大的专业市场中的职工，70%都是当地国有企业下岗职工。看来，当初主要吸收农村富余劳动力的乡镇企业，在下一轮的发展中，开始吸收城市中的富余劳动力了。这个令人感兴趣的变化里边，说不定又会出来一篇大文章。

中国今后一个时期的农村工业化将怎样继续进行，是需要做出正面回答的一个问题。以我最近在实地调查中观察到的结果，概括地说，我认为大体上倾向于采取上下两手并举的办法。一手是引进高科技集中力量扩大规模，提高质量，向跨地区乃至跨国的、大集团的、农民和科技人员联手的、体制多元的新型乡镇企业的方向发展，面向国际市场，开发现代化的新型产品。目前各地已经出现的销售额超过几十亿元、经营管理上也逐步具有现代化水平的大型企业集团，应该属于我所说的上一手乡镇企业。还有一手是在下面一层，是发展以农户为单位的家庭工业为基础，加上为其提供服务的、广泛而高效的、提供信息和销售渠道的中介体，即近年来在广大农村地区广泛出现的“公司+农户”的新型企业结构。这是一种分散生产、集中服务的双层结构，也属于我在80年代称之为“草根工业”的性质。生根在农户基础上的家庭工业，既具有顽强持久的特性，不怕风浪冲击，又灵活易变，容易适应新的情况。随着农民文化水平的提高，又易于接受科学技术的进步，并有化整为零、集腋成裘的能力。在当前这个经济急速发展的时期，需要一批适应性强、灵活易变，甚至能聚能散、停停开开的具有游击战和运动战本领的基层乡镇企业。这个基层队伍可以保证农民的生产能力和生活水平，再加上一层为它服务的、供销流通的中介机构，就能够便于在国内外市场上顶得住风浪，并保住国民经济的阵脚。这可以说是当前农民正在创造中的一种适应市场经济需要的、新型的乡镇企业基层结构。这个新型的基层结构，加上上述集团化、高科技、大规模的一层，展示出一种“传统加科技，乡镇企业异军再起”的前景，我对此抱有深厚的希望。

从长远的观点来看，国内外形势风云变幻，吉凶难测。当前的东南亚金融危机刚刚开了个头，今后大风大浪还会不断出现。我们要想在风浪面前立于不败之地，就需要采取上述两手并举的办法，抓住两头。一头要精心爱护、培植“草根工业”，稳住阵脚；另一头要努力创造良好的环境，促进乡镇企业提高技术含量，形成规模经济优势，使产品质量好、管理水平高的大型乡镇企业集团更快地发展和壮大起来。

至于农村城市化在今后一个时期的继续发展趋向，由于中国人口众多，地域广阔，我看恐怕还是要走大、中、小城市和村镇同时并举、遍地开花的路子。估计到21世纪前半叶，中国的人口总数大约会达到十五六亿的样子。到那个时候，怎样把这么多中国人妥善安排在这片国土上的大大小小、各地各种的社区内使他们都能安居乐业，这是个大问题，还要及早筹划。

目前我对这个问题的初步想法是，以沿海的上海、香港、北京、天津和内地的重庆等为重点，发展500万到1 000万人的大都会；以200万到500万人规模的大中城市为主体，带动辐射周边地区；以星罗棋布的几万个一万到几万人的小城镇和几十万人上下的小城市为依托，承载下一步农业产业化进一步解放出来的富余劳动力和新一轮农村工业化浪潮，形成中国农村工业化和城市化的多层次、一盘棋的合理布局。

在我当年描述开弦弓村出现的中国农村中现代工业生产的苗头时，我就表达过一个基本的信念：社会科学应该在指导文化变迁中起重要的作用。这句话写在《江村经济》的前言当中。60多年来，这个信念一以贯之，至今未变。今天，中国农村工业化和城市化的多层次、一盘棋的合理布局之形成，仍然需要社会科学的指导，我也愿意为体现出社会科学在文化变迁中所能起到的建设性作用再付出一份老来的心力。同时，我认为，这里所谓“合理布局之形成”所需要的指导，首先不是哲学的思考，不是学术的讨论，而是具体的方案制订和实际的操作思路，为此需要有对相关地区现有经济水平、流通网络、传统产业、人力资源、民众生活等实际情况的真实而系统的反映，以及以可靠的情况为依据的常识性判断。中国地域广阔，要认识全局，还要从局部做起。我希望有一个现实的题目能从一个局部把大都会、大中城市、小城市、小城镇连接起来，并希望我能参与这个题目的实地调查。正在这时，京九铁路建成通车，给了我一个很好的机会。

四

京九铁路的建成和通车，可以说从根本上改善了沿线地区的交通运输条件，为从北到南沿线分布的欠发达地区和贫困地区加快经济发展步调提供了难得的机遇。机遇的意思是某个目标的实现有了可能性，但还不是现实。以我在国内所经历的事实来说，因为有了铁路而使沿线地区的经济得到良好发展的事例是有的，虽然拥有铁路交通条件而沿线地区长期处于经济欠发达状态的事例也是有的。最有说服力的例子也许是沪宁铁路和陇海铁路的对照。这两条铁路干线的开工建设时间几乎是同时的，都是在20世纪的最初10年里边。我出生的时候，它们都刚开始通车。如今我已进入望九之年，两条铁路沿线地区发展的情况怎么样呢？事实摆在那里。沪宁铁路上的上海、苏州、无锡、常州、镇江、南京等一连串的大中城市发展了起来，辐射和带动着周边的广大农村，成为目前国内最为发达和富庶的地区之一。陇海铁路沿线地区的发展，却令人遗憾地一直处于欲起而未起的迟滞状态。沿线地区不缺矿产资源，不缺农产品资源，不缺劳动力资源，也不缺出海口的条件，人流和物流在这条铁路上来来回回地过了八九十年，却至今也没有把沿线地区的经济发展带到发达的程度。我把这样一个局面叫做“酒肉穿肠过”，意思是没有在腹地留下油水，当地自然就缺乏发动经济迅速起步的能量。在最近十几年里，我的实地调查题目带着我一次又一次地经过沪宁铁路和陇海铁路，使我对这两条干线沿线地区经济发展程度的鲜明对照留有深刻印象。

由于有这样的印象，我在京九铁路尚未全线正式通车的时候就在想，这一条南北大动脉通车以后，要借鉴沪宁铁路沿线地区的发展经验，吸取陇海铁路长期以来“酒肉穿肠过”的历史教训，尽快把国家投入巨资修建的京九铁路变成一条创造财富的富民之路、强国之路。在考虑自己能为这个大目标做些什么事的时候，我想到的一个题目是：利用京九铁路穿成一根“糖葫芦”。意思是，利用铁路干线的交通条件，促进一连串中等城市的兴起，通过这些中等城市对周边农村地区的辐射和带动作用，形成一个位于东部沿海地区和中部地区之间的、经济发展速度明显提高的带状区域。

这个题目的产生，从表层原因上说，也许是来自沪宁铁路和陇海铁路沿线地区的不同经济发展程度给我留下的深刻印象；从深层原因上说，则不能不提到我的社区研究工作给我带来的启发。在最近20年的实地调查当中，跟随着中国城乡社会的步步变革，我的调查研究题目逐层从乡村生活、乡镇企业、小城镇提升到了区域发展和全国一盘棋。每一步提升，都既包容了以前的内容，又开拓了以后的视野。在我主要从农村研究城市的时期，所注意的更多是农村对城市的影响。进入到对小城镇的调查和区域发展研究阶段以后，看到小城镇的发展不是孤立的。像农村发展需要小城镇一样，小城镇的发展也需要中等城市。一个区域的发展，不能没有中心城市的带动。看来，从农村研究城市的同时，也需要从城市研究农村。城市可以对周边农村地区发挥的辐射和带动作用，是广大农村地区的发展不可或缺的。中国农村现代化前景的最终实现，需要有遍布各地的中心城市的带动。具体到京九铁路沿线地区，要真正把机遇变成发展的现实，实现加快发展、脱贫致富、进入小康的目标，也需要促进沿线各地尽快发展起一连串的中等城市来。我认为，这是京九铁路通车以后应该切实做起来的一个题目。

从今年开始，我已经进入对这个题目的实地调查。从北京出发，从衡水开始，我沿着京九铁路一站一站去看，一边实地观察，一边向当地群众和干部请教，有没有切实的基础，已经有哪些条件，还缺少什么条件，这些条件怎样解决……我一路把看到的情况、请教的收获都一一记录下来。这条铁路沿线的不少地方我曾经去过，有些地方去过多次，情况不算生疏。这一次再连起来全部走上一遍。现在已经走了一半，准备接着走完。目的是要争取做到心中有数，说得出这个“糖葫芦”怎么个穿法，最后形成关于促进京九铁路沿线地区加快发展的设想和实际操作的办法，为这个“糖葫芦”的最终成型，为沿线贫困地区和欠发达地区的加快发展和脱贫致富做一些有所助益的工作。

这个题目里边，既有农村工业化的内容，也有农村城市化的内容，更包含着区域发展的具体研究和实际操作。从北京、香港这样的国际性大都会，到沿线各省的中等城市，再到各个层次的小城镇，其间涉及生产力布局、人口分布、基础设施、市场网络、流通渠道、金融与信息服务、教育和科技的发展、资源开发和环境保护等各个方面的问题，以我现有的知识，是远远不够用的。但是我愿意学，我也相信自己在为这个题目进行的实地调查中能学到有关中国农村工业化和城市化的更多一些知识，并希望今后还有机会就今天的讨论题目向各位汇报新的学习情况和心得。

1998 年 11 月 14 日

加快城市建设　推动区域经济发展*

我过去一直是研究农村问题的，对城市的研究还是个新兵。最近几年，我在实地调查中感觉到，农村要想进一步快速发展，离开城市的支持是不可能的。所以近5年来我尽可能找机会去了解城市。上个月，我应邀担任上海大学上海社会发展研究中心主任，就是准备通过这个“实验室”来了解上海的变化、研究上海人的生活。

我们把新中国成立以来的城市建设及城市经济发展，分成前30年和后20年两个阶段，这两个阶段分得很清楚。现在我们要了解后20年，就必须了解前30年的社会情况，了解它的社会机制和体制。后20年是在前30年的基础上发展起来的。当前我们政府做的很多事情，如改革开放，就是要解决前30年遗留下来的问题。

在后20年开始的时候，我恢复了学术工作，那时我已经70岁了。自从恢复学术研究以来的20年里，我主要是到全国的农村去看，把看到的变化总结总结，把自己的看法写出来做一些宣传工作。比如1983年我在江苏搞调查，看到了由于乡镇企业的发展，农村里的人口向小城

* 本文是作者在“中国城市经济学会第三届代表大会”上的讲话。

镇集中的现象。一部分原来靠土地吃饭的人，不再靠土地吃饭而转到工业里谋生。这些农民办的工业不一定要办在城市里，而是办在离农村不远的小城镇里，小城镇周围的人口必然会转移到城镇里来。这是中国工业化的一个特色。我把对这一问题的思考写成了《小城镇 大问题》这篇文章。经过了近 20 年，如今小城镇建设的问题已经受到了人们的普遍重视。可以说，如果我们走上了发展小城镇这条路，中国的现代化就有了“门”。中国千千万万的“乡下人”要变成“城里人”就得从这道门通过，然后继续向前走。我自己也通过这道门，进一步认识了农村与城市的关系。1995 年，我给自己提出了一个课题——城乡关系的研究。

我是 1930 年，20 岁的时候离开苏州去北京读书。经沪宁路，乘渡船过长江，再上津浦路抵达北京。一路上给我留下深刻印象的是这两条铁路沿线地区的差异。沪宁线是从上海到南京，经过的是苏南这样的经济发达地区。从明代开始，江苏上交的钱粮大都是从这一地区筹集的，苏州是这一地区最高行政机构所在地，“上有天堂，下有苏杭”这句话就是这一地区经济发达的写照。我们还可以看到，沿沪宁线上有无锡、常州、镇江、南京等一系列大中城市，周围还有一批卫星城和小城镇，形成层次分明的城市群。而津浦路沿线就看不到这样的城市群，津浦路沿线地区的经济，几十年来始终没有很好地发展起来，由此可以看出城市对周围地区的发展起着怎样的作用。

前几年，中央统战部组织各民主党派领导人，到刚刚建成的京九路去参观，一路上大家都很兴奋，同时也在想，京九路怎样才能发挥出像沪宁路那样的作用。我想，应该在京九路沿线加快发展一批中等城市，然后借助这些城市的辐射力量使周围的农村富裕起来。于是，我提出了“穿糖葫芦”的设想。从 1997 年开始，我就沿京九线到河北的衡水，山东的聊城、菏泽，河南的商丘……一路下来到广东的惠州，一个个城市去看。我希望这些城市在政府和各有关方面的支持下，能够更快地发展起来，形成一个具有实力的经济中心，从而带动周围农村的发展。这样，京九路就能发挥出它作为经济动脉的功能来。

从当前我国农村经济的发展来看，小农经济的生产方式与规模经营之间的矛盾日益凸显出来。进入21世纪的时候，我国一些发达地区的农村，机械化、科学化种田的程度越来越高，传统的脸朝黄土背朝天的劳动已经成为历史。劳动生产率提高了，不再需要那么多劳动力挤在田里干活，今后将有越来越多的农民会离开土地。那么，他们去哪里呢？进城打工。如果这些人一下子都涌进北京、天津、上海这样的大城市，国家投资太大，吃不消。我曾提出过小城镇是人口的蓄水池的观点，就是看到小城镇可以不用国家掏钱，由农民自己投资、自己想办法建起来，从农村分离出来的很大一部分劳动力，进入了小城镇。有这样一个缓冲的地方，解决了大问题，使我们的事情变得容易办一点。现在的问题是政府有关部门要加强对小城镇建设的指导，使各个层次的城市稳妥地、健康地发展起来。由此可以看出农村城市化的迫切性和重要性。另外，最近几年里，我到全国各地的城市里做实地考察，体验到城市对其周围农村的辐射作用，看到了城市经济发展的重要性。因此，我的研究也开始从农村走进城市。

在研究小城镇建设时，我还考虑过小城镇规模的问题。现在农村人口有逐步向城镇集中的趋势，从江苏省吴江市的情况看，这个市的几个大镇大约都在5万人左右。这里面不包括外来人口，因为外来人口流动性很大，再加上目前人口统计制度不完善，这部分人口的数字无法准确统计出来。我们国家各个地区的经济发展是不平衡的。我在京九沿线地区考察时就注意到，那里农民年人均收入比我家乡吴江要少一半；而西部贫困地区的农民收入又比这些地方少一半。我在贵州毕节地区就亲眼看到过像吴江50年前那种贫困的景象。中国之大，各地情况千差万别，经济发展不平衡是不可避免的。这个历史上遗留下来的问题，需要我们全国人民，在各级政府的领导下，想办法把贫困地区的经济发展起来，这是一项很艰巨的任务。同样，小城镇建设也存在着千差万别的状况，也要分层次地、适时地予以解决。

最近，我在研究城市这一课题时，讨论到城市社区建设的问题，目前上海大学上海社会发展研究中心的研究人员正在下面搞调查。简单地说，社区就是居住在同一个地区里居民的组织，这种组织早在新中国成立之初就建立起来了，只不过随着我国社会经济从计划经济体制向市场经济体制转变时，原来社区的组织、结构和功能、职责已经不能适应当前社会的要求，因此出现了许多新问题，需要我们用新的思想来加以研究与解决。在计划经济的时候，我们大多数人都由某个单位来管理，这个人的生老病死，甚至他的家属的很多问题都要由单位来解决。这是由于解放战争那段特殊的历史时期所留下来的印记。我称它做“单位包干制”。但是，改革开放以来，随着市场经济体制的逐步确立，单位已经不能再把人“包”下来了。“单位人”转变成了“社会人”，在这个转变的过程中，许多过去由单位管理的事情，例如各种社会保险问题；如何照顾老人、孩子的问题；社区“硬件”建设，以及绿化、卫生、安全等等问题都交给了社区来管理。总之要求社区建立起一套居民自己管理自己，能够适应社会主义市场经济的生活制度。我想，在研究城市建设的内容里，这个问题也是很重要的一部分，而且要普遍解决好，大概还要经过一段相当长的时间。

现在大家都在谈论全球一体化的问题。要全球一体化，就先要求国家一体化，也就是要建立起若干个全国性的、统一的大市场；要建立起这样规模的大市场，就要有与之相匹配的城市作为中心。有同志讲我国有三个经济较发达地区，就是珠江三角洲地区、长江三角洲地区和环渤海湾地区。这三个地区都需要发展各个层次的中心城市，拿长江三角洲来说，它以上海为中心，周围还有许多低一级的中心城市。有了这些城市，整个区域的经济才能发展起来。过去上海就比较封闭，现在浦东开发全上海开放了，邻近的昆山接收上海的辐射，很快就发展起来了，没有几年就成了中等经济发达地区。江阴大桥一旦通了车，苏北就能比较顺畅地接受苏南地区的经济辐射，很快也会发展起来。这座大桥的建成，会使这个区域的经济变化加快，以至对江苏省的经济发展会产生很大的影响。江苏的经济发展要纳入整个长江三角洲的范围来整体考虑，看看我们在整个格局中是占什么位置，江苏的各个地区要发展什么产业，发挥什么功能。都要做到心中有数，这样江苏才能持续发展下去。

刚才我说近几年我"从农村进了城"，指的是这几年我把城市作为我研究的一个重点，并且在研究中加深了对城市的认识。我感觉到在进入 21 世纪的时候，全球经济一体化进程越来越快，像上海这样作为经济中心的大城市，必然会成为与世界联系的一个窗口，发挥重要的作用。历史上帝国主义国家侵入中国后，强迫我们开放五个通商口岸，上海就是其中的一个。帝国主义为什么要开这五个"口"？开这五口的道理在哪里？……这些都是值得我们研究的问题。

现阶段，我国经济发展的潜力已经从农村转移到城市。农村的发展要依靠城市的力量，同样农村的兴旺也会反过来支持城市的发展。所以，城市要研究怎样进一步服务于农村，为现阶段的经济发展服务。

希望这次城市经济研讨会，能够更好地把我们国家这方面的研究力量组织起来，对城市进行深入的研究。为党和政府提供一些好的意见和建议。

1999 年

中国区域发展的设想

本篇关键词

区域经济　区域发展　重开丝绸之路　边区开发　互利互惠，共同繁荣　全国一盘棋　以商带工　重开向西的丝绸之路　甘、青、宁三省协作区　东西联营　共同富裕，协调发展　苏南模式　温州模式　珠江模式　以上海为龙头　黄河三角洲开发区　长江三角洲经济开发区　开发大西北　欧亚大陆桥经济走廊　上交会　大陆上的香港　隐蔽的上海　开发大西南　走出孤岛　重振南方丝绸之路　珠江三角洲经济开发区　借船出海　造船出海　自然生态失调　人文生态失调　环渤海湾地区　洲际经济时代　华南大经济区域　经济中心与腹地　大珠江三角洲　泛珠三角　“9+2”计划　泛长三角

● 这个经济中心的恢复和发展，更长远的意义就是重开向西的“丝绸之路”，打开西部国际市场。从某种意义上来说，西部国际市场比东部国际市场更有潜力。……外向型经济不是单一的，同样要发挥各民族的优势去开辟国际市场。

● 我一向认为，一个民族，无论大小，要发展和繁荣起来，必须有一个坚实的经济基础。一个民族在发展中保持其民族特点，那就必须利用其民族特有的优势来发展经济，不然的话，这个民族难免要衰亡。

● 模式这个概念是从发展方式上说的。因为各地所具备的地理、历史、社会、文化等条件不同，所以在向现代经济发展过程中采取了不同的路子，这是可以在实际中看到的。不同的发展路子就是我所提出的不同发展模式。

● 上海的发展宜更上一层楼，在更高的层次上从区域经济发展的观点出发，考虑成为长江流域的贸易、金融、信息、科技、运输中心。换句话说，使上海在经济上成为长江三角洲和沿江地带工农业商品总调度室或总服务站，成为一个具有广阔腹地的大陆香港，这也许是更可取的一条路子。以这个思路为底子，我于1990年提出了关于建立长江三角洲经济开发区的建议，后来又更具体地提出了以上海为龙头，江、浙为两翼，长江为脊梁，以“南方丝绸之路”和西出阳关的欧亚大陆桥为尾闾的宏观设想。

● 开发大西南的重点，是开辟出一条通向东南亚各国的通道。我通过多次到西南地区作调查，逐步形成了“一点一线一面”的开发设想，其中的一线就是要开辟出一条大西南通向缅甸、印度、孟加拉等国的交通动脉。这条通道形成的时间可以推溯到秦汉以前，历史上称之为“南方丝绸之路”。

● 改革开放初期广东靠了香港的带动，发展起来了，现在在“9+2”的格局里，广东一头要推动香港继续繁荣，另一头要拉动内地8个省区的发展，在这个过程中，它们之间的关系既有竞争，又有互相补充。

全国一盘棋

——从沿海到边区的考察

中央沿海发展战略提出后，东、西部发展的关系就成为一个很重要的问题。

从种桑养蚕业北上谈起

东部地区这一年半来变化很快。以江苏为例，我们曾经把江苏省分为苏南、苏中、苏北三个发展程度不同的地区。我们看过“苏南模式”，也看到了苏北发展中的一些问题，但是对苏南、苏北的关系问题却谈得不够。其实，苏南、苏北的关系最近也发生了很多变化。就拿“丝绸之乡”的江南来讲，近来这里的丝绸工业大呼原料紧缺，埋怨苏北不肯出卖蚕茧。这种类似“羊毛大战”对原料的争夺，反映了地区之间关系的变化。过去苏南自己种桑养蚕，原料自给。这几年，桑蚕跨过长江在苏北安家落户，苏北的桑蚕产量已经超过苏南。苏北、苏南有了更密切的经济联系。

桑蚕北上，是商品经济规律的必然结果，像世界经济产业结构目前发生的变化一样。产业结构的调整和转移主要有两种方式：一种是通过人口转移来实现。表现为人口向城市的大量集中，工业在城市高度聚集，如当前的墨西哥城、新加坡等。中国的上海也发生过这种现象。另一种是通过工业转移来实现。表现为劳动密集型的产业向外扩散，苏南的乡镇企业的兴起就是这种扩散的结果。由于商品经济的规律，苏南农民不愿意再种桑养蚕。这就促使种桑养蚕向经济相对落后的苏北转移，当然，目前这种产业转移程度还很低。

我们在小城镇研究中，曾经提出“离土不离乡”的概念，这是根据当时的经济发展情况提出来的。现在随着经济发展的变化，我们认为农民“乡”、“土”都可能离。前提有两个，一是农业规模经营，二是社会保险制度。我在苏南进行了规模农业的研究，一般认为，一个农村劳力如果有产前、产中和产后的社会化服务，又能利用机械耕种，经营 10～20 亩土地，收入就可以等于务工的劳力。另一方面，土地对于农民长期起着社会保险的作用。但是，在新的社会保险体系建立之前，农民轻易不肯放弃土地。

苏南要上新台阶，出路仍在乡镇企业的深化发展。苏南的丝绸工业不仅要有丝织，而且要有印染，进而发展成衣生产。这几年成衣时装发展很快。过去认为时装表演是有伤风化的事，现在虽然开禁了，但苏南目前仍以初级产品生产为多，以成衣为最终产品的比例还很小。只要苏南乡镇企业向技术密集型方向发展，种桑养蚕等劳动密集型的北上就不可避免；苏北完全有可能成为新的桑蚕基地。这个例子说明了这样一个道理，国际、国内经济产业结构的变化和转移，完全不是人为设计安排所引起的，而是商品经济规律的必然结果。对商品经济规律，我们只能努力去认识它、尊重它，而不是想当然地人为干扰它。在这个基础上，我们才能处理好各种关系。

中部地区也是如此，湖南具有一定的代表性。东部沿海地区的变化直接冲击着中部地区，形成一个“次沿海地区”。和广东交界的湘南，目前就成了一个弹性过渡地带。例如广东市场需要大量生猪，湘粤边界的几个县就兴起了“养猪热”。目前广东和湖南形成了一个“接力赛”的有趣现象。湖南的生猪卖到广东供广东人消费；广东人的生猪卖给香港出口创汇，因为广东养的是香港市场所需要的“瘦肉型”猪。

广东接受香港的经济辐射，并向内地传递。例如广东的来料加工企业中有很多工人是湖南人。这些工人之中有的成为继续扩散的媒介。目前这种“接力赛”和梯度扩散还在由沿海向内地进行，过了韶关就直接进入湖南。但是我们应该清醒地认识到，这种扩散不是无限制的，它是由商品经济规律决定的，也是由国际市场的变化情况所决定的。广东吹来的“南国风”，也受香港经济繁荣与否的影响；而香港的经济又受世界经济起伏的影响。而面对瞬息万变的国际市场，我们又缺少经验，外贸体制还很不适应。因此，我们的“大进大出”还是攥在别人手里的“大进大出”。这是目前外向型经济发展中最大的问题，比如，我们还没有自己的面对世界市场的信息中心，信息中心在香港，在日本。我们只能通过别人的信息中心得到订货单。这种被动的情况不是短时期能够解决的，只能在实践中不断提高自己的对国际市场的适应能力，同时还要始终保持清醒的头脑，努力削弱对外的依赖性，才能减少大起大落的损失。

西部地区的发展同样应该尊重商品经济规律，而我们对商品经济规律的认识还很不够，跟不上事物的发展变化。西部的路子还在探索之中。

市场导向与经济运行的启动

现在首先应该解决经济发展的启动问题。我常比喻，一个地区的经济运行要有一个“发动机”。这个“发动机”的功能就是启动整个地区的经济发展。西部地区现在出现了“富饶的贫穷”现象，资源丰富，但经济落后。西部的企业如果搞得好，可以带动资源开发，带动当地各业发展，形成良性循环；搞不好就会成为沙漠中的“孤岛”，与周围社会自我隔绝。这个“发动机”的启动关键在哪里？我认为是市场导向的确立。沿海地区“外向型”经济体现了国际市场导向，但是也不能忽视国内市场导向，这就是我常说的“两个市场，左右开弓”。

在甘肃临夏，我提出“以商带工”的启动战略。我在那儿考察时，发现了一支农民流通部队——“倒蛋部队”。他们在农村收购大量鸡蛋，用自行车运往兰州出售，搞活了流通，促进了生产。我认为西部各地都要有这么一支“倒蛋部队”，由这种贩运队伍引火启动整个地区的经济运行。我进一步考察了这个地区回族的历史，提出发挥回民善于经商的优势，搞活区域经济。这个地区商品经济的发展，产生了更大区域联合的趋势，需要更大的商品经济发展的基础，甘肃、青海、宁夏三省(区)的协作应运而生。这个“协作区”在历史上就属一个经济地带。以河西走廊为主的黄河1 000 公里流域，善于经商的回族就在

1987 年，费孝通在青海互助土族自治县基层考察土族家庭生活情况

这个地带长期生活。现在我们把这1 000公里黄河连起来看，提出建立12个大型水电站，以解决这个地带的能源问题。由水电产生能源；能源推动矿山资源开发。通过资源开发带动这个“协作区”3 000万人民的致富，从而促使整个区域的商品经济的良性循环。这个经济启动的结果，将形成西北地区一个经济发展中心。

这个经济中心的恢复和发展，更长远的意义就是重开向西的“丝绸之路”，打开西部国际市场。从某种意义上来说，西部国际市场比东部国际市场更有潜力。东进的外向型经济发展，势必受到日本和亚洲“四小龙”这道屏障的阻遏，而西进中亚、西亚和中东地区，我们却具有一定的优势。充分发挥回族的民族优势，提供伊斯兰国家所需要的各种生活用品(包括热水瓶、毛巾等在内)，我们完全可能建立一个很大的西部国外市场。这方面，苏联正在同我们赛跑。总之，外向型经济不是单一的，同样要发挥各民族的优势去开辟国际市场。

市场导向，国际市场亟待开发这是没有异议的，但是目前国内市场的潜力远远没有发挥，特别是国内农村这个大市场。这几年全国各地农民的收入都有所增加。1980年前，全国大部分地区的农民收入在100元以下，而现在的贫困线已提高到200元。全国虽然还有6 000万人口在这条线以下，但绝大部分地区农民的收入都超过400元，有些地区发展更快。例如湖南沅江县1986年一年农民通过苎麻种植就有2亿元的收入。这些钱是怎么花的？苏南农村是通过集体积累发展了乡镇企业，这笔钱转化成工业积累。但是大多数地区的农民拿这些钱盖房子，或吃掉了，没有转化成生产力。

农民手中的钱主要有两条出路，一个是生产性，另一个是生活性。农民刚刚从自然经济里出来进入商品经济的环境之中，出现了许多奇奇怪怪的现象，包括农民生活消费的奇异现象。我们参观沅江农民的新房子，房间里几乎看不到任何配套家具用品，但是很多农民却买了收录机、电视机甚至高级音响设备。这些电器给农民多少益处，很难说清楚。很多地方现在还没通电，或电力不足，农民看电视，不是图像不清，就是老看“再见”(因电停止)。有些地方的农民用洗衣机装稻谷。尽管如此，农民还是大买家用电器。可见，我们对于农民手中的钱，既不重视，也不注意引导。

农村大市场包括两个部分，一个是农民需要的生产资料，另一个是农民需要的生活资料。现在农民有钱想买化肥、农药等生产资料，但买不到。这怎么能使农民手中的钱转化为生产资金？农民新房里没有合适的生活用品配套，这怎么能合理地引导农民用手中的钱去改善生活？

总之，对于农民手中的钱，农村这个大市场，我们应该给予充分重视。商品经济的发展不仅要有国际市场导向，而且应有国内市场，特别是农村这个大市场的导向。

扩散效应与东西联营

我以为西部各地区的经济发展都要以内外市场为导向，但各地又要因地制宜，选择自己的启动模式。例如，甘、青、宁“三省协作区”就是以“能源先行”为启动模式的。总之，经济运行急需启动，而启动方式又要因地制宜，切忌“一刀切”。根据西部地区的具体情况，我主要谈一下与启动西部地区经济有关的两个问题，一个是发挥国营及军工企业的作用；二是发挥“东西联营”的作用。

国营和军工企业，也就是我们常说的“三线”企业，是西部地区的技术堡垒。30年来，国家花了上千亿元的投资在西部地区兴建了这批企业。这批企业在计划经济僵化的体制中，不讲效益，不计成本，大部分亏损由国家补偿。特别是这些企业自建社会，自成体系，与周围社会几乎隔绝，没有形成带动周围地区经济发展的强大力量。例如包钢，企业办社会，包袱越背越重；而自己生产的钢材全部外运，包钢所在的内蒙古所需钢材却要到外地去采购运进，形成所谓“飞地现象”。

这些年来，这些国营和军工企业有了一些变化，但是远远没有发挥它的能量。国营和军工企业最大的优势是它的技术优势。兰州、西安等地中级职称以上的知识分子所占比例比上海还高，西部很多企业的技术优势和设备优势在全国也处领先地位。我一直在考虑，这些企业如何能把自己的技术优势扩散出去，在周围地区产生扩散效应（或外部效应）的问题。

这种扩散可以分两步走。第一步是品种变型，即“军转民、重带轻”，把过去计划经济中的部分军品生产转为商品经济中的民品生产。把“包销经济”转为市场经济。让重工业带动轻工业，让全民所有制扶助集体所有制，让大企业结合中小企业。这种变型符合中央有关企业改革的精神。第二步是地区扩散，品种变型后，国营大企业和军工企业为周围地区的横向联合打下了基础，大企业的技术优势和地方的资源优势、劳动力优势结合起来，将会产生综合效益。发挥国营和军工企业的优势，启动西部地区的经济运行，是一种重要的启动模式。

我一直主张“东西合作，互惠互利”。内蒙古的呼伦贝尔盟近几年经济发展很快，牧业从粗放改为舍养，农业从乱垦改为机械化规模经营。但是那里的森林资源没有很好的利用，浪费很大。我在那里做了“红娘”，介绍他们与江苏联营。江苏派人帮助建立木材加工厂；内蒙古用木材换人才，换技术。通过这种东西联营，在西部建立少数民族自己的工业基础，这是一种“国内补偿贸易”的形式。我在满洲里市也做了“红娘”，让江苏和他们联营外贸出口，组织货源出口苏联，进而换汇进口“以东支西，以西资东”，在国内“大进大出”。

“地区间的合作”是多方面的，内蒙古既然可以和江苏合作，当然更可以和东北三省合作联营，使各地的优势通过合作得到优化。总之，加强地区间的合作，形成合成优势，是西部地区经济发展的又一个重要的启动形式。

事实上，这一年半来东西部都发生了很大的变化，如何正确处理东西部地区不平衡的关系，促进东西部地区的协调发展，正是目前亟待解

1982年，费孝通、钱伟长（右二）率民盟中央智力支边小组在呼和浩特草原实地考察

决的问题。大家都清楚，全国东部、中部、西部三大经济地带发展是很不平衡的，东西部反差尤其强烈。世界上有“南北问题”，中国有“东西问题”。从发展观来讲，绝对平衡发展是不可能的，但“平均主义”也不能促进社会经济的发展。

中国的发展，从地区来讲是一个先发展和后发展的问题，从个人来讲是一个先富后富的问题。“共同富裕，协调发展”，这一指导思想我们不能动摇。我常说，中国不是“大鱼吃小鱼”，而是“大鱼帮小鱼”。那么怎么帮？我认为主要有两条：一是国家支持，二是自己走路。中央领导同志说过：对东部地区，我们给政策；对西部少数民族地区，我们不仅给政策，而且要给切实的帮助。这说明发展西部地区，国家的参与是必要的，但是最根本的发展动力来自当地的人民群众。国家支持的目的就是帮助西部少数民族站起来走自己发展的路。我一直呼吁发挥各民族的优势，用自己的腿走自己的路。例如藏族，他们比其他民族更适应青藏高原的高寒气候和低气压。又如黎族，他们在海南岛则有经营热带植物的传统和经验。我们只有帮助少数民族在自己的经济基础上站起来，才能避免少数民族名存实亡的后果，才能使我们的国家真正成为一个民族大家庭，各民族才能在这个大家庭中共同繁荣。

东西部协调发展的关键是深化改革。例如我们在西北地区筹建一个亚麻厂，几年不能上马，这个“发动机”一直启动不了。为什么？因为它只走上层路线，被层层的机构所羁绊。所以眼睛不能光向上，而且也要向下，上下结合才有活路。再如，青海对羊毛原料进行地区封锁，不许外流。因为青海的羊毛纺织厂需要原料，而当地政府靠这些羊毛纺织厂能得到巨额税利。这些税利是在压低羊毛收购价，低成本的前提下挣得的。“羊毛大战”使羊毛外流，政府通过行政手段设卡堵截，结果出现了牧民用游击战来保护这支“捣蛋部队”，羊毛仍然出去，堵卡的行政队伍也难免腐化。真正的解决办法不是维持原料低成本，而是提高企业的经济效益。为什么别人可以用较高成本的羊毛原料生产仍有利润，而青海却不行？所以，改革才能开放；开放才能改革。这里归结到一点，就是要遵循商品经济规律办事，在改革中找出路，求发展。

1988 年 5 月 9 日

四年思路回顾

1984年七八月间，我参加中国民主同盟中央组织的“多学科学术讲座”，对我过去的社会学调查作了一番回顾，一共十讲。后来以《社会调查自白》为书名出版，又收入《边区开发与社会调查》这本文集里。时间过得真快，转眼又是四年多了。1989年新春，我应日本友人鹤见和子教授之约写这《自白》的续篇，追述这四年来我在社会学研究中思路上的开拓，以提供给中日两国学者合编的一本有关农村和小城镇研究的文集。

一

我早期社会调查的对象是中国农村。30年代我所调查的只是一个坐落在太湖边上约360户的小村子，我称它作“江村”。以这个小村子做窗口，我想去观察中国农民社会生活各方面的基本情况。尽管当时的农村在社会生活上自给自足的程度很高，但是它决不是一个和四周脱离的封闭社区。它在各方面都和外界有联系，特别在经济上依靠着附近那个农产品和工业品交流的集镇。我在江村调查时虽已明白这个情况，并已看到城乡联系的重要性，但限于时间和条件，我的实地观察还只能自限于这个小小村子，没有跟踪寻源到集镇。直到80年代初我恢复了学术工作后才有机会走出农村，进入集镇，把我的研究领域逐步扩大。

由于我是从农村出发去研究集镇的，因而我的着眼点一开始并没有限于集镇本身，而首先把它看做是城乡的结合部。从这个角度我提出“类别、层次、兴衰、分布、发展”的10字研究课目。我还是主张采取实地观察，“解剖麻雀”，由点及面，从定性到定量的研究方法。这次调查不像50年前那样单枪匹马地一切都由个人操作，而组成了一个可以实行分工合作、集体讨论的研究队伍。我们先从江村所在地的吴江县的各集镇调查起。根据各集镇功能上的特点分出了五种不同类型。又从商品流通及行政系统上分出三层五级。然后注意到它们的分布的兴衰过程，最后探索农村经济发展的模式。

80年代初期，正是中国各地小城镇开始复兴的时刻。我们注意到吴江县的这些集镇人口无不在迅速增加。追究过去，了解到它们都曾在50年代进入过一个衰落时期，人口下降；70年代后期陷入谷底，出现了冷冷清清的局面。嗣后前前后后出现了生机。当我们去调查时，这些集镇的面貌正在发生明显的变化，出现了欣欣向荣的势头。

各地方的集镇怎么会兴旺起来的呢？这个问题吸引我们注意到当时正在有如异军突起般发展着的乡镇企业，当时因为这些是公社和生产队所办的工业，所以一般都称作“社队工业”。集镇是社办工厂集中的地方。这时集镇上新办的工厂纷纷到农村里去吸引农民出来当工人，集镇的人口也就多起来了。工业带来了繁荣，集镇上新的建筑一座座盖了起来，面貌大变。农村里也由于生产大队或生产队办了工厂，收入增加了，农民生活改善了。这种令人兴奋的景象，很自然地吸住了我们的研究兴趣。

这里也不应当忽略我私人的因素。我30年代调查江村的兴趣是被当时该村举办的生丝产销合作社引起来的。我在江村调查里得出了“人多地少，工农相辅”这个对当地农村经济结构的概括。从此也得出了发展农村工业是提高农民生活水平的必由之路的观点。这种观点我又在30年代后期和40年代初期的云南内地农村调查里得到支持。时隔30年，事实证明我早年的主张并没有错。我对此自然十分激动。这股出自内心的动力很容易把我推向这个研究课题。

回顾从1982年到1984年这三年，我的调查活动几乎全部放在江苏境内，从吴江一个县开始，扩大到包括吴江县在内的苏南四市（苏州、无锡、常州、南通），接着从北向南，访问了苏北四市（徐州、连云港、盐城、淮阴）；再从南京沿江而下，访问了苏中三市（南京、镇江、扬州）。这样，对江苏这个沿海省份有了一个比较全面的概观。在这三年的调查里，我看到当时江苏各地的发展是快的，但也不是平衡的。而且可以看出经济水平由北而南逐步提高的趋向，并可以用各个地区总产值中的工农比例在数量上表示出来。北部经济发展水平较低地区的工农比例是“工三农七”；逐步向南，经济水平逐步提高，工农比例也随着发生变化，工升农降。接近长江北岸，工农比例持平；过江偏东，已达到“工七农三”；靠近上海一些乡村，当时已出现“工九农一”的比例。综合这些情况来看，发展乡村工业确是农村经济由贫致富的有效途径。这对我这三年的思路有深刻的影响，表现在我这个时期发表的《小城镇四记》（《小城镇　大问题》、《小城镇——苏北初探》、《小城镇　新开拓》、《小城镇　再探索》）里。

1984年我结束了对江苏的初步调查后，除了继续在江苏各地跟踪观察外，我的研究重点跳出了江苏。一路是沿海南下，经浙江、福建到两广；一路是进入边区，从东北过内蒙古入甘肃、青海，并访问了新疆和宁夏。此外还在沿海和边区之间中部地区的河南、湖南和陕西了解一些情况。到1988年底的足足四年多里，我东西穿梭，南北奔走，使我的思路得以开拓和提高。真觉得行万里路胜读万卷书。接触不同的人和事才能有所比较。有比较认识才能深入。我在这调查过程里，也不断把所见的情况和苏南比较，因而对“苏南模式”有了较深入的认识，突破了原来的一些观点。下面我将择要一述我的思路。

二

“苏南模式”这个词是我在1983年所写的《小城镇　再探索》中提出的。那时我刚从苏北四市调查回来，感觉到苏南这个地区在农村经济发展上自成一格，可以称为一个“模式”。至于其特点是什么，和其他地区有什么不同等等，在我的认识上还不很明确，所以也没有具体地交代明白。

由于当时我对“经济发展模式”这个概念不明确，甚至还认为其他农村在今后会走上苏南一样的路子，所以“模式”一词包含了“模范”的意思，甚至带着“样板”的味道。这是不正确的。其实苏南农村由于其特有的历史和地理条件，它们在发展过程中既有和其他农村相同之处，又有其独具的特色。把它看成一种模式主要是在显示它的特点，不同于其他地区的个性。模式在概念上应当和样板区别清楚，不然会带来不良的后果。因为今后中国农村的发展，应当避免强制不同条件的农村仿效一个样板。“文革”期间的“学大寨”是一个不应当忘记的教训。1986年当我在温州看到了和苏南不同的另一种在农村里发展工业的路子时，就警觉到我所提出的“苏南模式”的概念不够明确，而且带有成为“样板”的危险性，所以着重提出“因地制宜，多种模式”的主张。

我所说的“模式”是指在一定地区一定历史条件下具有特色的经济发展过程。苏南和温州是两个地区，具有相同和相异的历史条件，而在经济发展上走出了两条不同的路子。我们这些研究工作者有责任对这两条路子有什么不同，为什么不同，作出具体分析。分析的结果可以突出各自的个性，称之为不同模式。下面可以简单的以苏南模式和温州模式的比较来作说明。

这两个地方有相同的背景。自从50年代后期都实行了公社制度和“以粮为纲”的政策。这是全国农村基本一致的历史事实。这两个地方都是地处沿海，人口密集。人多地少是它们的共性。但是两地的历史条件却有区别，苏南历史上是个农村手工业发达的地方，以“工农相辅”来维持农民生活的。即在计划经济下还曾有过一段时期为了外贸的需要，维持了一定限度的传统家庭副业。温州则是个侨乡。这地方的农民一向到海外去经营小商业，用侨汇补贴家用，解放后，国门封锁，外出受阻，逼得人口大量到全国各地去卖工卖艺度日。两地的传统因而相异。同样在人口压力日益增长下，苏南农民抓住“文革”时期大中城市工业停顿、大量技工回乡的机遇，在原有“工农相辅”的传统下，由公社和生产队办起了小型工业。农业体制改革中农村里的大量剩余劳动力解放了出来，吸收进了社队工厂。这就是我在80年代初期看到的情形。温州没有办工业的传统，也不靠近工业城市，没有发展社队工业的条件。在“文革”期间大量外流的人口分布在全国各地，起初是卖工卖艺并偷偷地按他们经商的传统本领在地区间进行贩运。1984年改革的政策承认了长途贩运的合法化。这一大批流动的人口摇身一变竟成了一支公开的流通大军，在国内开辟了大市场。就是这支流通大军回乡来分别开办家庭工厂，制造小商品以供应已开辟的市场，在短短的两年里在温州一市出现了有名的十大小商品市场。两个地方由贫致富是一致的，但是境遇不同，所走的路子也不同。结果两地的经济结构也各有特色。

先说苏南模式。苏南模式的初期是社队工业。社队工业产生在农业体制改革之前。当时这种社队工业究竟是什么性质的企业呢？这些小型工厂实际上是公社或生产队经济结构中的一部分，由公社的书记或生产队长领导和管理。这种工厂里的工人是从本社或本队的社员家中招收的，记工分不拿工资。工厂的利润到年终结算，除了一部分作为公社或生产队的财政和公益开支外，归入生产队的工分基金，平均分配给社员。这种工厂如果有利可图，上级政府还可以上调作为自己一级政府的企业。

当时牌子最硬的是国营企业，属全民所有制，有属中央各部管的，有属省、市管的。县办企业有的还够不上称地方国营，就称作“大集体”，于是就把公社或生产队办的企业称作小集体。我当时也跟着把社队企业视作集体所有制的企业。新生事物的称呼难免含糊不清。事实上苏南的乡镇企业初期是公社体制胎生的产物，它应当说是社队所有制，所以最初都叫它社队工业。

在苏南，公社体制改革后，农工分了手。农业经营承包到户，而社队办的企业却没有分，照原样办下去。公社名称改成了乡，生产队改成了村，社队企业的名称也得改，一般称作乡镇企业。这些乡镇企业还是由乡长或村长领导和管理。一直到现在一些村办企业，还是由村长说了话才算数。在这个变动中，由于取消了工分制，工厂不能不按工人发工资了。但是一般工资还不是直接发给工人本人，而发给工人的家长。后来加发奖金时，在厂的工人才真正有现钱分到手上。我曾把这种在改革中常见的情况比喻作蝌蚪变青蛙的过程，脱掉尾巴要有一个过程。到目前苏南的乡镇企业里还可以看到公社制留下的尾巴：乡办企业利润归乡政府支配，村办企业的利润归村里支配；管理上还是乡长和村长掌权。实事求是地说，我想这种乡镇企业可以称作地方干部经营的社区所有制。社区是指一定地域里生活的共同体。社区所有制是指名义上所有权是属于这个乡或这个村全体居民的，而事实上由于利润由管理这个社区的行政机构所支配，所以性质和“地方国营”相类似，它跟国营企业不同只是一是全民所有，一是乡村居民所有。在当前阶段不论是全民所有或乡村居民所有，实际管理权都握在各级行政领导手上，政企还没有分。

这一点说明白后，苏南模式就可以和温州模式在所有制上作出区别了。温州当然也有和苏南类似的乡镇企业，但是主要是家庭企业，就是所谓个体户，属个体所有制。严格说，如果个体的意思是指个人，温州街上的作坊也并不真是个人所有的，而是家庭所有的。家庭里有不少成员，而且通常并不限于直系亲属组成。许多是已婚的兄弟甚至亲亲戚戚组合成的家庭作坊。如果我们仔细观察，各人的责任和收入都有事实上的规定，有时甚至可以说是股份制的雏形。但是通常我们却说这是“个体所有制”或私有制。

当我在温州调查的时候，这些家庭作坊已出现“走向联合”的趋势。我用“联合”一词，是为了避免用那个可能会引起心有余悸的人反感的“合作”这个词。其实在外文里称“联合”不如称“合作”为确切。不同的个体企业联合起来按“合作社”的原则来经营，这是一种合作性质的集体所有制。这种合作组织常是以“亲戚”或街坊关系组成的作坊，也可以说是家庭所有制顺理成章的发展。在这里我们可以体会到个体所有制和集体所有制只在概念上可以有严格的界限，这种界限在现实中是相当含糊的。家庭企业和各级政府所办的企业基本的不同是在一般所谓的官民之别。

如果允许我在这一点上再作一些发挥，我想说在苏南模式中的社区所有制在一定意义上也是家庭所有制的发展。公社和生产队一般都认为是社会主义时期的新事物。在历史过程中确是应当这样认定的。但是如果再一想，为什么公社这个制度能这样容易为中国农民所接受，而且运行了20多年？过去很少人敢于提出这个问题，但是我想是值得加以思索的。在生产队的具体运作中，我看到了传统大家庭的影子。一大二公，何尝不是大家庭甚至推而广之到一个家庭的指导思想？家长做主，统一指挥，有福同享，有难同当，又岂不是一个家庭或家族的根本组织原则么？从这个角度看去，社队企业的发生，它的经营方式，招工和分配原则，无处不能从传统的大家庭模式里找到对应。社队企业是社队的副业。我并不想贬低新生事物新的一面，只是想指出新生事物似乎都不能和传统模式相脱节，而且常常是脱胎于传统模式的。我指出这一点体会，很可能和鹤见和子教授的“内发型的发展论”有相通之处。对中国社会的发展，从乡土社会发展到工业化后的现代社会，这条道路上传统文化会起什么作用，消极的和积极的两个方面，都值得我们平心静气地加以分析和评估。要能做到这一点，我们不宜从概念到概念地作理论上的纠缠，而应当从活生生的一个个人的具体生活、思想和精神状态中去观察和体会，以求得深刻的理解。

三

沿海各省这10年里农村的发展，总的说来都是走兴办小型工业的路子，但各有各的办法。办法之所以不同都和各地特有的具体条件相关，真是“八仙过海，各显神通”。其中最引人注目的就是我上述的苏南模式和温州模式。可是在最近三四年里，珠江三角洲又出现一种和上述两种模式不同的发展路子，不妨称之为珠江模式。我对这个模式虽则还没有深入调查研究，但这个模式对我的思路却起了有力的冲击和推动。

我到广州附近的东莞去访问是在1988年底。但是在和这个发展模式接触之前，1985年我在访问香港时已有所感觉。我在访问回来所写的《港行漫笔》中有这样一段话：“从观塘的蜂窝厂家出来之后，我突然产生一个奇特的念头：如果我有孙悟空的本领，真想一口气把这密密麻麻挤在多层大厦里的许多工厂，吹散到内地广大的农村去。那么，这些蜂窝厂家不就成了无数的乡镇企业了么？我们除了无需建筑多层工业大厦之外，香港的小型工业在经营上确实是我们乡镇企业的一个范本。这范本里写着乡镇企业下一个发展阶段的文章。”

香港原来是个国际港口，在过去20年里利用大陆上移入的劳动力和世界各地的原材料和市场发展了多种多样劳动密集型的小型工业。这些小型工业在我去访问时已有4.7万家，一家工厂是一个核算单位，职工达85.5万人，平均一家只有20人。这些工厂都挤在多层大厦里，一层楼里可以有好几家小工厂。一个老板可以有好几家以至几十家工厂，所以我称之为“蜂窝厂家”。当时就想大陆上的乡镇企业如果能像香港这样办，原料、市场两头在外，农村里的劳动力加上先进技术和管理，不是可以又跨上一层台阶了么？

我当时只想摇身一变，变成个孙悟空，把香港工业大厦里的蜂窝厂家一口气吹到大陆上去。没有定下神来再思考一下，怎样吹起这阵风来。时过三年到东莞一看，我那时的奇特之感却已成了事实。是哪一阵风把这些小工厂从香港吹来的呢？并不是真的出了个孙悟空，而是香港和大陆两地工资和地价的差额所构成的那一个气流，当隔着两地的政治屏风一撤走，不可避免地刮起了这阵经济风，在短短的两年里，珠江三角洲大大变了样。香港工业正在扩散。

我去访问东莞是应一位亲戚之邀去参加他办的一个成衣工厂的开张典礼。这个厂就设在东莞专为外资办厂的工业区里，从签约到开工只有半年。这位亲戚原来就在香港观塘办有一个成衣工厂，我访问香港时曾去参观过，也就是我发生奇特念头的地方。事情是够巧的，也因之对我思路的启发特别强烈。

更有意思的是就在当天，我在香港的报纸上看到一条报道。说是香港有一家工厂的职工静坐在厂房里不让老板把机器运走。至于这个老板为什么要搬走机器，把机器搬到哪里去，报道里没有说明，只说是这个工厂的职工怕失业，反对把机器搬走。我那位亲戚在香港的工厂并没有关闭，但他和我说，香港工人的工资一个月要 3 000 港币，而在东莞只要 300 元人民币。他加了一句说，大概相差十倍。这是风源。这阵风会不会把他在香港的厂刮走，我不敢预料。香港怎么变，我们暂时可不管，值得我们注意的是这阵港风在大陆上吹起的变化。1988 年大陆上的沿海发展政策就是这阵港风吹来的。大出大进，两头在外，三来一补，外向型企业，外贸权下放等等，已变成了经济改革中的流行名词，我已应接不暇。

从香港吹来的这阵风，也唤起了我的记忆。我记起了前几年我曾请那位亲戚到吴江去参观，目的是想在江苏和香港之间搭座桥。我建议他在我们家乡开个分厂。他看我的面子，把办厂计划都搞了出来，可是快要签约前，他的几个合伙的朋友却退缩了，原因是吴江离香港太远，能不能按期交货没有把握。失信事小，赔钱事大。我的面子毕竟大不过经济规律，这个项目吹了。不料事过几年，原来可能在吴江见到的这个工厂却在东莞出现了。这件事实说明了人情世界已经过时，面临的是个我还不熟悉的、也不习惯的由经济规律决定的社会经济秩序，一个韦伯所阐述的理性世界。珠江模式的出现看来谁也挡不住的。

令人深思的是上述三种模式的差别。如果我们可以说苏南模式多少带着浓厚“内发型”的意味，珠江模式应当可以说是“外向型”了。当然苏南模式中也包括接受从上海这个大城市扩散出来的技术和信息，但是在程度上和珠江模式相比却大有区别。我所看到的这种珠江模式的主要特点是不仅两头在外，而且可说主体也部分在外，因为掌握着经营管理权的并没有脱离它原来的中心，而且利润主要部分是吸收到外在的中心里去的。苏南模式是当地农民利用城市的协力自己创造出来的企业，而珠江模式则是外地企业在当地农村自愿接受的条件下输入的企业。在所有制上苏南模式可说是社区所有制，而珠江模式是什么所有制，我还说不清。它们在发展我国农村经济上都起着重大的作用；今后怎样发展下去，二者是否还会发生新的区别，还是留待以后进行了深入的调查后再说吧。这里我只记下一些初步接触时，思想上所发生的一些启示。

四

自从我接触到了“珠江模式”后，我对发展模式的概念又有了深化，在多少带着一种静态意味的“因地制宜，多种模式”上加了个“随势应变，不失时机”的动态观点。

我在比较苏南和温州这两个模式时，已注意到前者背靠上海这个大城市和苏、锡、常、通四个中等城市。而温州却背山面海，是个被备战形势封闭的港口，没有大中城市可以依靠。这个区别可能是这两种发展模式分道扬镳的起点。当我接触到珠江模式时，心里不得不想到它和苏南模式之间的区别是不是出于各自的靠山不同，一是上海，一是香港？上海在抗战前原本是个仅次于日本东京的东亚大港。那时香港只是国际航运线上的一个船只靠岸、加水、加煤的码头，在这里上下的旅客和装卸的货物是有限的。当时中国的南大门还是在广州，所以广州的市面比香港更为繁荣。自从新中国成立，大门紧闭，对外实际上只留了香港这一个借道的出口，香港却因此发迹了。

香港在近10多年来简直是像张开了满帆，在顺风中破浪前进。香港现在的大亨们有多少不是这些年头靠地价上涨而发起来的？香港已成了个在东亚可以和东京并立的现代化国际商业和金融中心了。近年来又发展了近5万家工厂。看来香港的工业基本上和温州模式一样是由商业带出来的，相同的是都属小型制造业，不同的是温州的市场在国内而香港却面向世界，小巫见大巫。珠江模式是抓住了香港和内地工资差和地价差，不失时机地兴起的，是香港经济的扩散。

苏南靠近上海。而上海，30年来已是个封闭性的工业城市。上海的工业主要是按计划经济经营的国营企业。国营企业原材料供应和产品分配都由国家包办，自身不会发生向外扩散的作用。上海的经济扩散力因此不能和香港相比。长江三角洲在这方面比珠江三角洲也就相形见绌。如果不是“文革”把上海这种封闭状态打开了一点缺口，在“停产闹革命”中大批老技工回乡，苏南当时的“社队工业”，看起来也成不了“异军”而突然兴起的。

近年来在改革开放政策下苏南企业才逐步靠上这个比较开放的大城市。后来居上的昆山县乡镇企业在近两年里的发展，就是例证。苏南乡村企业要进一步发展还得紧靠上海这样的工商业中心。但是上海却比不上香港，因为它自身还需要转轨，而转轨不是容易的。何况现代世界经济中心已经不以工业为主，而是以信息为主了。上海要恢复它原来的国际地位，要补的课是十分艰巨的。上海发展得慢，扩散力量小，它对苏南的带动作用现在还是有限的，这匹老马已拉不动更远的车了。在苏北就能见到上海力所不及的情况。

香港在经济扩散上有多大能耐呢？我带了这个问题前年到了海南岛，去年去广州西北的梅县，最近又去了广西的桂东。我看到的是这股港风正在吹向珠江三角洲的外围。翻开地图来一看就可以明白：从香港这个中心向大陆扩散，像波浪般形成了若干层次的同心的环形地带。第一环是深圳和珠海，这些地方现已成立了经济特区。再向里，第二环是广州附近的东莞、中山、顺德、南海这四个县。它们已被称为突飞猛进的“四小龙”。以年纪论，还不出两三岁，它们都是两年前广东列入沿海开发区之后兴起的。香港的这阵风已经吹进了第二环，但是会不会吹遍全省呢？我的看法：继续扩大是可以肯定的，至于扩大得多快和多大，看来并不决定于香港的实力，而决定于我们的政策和投资条件。香港是个国际金融市场，资金是唤之即来，挥之即去的，其来其去决定于利润的高低和风险的大小。如果我们国内安定，开放政策不发生变动，最后限制这阵港风的将是具体的投资环境，其中水电和交通是决定性的条件。这个机遇能否抓得住，那要看我们自己是否有随势应变的能力了。

我在广东的梅县和广西的玉林及梧州都已微微地感到这阵扑面而来的港风。梅县在粤东山区，过去是早年从中原移来的被称作“客家”人的中心。由于土地贫瘠，很多人不得不出海谋生，所以成了有名的侨乡。客家人爱乡观念很强，过去是用侨汇来接济留在故乡的亲人，现在很积极地想投资开发家乡的山区。但是，由于地处偏僻，离开广州、厦门和汕头都有相当距离，他们心有余而条件不够。去年集资开辟广州到梅县的航空交通，极力争取香港工业的扩散。但到目前为止，这里还只能说是香港工业扩散区的西部边缘。

香港工业如果会进一步扩散，看来从广州沿西江西去较为便利。

从梧州出发的轮船，顺西江东下，当天可以过广州到香港，而且梧州正在积极筹建机场。在接受投资条件上比梅县为优越。后来我听说港风已吹到了处在广州和梧州之间的肇庆市。可惜我交臂错失了去现场参观的机会。无论怎样，西江可能具有迎接香港工业扩散的有利条件。但目前看来还没有形成第三个环形地带。

五

上节所讲到围绕香港这个中心的三个环形地带只是从香港工业扩散的角度来说的。如果进一步分析这些地带的产业结构，还有各自的特点和相互的关系。目前这个地区各种产业正在发生地域性的分化。我们已看到的是香港把许多劳动密集型的工厂或车间向珠江三角洲转移，因而引起了珠江三角洲原来用在农业上的劳力和土地在向这些新兴工业转移。同时也引起了珠江三角洲附近地区农村的变化。由经济中心向四周的辐射，像波浪似的一层层扩大，已到了广东的邻省，构成了我们的研究新课题。

1988 年底我曾从广西的南宁，经玉林、梧州北上，从恭城入南岭山脉，穿过湖南、粤北回到广州。这个地区正处在上述工业扩散区的外围，看到了不少值得注意的变化，使我感觉到这里正在形成一个为香港和珠江三角洲这个经济中心服务的农副产品的供应地带，将发生特具一格的发展模式。先说几件启发我这个想法的经过。

当我坐的车离开南宁不久，公路旁有一个很惹眼的新建的村子，村子四周丘陵两侧全是成片的菠萝田。同行的人告诉我这是个安置从高山上迁移下来的瑶胞的村子。自从引进了菠萝这项“一村一品”的拳头产品，现在这里瑶胞平均收入正在逐年上升，目前每人已超过 500 多元。我追问之下，知道了这里培植的菠萝产量高、质量好，而且近年来发展了商品经济，打开了销路，供不应求。最近又发展了加工工业，生产便于运输的菠萝罐头和菠萝饮料，大量供应香港。这番话不仅打破了瑶胞不愿下山定居的传说，而且显示了只要沟通香港这个市场，像南宁这样的地方都能大量培植经济作物了。

我带着这个印象到了玉林。在席间尝到了这里著名的三黄肉鸡。主人又告诉我，这几年来农村家家户户饲养这种肉鸡，每天有汽船拖着一串串装满了肉鸡的木船运往香港。香港人就爱吃玉林的肉鸡，一年要收购500万只。这番话使我回忆起四年前在苏北考察时看到的“百万雄鸡下江南”，长江北岸里下河地区近年来盛产的粮食，农民自己吃不完，发展了饲养业，为上海居民提供肉鸡，每天成百上千辆自行车载着鸡笼向上海进发，形成奇观。

1986年11月，费孝通到湖南考察苎麻脱皮加工

我从广西恭城出境进入湖南，在江永县边境下车休息。一望公路旁全是橘林，村里有一家瑶胞正在办喜事。主人对我这个不速之客分外殷勤，而且告诉我，他们全靠引进了夏橙，这个村子的瑶胞已经全成万元户了。夏橙是一种在树上挂果长到一年的橙子，在夏季收获。它不仅质量优良，而且赶在秋橘的前面，市场畅销。近年来几乎全部被香港商人包下了，有多少要多少，价钱又高。不到四五年，这个穷山沟里的瑶村，家家户户住上了砖房。

我在南岭山脉里，一路上就看到了一旦抓住供应城市市场的机遇，大搞对路的种植和养殖业，不消几年就脱贫致富了。这个规律是很容易明白的。香港和随着兴起的深圳、珠海，以及珠江三角洲新兴的“小龙”，有近千万人口已完全脱离了农业，他们日常所需的粮食和副食品均需市场供应。这个市场随着工商业的发展正在迅速扩大。珠江三角洲原来是供应广州和香港的粮食和副食品基地，现在发展了工业，农田面积每年缩小，农业劳动力逐步减少，而且依靠市场供应粮食和副食品的人数大增。这种产业结构的改变，给外围地区提供了机遇。正和每个都市近郊都有个蔬菜供应区一样，这样一个大香港经济区必须有一个庞大的粮食及副食品基地为它服务。这个以种植和养殖为主的供应地带的位置，将按它和经济中心区的交通条件来决定，而且将随着经济中心区的扩大而向外延伸，现在正在由珠江三角洲沿西江和北江延伸出去，前哨已达到粤北和桂东地区。对桂东和粤北来说就应当不失时机地改变自己的产业结构，向生产瓜果、蔬菜、禽蛋、肉乳发展，充分发挥它作为经济中心区的副食品供应基地的作用。

我带着这个想法，进入湖南的南岭山脉。这是瑶族的主要聚居区。瑶族分布在山地居住，所谓“无山没有瑶”。但是出乎我意外的是在江永县看到在都庞岭和萌渚岭之间，沿公路有大片的荒地，据说有几万亩之多。联系到南宁附近种菠萝而定居下来的瑶村，不由得我不产生让瑶胞下山来开辟这片平地的设想。如果这片大荒地变成了良田，不就成了珠江三角洲工业发展区的供应基地么?

瑶族是善于农耕的民族，他们在上千年前就住在像我在江永看到的千家峒那样四围高山的小盆地里，过着“有良田、美池、桑竹之属，阡陌交通，鸡犬相闻”的生活。30 年代我自己在广西金秀瑶山里，曾尝到过平生最可口的粳米。这是说在农业技术上，瑶族同胞是有基础的。还必须看到这个山区由于地形的落差大，有充分发展水电资源的条件。现在广西的恭城县已经是农村电气化的先进县。如果能利用潇水上游的水和电，建设水库和灌渠，发展水电，这个地区无疑可以开辟成粮油禽畜的农业基地。

我穿过湘南一角进入广东，在这个有近百万瑶族聚居的南岭山脉里，遍山林木，正适宜于培植果树；上面所提到的夏橙就是一例。而且有山必有水，山谷里都有培植蔬菜的坡地。我在日本东京附近山区曾参观过他们培植山地蔬菜的作业，这种蔬菜在欧美称没有污染的自然食品，价高而畅销。这段山区里，公路业已修通，今年底从连南到广州走高级公路只有四小时路程。具备了这样的交通运输条件，成为香港和珠江三角洲的供应基地应当是可以实现的前景。

我看中这条南岭走廊，不仅是从经济发展的规律着眼，而且是从民族政策出发的。这里如能建立起一个美丽富裕的瑶族自治地方，正可以为体现我们这个多民族国家里民族平等团结，共同繁荣的政策树立一个可供世界各地旅游者参观的例证。

要实现经济中心区外围的供应地带，由于地域广阔，必然会越出现有省区的行政界限，政策上不加以调整，就会出现困难。前年我去湖南访问时，就知道当时广东和香港对粮食和副食的需要大、价格高，湖南的郴州地区的粮食和生猪大量外流，提高了当地的米价和肉价，甚至外流人口的增加引起了湘南各县农业劳动力不足，怨言很多，去年因湖南粮食歉收，这些问题更为严重，导致湖南用行政手段封锁粮食输出。但是行政手段每每挡不住价格差的冲击力，徒然增加了边境上的纠纷。这里可以看到随势应变的必要，政策必须灵活，才能不失时机。广东由于吸收香港的工业扩散开辟为开放省，那是随势应变的例子，结果出现了珠江三角洲的“四小虎”。广东的经济发展就会辐射到靠近广东的几省的边缘地区，也必须及时制定配套政策，才能转变消极影响为积极影响。这是客观规律决定的事，迟做不如早做。

被省、区行政界线分割的这条南岭山脉，地形、生态甚至民族构成，基本上是一致的，在经济发展上又是处境相同、休戚相关，所以我认为首先应进行密切合作，为将来联合发展的前景做出准备。

以上是我在沿海诸省调查中的思想活动的缩写，下面继续讲我的边区调查。

六

1984 年我扩大研究范围，除沿海诸省外，还包括了西北边区，主要是内蒙古、宁夏、甘肃和青海，两个民族自治区和两个省。在过去四年里，我在开发边区这个课题里开始着重做了农牧结合和城乡结合这两个题目，进而产生了“全国一盘棋”的观点，被我国的东西差距和民族差距吸引了我的研究兴趣。

西北边区的一个特点就是它拥有广阔的牧区。我国牧区草原一共约 43 亿亩，占国土面积约 1/3，主要就在西北边区。历来牧业是这个地区的经济基础，而且具有极大的潜力。从事牧业的又都是少数民族，从发展少数民族经济的角度看去，牧业的现代化更有重要的意义。因此我认为要研究边区开发问题，应当从牧区入手。

早在 1956 年我曾去过一趟内蒙古东北角的呼伦贝尔盟。当时这地方的牧业还保持着传统的游牧方式，就是牲畜在草原上自己找草吃，一块地方能吃的草不够了，就换一块地方，不断移动。冬季另有避寒的草场。所以牲畜并不能长期住定在一个地方，牧民跟着牲畜移动，也不能有固定的房屋，更不能有固定的村落，呼伦贝尔是内蒙古有名的草原，牧业比较发达，50 年代又在苏联的协助下，建立了现代化的奶粉厂和屠宰厂。这是我初次和牧区接触，印象很深。

以整个内蒙古来说，牧业是当地蒙族及其他少数民族的主要传统经济基础，但是它的南部与汉族杂居地区，引进了农业，草原在退化，牧业也在衰落。这里存在着农牧矛盾，同时也正是过去发生民族矛盾的地带。因此我这次打算从农牧交错的地区入手去研究该地区社会经济发展问题。我选择了现称赤峰市的昭乌达盟为观察的对象。

从赤峰的历史上我们发现这个地区曾是个农牧和民族拉锯的地带。从考古学者发掘到的古代遗物来看，有理由相信在春秋战国之前这里曾经有过较发达的农业文化，但是后来被北方的游牧民族所占领，农业荒废，成了林草丰美的牧业地区。它地处燕秦长城和明长城之间，留下了南方农业民族逐步南迁的记号。这里即在宋代，还有“平地松林”之称，并不是一片荒凉的草原。自从18世纪初，清朝允许汉人出关之后，200年来，赤峰成了蒙汉杂居的地区，也是农牧并存的经济。

农业和牧业原本都是从采集经济里发展出来的，一是驯养了牲畜，一是培植了农作物。不同民族因自然条件的差别，因地制宜地分别以农或以牧为主导生产方式。但事实上没有一个民族的农业或牧业能成为单一性的经济。农民需要肉食和畜力，牧民需要粮食和日用品，所以农牧总是相互补充的。农业和牧业在一定条件下才发生矛盾，那就是粗放型的农业向牧区扩张，破坏了牧民生存空间的草原。

赤峰西拉木伦河流域广大的草原就是一例。在清末开始有汉人移入这个地区，到民国初年军阀割据时，当时盘踞在这里的军队，强占了这片草原，招募关内农民进行开垦。当时的所谓开垦实质是一种广种薄收的对土地的掠夺。开垦几年，地力耗尽，就丢荒另开。这片被丢的土地不久就沙化，严重的寸草不生，成为流沙，进一步侵入附近的草场，形成难以抗拒的破坏力量。同时人口增加，建屋、取暖和起炊，都需要木材。由于只砍不植，年久日长，原来森林茂密的草原，到近几十年已成了一片树木稀少的旷地。森林破坏，引起水土流失，加速了沙化。西拉木伦河和老哈河所形成的三角地带的草原一半已经沙化，赤峰市的其他地方情况更为严重。这是粗放农业和自然牧业碰在一起所发生的“农牧矛盾”。从外地进入开垦的人都是在本乡不能谋生，在这里又受到军阀苛刻剥削的穷苦农民，但因为他们是汉人，而牧民是蒙古人，因而农牧矛盾转化成了民族矛盾。

上述民族矛盾从50年代起，在实行民族平等团结的政策下是结束了。但是滥砍、滥牧、滥垦、滥采等破坏森林和牧场的现象并没有根本扭转。我在访问赤峰的旅程中，才初次看到沙化了的草场和移动中的沙丘，深刻地意识到如果要开发边区首先必须用大力来恢复自然生态平衡，治沙、防风、种草、种树是最基本和最迫切的措施。

解放以来30多年，在恢复自然生态平衡上是做出了成绩的。但至今还是属于小面积的实验性质，只能说在扭转生态恶化上已找到了有效办法。但科研成绩要成为一个个地区成龙配套的治理方案，还有待创造各种必要的条件才能实现。

从已有的种种实验中，我得到了启发，认识到开发边区必须走以牧为主、农牧结合的道路。在像内蒙古那样广阔的草原上，如果能大力发展现代化的牧业，在国民经济中的贡献是难以估计的。要认识到这一点首先须破除汉族传统的“以农为本”的狭隘观点。历史上的汉人确是个墨守神农氏传统的民族，每到一地就想法开垦种植。要知道粮食只是人类得到营养的一种来源，肉类不一定是“副食品”，也可以成为主食的。如果占有国土1/3的草原能充分利用，成为全国人民肉食供应基地，就可以减少对粮食的需求，而使农业地区的土地能从粮食的压力下解放出来，向培植经济作物转移。在宏观上去看，这是一项提高国民生产力的大战略。

在内蒙古一样的有牧业传统的草原，要提高畜产量，看来必须逐步改变让牲畜自己在草地上找草吃，人跟着牲畜移动的原始性游牧方式，而把牲畜固定在一定的地方，由人去找适合牲畜生长的饲料来喂它们。简单说是由放牧改变成饲育。

我在赤峰的巴彦他拉看到过去因开垦而破坏的草场已开辟成牧草生产基地，每年提供大量牧草给其他地方去饲养牲畜。又在黑塔子听到“退农还牧”的计划。他们打算建立奶牛基地，把原来开垦成的农田改种牲畜的饲料，做到一头母牛有“一亩青贮、一亩草料”。我在这里得到了“发展为牧业服务的农业”的概念，用来说明“农牧结合”的具体内容。

我又去参观了韩丁创建的接受联合国援助的翁牛特旗示范牧场。这个牧场利用现代化机耕设备种植青饲料，为各地送来的牲畜催肥，然后外运出售。这是一种放牧和舍饲相接力的方式。放牧的牲畜长到一定阶段，送到这个“催肥工厂”里实行舍饲。看来这是牧业改革的一个重要试验。

现在国内的牧场一般发生了草场退化的现象，主要是出于超载的原因。一块土地上的草是有定量的，如果供应过多的牲畜，必然会影响到次年的草产量，年复一年草场就退化了。现在通行的对策是设置“草库伦”，就是用铁丝把一块草场围起来，防止牲畜进入；使草场有休息生长的时机。如果再加上放牧和舍饲接力的方式，草原超载的问题是可以解决的。这就是说，把一段时间里供应牲畜饲料的负担，由草场转移到“催肥工厂”，由这工厂的精耕青饲料去饲育牲畜，使草场有休养生息的机会，不致退化。

我后来到甘肃临夏去调查，看到了当地传统里就有和联合国协助的示范牧场一样的放牧和舍饲接力方式。临夏靠近青海的牧区。每年秋末从青海有大批羊群被赶到临夏来出卖给临夏的农民。临夏的农民种玉米作青饲料，分别在自己家里喂养买来的架子羊，喂肥了，趁古尔邦节出售给当地回民。这不就是放牧和舍饲的接力方式么？

从接力方式再进一步就是结合方式。我去年又去访问呼伦贝尔，看到了30多年来的变化。我在上面说过，50年代在海拉尔建立了一个现代化的奶粉厂。当时为收买牧民的牛奶发生过许多困难，原因是牧民住处分散，厂方要用卡车到各个蒙古包去收奶，费时费力。而且当时还没有冷冻车，如果卡车在草原上抛了锚，一车的奶就坏了。这次我去访问时，却看到了牛奶业的发展已推动了牧业的改革。

我去参观了几个定居的牧民点。他们所有的牲畜已改以舍饲为主，只在附近地区放牧做补充。他们用拖拉机到远处收割草料回来喂养圈在住所旁的牲畜。他们许多家聚居在一处，所以奶粉厂收购就方便了。同时这些定居的牧民已开始在奶粉厂的协助下，开办小型的自负盈亏的加工车间。他们从培养草料实行舍饲，已发展到自己建厂进行原料加工。这些定居的牧民由于有了聚居的村落，村落里有公共的社会化的服务事业，包括小学和医院。这里看到了牧业改革带来牧区的新气象。这也许是牧区通往现代化的一条有效道路。在这里，我看到了少数民族发展的前途，开拓了我的思路。

七

内蒙古幅员辽阔，经济上地区差别很大，概括地说是东林、西铁、南农、北牧。我在赤峰着重了解农牧的情况。接着，1985 年到包头，想继续了解西铁的情况。如果说赤峰调查看到了该地自然生态的失调，在包头的初步调查却看到了过去在边区建设的大工业所产生的人文生态的失调。人文生态是指一个社区的人口和社会生产结构各因素间存在着适当的配合以达到不断再生产的体系。人文生态失调是指这种配合体系中出了问题，劳动生产率日益下降，以致原有生产结构不能维持人口的正常生活和繁殖。在整个西北边区，人文生态失调和自然生态失调同样值得注意。

我们都明白西北边区在经济发展上现在是落后于沿海地区，而且这个差距还在扩大。但是说来不大能令人相信的是，自从新中国成立以来，从 50 年代到 80 年代的 30 年中，国家工业建设的重点曾经放在中部和西部之间的走廊地带，从内蒙古经陕西、甘肃到四川，投资达3 700 亿元。在我们这样一个工业不发达的国家，这个数目是不算小的。用这笔钱建成了九条铁路和几千个大中型国营企业。但是这几千个大中型企业，却并没有成为这个地区社会经济发展的启动力。至今西北地区的人民生活还停留在人均年收入 400 元以下的水平，“老少边”地区还有几千万人在贫困线以下生活。这是为什么呢?

我从这几年的实地观察中才了解到西北地区的工业建设，可以分两个时期：最初是第一个五年计划里苏联协助的建设项目，我在上面提到呼伦贝尔的屠宰场和奶粉厂即属此类。这类项目大多是大型的国营企业，并以重工业为主，有些就建设在西部和北部的少数民族地区。当时还希望通过这批重点项目的建设在开发这些地区资源的同时，使少数民族的社会经济得到发展。接着，60年代起由于备战需要，国家工业建设还是集中在西北地区，并采取了“散、山、洞”的方针，就是把工厂分散到山区，机器放在山洞里。这些工厂一般称之为“三线建设”，主要是国营的军工企业。不论早期或后期这些工厂都不是在当地社会经济的基础上生长出来的，而是从上而下，由外投入的。

我们如果从社会学的角度去看这些企业，就能见到它们的特点，首先是“企业办社会”。也可以说是“社企不分”。企业的从业人员和他们的家属组成了一个在社会生活各方面力求自给自足，对外很少联系的封闭性社区。这在少数民族地区更为突出。这些人员绝大多数是从外地招集来的，他们和当地居民原来不存在社会关系。他们的生活需要，又是大多由企业负责调运供应。所以企业不仅要管理工厂里的生产，还要管从业人员的生活，从吃到住，从壮到幼，从生到死，企业都得管。

这种国营企业又都是直属于中央或省的政府部门，它们按所属上级调拨的原材料，指定的计划进行生产，产品上缴并由上级分配。这叫产品经济不是商品经济。它们和所在地的基层地方政府没有从属关系，当地基层政府管不着它们。具体情况当然要复杂得多，基本上这种企业是个独立于当地基层行政系统之外的“小王国”，因而时常发生“条条和块块”的矛盾。企业的上级政府部门又都是专业性的经济部门，它们也管不了各企业从业人员复杂的社会生活，于是产生了“企业办社会”的结果。一个厂长同时是一个“市长”。这种社企不分的封闭社区，人文生态关系就容易失调。让我举个具体的例子来说明这种现象，那就是1985年我去调查的内蒙古包头钢铁厂。

包头在解放前是一个人口不到7万的“水旱码头”，黄河上游牧区产品的集散地。1953年在苏联帮助下，我们国家在这里建立了一个大型的钢铁联合企业，简称“包钢”。它利用包头附近白云鄂博的铁矿，生产钢铁，供应国家的需要。接着国家又在包头兴办了三个重工业性质的大中型企业。这些企业的成员，从工程师、管理人员和技术工人，甚至到一般工人，很少原来是包头地方的居民。30年里包头市人口已经达到157万，其中在这几个企业为中心的市区约有80万人，形成了蒙古草原上解放后出现的一个新兴城市。

当初建厂时为了争取时间，所以定下了“先生产、后生活”的原则。在设计这些企业时，对从业人员的生活设施并没有预先打在规划之中。比如开工之后才发现工人大多是外地来的青年男子，他们在当地解决不了婚姻问题，于是不得不办一个纺织厂，在内地招收女工。男女结了婚就要生孩子，于是这些企业又要为孩子办托儿所，办幼儿园。孩子长大了，又要办小学、中学。1985年包钢所提供的教育经费达400万元。办了学校还不够。中学毕业生只有少数能到内地去升大学。于是约在70年代就已发生了青年就业问题。这些待业青年要企业自己“消化”。包钢不仅要包“钢”，而且还要包人。

包钢自从中苏关系发生变化后，这几十年是在艰苦中维持下来的。它们的物质条件还是50年代的，但是人文条件却不同了，单以人口来说已经翻了几番。现在已是个有几十万人的社区，而这个社区并没有和当地的社区融合，还是“两张皮”贴不拢。50年代的生产力却要背上80年代的社会包袱。即以“消化”这些待业青年来说，他们先是采取“顶替”的办法。工人的人数是有限额的，编制由上级规定，企业本身无权增减。他们只能让老工人退休，由他们自己的儿子来填补，这叫“顶替”。“顶替”显而易见不是个好办法，因为这等于是用“生手”去代替“老手”，必然影响生产效率。而且顶替也解决不了每年要增长的待业队伍。于是不得不又采用了编外增员的办法，把这些青年作为“集体工”即临时工，分到各车间去做工。各车间人员太多时，只能另辟规划外的车间，巧立名目，扩大人员。于是出现了“大集体”、“二集体”、“三集体”各个层次的附属体。形式尽管不同，都是为了“消化”这个封闭性社区里的一代代增长的劳动力。这些“集体”都依附着这个大企业，是断不了奶的孩子。总之，这个企业像个大家庭，不得不一代一代地养活不断增长的子子孙孙。而这个大家庭却并不是个不断生长中的母体，而是个生产力受限制的封闭社区，所以不可避免地进入了恶性循环，包袱越来越重，母体越来越弱，这就是我说的人文生态失调现象。

80 年代，又出现另一种使母体亏耗的情况。这些像包钢这样的企业，过去历年是亏损的，靠国家补贴维持，原因且不去说它，结果是技术人员的实际收入和社会福利很难提高。到了 80 年代，沿海各省乡镇企业发展得很快，由于缺乏技术人员，愿出重价招聘。结果在西北这些老大的国营企业里舒展不开手脚，待遇又微薄的技术人员就像春江水发大批东流。这等于是企业里的水土流失，又成了一种严重的人文生态失调现象。

人文生态失调形成了对企业的压力，这些企业不得不进行改革以求生存。首先是以开放代替封闭。在社会方面说，就是企业的小社区和所在地的大社区这两张皮，必须贴在一起，向社企分离的目标迈进。第一步是大企业以它技术管理的优势去协助当地政府办各种企业，增加当地政府的财政力量，使其有能力接管大企业过去所包下的种种社会服务工作，为大企业卸下包袱。这也就是使这些大企业开放出来促进广大地区的经济发展。大企业的开放不但发生了西北工业化的启动作用，而且也是自己解放自己的惟一办法。对地区经济和企业本身是两利的。这个改革过程已经开始，但是必须根据具体情形采取不同形式进行。应当承认这并不是一个轻易的过程，也为我们的社会调查提出了一个值得研究的课题。

我在包头看到的问题，实际是西北地区共同的问题。这促使我 1988 年去西安和宝鸡访问时特别注意了解“三线”企业的情况。“三线企业”就是上边所说的分散在山区，把机器装在山洞里的那些军工企业。自从政府进行经济体制改革以来，这些原来不计盈亏，不愁市场的国营企业，就面临一种没有经历过的要自负盈亏的新情况。它们必须转型以求适应。适应之道主要是以开放代替封闭，从产品经济走向商品经济。

国营大企业和远近乡镇企业联合起来是开放代替封闭的一个路子。我在宝鸡看到了许多具体例子。联合的方式是多种多样的，值得注意的是在西北地区国营大企业所含蓄的巨大科技潜力，形成了发展乡镇企业的启动力。我曾经在前面讲过，苏南模式的启动力得之于公社时期乡村的农业积累和“文革”时期的技工回乡，温州模式的启动力是得之于劳动输出所形成的国内流通网络和商业积累，珠江模式的启动力是得之于香港和内地工资差和地价差所造成的港风登陆。那么“三线地区”社会经济发展的启动力是否可以说应当着眼于20年来国家在这地区投入的巨额资金和集中的大量科技人才上去寻找呢？关键是怎样使已经存储在西北的巨大经济能量释放出来，使其成为西北这个多民族地区共同发展的推动力。这个问题开拓了我在西北的研究思路。

八

怎样缩短、消除西部与东部之间在社会经济上的差距的问题，把我带向西北去进行观察和思考。1984年我除了去内蒙古调查外，还去访问了甘肃的定西地区。从那年起，我连续三年到定西追踪观察。我挑这个地点去调查的原因在于它是扶贫工作的重点区之一。历史上就有“陇中之苦甲天下”，定西就在陇中的中心。

陇中高寒干旱，水土流失，生态恶化，三年两荒。每逢灾年，这里的居民能走的就外出打工、讨饭，留下来的挖草根当柴烧，爬几十里山路去背水喝，靠救济粮糊口，长期以来摆脱不了半饥饿状态。

我下乡进行家访时初次看到老百姓家里的水窖，一家人一年用水就靠这窖里储存的雨水。一个窖大约有几十立方米的容量。一家有两窖水的就算是当地的富户。天旱窖竭就得远出背水，否则就住不下去。近年来在严重时得用汽车送水来救济。这种苦景对我这个在水乡长大

1984 年 9 月 19 日费孝通考察定西县友谊村第十一生产合作社的贫困农户生活情况

的人来说是无法想象的。

干旱原来是自然现象。定西地区年降雨量只有 480 毫米，如果植被丰满，蓄得住雨水，还是能经营农牧生产的。不幸的是在相当长的历史时期里，生态平衡业已被破坏。许多地方不仅树木伐光，甚至草根都被挖尽，成了赤地千里，一片黄土。再经雨后激流冲刷，条条沟壑把大地割裂成高坡深谷。远远望去活像是剥光了皮，赤裸裸地撅起背脊的大爬虫，令人恶心难受。定西这样地方的居民就在这些山沟里过生活。靠近河流的还能种一些水浇地，面积很有限。大多是靠雨水长庄稼的梯田和坡地。据估计这地区无灾之年亩产在 100 公斤以上的农田，只占耕地面积的1/3。本地所产粮食不能养活本地的人口。

定西这样的地区如果坚持粮食自给，必然会进一步破坏自然生态平衡，导致灾难。从自然条件来说，大部分不宜种粮的土地却可以种草。只有发挥该地种草的优势去恢复生态平衡，所以从 1983 年提出了种草种树的政策方针后，加上一连三年雨水好，定西大力发展了畜牧业，使这地方有了脱贫的起色。

三次访问定西，我一直被“怎样脱贫”这个问题占住了心思。我深切感到逢灾放赈的办法是不能解决根本问题的，所以一再呼吁扶贫工作要改变“输血”为“造血”的方针，就是说要扶助贫困地区恢复生态平衡，自力更生地建立有发展前途的经济基础。但是怎样才能建立起造血机能呢？我开始时总是鼓励定西发展乡镇企业，但是在这个既缺资金，又少企业传统的地区，即便办了一些工厂，也难以发育扩散。在这里我才认识到经济发展中启动作用的重要性，也因而使我回头分析沿海各种模式不同的启动机遇和凭借的力量。怎样启动贫困地区的发展，成了我极想探索的问题。

1986年我有机会去河南东部商丘地区的民权县访问。自从黄河改道后，给这个地区留下一片贫瘠的沙土。民国初年连年的天灾人祸不断地逼使这个地区民不聊生，解放后还得靠救济过日子。到了60年代，当地干部惨淡经营，绿化了黄河故道，使这片土地恢复了活力。70年代农民发现这里的沙土适宜种葡萄。葡萄是一种高价的经济作物，很快在农村里推广开了。但是经济作物必须有市场作依托。葡萄熟后，保鲜期很短。在交通不便的商丘一带，不久就发生了大批葡萄运不出去而烂掉的情况，农民连成本都收不回来。这时，当地政府做了件好事，集资办了一个葡萄酒厂。为了易于在短期间收购葡萄及时榨成果汁，贮存起来供应酒厂酿造，各乡不久又建立了自办的加工车间，兴起了乡村企业。当我去访问时，已经形成了一个从果农、乡办加工厂到县办酒厂的一条龙生产线，使几万户农民可以安心种葡萄。酿造出的民权葡萄酒成了名牌商品。从户、乡到县，各个层次都得到了相当优裕的收入，把这个穷乡变成了殷实地区。这次访问给我启发很大，因为这不就是穷乡怎样造血脱贫的现实经验么？

那年我再去定西时就了解到这地方盛产亚麻，他们种亚麻是为了麻籽可以榨油，留下麻秆却用来当燃料烧掉。我碰巧见到一位麻纺专家，知道用亚麻的纤维纺织的技术问题在近10年来已经解决，国际市场上需求比苎麻更旺，而且麻纺的前景也比较乐观。我立即想到如果能按民权模式在定西办麻纺厂，不就可以使现在当燃料烧掉的麻秆得到了利用？计算一下，每个种麻的农户每年可以增加几十元的收入。这不是一个千家万户可以脱贫的路子么？

在一个刚刚基本上解决了温饱问题的地区，民间没有能力积累足够的资金来兴办乡镇企业。地方政府同样缺乏这种能力。过去西北地区实际上是个向外地工业提供原材料的基地。在计划经济下，原材料的价格偏低，和外地输入的工业品之间存在着相当大的剪刀差。这种差额一向是用中央补贴的办法来弥补的，而事实上财政补贴只够用来维持行政机构的开支。西北地区的工业历来是依靠国家投资，地方的乡镇企业沾不上边。资金不足显然是西北地区社会经济发展的一大困难。其次，还缺乏一个有辐射力的工商业中心能为民间的企业提供技术力量。现有的技术还封闭在大中型的国营企业里，要经过一个相当复杂的过程才能开放出来。

面对西北地区广大城乡发展上所遇到的困难，我不由得不联系到沿海地区的情况。一相对照，就不难看到双方正可以互补短长。东部沿海地区的乡镇企业经10多年的发展，原材料和能源越来越跟不上，成了进一步前进的瓶颈。西北的资源如果能开发出来，正可满足东部的需要。如果能动用东部的资金和技术来开发西北资源，在互惠互利的原则下应当是可以两厢情愿，共同合作的。我看到了这一种可能，所以提出了“以东支西，以西资东，互惠互利，共同繁荣”的说法。“支”是指资金、技术上的支持，“资”是指原材料和能源的供应。

这个思路使我产生“全国一盘棋”的观点，1988年我提出“黄河上游多民族开发区的设想”是从这个观点中发展出来的。

九

我在内蒙古和大西北进行的社会调查，使我感觉到沿海和内地，特别是和边区的不平衡发展会给我国现代化的进程带来越来越多的困难。从全国一盘棋的观点看来，我们有必要重视这个有关大局的东西差距。同时也想把我从50年代中叶起中断的民族研究工作在大西北调查中继续下去。

中国的少数民族大部分聚居在中国的西部。西部和东部的差距包含着民族的差距。西部的发展战略中必须考虑到民族因素：一方面要动员这地区少数民族参与这地区的开发事业，另一方面要通过这地区的经济开发使这地区的少数民族发展成为现代民族。这个观点在过去实际上常被忽视，以致“三线”建设只在西部增添了一些“新兴城市”，而没有使西部人民的生活有显著的提高。不少在少数民族地区兴建的大型国营企业根本没有考虑到和当地少数民族的联系，甚至眼中只有这地方的资源，而忘记了还有生活在这地方的人。我看到这些现象，心里总是觉得十分难过，认为这是过去政策上的失误。

为这种失误辩解的人说，少数民族缺乏现代科技知识，没有力量自己来开发本地区的资源，而且他们现有的生活习惯，也不适宜于现代工矿企业里的生活，不是不让他们参与而是他们参与不进来。我在呼伦贝尔访问伊敏煤矿附近的蒙族聚居点时也听说，这个煤矿曾按政策招收过附近一部分蒙古族居民进矿山做工人，但是不久几乎全部告退了。这些从小骑着马在广阔草原上放牧的小伙子，不愿意钻到地下去挖煤，请他们做职员则文化程度又不够。我相信这些都是事实，但是并不应当以此来否定少数民族参与西部地区现代化建设的重要性，只是提出了怎样才能把西部的少数民族吸收进开发西部的事业里去的问题。同时也说明了像伊敏煤矿那样想直接把牧民一下子变成工人是做不到的。应当怎样办呢？对少数民族的发展问题还值得我们深入思考。

我在甘肃临夏回族自治州的调查中得到了一些启发。要促进少数民族的现代化，看来必须从它们所有的民族特点出发，循序渐进地向前发展才能见效。我这点认识的形成经过是这样的：我在从广河县通往临夏市的公路上，一路停车访问了近10家新兴的富户。我一家家访问他们怎样脱贫致富的。其中绝大多数是这几年到青藏高原牧区贩运起家的。例如有一家筹得了一小笔款子，去市集上买了几张羊皮，回来把羊皮缝成袍子。坐公共汽车去四川的甘孜藏区，把羊皮袍卖给藏民，得到了比成本高好几倍的利润。赚了钱再买羊皮，制成袍子去藏区出售。就这样“滚雪球”不到两年，已经有力量造了一座楼房。一家人男女老少共同操作，俨然是一个小作坊。还有些人家租车贩运啤酒到拉萨出卖，赚了钱自己买辆卡车往返拉萨做买卖。他们告诉我，一辆卡车跑一趟拉萨，昼夜开车，5 天可以打个来回，净挣 5 000 元。我在 1987 年第三次访问临夏时，据说这个地区已有上千辆卡车奔驰在青海和西藏的公路上。有几个原来很破烂的穷村，已焕然一新。这样快的脱贫致富，给我极深的印象。

我这天访问的近 10 家新兴户，一问竟全是回族。沿着这个线索，我发现了回族善于经商的特点。我又把这个特点联系上了回族的历史，找到了这个民族特点的历史根源。回族所信奉的伊斯兰教起源于阿拉伯，扩散到西亚和中亚。早年通过“丝绸之路”和海道有不少信伊斯兰教的阿拉伯和中亚商人进入中国。他们被称为“番客”，一部分就定居在沿海和西部商路上的城市里，到了 13 世纪，蒙古人入侵中亚，掳掠了大批信伊斯兰教的商人和工匠编入军队，为他们做后勤工作。后来蒙古人带了这些人回师中国，灭了南宋，建立元朝。这些人的子孙就留在各地，和早先来的番客结合而成回族。从这个民族的形成中可以看到他们的祖先不仅信伊斯兰教而且是有经商传统的人。他们在和汉族接触中虽则部分已接受了农业生活，但在不同程度上还是保留了善于经商的特点，直至今日。

回族的经商传统可以用来说明他们分散聚居在全国各大城市里的原因。但是为什么他们最大的聚居区却落在黄河上游的宁夏和临夏呢?这个问题的提出使我注意到了这个地区在经济地理上的地位。它们正处在广大牧区和中原农区的交接地带。

这条农牧贸易走廊正是回族可以发挥其特点的用武之地。这可能是上述问题的答案。临夏旧称河州，历代是一个农牧贸易的内陆商埠。它是丝绸之路上的一站，宋代是茶马司的所在地。从临夏目前商业比较发达上使我联想到了沿海的温州，因而说“东有温州，西有河州”。当然两地是有区别的。但是它们近几年都是自发地参与商品流通而致富的。温州走在前面，已经“以商带工”，形成了众多的家庭作坊式的乡村工业。临夏还正在扩大流通网。直到去年我再去访问时，才看到有不少小型工业正在起步建厂，有可能走上温州这个模式而发展起来。临夏这个标本给我的启发主要是在进一步认识到少数民族的发展必须抓住它们的特点作为起点。在牧区则要像上面已提到的海拉尔附近的牧民那样，从改良牧业出发，使放牧和舍饲结合，并进而利用畜产品作原料发展加工工业。我认为这个原则同样适用于林区和农区。

1988 年，费孝通在内蒙古作田野调查

在内蒙古呼伦贝尔大兴安岭的林区里，我看到一个反证的例子。大兴安岭原始森林里原来住着以狩猎为生的鄂伦春族，解放前只有几千人。解放后，由于开发林业，外来的人口大量涌入林区，几千人的小镇在原来荒凉的森林里一个个建立起来。鄂伦春人的生活环境起了变化。按民族政策的规定成立了鄂伦春自治旗，国家拨款为他们建立了新村。这几千人改变了过去狩猎为生的经济，而在不同的名目下，从小到老得到国家的津贴。他们的生活是有保障的。但是失去了传统的生产手段后，他们没有能找到靠自己劳动来从事生产的新路子。结果是物质生活的保障反而引起了精神生活的衰颓。因此，我建议及早发挥他们饲养驯鹿的传统本领，帮助他们在林区里建立新的养鹿场，让他们自食其力，发展起来，不然，这个几千人的小民族的前途是十分可虑的。大兴安岭里的鄂伦春族给了我一个和临夏回族的强烈对比，无疑深刻影响了我的思路，能不能这样概括地说：一个民族的发展主要靠善于发挥自己的传统优势，利用一切可以利用的外在条件，提高自身的社会生产力和发挥自身的精神文化。

临夏商业的繁荣不仅给我提供一个怎样利用传统优势来脱贫致富的例子，而且也使我看到这是个促进青藏高原现代化的重要环节。我在上节提到了黄河上游多民族开发区的设想。这个开发区包括从青海的龙羊峡至内蒙古的托克托段黄河上游沿岸地区，正处在西藏、新疆和内蒙古、宁夏四个民族自治区的中心。这个中心地区可以利用黄河上游的落差，建立一系列的水电站。再利用这巨大的能源，开发黄河两岸的矿产。制成的原材料，不仅可以支援沿海工业地区，而且可以用来发展西部地区的中小型加工企业，分散在各乡各村，使千家万户都富裕起来。

这个中心地区工业的发展需要广大市场。这个市场首先应当是西部的牧区，也就是三面围绕着这中心的四大少数民族自治区。西部牧区的发展成为广阔的市场正是这个多民族开发区能繁荣起来的一个重要条件。我们有条件可以利用这条介于牧区和农区之间的走廊地带，发展畜产品和工业品之间的贸易。过去曾在这里进行过的“茶马贸易”只是用有限的农产品去向牧区交换畜产品，规模是有限的。如果多民族开发区建成了工业基地，就可以用加工后的生活日用品和发展牧业所需的生产资料去向牧区交换畜产品，从而促进牧业生产，把国土1/3的广大草原的巨大潜力发挥出来。这并不是个主观的空想，因为在目前临夏的回族商人已经自发地进行这项探索活动。他们已成了沟通这地区的工业和少数民族的牧业的前哨队伍。

中国西部的牧区直到目前基本上还是停止在封闭的自给经济水平

上。牧业的现代化必须从封闭的经济改革成开放的经济。商品流通是促成这种改革的基本力量。只有把牧民喜爱的日用品运到牧区，才能使他们乐于把蓄养的牲口拿出来进行交换。这就是牧业的商品化。牧民所饲育的牲口变成了供应市场的商品时，牧业在技术上也会顺利地走上改革的道路。牧业的发展不仅为工业中心提供了毛、皮、奶等畜产原材料，而且为工业中心开辟了广大的市场。这正是我心目中发展西部民族地区的前景。面对这个前景，我们作为研究工作者，看到了许多富有意义的课题正在等待我们去钻研，心情难免有些紧迫。

写到这里，思绪万千，回顾到此告一段落。

1989 年 4 月 14 日

后　　记

因有波兰之行，匆匆把“回顾”打住。这篇文章从春节写起，写到清明过后，经常受到公务私事不断的打扰。上面的九段，没有一段一气呵成。在我一生中这是罕见的。无可自宥，只能默认岁月催人老。

东欧归来，重读“回顾”，总觉得这篇拖拉积续的文章，像一条画龙未成的长蛇，甚至结尾都没有。但既不愿重写，又不忍撕掉。只能说，各言尔志，本无定型，诚而已矣。加此后记又未免为蛇添足。

我一向认为一个人的思想总是对当时当地社会的一种反映。具体的社会有如如来佛的手掌，谁也跳不出去。各人的反映可以千姿百态，但总是为他的处境所局限。至于反映得有多么宽广，有多么大深度，那又是被各人社会经历所决定。超过了这个界线就不免志大才疏，忘乎所以。各人的成就应当归根于社会的投入和个人天资的吸收能力。评人论己看来应以这点认识出发。

上面的“九段”文章，实在是想向读者交代我这四年思想活动的线索。这四年我陆续在各种刊物上发表了不少文章，我曾说这是一生中第二个旺季。把这些文章综合一下，前后连贯起来，多少可以看出我这一段时期思想活动的取向。知我者当然愿意我这样梳理一番的。

我一路回忆搜索这个思路，自己也清醒不少。反省至少可能起自觉的作用。我重读这九段“回顾”，似乎又呼吸到了这四年农村中欣欣向荣的气氛。这气氛不仅感染了我的笔调，也浸润了我这一段垂老的生命，我相信后来的人会对这四年中国农村的发展作出公正的评定。我身在庐山自不可能见其全貌。这四年对我个人来说，应当肯定说是一生中兴奋点最高的四年。我之所以兴奋，是在于看到了个人的思想不仅可以反映社会现实，也能对社会改革发生推动作用。我的热情是来自我所接触到的群众。广大农民所初步释放出来的巨大生产力和所表示出来的激烈的要求，构成了推动中国 80 年代大变革的动力。我见到的不过是这股巨流里的一些小小浪花，所能反映出来的也只是其中很小的一个局部。但也得承认，不论怎样小，怎样局限，总是属于这股巨流的一部分，因为没有这一滴一滴的水，也形不成巨浪的。从毫末辨流向是应当可以做到的。

人总是人，要能恰如其分地看清楚自己在社会中的地位，更能利用这个地位去拓大自己的视野，提高自己的境界是不容易的。我自知远没有做到这一步，只能说梦寐以求的是这种自觉。我像其他人一样，所具有做学术研究工作的条件都跟着个人的经历，处在不断的变化之中。30 年代我住在江村，尽管时间不长，但能随意穿门串户，老中青少见面即能交谈诉说。这种我认为最有利于社会研究的条件，得之既非偶然，一去也难以再返。我以后 50 年的经历使我和周围社会环境的关系逐步发生了各方面的变化。

年龄是不饶人的，此其一。当年我徒步往来于崇山峻岭之间，只要深睡一晚，第二天又是精力充沛可以跋山涉水了。现在呢，连上两层楼还会喘气。50 年不能说长，体力却判若两人。

社会地位也变化多端。早年那种自由自在的学生身份已捡不回来了。解放后，上山下乡都得有任务，言行都有框框，而且终于由于思想出了格而打入了另册。另册者在社会中被孤立之谓也。60年代后期更下沉一个梯阶，生活和工作失去自由有10多年之久。到80年代初才正式“改正”，重新列入社会正册，恢复了我正常的社会生活，解除了孤立。那时我已年届七十。

当时我在一次会议上公开表白“我手上只有10块钱了，我不能随意花掉”。意思是我自己估计如果一切正常，我能从事学术研究工作的时间至多也不会超过10年。这10年可珍贵的时间一点一刻都必须充分利用，才有可能夺回我失去的20年。时光易过，言犹在耳，匆匆又过8个年头，再有半年我就进入80岁了。在口袋里的钱即将用尽之际，回头看看这八块半钱怎样花的，得到了多少收益，可以说是及时的和必要的。这是我写此《自白》续篇的用意所在。

现在要说的，我这段时间里固然得到了正常的社会生活，但在恢复了社会地位之后，却没有在“另册”里那样孤独和清闲的条件了。多种多样的公务接二连三地加到我的身上，其中有些是和我为学的宗旨相符的，更多的社会活动却超出了这个范围。那就是说我此生已经不太多的时间，能用在我学术工作上的却越来越少得令人寒心。而且近年来由于我所担负的社会公职，也使我日益脱离群众。尽管我这几年中至少有一半时间在各地访问，但被“名位”所累，已无法进行30年代学生时期那样的实地调查了。这个损失，也不能全归咎于客观因素，主观方面也存在着满足于粗枝大叶的毛病。而且读书不勤，不求甚解，特别是20年来由于怕留“罪证”的余悸，失掉了及时作笔记的习惯。加上年老易忘，以致我思想的投入不足，累积费劲，只能靠老本过日子，智力难免枯涸。这是恢复工作后，未能突破我30年代达到的水平的主要主观原因。

在中国复兴社会学是我这10年中的一个自觉的任务。在这方面，在主观上我是尽了力的。但是一门学科可以挥之即去，毁于一旦，要重建时却不能呼之即来。重建就又得造砖造瓦，从头做起。我这10年，特别是最近的6年，深刻体会到精神文明的建设不是设立一些学校或研究所等教育科研机构就能成事的。设立机构固然必要，这些机构里必须要具有科学头脑的人，实事求是地进行细致艰苦的脑力劳动，才能积累起精神文明实质。我自己如果不能率先做出学术成果，又怎能谈得到重建社会学这门学科呢？

凭我这点认识，我是这样做了，以身作则，带头下乡，足足花去了我这八年半岁月中最大部分的时间和精力。正如我在《社会调查自白》和这篇《四年思路回顾》中所表明的，我取得的科学成果很不结实。如果能说我这点心血没有白费的话，我只在这门学科的建设中做了一些开路和破题的工作。我在客观和主观的种种限制下，尽力之所及为研究我国城乡社会发展勾画出一些素描和草图。并跟着实际的发展不断提出一些问题，开辟一些值得研究的园地。这些也就是在上面九段里所叙述的内容。说这是科学成就，可能夸大了一些，最多能说是一些科学的探索。说是社会学的内容，我想是可以的。因为我所认识的社会学范围比较广泛，一切企图对社会现象进行理解的探索都可以包括在内。同时，应当提请注意：社会学本身远比我这一生中所探索的范围为广阔，我决无用我自己研究的范围来作社会学界限之意，社会学研究的方法也是八仙过海大可各显神通。我这一生所采用的只是其中之一，而且又限于学力和社会的条件，并没有能够充分发挥这种方法的长处。

人生有限，社会绵绵，后浪推前浪。但愿新的一代早日成长，后继有人。

1989年5月6日于陇海路旅次

关于建立长江三角洲经济开发区的初步设想

中共中央 1989 年 14 号文件发表后，引起我们很多的思考。民盟作为与执政党中国共产党通力合作、致力于社会主义事业的参政党，今后如何发挥作用，我们认为要从“一个中心，两个基本点”的基本路线出发，为我国现代化建设多做实事。根据 14 号文件精神，我们在人大、政协会议期间，与有关方面交换意见，按照邓小平同志提出的要在国内搞几个香港的想法，设想建立长江三角洲经济开发区。现将初步设想报请党中央考虑。

一、指导思想。为适应 21 世纪世界经济竞争的形势，目前在治理整顿的同时，应着眼于未来，充分利用长江三角洲的有利条件，以上海为龙头，联合江、浙两省部分地区，积极开发，重建东方大港，敞开东大门，迎接 21 世纪新秩序。

二、上海本来是东方大港，后来把大门关上。改革开放以来，开发珠江三角洲，取得了成果。为适应今后对外开放的需要，应考虑在国内开辟几个大商港。为此，建议着手研究利用上海及江浙两省部分地区为基础，重建东方大港，建立长江三角洲经济开发区，为内地经济发展服务，带动全国经济的发展，与香港成掎角之势，互相促进，以适应21世纪世界新秩序。

三、上海的基础较好，加上江、浙二省现有农业、工业的力量，在科技和经营管理人才、工业基础、商品、与外界联系、信息以及交通等都有优势。从贸易、金融、信息、科技、工业、农业等方面形成综合力量。东部沿海的开放与发展，对全国都有重要意义。

四、从江苏、上海到浙江，由北到南有连云港——南通——上海——宁波——温州等港口，可以形成网络，组成港口群，分工协作，对外开放，甚为有利。

五、对香港实行一国两制，在这长江三角洲搞的是社会主义经济开发区。但要给予有利于这个地区和全国经济发展的新的政策措施。一市二省的行政地位不变。在财政上应向中央上交的部分必须保证，并按发展程度按成增加。

六、一市及二省部分地区要有分工，分层发展。要研究三个地区各自的特点、存在的差距和各自有利的条件。地区之间通过密切协作，达到互补而不相争。

七、步骤：在这个设想征得中央原则上同意后，第一步由民盟出面，联系有关专家，并邀请上海、江苏、浙江领导同志举行恳谈会，进行意向探讨，取得共识；第二步由一市二省负责召开会议，着手组织力量，研究初步方案。在这些工作中民盟中央和一市二省的民盟组织可以参与有关活动，也可协助组织专家研究有关问题。初步方案拟定后，报请中央审核，如认为可行即责成有关部门研究落实办法。

八、初步设想的时间表：1990年取得意向共识，1991～1992年进行专题调查研究，提出初步规划草案，1993年讨论和协商研究该草案，1994年提请中央审核。争取1995年能够作出决策，在1997年香港回归之前正式成立长江三角洲经济开发区筹备机构。

1990年4月9日

开发大西北

我很高兴能参加黄河上游多民族经济开发区第一次协调会，盼望已经很久了。去年筹备这个会，民盟中央也派了同志参加。我是上星期在江苏南通得到开会消息的，虽然离得很远，我还是及时赶来了。

今天，我想主要讲一讲为什么要建立黄河上游多民族经济开发区。对这个问题，我个人的思路是如何形成的呢？80年代初，我重新工作以后，首先在我的家乡苏南搞调查。当时我有一个愿望就是四个字"志在富民"，目的就是让中国老百姓尽快富起来。80年代前四年，我基本在江苏。考察的对象是农村和小城镇。我也不断发表意见。事实证明，这些意见对于江苏、对于全国农民来讲是得到好处的。我自己也很高兴。

上星期我还在江苏张家港，看到了全国农民最好的房子，两三层小楼，别墅风格，这个水平已经可以和目前日本农村的水平比一比。这个变化没有经过多久时间，就是这10年嘛！从80年代初期人均收入只有100来块钱，现在到了1 000多块钱了。其主要原因是把农村剩余劳动力全都用上了，搞乡村工业、产品出口、创取外汇，使大量劳动力变成了财富。

不过，这里有一个问题，80 年代初期，全国农民真正在经济上翻身的只限于沿海，而沿海又仅限于少数几个地区，如长江三角洲、浙江温州、福建侨乡以及珠江三角洲。为什么其他地方没有较快地发展起来呢？是什么原因？所以，我就转移我的研究对象：从沿海到边区，到最穷的地方去看看怎样才能发展起来。我到了内蒙古，从兴安岭到包头又到阿拉善。后来听说最穷的地方是在甘肃定西。最初到甘肃的目的和动机是来看看这地方究竟穷到什么程度，如何让它转贫为富。从 1984 年起，我每年到甘肃来一次，今年这一次已经是第六次了。

全国农村我跑了不少地方，定西的贫困是比较典型的。主要是干旱，没有水，水是非常宝贵的。人靠天吃水，庄稼靠天生长，缺水就富不起来，使我感到农村真正穷的地方在西北。但西北不应当这么穷，为什么呢？因为历史上西北是不穷的，没有西北就没有现在的中华文明。大西北是中华文明的摇篮。后来由于生态破坏了，逐步变成了满目黄土的状况。贫穷也就由此开始了。因此可以说，是贫穷把我引到西北来的。

如何改变这种贫困面貌呢？我刚到甘肃的时候也曾想把江苏发展乡镇企业的经验搬过来。后来发现并不简单，主要是缺乏基础和条件。但是我同时也发现搞多种经营是个好办法。我在定西考察时看到一家农户，家里种粮、养猪、养羊、养兔，搞得很不错。可见，在当地以家庭为基础的，尽量利用劳动力，想多种办法使劳动力变成财富这一原则还是可行的。这种经济的形式，现在有人称之为“庭院经济”。

从发展乡镇企业来讲，必须具备一定的基础和条件。工业技术不是从天上掉下来的，苏南所以能够把乡镇企业搞起来，是因为有大中城市为依托，又有长期的手工业传统。没有这个基础发展乡镇企业就比较困难。但是以家庭为基础搞各式各样的副业，农民积极性很高。利用农民勤俭持家的传统做基础，使每个人的积极性都调动起来，是个实际可行的富民之道。各地各户努力从事各种适宜的副业，千家万户也就随之富起来了。从坚实的农副业基础上逐步发展集体性的乡镇企业是一条农村经济发展顺理成章的道路。

目前，已经发展起来的乡镇企业虽然面临收紧的局面，环境很差，困难很多，可是并没有发生大的动荡。这使我感到这种我叫它作“草根工业”的企业生命力确是很强。上个月我到江苏去看了一下，紧缩的影响比较严重到关停并转的大概有 1/10，可是这个打击并没有引起农村里的恐慌。为什么呢？这批亦工亦农的人，工厂关门停产后还是可以回家搞农业、搞副业，等气候转好，再出来开厂做工。这样就有了伸缩性、灵活性，也就是弹性。农村家庭这个经济单位是个强有力的调节机构。在现代化的城市里没有这种弹性，也就经不起这个风浪。

当前社会主义初级阶段经济发展的基层看来不能离开家庭这一基础。离开这个基础在理论上是可以讲的，而实际上却行不通。工业刚刚起步的时候，经济上由穷到富要有一个过渡。在这一时期要充分重视家庭这一基础。在经济上比较落后的农村里要搞“庭院经济”，以家庭为基础，农、林、牧、副、渔，能搞什么就搞什么，小规模地家家户户搞。

“庭院经济”不妨看做一个过渡阶段。归根到底它还是小农经济，具有小农经济的各种弱点，农民的小农意识也不易改变的。所以为了向社会主义发展，必须加上一个集体服务机构。搞这个服务机构不难办，因为生产的东西多了，自己吃不了用不完就必须想办法，把产品推向市场成为商品，而这是个体户不容易搞得好的。在农产品基础上搞加工工业是要农户联合起来。所以他们会容易接受集体性的服务。从流动和加工开始，逐步向产前、产中、产后的集体服务工作方向发展。这样顺势而行，容易为群众接受。这样集体主义就来了，就向社会主义发展了。这就是我们在农业体制改革中所讲的双层结构。它利用

“庭院经济”为起点，发挥农民的积极性，然后引导他们向集体主义发展，使个体经济的作用越来越小，集体的作用越来越大。这是条值得充分利用的道路。以上是我这几年来对怎样在经济比较落后的地区使老百姓早日富起来的一点体会。

我第二次来甘肃，经过临夏到甘南，这些都是民族地区。去后我想了很多问题。中国现在真正穷的是少数民族，民族问题的根源也就在此。以前民族问题的根源是民族压迫，现在民族压迫从根本上消灭了，可是穷还是存在的。贫富差距还很显著，也可以说十分严重。

大体讲来，我国面临三个差距：一个是同发达国家的差距，一个是东南沿海同西部的差距，一个是汉族同少数民族的差距。这是我研究社会问题的出发点。为什么我们要搞四个现代化？就是要克服第一个差距，这点大家都已经看到了。但是东西差距和民族差距的严重性一般来说还是认识不足。我认为，中国经济发展过程中产生的地区差距和从此带来的矛盾是当前我国的基本问题之一。这个问题我们必须及早地注意并加以克服。

西部少数民族地区地域辽阔，它的经济特点主要是牧业。不想方设法使这片草场的牧业发展起来，这地区的少数民族经济就很难发展起来。这是一个发展民族经济的基本问题。同时历史上农、牧是从没有隔断过的。在西部高原和中部平原之间一直存在一个农、牧交流的过渡地带，甘肃的临夏就处在这一过渡地带上。这里住着一批善于搞流通的人物，其中很多就是有商业传统的回族。汉族由于受传统意识的影响不善于做生意。所以我主张发挥回族的特点，帮助他们发展青藏高原的流通事业，以促进藏族牧业的商品化。关于这方面我上次在这里已谈过，不多谈了。我去年来甘肃又提“两南兴牧”的主张，希望同志们能继续研究。

以上讲的是我怎样从治贫致富的出发点，逐步注意到少数民族的发展。关于怎样发展少数民族经济的问题，希望今后还有机会作专题的讲话。

这次来又有了一些新的看法。现在离21世纪只有10年了，因此我们必须要有个概念，现在不是80年代了，是90年代了，从现在起就应该考虑21世纪的问题。因此不能不想21世纪的世界是一个什么样的格局。去年一年的变化是世界根本格局的变化的开始。用简单的话来讲这个变化是“二降二升，四分为多”。两降就是美、苏控制世界的格局去年开始发生动摇，实力下降了。债主国已成了债务国，这两降还要继续降下去。两升，一个是东方的日本，目前已成为经济大国，一个是西方的欧洲共同体。当前可以说已经出现了四强。东德一倒过去，德国处于统一的前夕，德国统一后拥有很强的实力。欧洲共同体很可能发生分化。我们中国能不能在下个世纪在东亚崛起，成为世界的强国，就得看我们今后10年的努力了。所以前景是“四分为多”，也可以说我们要争取的目标是“多中有我”。

从国际形势分析，5到10年内世界大战是打不起来的，在这10年之内我们能不能在东方崛起，与日本比一比？在这段时间内，如果我们不能积蓄力量，我们起不来，那么，我们在21世纪的地位就很成问题了。这些年是对我们这一代人的考验。只要我们振兴工业，加强农业，控制人口，搞一个强大的中国是可能的。要实现富强也是有条件的：一是大局稳定，二是到2000年国民经济要翻两番，三是1997年收回香港。我们将会有一个“一国两制”的“跳板”，为出口创汇创造更便利的条件。但是，我认为，从东到西，还要一条龙，一条经济上有实力的龙。现在这条龙的脊骨已经具备了，那就是有一条从东至西的干线铁路。这条龙的一头是上海，它要成为一个大陆上的香港，我们要有个自己的外贸、航运、金融、信息、科技的中心，为全国各地工农业服务。这是社会主义经济的窗口。

上海正在浦东进行开发建设，搞成以后对大家都有利。历史上，上海是我国的经济中心，香港原来只是一个相当落后的，轮船装水上煤的口岸，和上海相比差得很远。我国东方的大门一直是开在上海的。后来，资本主义国家对我们搞封锁，我们也关了门，只能以香港为跳板搞出口，可以说，香港是靠了作为我们大陆的出口后门才能繁荣发展起来的。我们为什么不能在其他地方搞几个自己的香港呢？现在，我们正在借鉴香港、深圳经验开发浦东，复兴上海。上海比香港条件优越，上海人才多，头脑灵，无论技术力量还是科技力量都比香港强。香港没有农业，一点耕地都没有。浦东开发区绝不仅仅为了上海而建立的，而是为了整个中国从西到东这条龙的腾飞。上海成为这条龙的头，为这条龙的腹地服务。

民盟中央有见于这个形势提出了一个意见，建立长江三角洲经济协作区，包括一市两省。目前的问题是江、浙、沪一带工业企业有趋同性，企业趋同，产业结构趋同，没有一个通盘的规划，缺乏一个照顾全面，为各地工商业服务的机构，致使长江三角洲以及所联系的腹地的优势发挥不出来。当然，要建立这个中心困难很多，缺乏资金，但是建立这样一个大陆上的香港是十分必要的。这条龙的另一头是黄河上游地区，它是提供原材料和发展加工业的基地，这一地区是大有发展前途的。这里原有一批三线的大企业，近来又发展了一大批基层的、民间的中小企业，开发是有基础的。长江三角洲和黄河上游这两方面结合得好，搞成一条龙，大家为一个目标，看成一盘棋，看到 21 世纪整个局面，我们的经济实力就会大大加强，这条龙就会腾飞。假如我们不这么办，将会是什么局面，大家是很清楚的。我们必须为下一代积蓄力量，打好基础，创造条件。主要的，是要把两头沟通起来。一头是长江三角洲，一头是黄河上游。要真正搞好沟通，还要花大力气进行研究探讨，以得到一个共同的认识，得到一个正确的决策。在共同认识的基础上搞共同规划，分头实施。

这次会议很重要，黄河上游这一地区是资源丰富的地区，同时又是一个生态失调的地区。现在已经找到了一个可行的发展方向，那就是发展能源、原材料工业，除供给全国之外，发展自己的中小企业。小区建设也走出了一条城乡结合、一厂两制的路子，发展很快。我相信，只要走上正轨，5 年就会见效。在这次会议上，我希望大家站得高一点，看得远一点，看到21世纪，看到全中国。既看优势又看可能性，振奋精神，增强信心，根据“共同规划、分头实施、互惠互利、共同繁荣”16字方针的要求，让黄河上游这块宝地，这个中华民族文化的摇篮恢复其本来面貌。与长江三角洲的开发配合起来，成为一条中华巨龙。只有这样，我们才无愧于下一代，我们就可以比较宽松地迈入21世纪。

1990年5月7日

长江三角洲之行

今年人大开会期间，我有机会接触到江苏、浙江两省的代表，受到他们的启发，并结合我这几年在长江三角洲的调查研究，对这地区进一步开发问题进行了一番思考，接着同民盟的同志们展开了讨论，形成了建立长江三角洲经济开发区的初步设想。这个设想写成了建议，提交中共中央参考。这是民盟向中共中央提出有关我国地区发展战略的第三个方案。

两年多以前，民盟提出的第一个方案是关于建立黄河上游多民族开发区的建议，中心内容是要把甘肃、青海两省和宁夏、内蒙古两个民族自治区沿黄河上游两岸的地区，利用该地丰富的水电和矿产资源，建成一个我国西部的能源和原材料基地。除供应日益增长的国家需要外，留下部分资源来发展地方和乡镇企业，以达到改变这地区贫困落后的面貌。民盟为此在两省、两区间牵线搭桥，取得共识。最后作出书面意见，很快得到中央的采纳，现在已经开始行动了。

民盟提出的第二个方案是关于建立黄河三角洲开发区的设想。这建议是今年3月份送中共中央的。不久山东省东营市来人找我们商量具体的开发方案。原来，中共中央已经把这个建议转到山东省委，东营受命着手具体规划，在胜利油田开发后期如何利用地面资源，发展后备企业，以保证这个地区一旦石油枯竭经济仍能继续繁荣。

关于建立长江三角洲开发区初步设想是民盟提出的第三个方案，其主要内容是如何利用这地区的有利条件，以上海为龙头，江、浙为两翼，建立一个能带动长江流域腹地的经济开发区。这个开发区将通过长江和陇海铁路这两条大动脉把长江三角洲和西部原材料基地及三线所蕴藏的科技力量相沟通，加速发展外向型经济，进一步改革开放，形成一条横贯大陆的经济脊梁，迎接21世纪新时代的到来。

这份建议交出后，我原本打算去一趟江苏南通，为已由张智楚同志编就的《从沿海到边区的考察》(由上海人民出版社出版，编者注)补加一篇“南通行”。行程已定，临行前接到江泽民同志的通知，要我和民盟负责同志去见他。大家一起促膝谈心，讨论有关长江三角洲的开发问题。谈话结果，我们表示民盟愿意为这个设想承担红娘的角色，发挥催化剂的作用，把这个设想带到地方上去进行意向性的探讨，以使各方能易于取得共识。于是我们改变了原定行程，4月初开始了包括南京、杭州、上海的长江三角洲之行。

一

开发长江三角洲的设想是在国际新形势的背景下提出的。当前我们可以说正处于世界旧格局开始瓦解而新格局尚未形成的转型关口。在这时刻，我们要有点紧迫感和预见性。只有清楚了世纪交替中的复杂形势，才能站稳脚跟，以新的姿态，迎接21世纪的来临。

从现在已经比较清楚的形势来看，在20世纪80年代，第二次世界大战结束时，以雅尔塔会议为先导所形成的“两霸格局”正在解体，而从东欧动荡中马耳他会议为开始的“四强格局”已露端倪。两霸指的是美、苏，四强指的是美、苏、欧、日。在这个交替中出现的是两降两升的趋向。四强格局能否持久很难说。新升的两强尚未定型。以欧洲共同体说，德意志统一后将起什么变化猜测很多。西边这一强可能一分为二。东边的日本在经济上已经强大了，但是成为一个大国条件尚未齐备，而且更重要的，东方还有潜力巨大的中国和印度。它们在今后世界格局中的地位谁也不敢轻视。四强格局过渡到群雄格局大有可能。

和我们直接有关的是在这个未定之局中所存在的机遇，利用这机遇可以恢复我国在历史上曾经长期占有过的地位，进入现代世界上的先进行列。

要达到这个目标，得看看现在的条件。从经济和科技水平来说，我们和当前的先进国家还有相当大的差距。我们是落后了，这点必须老老实实的承认，但是同时也必须看到我们已打下了向这目标奋进的基础。首先是我们国家在政治上获得独立自主的地位已经有 40 年了。近 10 年来的改革开放又把我们国家向现代化迈进的航道拨正了。在这段时间里，社会生产总值和工业总产值都已经比 70 年代翻了一番。发展固然是不平衡的，但是应当看到走在前面的沿海地区，如长江三角洲和珠江三角洲已有一部分实现了“翻两番”。那就是说如果我们坚持实行改革开放的方针，再有 10 年，绝大部分地区达到小康水平是完全能实现的。

再说过去 10 年之所以能取得这样大的进展，主要有赖于改革开放；改革开放有赖于国内外局势的稳定。总的看来，在今后的 10 年也不致有大的变化。有了稳定的局面，就能继续进行深化改革和扩大开放。

在今后 10 年中还有比过去 10 年更好的条件，那就是香港和澳门的回归祖国。香港基本法的制定说明一国两制的构想是现实可行的。海峡两岸统一的局势也正朝着有利的方向推进。最近台湾当局已有所松动，台资上陆也出现了新的势头。860 亿美元的外汇储备对这个小小的岛屿来说，究竟是不容易消化的。台商在各地找出路，找来找去，还是回老家为上策。说到底，原是同根生，谁不愿意中华民族繁荣昌盛？！事实胜于表态，我在昆山访问时，市长就从饭桌上被拉出去接电话，一位台湾商人要在他们的开发区买25亩地，准备办工厂，急于要市长拍板。在杭州还听说黄龙饭店三四月以来天天客满，其中有90%是台胞，有时甚至连大厅都挤满了。假以时日，海峡两岸总是要统一的，说不定就是在这10年里。

中国像个大鼎，台、港、澳的归还就有了三只脚。鼎有三足就站得稳。这样，广大腹地就可以在鼎腔里翻转。作为鼎口的沿海地区进一步开放也就更具有利条件了。

现在我们可以看得清楚些了，国际环境和国内形势的变化确实给了我们难得的机遇，只要我们政策对头，事情办好，不仅可以早日争取祖国的统一，而且可以争取更多的外资，发展外向型经济，带动腹地的繁荣，增强国力，问鼎世界。良机莫失，事在人为。

二

这些年，我从沿海到边区对小城镇进行了一些考察，每年东西穿梭，获得一个较深的印象是：每当腹地的经济健康发展的时候，对外开放的要求就迫切了；而每当沿海地区顺利开放的时候，又会要求腹地进行更深层次的改革。如果广大腹地真是翻两番，仅靠香港一个转口商埠显然是不行的。最近，邓小平同志提出再建几个香港，开始还弄不大懂他讲这话是什么意思。现在清楚一点了。如果再来看看香港的发展和现状，就更明白我们为什么要再建几个香港。

香港，这个世界上最大的自由港，楼房林立，宛如混凝土大石林；车水马龙，国际往来频繁，真是财大气粗，派头十足。现在大陆60%的输出要靠它转口。大量利润几乎让它独占，离了它还不行。其实，香港能有今天，还不是吃了大陆的“封闭”饭一下子肥了起来的。20

世纪 30 年代香港比上海差得多，没有多少人想去。我那时出境路过香港，它还不像个样子。城市破破烂烂，临海的几条街道到处是鱼腥味。人们穿着木屐来来往往，嘈杂之声闹得行人掩耳侧目。直到 60 年代初香港仍不如上海。但是在后来的 10 年至 15 年里却进入了大发展的阶段。主要是搞转口贸易、金融流通以及种种投机倒把的地产生意。再后才办起了一些小工厂。到了“文革”期间，大陆去了不少人，办了许多小企业，给香港带来很大好处。但是香港地盘小，劳力有限，毕竟不是办工厂的地方。近五六年来，在大陆开放的政策下，他们把工厂扩散到广东的珠江三角洲搞“三来一补”，取得了便宜的土地和劳动力，赚了不少利润。香港把它的工业扩散了，但是贸易、金融、信息和运输这些现代化的东西却牢牢把住在自己的手里，因此发了大财。

前几年提出发展两头在外的外向型经济，在一定地区和一段时间内是必要的，也是可行的。世界上一些国家和地区也有成功的经验。但是，中国作为一个拥有 11 亿人口、资源又丰富的国家，我以为这不是最佳的模式。在当今讲究实力的世界，作为一个大国，首先要有自己的原材料、能源基地，然后要有轻重工业和贸易、金融、运输等配套机制。时至今日，我们应当站得高一点，为做成一个大国迈步了。

我觉得现在事情比较好办一点，在产业结构的调整中，国家已经注意到原材料、能源、交通的发展。黄河上游多民族经济开发区已经进入实质性行动阶段，那块狭长地带将成为中国最大的原材料、能源供应地。这样，沿海地区的开发就有了坚实的后盾，发展外向型经济就多一层保障。中国的东部和西部要配合衔接，同步发展，两部都可以有一些地方先富起来，带动后进，全面繁荣。我把这种格局叫做“全国一盘棋”。

开发应该包含发展和开放双层意思。现在西部开发区已经初步兴建，那么东部选择一个港口，建立一个大陆的香港已成为势在必行的事情了。也就是说，中国这只鼎起码在香港归还前要有一个与之成犄角之势的进出口商埠。

三

当然，这个新的进出口商埠的选择可以是多方位的。但是，无论从历史上看，还是从未来21世纪看，我认为重建东方大港——上海是比较现实的，也可以说是最佳选择。其实，我不过是老话重提。孙中山先生早在1914年所著的《建国方略》中在设计建国宏图时，就提出过建设东方大港的设想。中山先生是很有眼光的，当时他已看中了长江三角洲这块宝地。

上海的优势有地理的因素，但主要是历史造成的。当年十里洋场的上海，堪称东亚第二，仅次于东京。20世纪30年代，上海就有168家银行，58家外国银行在上海设立了分行。有一条很气派的银行街，早就是亚洲的金融中心。那时，各种商品的进口量占全国的50%～80%，是中国最大的外贸中心。新中国成立后，上海由半殖民地性质的城市变成了社会主义的城市，工业发展很快，是全国最大的工业基地。近几年每年要给国家上缴200亿元的利润。上海作出的贡献是很大的。但是，解放后，中国被西方国家封锁了，后来自己又关上大门，上海的外贸地位没有恢复。沉重的负担使上海自身的城市建设都无力跟上去。这几十年来，上海确实是陈旧了。但是，它所处的地理位置和经济地位，基本没有改变。要在大陆上再建一个香港，实在非上海莫属。重开东方大港也是恢复上海青春面貌的有效措施。

我在江苏考察时，国务院宣告正式批准开发浦东区。到了上海，正遇上市人代会召开。于是会内会外，上上下下的热门话题自然就是开发浦东了。大家都挺高兴，也有几分激动，都觉得这是国家扩大开放的一个重要步骤，是推动上海发展的一股强劲力量，而且必然也会推动长江沿岸各城市的经济发展。

那么，我们所设想的开发长江三角洲与浦东开发区是什么样的关系呢？显然，二者原是一回事，不但没有矛盾，而且彼此衔接，相互补充。其实，从全局来看，问题的关键不完全在这种关系方面，而在于浦东开发后，上海究竟是建成深圳式的上海，还是香港式的上海？这是两个属于不同层次的概念。我以为，上海不能走深圳的路子。这是因为上海的地位本来就与深圳大不相同，再说现在腹地的经济状况与80年代初期也大不相同了。如果上海浦东仍像深圳那样吸引外资，以建设工厂为主，哪怕是包括兴建一些高技术的产业，它的扩散能力和辐射能力都将受到很大限制，并可能在市场、产业结构等方面与江、浙，甚至沿江城市发生矛盾。即使上海能起到窗口的作用，也无法起到龙头的作用。上海应该更上一层楼，在更高层次上成为全国的贸易、金融、信息、运输、科技的中心。换言之，上海应在经济上成为江、浙及沿江城市工农业商品的总调度室或总服务站。那么，上海就将是一个具有广大腹地的“香港”。

从世界各国来看，进出口商埠都具有优良的港口或便捷的交通。上海处于中国南北海岸线的中心。清代康熙年间就设立海关，鸦片战争后即辟为通商口岸。在长江三角洲地区，沿海岸线，上海居中，北有连云港、南通港，南有温州港、宁波港，沿长江西进，有张家港、镇江港、南京港。现在，沿海、沿江的这些港口却苦乐不均，忙闲不一。有的吞吐量不足，经常吃不饱，有的却常年压港，上海港的码头几乎周转不过来。如果将这些河海港口统一规划，分层开发，形成网络，分工协作，对外开放，组成以上海为龙头的港口群，上海就可以利用自己在贸易、金融、信息、科技等方面的优势，积极组织货源，合理安排流向，及时调度调节，各个港口的作用就可能得到充分发挥，得到更大发展。这个经济布局远胜于香港。

拥有上海的长江三角洲，原是农业发达的鱼米之乡，是盛产粮食和畜产品的宝地。而且又连得上中国中部和西部的广大腹地。就这方面来看，上海有条件通过内河航运和铁路公路运输，成为全国性的对外贸易中心。20 世纪 30 年代，中国 60%的茶叶和猪鬃就是从上海出口的。

说到这里，长江三角洲经济开发的内涵已经逐渐明确起来。我还想强调一点，这个开发区内将存在分与统的双层结构。基层是多种所有制的企业，包括国营、集体、个体、独资、合资、合作等所有制，是多元化结构；上层可以是上海与江、浙合作并和国家配合形成高层次的贸易、金融、运输、科技服务中心体系，只有强化这个地方和国家的服务体系，才能实现经济全结构的统一协调。不难看出，这种双层结构既体现了开发区社会主义商品经济的总格局，又坚持了公有制为主体的社会主义性质。

四

这次南行，我还有个打算，其实也与开发长江三角洲有关。我想到基层去看看那里的乡镇企业发展外向型经济达到什么水平，也想听听基层干部群众对开发长江三角洲的真实想法。这件事情主要是在对江苏由村到镇，由县到市的考察中完成的。从中我获得许多信息，长了不少见识，思路因此也拓展开了。

给我印象最深的有两个方面。一是，基层干部和群众也像江、浙、沪的领导一样，对扩大开放的要求十分迫切。他们都觉得我们原先在关于长江三角洲开发的设想中提到以“八五”做准备，纳入“九五”规划的建议未免太迟缓了，普遍希望提前实施，应纳入“八五”计划。二是江、浙两省各级干部和有关人士对浦东的开发感到震惊，有喜有忧。如果中央只给浦东优惠条件，则会给江、浙带来一些不利；如果浦东能与江、浙同步开发，则能使中国这块心脏地区很快富裕起来。实际上上海与江、浙在经济上的依存关系发展到今天，已经谁也离不开谁了。因此，普遍希望中央能把长江三角洲作为整体来考虑进行，深化改革，并给予有利于扩大开放的政策。这种对改革开放的紧迫要求实在是商品经济发展过程中的必然趋势和内在需求。

这次我重点调查了苏州地区的情况，再次去昆山自费开发区和吴江的同里、松陵、盛泽等镇，第14次回访开弦弓村。苏州市长告诉我，苏州早已不是上海的后花园了，而是开放的前沿。从1985年中央将苏州列为沿海经济开放区后，工业总产值一直紧跟在沪、京、津三大城市之后，在全国大中城市中居第四位，尤其是外向型经济得到蓬勃发展，对外贸易平均每年递增41%。利用外资项目达447项，实际利用外资近2亿美元。对外经济合作已发展到承包工程、劳务输出、技术服务、创办海外企业等多个领域。1989年全市工业总产值达403亿元，人均国民生产总值3 280元。如果按照联合国的指标，苏州实际已进入工业化的中期了。因此，跻身国际市场，引进国外资金和先进技术，调整和重组苏州工业比以前更显得迫切了。

前几年，我就知道他们自己出资，兴办了几个自费开发区。我还为昆山自费开发区呼吁过。这次我再去昆山参观时，这里的高架管道已环绕开发区周围，广阔公路平坦畅通，厂房盖得适用漂亮，环境优美，很像个样子了。据称，从1985年以来，开发区累计完成工业产值15亿元，所获利税是投入基础设施费用的2.3倍。1989年完成的工业产值与全国14个沿海开发区相比，仅次于广州和上海闵行，居第三位。现在开发区内有美国、日本、南朝鲜和香港等国家和地区开办的10多家联营厂。这些厂还带动了全市36家乡镇村办的工厂，仅加工费一项一年就可收入5 000多万元。看来，这里正在成为一块对外开放的“熟地”，开始发挥其对外吸引、对内辐射的作用了。

苏州城西的那块自费开发区，我没有来得及去看。据介绍那里的道路骨架已形成，水、电、气、通信也已修通，还建造了100多万平方米的各种建筑。苏州的同志说，我们与上海的联系要比与南京的联系密切。有的产品龙头在上海，龙尾在苏州，也有的产品龙头在苏州，龙尾却在上海。两家真是你中有我，我中有你，亲密得很。如果上海通过浦东开发，能够更上一层楼，成为东方大港，苏州则愿意成为对外开放的第三个层次——沿海经济开放小区的“试验田”。上边可以先利用这里已经耕耘的“熟地”，给予适当优惠条件而先得益，以便与浦东衔接起来。

后来，我对“熟地”这个概念更清楚了。江、浙两省那些靠上海较近，工业基础较雄厚，外向型经济发展较快，交通又方便，科技文化水平较高的地区，都想跻身于国际市场，吸收更多的外资和更先进的技术。现在似乎已到了“万事齐备，只欠东风”的时刻了。

越深入到这些“熟地”的县村，这种感受就越深。这次在我家乡吴江县的几个镇和开弦弓村看了看，情况比我想的要好些。我原以为进入商品经济不久的农村，头一次遇到产业调整，会不会受到冲击而影响农民的收入，没有想到，这里的干部群众，经受了这次考验，对发展农村商品经济的指导思想更明确了。

正如吴江县委书记所说的，搞现代化不能割断历史，而要继承传统，利用优势。在调整前，我们的提法是吃饭靠农业，用钱靠副业，建设靠工业。调整政策下来后，我们的提法变为：稳定靠农业，致富靠副业，发展靠工业，技改靠外贸。

我了解到现在吴江全县已经做到农、工、副三业良性循环，协调发展。实行种植、养殖、加工、出口相结合，逐步形成五条龙：从栽桑养蚕到缫丝织绸、印染整理再到服装加工一条龙；养兔产毛到加工兔毛纱和兔毛衫一条龙；种植席草到加工凉席、榻榻米一条龙；养猪、养羊到加工皮革制品一条龙；蔬菜种植、加工一条龙。与此相对应，还成立了五个农工贸相结合的企业集团和创汇集团。外贸收入在全省已经维持了8年第一，去年外贸收购额达6.8亿元，其中乡镇企业3.7亿元。全县还办了25个合资企业，引进外资2 400万美元。今年农民的收入不但没有减少，反而有所增加。

吴江县县长听了我讲的开发长江三角洲的设想后，很风趣地说，吴江与上海官方没有多少来往，乡镇企业与上海民间倒是难舍难分。有的已经私订终身，就待拿到证件，明媒正娶。有的小企业还神气得很，上海的国营大厂欠了他们的债，有一家高达几千万元。当然，我们还是巴望着上海多办些“洋行”，阔绰起来，和他们攀亲也沾光，将来搞个信息、周转资金也方便多了。

五

苏州的经济能达到今天的水平是不容易的。为搞外向型经济上上下下都吃了不少苦头。就说引进外资、开办合资企业吧，大多是听说有回家探亲的外商，抓住机会串门拜访，说好话，然后再通过亲朋好友牵线搭桥。这样搞法很像我幼年时见到走街串巷的“货郎担”，讲交情、撞运气，甚至还会上当、受骗、受气。

我们现在搞的是社会主义商品经济，应该有自己的信息总汇，各种信息，投资来源都应及时集中和扩散。这种机构过去上海称“洋行”或商行，它要既能捕捉瞬息万变的市场行情，又能综合比较做出正确判断与决策。当然，不是说现在一步就能跨上这个台阶，而是有一个过程的。江、浙两省的同志提出，可以先从“货郎担”上升到“赶庙会”阶段，大家有个地方坐下来洽谈洽谈。每年春秋两季的广交会，就是两次这样的大庙会。这里的经理、厂长们一次不漏地往南边跑，既羡慕又不解。他们说，从经济实力、科技文化水平、地理交通条件来看，长江三角洲不比珠江三角洲差，有的地方还强，为什么不能办一个“上交会”呢？

近几年，商品经济发展很快，横向联合越来越多。一些有识之士，早在改革开放初期就组织起上海经济协作区，还成立了专门机构，做了大量极有用的工作。可是江、浙与上海之间，始终捏不到一起，有时像亲家，有时又成了冤家。谁都不让谁，谁也不服谁。显然，仍是地方本位思想在作怪。要穷大家一起穷，要富大家一起富，那种

“齐步走”、“一刀切”的平均主义只能彼此牵制、互相羁绊。结果，三家共同治理太湖的事没办好，“蚕茧大战”、“兔毛大战”、“珍珠大战”绵延不断。

这次考察又听到了一个新问题。苏、锡、常、通、杭、嘉、湖一带与上海在产业结构、产品结构方面越来越趋同了。丝绸、化纤纺织、化工、家用电器、电子仪器、机械加工等工业都出现了在同一水平上的重复引进或重复建设。这种趋同性，一方面说明长江三角洲的工业基础越来越强了，是件好事情。另一方面却表明市场越挤越小了，大家只好竞相减价，出现肥水外流的现象。

江、浙、沪的负责同志都看到这一点，并意识到照此下去有导致经济萎缩的危险。大家想到一起了，共同提出开“上交会”的要求。上海打算通过“上交会”引进高技术，在调整中使产业、产品结构更上一层楼，开辟新市场。江、浙也希望能上一层楼，依靠上海新一轮的辐射和协调发展，巩固和扩大自己的市场。我想，这样一来，三家的关系就容易在利益均享，风险共担，平等互利的基础上理顺。开发长江三角洲也就有了共同的基础。

说实在的，江、浙、沪三家，各家都有自家的利益。我也听到了三家还同有一本难念的经。这就是中央与地方，条条与块块的关系问题。长江三角洲这块“风水宝地”，是我国上缴财政最多的地方，近几年按“包干”规定，二省一市每年上缴利润一共大约二百三四十亿元。上缴的比例也不小，都在60%～70%左右。对于这一点，三家都很识大体，顾大局，通情达理。大家认为自己应该多为国家作贡献，并希望每年保证在不减少上缴财政的前提下，中央能给一些政策，如超额利润提成的办法，以便施肥培土，增强地方实力，为开发长江三角洲积累资金。否则，“吃饭财政”难以为继了。

这里不仅涉及财政体制的改革，还涉及金融体制的改革。比如资金引进，国内外银行的开办，股票、债券的发行交易等等。如果不进行金融改革，难以吸收外资和聚集民间资金的投入，也无法适应国际金融市场的变化。与此相关的，还有外贸体制，大企业体制、交通运输及港口管理体制等等一系列的配套改革。这不仅需要中央最后提出方案，作出决策，又与国务院许多部门的改革有关。我想，长江三角洲作为一个整体，能从这一系列的改革中得到适当的重视和扶持，不仅自身能迅速强盛，成为国家财源的沃土，上缴更多的利税，而且具有强大的能量，可以“拉动”广大腹地的发展。因为广大腹地要适应开放的扩大，就需要相应地把改革深化一步。这样沿海和腹地都能活起来，整个国家就会更有生机，更有希望了。

具体说来，就是首先要在长江三角洲，建立起一个新的外贸格局，从“货郎担”式的零敲碎打，上升为“赶集”式的上交会，然后更上一层楼，以浦东为基础，加上一个“坐商”式的服务层次，也就是在上海建一个“大陆上的香港”，包括江、浙两省腹地的工农业在内的长江三角洲开发区。

我结束了江、浙、沪三方的游说活动后，想到南通略作休息，动手写我的“南通行”。但是事与愿违，刚在南通的文峰宾馆住下，就接到电话，要我去兰州参加黄河上游多民族经济开发区的第一次协调会。这是一个令我兴奋的消息。两省、两区的协作已经行动起来了。所以，立即整装待发。决定出版我那本《从沿海到边区的考察》的出版社编辑发急了，不但“南通行”黄了，连我答应的序言也没有了着落。怎么办呢？幸亏陪同我们一起旅行的张智楚同志原是那本小册子的编者，出了个主意，由她根据我这次长江三角洲之行一路上的谈话，整理出一个头绪，编个次序，让我依此写成文章，作为代序。我们这样约定之后才分手。其后我又忙于他事，直到去东北暑休，才抽出时间来还清这笔文债。略叙始末附于文后，并向张智楚同志致谢。

1990 年 7 月 9 日于兴城油田疗养院

对民族地区发展的思考

民族研究是我一生学术生涯的重要组成部分，我的社会调查工作就是从少数民族开始的。近10多年来，我又对民族地区的发展进行了调查研究。1984年开始，我以内蒙古为重点访问了四个自治区，又以甘肃为重点考察了边区各省，最近又进入以发展山区经济为重点的调查。在这8个年头里的调查研究过程中，对少数民族的发展问题产生了一些观点和设想，我很愿意在这次民族理论研讨会上提出来请大家予以指正。

一、边区的两个失调

自然生态失调

1984年八九月间，我在考察内蒙古农、牧交错的赤峰市（原昭乌达盟）时发现，赤峰是农、牧并存的经济，自清朝允许汉人出关之后，已有200多年历史。由于外来的粗放农业不断向牧区扩张，破坏了牧民生存空间的草原，农、牧发生了矛盾。而外地进入开垦的人都是背井离乡的穷苦农民，但因为他们是汉人，而牧民是蒙古人，因而农、牧矛盾转化成了民族矛盾，直到解放后，民族矛盾才得到解决。但是由于粗放农业和自然牧业的矛盾以及长期的滥砍、滥牧、滥采，致使这一地区的自然生态平衡遭到的严重破坏，都依然存在。开发这样的边区，首先必须用大力来恢复自然生态平衡，治沙、防风、种草、种树是最基本最迫切的措施。这在内蒙古的西部其他地区也不例外。开发边区看来必须走以牧为主、农牧结合的道路。而这条路只有打破目前牧区的封闭自给经济状态，实现牧业现代化才有出路。

在像内蒙古、新疆那样广阔的草原上，如果能大力发展现代化的牧业，对国民经济中的贡献是难以估计的。要认识这一点，首先必须破除汉族传统的“以农为本”的狭隘的观点。如果占国土1/3的草原能充分得到利用，成为全国人民的肉食供应基地，就可以减少对粮食的需求，并使农区的土地能从粮食的压力下解放出来，向种植经济作物转移。从宏观上去看，这是一项提高国民生产力的大战略。

人文生态失调

人文生态是指一个社区的人口和社会生产结构各因素间存在着适当的配合，以达到不断再生产的体系。人文生态失调是指这种配合体系中出了问题，劳动生产率日益下降，以致原有生产结构不能维持人口的正常生活和繁殖。在整个边区，人文生态失调和自然生态失调同样值得注意。

1985年6月，我在考察内蒙古包头钢铁厂时看到封闭企业本身产生的人文生态失调。包钢建成近30年，人口在不断增长，近亲繁殖，社区的活力不断消耗，这样形成了这类边区企业人文生态的第一个恶性循环。由于东西差距拉大，又引起了边区的智力外流，出现了“一江春水向东流”的局面，人才不断流失，这是人文生态的第二个恶性循环。

建国以来，国家工业建设的重点曾经放在中部和西部之间的走廊地带，从内蒙古经陕西、甘肃到四川，投资大略估计有3 700多亿元。用这笔钱建成了九条铁路和几千个大中型国营企业。但是这几千个大中型企业并没有成为这个广大地区社会经济发展的启动力，它们的生存和发展几乎和当地尤其是少数民族没有太大关系，民族地区的开发并没有和少数民族本身的发展密切结合起来。我认为民族地区的发展必须包括少数民族的发展，不能离开民族的发展来讲民族地区的经济发展。

我看到边区所办大企业的特点之一是“企业办社会”，也可以说是“社企不分”。外地移入的从业人员和他们的家属组成了一个在社会生活各方面力求自给自足，对外很少联系的封闭性社区。这在少数民族地区更为突出。这种企业又都直属于中央或省的政府部门，他们搞的是产品经济，不是商品经济。它们和所在地的基层地方政府没有从属关系，当地基层政府管不了它们。企业的上级政府部门又都是专业性的经济部门，它们也管不了各企业从业人员的社会生活，于是产生了“企业办社会”的结构。这样的企业像个大家庭，不能不一代一代地养活不断增长的子子孙孙。因为这个大家庭并不是个不断生长中的母体，而是生产力受限制的封闭社区。所以不可避免地进入了恶性循环，包袱越来越重，母体越来越弱，这就是人文生态失调现象。

人文生态失调形成了对企业的压力，这些企业不得不进行改革以求生存。首先是以开放代替封闭，向社企分离的目标迈进。大企业的开放不但对地区工业化发挥了启动作用，而且也是自己解放自己的惟一办法。对地区经济和企业本身是两利的。这实际是西部地区共同的问题，所有的“三线”企业都面临改革问题。它们必须转型以求适应，主要是以开放代替封闭，从产品经济走向商品经济。改革的方式则是多样的，陕西宝鸡的经验叫“城乡一体化”，使国营大企业所含蓄的巨大科技潜力，形成了乡镇企业的启动力；甘肃的经验叫“一厂两制”，扩散大企业的技术、资金的力量，开发了与地方结合、集体所有的工业小区，带动了地方经济的发展，呈现一片生机。这个改革过程已经开始，应该根据具体情况采取不同形式进行。关键是怎样使已经存储在西部地区的巨大经济能量释放出来，使其成为西部这个多民族地区共同发展的推动力。

二、 西部的发展战略构想

中国的少数民族大部分聚居在中国的西部。西部和东部的差距包含着民族的差距，西部的发展战略必须考虑民族因素：一方面是动员这地区少数民族参与这地区的开发事业，另一方面要通过这地区的经济开发使这一地区的少数民族发展成为现代民族。

关于建立“黄河上游多民族经济开发区”的设想

从龙羊峡到青铜峡之间1 000多公里的黄河上游地区，有着丰富的矿产、水电资源，是西北回、藏、蒙古三大少数民族和汉族聚集部的核心区。自1988年5月起，我们先后两次到这一近15万平方公里的地区进行了考察，并提出了建立“黄河上游多民族经济开发区”的设想。这一设想得到了甘、宁、青、内蒙古四省区党政领导的大力支持。

黄河上游流域在经济发展上应当连起来看，构成一个协作区。这个“协作区”在历史上本来就属于一个经济地带。我们的设想是在黄河上游建立12个大型水电站，以解决这个地带的能源问题。由水电产生能源，又由能源推动这个地区丰富的矿产资源的开发。通过资源开发发展该地区的工矿业，带动这个地区包括各少数民族在内的3 000万人民的致富，从而促进整个区域的商品经济的良性循环。这个经济带启动的结果，将使这个协作区成为西北广大少数民族地区一个经济发展中心。我们认为这个经济中心的建立和发展，更长远的意义就是重开向西的“丝绸之路”，通过现已建成的欧亚大陆桥，打开西部国际市场。从某种意义上来说，西部国际市场比东部国际市场更有潜力。西进中亚、西亚和中东地区，我们具有一定的优势。充分发挥回族的民族优势，提供伊斯兰国家所需要的各种生活用品，我们完全有可能建立一个很大的西部国际市场。

关于建立攀西开发区重建“南方丝绸之路”开发大西南的设想

为了调查大西南山区的经济，去年我在四川、云南海拔 2 500 米以上的大小凉山地区连续跑了 1 300 多公里。考察结束后，我提出了《关于建立攀西开发区重建“南方丝绸之路”开发大西南的设想》的建议。这个设想是由彝族主要聚居区的凉山和 60 年代起发展成为钢铁生产中心的攀枝花，建立攀枝花和西昌联合开发区，并以此为中心，重建由四川成都经西昌和攀枝花及云南保山从德宏出境西通缅、印的“南方丝绸之路”，为大西南的工业化、现代化奠定基础，简称“一点一线一面”开发大西南的设想。“一点”就是指攀西地区，它资源丰富，能源充沛，是对今后开发大西南具有强大启动作用的经济心脏。针对当前该地区在社会经济结构上存在的突出问题，我提出了“四个结合”的对策：即州市结合、工农贸结合、轻重结合和民族结合。“一线”则是指以攀西开发区为中枢的一条我国大西南通往缅、印、孟的交通动脉，也就是重建历史上的“南方丝绸之路”。有了攀西开发区作为心脏，“南方丝绸之路”作为大动脉，大西南工业化和现代化就能由点逐步扩散搞成一片，这就是我设想中所提的“一面”。我想经济的辐射作用将像波浪式一样由攀枝花的工业中心，从凉山地区向四周扩散到大西南的整个地区，基本上可以包括川、滇、黔三省，即云贵高原和四川盆地，使这一片少数民族聚居区，逐步走上工业化的道路。

临夏的发展模式

在甘肃临夏回族自治州考察时我提出“以商带工”的启动战略。我看到临夏有不少农民在城乡间贩运，搞活了流通，促进了生产。我认为西部各地都要有这种贩运队伍，来点火启动整个西部地区的经济运行。我曾四次到临夏考察，称它是“西部温州”、开发青藏高原的“跳板”。据新华社记者今年 8 月 13 日报道：长期受人多地少、资源贫乏困扰的甘肃省临夏回族自治州，从流通入手，以商兴州，个体、私营经济迅速崛起。如今这个州以其辐射全国的流通网络和吞吐量巨大的专业市场，已成为我国东西部商品流通的“旱码头”。这是令人鼓舞的信息。

1988年，费孝通和宁夏的回族兄弟边走边谈，鼓励他们发扬善于经商的传统，搞活流通，发展经济

“两南”兴藏的设想

如何开发藏族地区，一直是我关注的一个问题。我已年老，亲自到西藏自治区去考察是没有可能了。但在考察甘南和肃南时，得到了很多启发。我认为，甘肃的甘南和肃南，合称“两南”，并不是名称上的巧合，它们在发展西部民族地区上都具有特殊的有利地位。它们都紧靠青藏高原的边缘，都是历史上与藏族有长期的密切往来，现在还有藏族聚居于这些地方，而且其他民族有些在这里定居后接受了藏族的影响改信了喇嘛教，裕固族就是一例。这种密切关系正给他们“反弹琵琶”的条件，可以成为藏族现代化的窗口。这些地区处于藏区和汉区之间，容易接受新知识，容易搞现代化。西藏的现代化可以从外围入手，逐步向中心深入。所以发展甘南和肃南对发展藏族地区具有重要意义。“两南”能不能看作是青藏高原的少数民族和中原地区各民族联系的两架桥梁？通过原属藏族重要文化中心的甘南这架桥梁，可以把现代化科技知识送入藏族地区；通过在牧业改良已取得成绩的肃南这架桥梁，把现代化牧业送入藏族内地。因此我产生了“两南兴藏”的

设想。

三、充分发挥各民族的特长和优势

我认为我们应该特别注意那些分散在各地区人口较少的少数民族的发展。在改革的浪潮中，他们往往没有受到应有的重视。有些地方甚至把他们当作被“照顾”的对象。这些少数民族的成员虽然得到生活的保障，但是失去了传统的生产手段，没有找到靠自己劳动来从事生产的新路子。结果引起了精神生活的衰颓。我一向认为，一个民族，无论大小，要发展和繁荣起来，必须有一个坚实的经济基础。一个民族在发展中保持其民族特点，那就必须利用其民族特有的优势来发展经济，不然的话，这个民族难免要衰亡。所以就一个民族的发展来讲，必须强调善于发挥自己在体质上和文化上特有的优势，利用一切可以利用的外在条件，发展其经济，提高自身的社会生产力和发扬自身的精神文化，在整个地区的发展中，贡献应有的力量。例如长期从事狩猎采集经济的鄂伦春族，他们不可能在今天仍以传统生产方式来谋生了，但他们世代生活在大森林并善于饲养驯鹿，具有丰富的林业知识和驯鹿经验，如果顺应其文化传统，让他们从事森林培养看护，举办鹿场等，或许就可能为这个民族找到发展的根基。

四、共同富裕、协调发展

当前中国的社会经济发展上，从地区来讲存在着较发达和欠发达的差距问题。当然，在发展上求绝对平衡是不可能的，但各地的差距不能拉得太大，特别是对少数民族地区来说更应重视这点。我常说，中国不是“大鱼吃小鱼”，而是“大鱼帮小鱼”。那么怎么帮？我认为主要有两条：一是国家支持，二是自己走路。

去年我在考察湘、鄂、川、黔四省交界武陵山区的土家和苗族等少数民族聚居区时，深切体会到内地欠发达地区确实需要外力的帮助才比较容易发展起来。这是因为这种长期以来处于小农自给经济的封闭山区的各族居民，事实上缺乏先进的生产技术和管理大生产的传统，而且没有可靠的市场来发展商品经济。在这种地区要他们一步跨入工业时代难免困难重重。为了加速这种过渡，看来不能没有外力的帮助。固然，如果没有内在的活力，外力要帮也帮不上；但是即使有了内在的活力，没有外助经济发展也难于启动起来。因此，我认为这类少数民族地区首先还是要培育内在活力，比较容易见效的可能是发展庭院经济，就是从家庭副业提高一步成为商品生产的家庭企业。

我认为对发达地区，国家要给政策，对少数民族地区，国家不仅要给政策，而且要给切实的帮助。国家支持的目的就是要帮助少数民族站起来，走自己发展的路。我们只有帮助少数民族发挥各自的民族优势，在自己的经济基础上站起来，才能避免少数民族名存实亡的后果，才能使我们的国家真正成为一个各民族共同繁荣的大家庭。

东西部协调发展还要靠“东西合作，互惠互利”，“以东支西，以西资东”的方针来推动地区间的合作，这种合作是多方面的，形式也可以多种多样。但关键是深化改革，归结到一点，就是要遵循商品经济规律办事，在改革中找出路，求发展。

五、民族地区的改革开放和民族的现代化

改革开放是中国各民族走向现代化的必由之路。少数民族地区的农村和牧区自然经济和半自然经济尚占主导地位，产业结构很不合理，交通不便，信息不灵，长期以来处于相当封闭的状态。建立新的体制和运行机制，推动少数民族地区经济、文化事业的发展，改变贫穷落后

面貌，具有刻不容缓的紧迫性。同时随着改革开放的不断深入，加快了改革开放的步伐，民族间的接触也会日益增多，这种状况有利于各民族增进了解，互相帮助，加强团结，但也必然会出现新的问题和新的矛盾，需要更加重视加强民族工作。

过去被看作是荒凉贫瘠的少数民族聚居区，很多却蕴藏着丰富的地上、地下资源。这是中国走向现代化，实现农业国向工业国转变的必不可少的物质基础。我国少数民族地区地大物博，战略位置重要，担负着重要的使命。没有中国农村的现代化，就没有中国的现代化。同样，没有中国少数民族的现代化，也就谈不上中国的现代化。认真贯彻民族区域自治法，充分发挥少数民族地区的优势，把少数民族地区资源开发和社会经济发展妥善结合起来，逐步改变民族地区经济相对落后的状况，使之同全国经济发展相适应，这是发展我国综合国力的极为重要的一个环节。在振兴中华的共同事业中，各民族都有自己的优势，都应在现代化建设中各自作出自己的贡献。同时我们所走的是共同繁荣的道路，在这条道路上少数民族地区的发展必须包括当地少数民族的发展。这正是我们社会主义国家性质所决定的。

1985 年，费孝通在海南岛三亚市黎族同胞聚居的村落访问农户

邓小平同志说得很明确："走社会主义道路就是要逐步实现共同富裕。"当前的问题是怎样较快地实现这个目标。我认为，这必须是一个实事求是的过程。像中国这样大的国家，各地区的物质条件和文化水平由于长期历史的原因相差很大。起点不同的各地区各民族现在虽然都进入了社会主义时期，贫富不均的状态还是不可避免的。我相信，通过国家提倡先富帮后富的原则，欠发达的地区，迟早是会赶上来的。

1992年10月1日

农村、小城镇、区域发展
——我的社区研究历程的再回顾

我一生的学术工作是以农村调查开始的，其后进入小城镇研究，近年来又开始区域发展的探索，统称为一生社区研究的历程。流年似水，转眼已经60年了。当我进入85岁的时刻，似乎值得自己回头反省一下。由于我已在1985年发表过《社会调查自白》，1989年发表过《四年思路回顾》，这次反省只能说是再回顾了，但一个人的思想总是多少有一条前后连贯的思路，所以还得从头说起，其中有一点重复在所难免。

一

我这一生有个主题，就是“志在富民”。它是从我学术工作中产生的，我的学术工作也是围绕着这个主题展开的。

1935年偕我妻王同惠进入广西大瑶山调查瑶族农村，合写《花蓝瑶社会组织》。1936 年在我家乡的一个农村里进行调查，后来写成《江村经济》一书。我在农村实地调查里从亲眼所见的事实产生了一种想法：中国农村的基本问题就是农民吃饭穿衣的问题，内忧外患使他们难以维持最低生活水平，陷入不足温饱的极端贫困境地。当时的历史现实，促使我产生了尽力使中国农民脱贫致富的使命感，也为我后来一生“志在富民”的追求扎下了根子。

40 年代我曾在云南内地进行农村调查，与张之毅同志合写成《云南三村》。其后，我曾应《世纪评论》之约，连续写了十几篇讨论中国农村社会特点的文章。这些文章分期连载后，集为《乡土中国》一书。我还在《大公报》发表了一系列有关农村复兴的文章，后来被《观察》周刊社汇编成了《乡土重建》单行本。我在这本书里提出了农民温饱的“小康水准”、“现代工业技术下乡”、“乡土工业”等问题和想法，都是围绕中国农民脱贫致富这个主题做的文章。

全国解放后，50 年代后期，我 1957 年重访江村。看到当时农业有了发展，粮食增产，感到高兴。但是，也看到副业被忽视了，乡村工业没有得到恢复，农民虽有土地可耕种，却只能搞粮食，手里没有钱花。市镇上的商品交换日益萧条，小城镇也萎缩了，这使我忧心忡忡。我在《重访江村》一文中建议恢复发展副业和乡土工业，在村子里办小型工厂，希望促进农民尽快富起来。

意外的政治运动打断了我这种发展农村经济的愿望。反右斗争中，我被划成“右派”，失去了继续进行学术研究的机会。从那时起直到“文革”结束，我这篇富民的文章做不下去了。

1966 年到 1976 年的全国大动乱，严重地破坏了社会生产力，国民经济到了崩溃的边缘。直到拨乱反正后的 1980 年，农民的人均谷类配额仅约有 580 斤。以这样只够糊口的粮食来维持农民全部生活费用，显然远远不够。何况各地产量并不平衡，大部分地区的农民所得远低于这个平均数，他们依然没有摆脱贫困状态。这样的情状，加上周边一些国家经济起飞势头的映衬，使中国农民实现温饱、脱贫致富的问题变得更加迫切了。

1980 年，我恢复了名誉和正常生活，从 1952 年就被取消的社会学也得到了恢复，我有条件拾起被迫中断 20 多年的“为中国农民能富起来做些什么事”的实践课题，重新开始农村调查。我急切地想实地看看我曾经十分熟悉的江村经过这 20 多年风雨后的样子。1981 年，我三访江村，高兴地看到了江村当时全年人均收入已接近 300 元，位于全国前列。而在 1978 年，江村的人均年收入还只有 114 元。为什么这个村子的农民能在短短三年中这么快地富裕起来？事实就在眼前，家庭副业恢复了，集体小工厂办起来了。当地农村经济结构中出现了农、副、工互相结合的现实和进一步发展的趋势。

让我特别兴奋的一点，是在江村看到了我几十年前所想象的目标已经开始在现实生活中出现，而且今后中国经济的特点也显露了苗头。中国人口有 10 多亿，农村人口又占绝大多数，在这样的国情下，我认为多种多样的工业不宜集中在少数城市，而应当设法尽可能分散到广大农村里边去，我称之为“工业下乡”。工业下乡的意图，是使在国家经

1995 年 11 月 5 日，费孝通在吴江盛泽镇听吴江工艺织造厂厂长介绍企业发展情况（张祖道摄）

济结构中增加工业比重时人口不至于过分集中，甚至可以不产生大量脱离农村的劳动者，而在农工相辅、共同繁荣的基础上实现农村工业化，城乡一体化。这可能是中国的工业化进程不同于西方工业国家发展模式的一个基本区别，也是我看到的适合中国国情的可行道路。

江村的变化不是孤立的，家乡吴江县的各个集镇都表现出活跃的迹象，商品交换多了起来，城镇居民普遍增加。其中有名的吴江七大镇正在从先前冷冷清清的衰落景象里抬头挺胸，一股欣欣向荣的生机吸引着我。我看到了一种值得特别注意的变化，这就是由于乡镇工业办得好而富裕起来的乡村，农业收入所占的比例不断降低，绝对数字却在明显增长，增长速度也比工业不发达的乡村要快。这是一个值得大书特书的历史事实，它向世界展示出中国在发展经济道路上的一个崭新特点：中国社会的工业化是在农业的基础上发生和发展的，它又反过来促进了农业的进一步繁荣和发展，推动农业走上了现代化道路。

把这个特点和西方早期工业化的历史做一个简单对照，中国乡镇工业的意义可以看得更清楚。在欧洲工业化初期，新兴的机器工业集中到了都市，农村却濒于破产，农民不得不背井离乡，涌进城市，充当新兴工业的劳动后备军。西方工业化的发展是以农村的萧条和崩溃为代价的，这是西方工业化道路的一大特点。中国当然也要顺应历史潮流，实现工业化，但在当前的历史条件下，绝不可能走西方的工业化道路。我们不能想象上亿乃至数亿的农民涌入城市来发展工业，中国的工业化只能走适合自己特点的路子。农民在农业繁荣的基础上，利用来自土地的积累兴办乡镇工业。这种工业也以巩固、促进和辅助农业经济为前提，农副工齐头并进，协调发展。这条工业化道路已经切切实实地开始出现在我们面前。它不是从理论上推论出来的成果，而是中国农民在改革实践中的新创造。

在这个值得大书特书的变革中，由于乡镇企业的发展，在比较发达的地区，不论过去属于哪一类型的乡镇都先后开始走上了工业化道路，发生了以乡镇企业为基础的小城镇，而且生机勃勃，引人注目，令我感动。在社会发展现实的推动和启发下，我开始了调查研究小城镇的课题。

二

1982年以后，我的社区研究领域比三四十年代已经扩大。首先是从农村扩大到小城镇，提高了一个层次，把小城镇看成是城乡接合部，进行深入调查研究。研究的地域也从家乡的一个村扩大到吴江七大镇，又到整个吴江县，再扩大到苏南地区。到1984年，我走出苏南，进入苏北，对苏南、苏北进行了比较研究。很明显，我这一时期研究地域的扩大有意无意地是顺着行政区域的层级进行的。有意思的是，对于特定行政区域内的经济和社会现象的观察和研究，使我看到了超越行政区域的一种经济区域发展的事实，这就是说我的经济区域的概念在观察现实经济生活中开始发芽苗长了。

这要从"模式"这个概念的发生说起。

在对苏南、苏北的比较研究中，我看到苏北的乡村里工业化程度明显比苏南低，小城镇的兴起也比苏南慢。对于两地在发展上的差别，起初我以为是起步的先后不同。后来我意识到，地区间可以由于客观条件的不同而走上不同经济发展路子。在总结苏北调查的《小城镇——苏北初探》一文中，我把思想上酝酿的一个概念提了出来，这就是发展的"模式"。我具体提出了"苏南模式"这个名词。

模式这个概念是从发展方式上说的。因为各地所具备的地理、历史、社会、文化等条件不同，所以在向现代经济发展过程中采取了不同的路子，这是可以在实际中看到的。不同的发展路子就是我所提出的不同发展模式。"模式"这个新概念，来自于我们身边正在发生的客观历史事实。让这样的概念再回到正在成长的新事物中，用它来认识现实，也就能把问题说得更清楚一点。

比如，在对苏南模式所做的研究里边，我把位于江北的南通划到了苏南经济区，让它和苏州、无锡、常州并称，道理就在于南通有和苏、锡、常大体相同的经济发展背景和现实发展路子。苏、锡、常、通都位于长江下游，都是由于乡镇工业的兴起而进入工业化时期的。这几个地方乡镇工业的来历和发展机遇也类似。它们的前身是人民公社时期的社队工业，即公社和生产大队、生产队办的工业。公社和生产大队、生产队是集体经济的实体，它有权在社员的劳动所得中积累一部分资金，用来兴办集体公有的工业，叫社队工业。到80年代初江苏农村实行家庭联产承包责任制的时候，苏南的农民没有把社队企业分掉。在改制过程中，乡和村的人民政府替代先前的人民公社和生产队管理这份集体经济，通过工业保存下了集体经济实体，又借助上海经济技术的辐射和扩散，以乡镇企业为名而继续发展。苏、锡、常、通的乡镇企业发展模式是大体相同的，我称之为苏南模式。我从经济发展的模式出发把地处长江北岸的南通划进“苏南”的范围，从概念上说，我已把心目中的经济区域摆脱了一般的以江为界的地理区域。

1986年，我到浙江温州考察。温州以它明显有别于苏南的发展方式进一步启发了我，使我对“发展模式”这个概念有了更深入一步的认识，明确了它的意义是指：“在一定地区，一定历史条件下，具有特色的发展路子。”这里所说的“地区”，既可能是在某一行政区域范围内，也可能包括几个不同行政区划的地域范围。但是在这时候，我还没有提出“经济发展区域”的概念。

客观发生的历史事实使我产生了“模式”这个概念。新概念的形成反映着客观实际的变化，是实践的产物，同时又成为认识工具，帮助进一步认识新生事物和促进实践变革。发展模式的概念把我的研究工作推进了一步，要求我从整体出发，探索每个地区发展的背景、条件，和在此基础上形成的与其他地区相区别的发展特色，这就促使我进入不同发展模式的比较研究。

各种模式之所以能相互比较，是因为它们是在一个共同的基础上出发，又向同一目标发展的。共同基础是我们传统的小农经济，同一目标是脱贫致富，振兴民族经济。80年代，各地农村先后进行了农业体制改革，实行了家庭联产承包责任制，农民因此得到了支配自己劳动的自主权。他们在承包的土地上经营农业之外，可以主动从事其他生产活动，以增加收入，这就大大调动了农民发展经济的积极性。他们千方百计、千辛万苦、千山万水地去开辟生财之道。

各地农民居住的地域不同，条件有别，所开辟的生财之道必定多种多样，因而形成了农村经济发展的不同模式。我在观察和研究这些不同的发展模式时，没有忘记它们只是解决增加农民收入这同一个问题的不同答案。对各种模式进行比较研究，也就是要说明它们有什么不同和为什么不同。具备了这种知识，各地农民都可以因地制宜地选择生财之道，争取早日脱贫致富。

如前所说的苏南发展的路子，是通过公社这个集体经济的积累，有足够的资金一步到位地把工业引进了农村，借着农村体制改革的机遇，快速地发展起乡镇企业，带动了经济的整体发展。但具备苏南这样条件的地区并不多。那些在公社的集体经济实体解散后再要办工业的地方，就得从其他渠道取得兴办工业的启动资金了。温州人想出了另外的办法。

温州原来也是个穷地方，人多地少，单靠农业连温饱都难以维持。当地农民就大批到外地去打零工，卖手艺，如木匠、裁缝、修鞋、弹棉花等。一时浙江人满天飞，远到边区的小镇上都有他们的足迹。这些人省吃俭用，把在外地挣得的钱寄回家乡积累起来，成了后来在温州一带发展家庭工厂的启动资金，然后通过广大的运销网络出售家庭作坊的产品，形成了“小商品，大市场”。我把这个发展方式称作“温州模式”。

在河南民权县，我看到当地发展了庭院经济。他们有两条“龙”。一是果农专业户以农户为单位种葡萄，乡镇的集体企业榨汁发酵，县里的国营酒厂最终制成果酒。这条龙带动了两万户农民致富。另一条龙是纺织品抽纱，一根针，一根线，不用油，不用电，老人小孩都能干。

初级成品分散在千家万户，县工艺品厂集中收去修整、漂白、包装出口。每个农民可以利用农余时间借助抽纱为自己每月增加收入八九十元。这种利用千家万户的劳动力，让他们不出院不出村就能增加收入、脱贫致富的路子，我叫它“民权模式”。这也就是后来我在河南信阳所看到的所谓“公司+农户”，这可能是适合中原农业地区经济发展的一条路子。

到苏北调查时，我又了解到了另一种生财之道。徐州的农民组成建筑队，到外地承包工程。大庆油田的厂房建筑，多年来几乎全是由苏北农村的建筑队承包的，依靠这种劳务输出挣回的钱，成了苏北农村工业化启动资金。后来我又在安阳听说林县也有“10万大军出太行”，北京有些大建筑工程就是他们干的。林县的建筑队已经在北京打出了名气。林县人说，他们80年代出太行，90年代富太行。类似徐州和林县这种专业性劳务输出的富民路子，也可以看做是一种模式。

在靠近福州的福清县，我还看到一种由侨胞投资兴办各种企业，甚至成片开发工业小区的发展方式。这些用现代设备和先进技术建立起来的企业，和国际市场密切相连，奠定了更为宽广的发展前途，为农村经济的发展开出了一条新路。我称之为“侨乡模式”。

模式这个概念的产生和发展，直接反映出我走出苏南以后观察范围的逐步扩大，比较方法的逐步深入。起初我是用小城镇的功能，如农贸中心，行政中心，工业中心等来区别不同“类型”。后来我看到乡镇企业的发展使许多过去不同类型的小城镇在主要功能上逐步趋于一致，于是我提出模式的概念作为比较研究的主要依据，但是在对各种模式的比较中，我并没有追问由每一种模式所覆盖的地区有多大，划出各种模式所占的区域，这是因为当时我还没有明确“区域发展”这个概念。

三

我的研究跨出了江苏省界之后，分成两个方向扩大范围。一路是沿海从江苏到浙江，经福建到广东的珠江三角洲，进而接触到广西的东部地区。另一路是进入边区，从黑龙江到内蒙古、宁夏、甘肃、青海、云南等地。在我行行重行行的实地调查过程里，越来越多的见闻和思索使我注意到经济发展具有地理上的区域基础。各区域不同的地理条件包括地形、资源、交通和所处区位等自然、人文和历史因素，均具有促进和制约其社会经济发展的作用，因而不同地区在经济发展上可以有不同的特点，具有相同地理条件也有可能形成一个在经济发展上具有一定共同性的经济区域。这些区域又可能由于某种经济联系而形成一个经济圈或地带。

1987 年我在甘肃调查时，注意到在甘肃和青海交界的祁连山两麓居民除汉族外还有一些人数较少的少数民族，如裕固族、土族、撒拉族、保安族、东乡族等，还有人数较多的回族。它们处在青藏高原和黄土高原之间，形成了一道夹在藏族与汉族之间的民族走廊，在经济上，正是牧业和农业的接触和过渡地带。当时，我从回族聚居的甘肃临夏越过省界到青海的海东地区，一查历史知道这一带正是明代以来茶马贸易中心河州的故地。对这一带的情况有了初步了解后我产生了一个想法：要发展这个地区的经济，大概只有利用它特有的历史传统，恢复它作为农牧贸易的基地，把临夏和海东联合起来，共同发展成为向青藏高原发展贸易的中心。我把这个想法同当时两省的领导讲了，得到了他们双方的赞同，我就向中央提出了两地建立一个经济协作区来发展农牧两大区域之间贸易的建议。这个建议在我的研究工作中标志着进入区域发展研究的开始。经济区域发展的概念丰富了我社区研究的内容。这使我意识到，80 年代后期，以此为标志，我的研究工作又进入了一个新的层次。

在东南沿海和西北地区进行的实地调查，使我感觉到沿海和内地特别是边区发展不平衡的问题已经十分引人注目。从全国一盘棋和实现共同富裕的观点来看，有必要重视这个事关全局的东西差距。同时，我也想把在 50 年代被迫中断的民族研究工作在大西北的调查中继续下来。

中国的少数民族大部分聚居在中国西部地区，东部和西部的差距里包含着民族经济水平的差距。西部的发展离不开少数民族的发展，通过西部的经济开发和社会发展，可以使当地的少数民族进入现代文明，与汉族共享繁荣，这是一个具有重大意义的课题。

我在青海、甘肃两省和宁夏、内蒙古两个民族自治区做了实地考察后，看到从青海的龙羊峡到内蒙古的托克托河段的黄河上游沿岸地区，正处在西藏、新疆、宁夏、内蒙古四大民族自治区的中心，是西部的经济文化相对发达些的多民族聚居区。我认为它们可以走共同的发展路子，就是利用黄河水量充沛、落差巨大和沿河资源丰富的优势，可以水电为龙头，发展原材料工业和深加工工业，稳定发展农牧业。加快这里的开发，可以带动附近各民族自治地区的发展，改变少数民族地区经济落后的面貌，巩固民族团结，缩小东西部的差距。为此，我提出了“共同规划，有无相济，互利互惠，共同繁荣”的原则，并在1988年向中央提出了《关于“建立黄河上游多民族经济开发区”的建议》。建议得到中央和两省两区领导的支持。这个建议是从广大区域出发来设想怎样推进经济发展的路子，可以说是区域经济这一概念落到实处的例子。

回想起来，80年代中期我曾研究过珠江三角洲的发展。这地区借助邻近香港的地缘优势普遍发展“三来一补”企业，与香港形成前店后厂格局的特点。我称之为“珠江模式”。珠江三角洲的快速发展得益于香港经济的扩散。表现出经济区域的特点，启发我注意到珠江三角洲这个经济区域的发展当中存在着的中心与腹地的关系。在1988年考察南岭山脉时，我把开发这一片瑶族聚居区的希望寄托在珠江三角洲的经济扩散上，提出了以香港为中心的三个环形地带的经济区域格局。后来我又在《珠江模式的再认识》一文中提出港珠经济一体化的观点，开始考虑以香港为中心的华南经济区的整体发展，这说明我的经济区域概念又深化了一步。

1989年，我到黄河三角洲做实地考察，并参加了由民盟中央和山东省政府联合召开的“黄河三角洲经济技术和社会发展战略研讨会”。站在黄河三角洲广阔的土地上，我想到了世界各国著名河口的三角洲多数已发展成为现代经济区，我国的珠江三角洲和长江三角洲也都已成为国内的经济发达地区。想着这些，我似乎亲身感受到脚下地层中正涌动着巨大的发展动力，也更清楚地意识到黄河三角洲是我国东部沿海地区一块亟待开发的宝地。同时又想起我提出过黄河上游多民族经济开发区的建设，接着再提出建立黄河三角洲开发区的问题，正好首尾呼应。

从经济区域发展的角度去考虑这块宝地的开发，我发现有一个基本的概念需要讨论，就是黄河三角洲的地域范围问题。过去说的黄河三角洲，实际上是黄河口的概念。三角洲应当是包括河口的一个经济区域，河口不等于三角洲这个经济区域。一个经济区域必须有口有腹。因之，在我看来，可以考虑把稍为靠里一点的潍坊、淄博划入黄河三角洲。历史上淄博是齐国的首都，是当时的政治、经济、文化中心，现在也是一座很有实力的城市。潍坊的实力也可以。有了有实力的中心城市，再加上两市的乡镇为腹地，黄河三角洲的开发就能更有力量。从地理上看，好像这两地离河口远了一点，但从区域发展要有中心城市带动来讲，是合乎实际的。看来在考虑黄河三角洲的开发时，把限于河口的眼界扩展到经济区域的眼界是有必要的。

1990年，我结合此前多次对长江三角洲所做的调查研究，继续思索这块地方的区域发展和上海的地位问题。浦东开放开发以后，我提出了上海走什么路子的问题，是搞深圳式的上海，还是建设香港式的上海？寻找这个答案，要顾及许多因素，我以为应充分注意区域发展的大局和长远利益对上海的要求。

当时在大陆建设几个香港的设想已经提出来了。这使我想起孙中山先生在本世纪初就提出在长江三角洲建设东方大港的方略，进而想起本世纪30年代，上海已成为东亚地区仅次于东京的第二大城市。包括58家外国银行分行在内的168家银行使上海成了亚洲的重要金融中心。当时占全国50%到80%的商品进口量和占全国60%的茶叶和猪鬃出口量又使上海成为我国外贸和商业中心。建国以后上海的经济地位虽已大不相同，但到90年代初期，我国走社会主义市场经济的总方向业已定论，上海在全国经济格局中的地位势所必然地要起变化。何况上海四周长江三角洲这个腹地的经济技术发展水平也比改革开放之前有了很大的提高。如果上海浦东仍想象深圳那样吸引外资，以建工厂为主，哪怕是兴建一些高技术产业，它的扩散和辐射能力都会受到很大的限制，并可能在市场、产业结构等方面与江、浙乃至沿海城市发生矛盾，即使上海能起到窗口作用，也无法起到龙头的作用。当中国已经进入全方位开放时期后，比起窗口来，似乎更需要龙头。

由此看来，上海的发展宜更上一层楼，在更高层次上从区域经济发展的观点出发，考虑成为长江流域的贸易、金融、信息、科技、运输中心。换句话说，使上海在经济上成为长江三角洲和沿江地带工农业商品总调度室或总服务站，成为一个具有广阔腹地的大陆香港，这也许是更可取的一条路子。以这个思路为底子，我于1990年提出了关于建立长江三角洲经济开发区的建议，后来又更具体地提出了以上海为龙头，江、浙为两翼，长江为脊梁，以“南方丝绸之路”和西出阳关的欧亚大陆桥为尾闾的宏观设想。

1991年，我开始了以发展山区经济为重点的研究计划，首先走访了四川、云南两省交界处的大小凉山。根据考察所得，我提出了“点—线—面”的发展方针，即以攀枝花工业中心为启动力，联合凉山自治州，开发成昆路一线的丰富资源，开辟通向东南亚的“南方丝绸之路”，推动西南云贵高原的全面发展。

到1994年，我在地矿部的支持帮助下，结合我先后在西北和西南贫困地区实地得来的资料，与中国地质科学院从事黄土研究和熔岩研究的专家们讨论了西北黄土高原和西南熔岩地区的扶贫开发问题，研究怎样配合国家“八七”扶贫攻坚计划的实施，加强对这两个区域的治理，尽快帮助这里的农民脱贫致富。在思路较成熟时，我向中央提出了关于西北黄土高原和西南熔岩地区扶贫开发的具体建议。

在这两套有关开发西南的设想里边，有我在长江三角洲开发设想中有关经济区域内容的延伸。但更重要的是表现出了研究取向上的相通之处，即以较小范围的区域发展联系上了更宏观的区域发展。经济区域这个概念就是这样逐步在接触实际中生长起来的。

四

中国大地上方兴未艾的区域间经济协作的现实，持续地推动着我对区域发展这课目的探索。在对东南沿海地区和西北、西南边区的发展情况有了较多了解并相继提出这些区域进一步发展的设想之后，我把重点放在过去了解较少的区域。一路是沿海岸线北移，经环渤海湾进入东北地区，考虑建立参与发展东北亚经济的基地问题，另一路是沿欧亚大陆桥由东向西进入中部地区，研究沿桥建立经济走廊的条件。

1996 年 7 月，费孝通考察辽宁海城市西柳镇裤子市场

东北的情况，我在80年代中期开展边区研究的时候，曾对黑龙江省有局部的了解，并想提出从内地吸收移民开发北大荒，为今后参与发展东北亚的国际大会战时充实实力的设想，但时机未到，并没获得当地领导的共识。几年过去了，国际形势发生了巨大变化。1991年，我有机会访问吉林省延边朝鲜族自治州，着重考察了珲春市和珲春的长岭子口岸、距图们江出海口不远的边界和图们江口岸等地。我了解到，地处延边东部的珲春市具有图们江通海航行的悠久历史，早在1 200年前就是我国东北地区海上丝绸之路的枢纽。清末民初时，当地居民一直利用图们江航道出海捕鱼和通商。1907年，清政府在珲春设立商埠，1909年又设海关总管，珲春成为中国进出日本海的一个重要贸易城市。可是在1938年，日军由于日俄冲突而强行封锁了图们江口。从此，中国人民被迫中断沿图们江出海航行达52年。图们江口“金三角”地区的重要政治地位和经济价值，被历史淹没半个世纪之久，东北地区的广大腹地的发展也受到很大影响，实在可惜。

我由此想到了行使图们江出海权、开发利用图们江口地区的重要战略意义。简要地说，这是行使中国主权、维护中国在日本海利益的需要，是进入日本海、确立中国在东北亚的地位、建立参与东北亚经济发展的基地、迎接21世纪的需要。这一点，从宏观的经济区域发展的观点可以看得很分明。图们江口位于东北亚区的中心部位，从这里启航到朝鲜的罗津港、俄国的符拉迪沃斯托克(海参崴)港、韩国的釜山港和日本的新潟港，距离最近，也能缩短到加拿大温哥华和美国旧金山港的航程。这对促进中国外贸的发展十分有利。中国东北地区的外运港口，目前全部集中在辽东半岛，并已趋饱和状态。打通图们江出海口，不仅可以缓和东北地区的外运紧张状况，还可使全国外运港口和铁路运输布局得到改善。更为重要的是，在图们江口建设开放城市，并引导大连向“北方深圳”的样式发展，改善沿海地区对外开放的总格局。加上胶东半岛的烟台、威海这些据点，连成一体，形成中国与世界经济的又一个大的接轨站，依托东北广大腹地的建设，将使我们取得面向参与东北亚发展的广大空间。

从注意到参与东北亚的开发，我又看到了发展环渤海地区的重要性。环渤海地区是中国经济由东向西扩散、由南向北推移的纽带。我曾利用访问考察的机会陆续对环渤海湾的沿岸城市及其腹地做过实地调查，了解到环渤海地区具有独特的港群优势和广阔的腹地，有在国内密度最高的交通网络，有丰富的资源和强大的工业生产能力，在占全国5.1%的国土面积上创造着超过全国1/4的工业产值。在第二轮改革开放高潮中，加快发展环渤海地区的战略任务已被写进了中共十四大文件。同时，随着改革的深化，华北地区经济运行的市场机制开始启动，原来受到行政区划局限的生产要素正在市场经济力量的推动下突破行政区域界限，走向联合与协作，形成综合力量，促进经济区域的发展，这都为环渤海地区的崛起提供了有利条件。

为了切实加快环渤海地区发展，我在自己所做调查研究的基础上，建议民盟中央与环渤海地区的省市政府有关部门领导、研究人员以及民盟地方组织一起开会，专题研讨环渤海地区加快发展的自身优势、外部条件、制约因素和基本思路，并以此为框架向中央提出了加快发展这个地区经济的具体建议。

从1992年起，为了改变中部地区和沿海地区的发展差距，为了充实沿海发达地区的腹地，我把探索中部地区加快发展的路子作为重点研究题目，又接触到了新的情况，受到了新的启发，这使我能比以前更深一层地思索传统农业地区脱贫致富的路子和沿欧亚大陆桥地区的整体发展问题，提出了发展欧亚大陆桥经济走廊的设想。

改革开放以来的10多年里，东部沿海地区凭借其地缘优势，发展步子较快。到90年代初期，东部沿海地区的农民人均收入，要比中部地区农民人均收入高出大约一倍。在这样的差距下，中部地区的农民在想些什么，做些什么，我很想知道，也想在扶贫实践当中和农民一起寻找下一个10年里让中部地区尽快赶上来的办法。我到苏北、山东找，到湖南、湖北找，到河南、河北找，找来找去，找到了两个旨在促进区域发展的经济协作区，找到了能使农民切实增加收入的庭院经济，和以此为基础发展起来的当地称之为“公司+基地+农户”的路子。

我在苏北访问的时候，听说有一个淮海经济协作区，是苏鲁豫皖接壤地区的17个地市自愿组成的区域经济协作组织。他们从1986年起正式开始联合，打破条块分割的局面，形成横跨四省的协作网络，使这个区域的国民生产总值、工业总产值、财政收入、外贸出口额的增长在成立协作区后的数年里边均高于全国平均水平。在作为东部沿海腹地的经济欠发达地区，这样的成绩是令人鼓舞的。

接下来，我在邯郸访问时又知道有一个中原经济协作区。包括晋、冀、鲁、豫四省的15个地市，自1985年起自动联合起来，进行地市间经济技术协作。这是个农业传统悠久，人口、市镇密集，轻重工业并举，城乡市场广阔的区域，地处大陆桥中段，战略地位重要。这里的15个地市根据发展经济的需要自发组织起来，开展跨省界的区域协作，这里的干部有意识地组织群众走出条块分割，联手发展，这是值得关注和倡导的新生事物。

淮海和中原两个区域经济协作组织引起了我浓厚的兴趣。这两个协作区包括的这一大片历史上以农业为主的地区，是否可以在从事农业和副业的个体农户的基础上积累起资金，走上工业化道路？对此，我不能说自己没有一点想法，但他们的现状怎样，他们已经做出了哪些探索，发生了什么样的效果，下一步怎么走更好一些，我所知道的还不多。同时我又看到中部地区能不能加快发展，不光是中部自己的事情，也是决定沿海地区能不能进一步加快发展的一个关键。如果中部作为沿海地区乡镇企业的市场不能快点发展起来，沿海地区的下一步发展就会受到很大制约。

我在访问过淮海经济区大部分地市之后，于1993年到商丘参加了淮海经济区第八届市长专员联席会议。又在对中原经济区作了一些了解后，于1994年到濮阳参加了中原经济技术协作区第九届会议，并借与会机会对信阳、安阳、濮阳、焦作四市进行实地调查。再结合我以前在湖南洞庭湖区、湖北孝感、河南民权、河北沧州、山东无棣等地看到的例子，我脑筋里的思路比较清楚了一些。看来，在农业传统悠久的中部地区，从农业到发展工业之间要有一个过渡。这个过渡可能就是发展庭院经济，为广大农民切实增加收入，早日脱贫致富，积累资金，自力发展乡镇企业。在增加农民收入的基础上，加快中部地区的整体发展，沿欧亚大陆桥建设一条沟通东西、平衡南北的经济走廊，需要尽早提上日程。

庭院经济，就是以个体农户为基础发展成为农林牧副渔任何一业的专业户、专业村。我在孝感看到了“一村一品”形式的庭院经济，以一家一户为基本单位，有的村养甲鱼，有的村养鸟，有的村编鸟笼，千家万户都富了起来。在民权看过的种葡萄，做抽纱，也是分散在千家万户。我到沧州、无棣去看，了解到当地的枣粮间作，也是大有可为。在麦地里间种枣树，发展果业，光是这一条，扩大规模，落到实处，一年就能创造几亿元财富。淄博临淄区有一个西单村，我在村里看到家家户户都有池塘，村里搞立体农业，生态农业。他们在屋顶上种水葫芦，用麦秆、玉米梗养牛，牛粪集中起来生产沼气，沼气渣用来养鱼，养鱼的水可以浇地种田做肥料，这样在庭院经济基础上搞起了多业并举、良性循环的集体经济。加上村办工业，1993 年的产值已有十几亿，真是小农村做出了大文章。

庭院经济虽然还是在农业里边，却已不是传统的农业概念，而是跨到大农业的阶段上来了。大农业不是单搞粮棉油，而是农林牧副渔全面发展，这就使农民致富的路子多了起来。农民手里有了钱，要买消费品；生产的东西多了，要卖出去；钱更多一点的时候，需要投资，用钱滚动来得到更多的钱，这样，流通就出来了，工业就办起来了。乡镇企业一开始就是农民自己在计划经济之外干起来的，它的启动资金不是向国家要的，而是农民从土地里边积累起来的，是通过把劳动力在土地上变成生产力挣出来的。可以说，庭院经济是促进乡镇企业发展的一支强大力量。淮海、中原两个协作区有 1.5 亿人口，每人增加几百元收入，就是几百亿元的大市场。庭院经济看起来小，力量却很大，看着不如大中企业气派大，却是广大农民增加收入、脱贫致富的好门路，显示出的是另一种气派，富民的大气派。星星之火，可以燎原。燎原的力量不是来自好高骛远，而是来自脚踏实地，尊重实际，尊重群众的首创精神。发展市场经济的伟力存在于千千万万的群众之中。

中部地区的经济协作已经搞了将近10年，打下了基础，积累了经验，现在要上一个台阶了。有机遇，也有条件。沿海地区的发展搞了十几年，沿江地区的发展也已经提出了好几年，中国北部沿大陆桥经济走廊的发展还有待提上日程。大陆桥虽然早就有，可是还没有被当作经济走廊去发展。陇海线通车已久，沿线的腹地并没有得到大的发展。现在，情况已经大不一样，南中国的发展迅猛，形势逼人，要求北方有相应的发展。长江三角洲的经济辐射借助长江进入中部，在不长的时间里就可能实现。中部和北部的发展，要求沿大陆桥建设经济走廊，一方面发展潜力强大的沿桥腹地，一方面作为东部经济技术向西转移和扩散的通道，沟通东西。不仅如此，这个经济走廊正贯穿黄河中游的广大腹地，西接黄河上游多民族开发区，东联黄河三角洲开发区，它可以带动整个黄河流域的经济大发展。而且可使北方经济既能从连云港东出，又能沿桥经河西走廊西进，去开发从中亚细亚到阿拉伯的巨大市场。

淮海和中原两个协作区继续增强实力，连片发展，就是这条走廊的基础。加快这两地的经济区域发展，一边建设经济走廊，一边建起欧亚大陆桥的桥头堡，与全国各地形成承东启西、南呼北应的大格局，对于中国从本世纪末到下世纪初实现全国协调发展，人民共同富裕，应该是有益的。

至此，综合我一系列有关经济区域发展的设想，已接近了“全国一盘棋”的格局。写到这里，我似乎看到中国经济的两条龙，长江，大陆桥；还有两只虎，华南虎，东北虎，似乎看到了龙腾虎跃的局面，看到我们这个小农经济延续几千年的国家城乡一体现代工业化的前景。这是我一生梦寐以求的理想。

五

经济区域的研究是我近几年在实地调查和思考中提出的一个新课题，也可说是我的农村调查，小城镇研究的延伸。这个新课题至今还在探索的阶段，刚刚破题，许多方面尚需深入探索。

我在上面回顾了我自己逐步明确区域经济这个概念的过程。总的说来是我在西北少数民族地区看到地区间经济协作的需要，又在珠江三角洲看到香港这个经济中心所发生的作用，因而进一步产生发展围绕这中心的环形地带的设想。可以说是在我思想上开始对经济区域有了初步认识。以珠江三角洲的模式结合长江三角洲的现实，才使我觉得这里还缺少一个和香港相当水平的经济中心。因此想到提高上海的经济规格，希望它能成为长江三角洲的龙头，带动整个长江流域这条经济脊梁骨的发展，在长江流域形成一个经济高度发达的区域。这条思路又带着我看到华北和东北，以及横贯全国带动西北的欧亚大陆桥经济走廊，使我在这几年里做一系列发展区域经济的建议。这是我个人提出这课题的来龙去脉。

经济区域是在人们经济生活中形成的，本身有一个发展过程。我们可以设想在人类社会的原始时代，人们都是在自给自足的小群中生活。这种小群散居在广大的土地上，相互依存的地区性的经济联系很微薄。即使社会发展到了小农经济阶段，若干以亲属为基础形成的农户，聚居在一地形成了村落，进行类似的采集、农耕和副业的生产活动，互通有无的交易还是极有限的。社会分工的发展，使各村各户才有交换不同产品的需要，而发生了日出而集、日入而散、“日中为市”的临时市场，就是在我们内地至今还可以看到的赶场或赶集。又经过了一段历程，才发生作为农副产品集散和销售工业制造品中心的市镇，它们各自拥有为其服务对象的若干农村，在我家乡称作乡脚，即市镇的腹地。经济继续发展，有些市镇上升为城市，有些小城市上升为中、大城市，直到特大城市。各级城市都拥有它的腹地，形成城乡相互依存不同层次的经济区域。

我国改革开放以来，进入经济迅速发展的时期。农村的工业化和城市化，走上了城乡一体的道路。小城镇的兴建正进入高潮，中大城市都在发展和扩建。同时，社会主义市场经济的蓬勃成长，已使过去经济关系在不同程度上处于分割和疏隔的各层次行政区域，已日益感到协作和互补的需要而相互开放和联系了起来，而且已出现了超越行政界限的各种形式的协作和结合。我身处这个大势之中，从研究工作的实践里逐渐意识到区域发展研究的重要性。在这篇回顾中我试图具体地把这项课题在我思想中形成的过程，理出一条线索，也想藉此作为今后研究工作的导向。

由于这个研究课题牵涉的范围较广，问题众多，我自己明白对这课题的认识还不够全面，概念也不够明确，对这篇回顾中已经冒头的许多问题还没有深入系统地追索。例如：经济区域和行政区域怎样既相联系，又有区别？经济区域内部的结构，如中心、腹地、口岸、道路怎样组合，又怎样安排？各层次的经济区域怎样形成和发展，它们又怎样受到自然和人文，即地理和历史因素的促进和约束？这些都是还需要研究的问题，像这样的问题还有许多。

今后进一步研究这些新的课题，我还是将继续采取我过去的实事求是研究方法。一切要从已发生的事实为基础，观察和描述“已然”。用可以观察到的事实为资料，进行比较和分析，探索在事物发展中可能发生的情况，做出设想，然后通过思考，引发出“或然”。最后以实践去检验其正确与否，经过历史的对证，得出“果然”或“不然”的结论。

我在经济区域研究这个课题上，还在观察和描述“已然”的阶段，但也在思考“或然”的发展。我已注意到 20 世纪后期世界经济发展中不断出现跨国家的经济共同体的理论和现象。欧洲共同体把欧洲一些独立的国家在经济领域里进行密切协作和共同规划，初步踏进了全面统一的门槛。接着北美、中美各国也已分别在部分经济领域中实行了联合和协作。近年来有关亚太经济区域的结合也已提到日程上。这许多国际间的大趋势都指向这个世界由于科技的发展，经济上全人类已密切地相互依存，正在走向联合，但还没有形成一个平等、和平、合作、团结的全球性共同体。洲级经济区域概念的提出，也许是走向这个共同体的一个起步。

我在这个世界规模的大趋势的影响下，不能不联系我们自己的国情，思考社会主义市场经济的发展前景，因而注意到已经出现的形成我国国家规模的经济共同体的积极因素。在这种背景下，我提出这个区域发展的研究课题。这个研究课题，需要微观和宏观相结合，需要理论和实际相结合，需要人文和地理相结合，看来和小城镇研究相比是个更大的问题。我从农村的微观研究，进入小城镇的比较研究，经过60年的时间，提出了这个更大的课题。这个课题不仅要把全国的经济发展看成一盘棋，而且应联系着全球性经济发展的大趋势来思考，确是一篇不像是我这一生可以亲自写到底的大文章。这篇文章我算是破了题，但怎样做下去还需要认真探索，更需有志同道合的学人共同努力。我相信总有一天能看到我们国家作为一个具有实力的统一体，矫健地踏进全球一体的大社会。我也愿意为这篇大文章的写作付出我最后的一段生命。

回顾毕，情未已，墨有余，作短歌。歌曰：

老妻久病，终得永息。
老夫忆旧，幽明难接。
往事如烟，忧患重积。
颠簸万里，悲喜交集。
少怀初衷，今犹如昔。
残枫经秋，星火不熄。

1995年1月1日

区域经济浅谈*

从80年代初起，我已到福建访问过多次，看到这十几年来福建经济发展得很快，可以说是已进入全国的前列。但是从整体来看，和全国东西部发展得不够平衡一样，福建的东部沿海地区与西部山区存在着显著的差距，而且这几年差距还在扩大。这种差距已经引起中央的注意，提出了要加快中西部的经济发展，以促进全面发展共同繁荣的方针。

闽、浙、赣、皖四省接壤的这块地域，正是沿海和中部地区的结合部，是沿海地区向中部地区辐射的通道。所以我们这次会议也正是落实中央精神的一个会议。

我想借这个机会，谈一谈我对区域经济的一些认识，这个问题是我近几年来常常在思索、探讨的课题。

60年前，我从自己的家乡开始了农村调查工作，后来由于历史原因，中间断了20年，80年代初我又重新捡起这个课题，到全国各地去调查、研究，从实际的工作中逐步产生了“区域经济”这个概念。是不是可以这样讲：人们在一定的地区里，由于经济的活动，聚集和连接

---

* 本文是作者在闽浙赣皖四省九方经济区二届一次联席会议开幕式上的讲话。

在一起，互相协作，形成了一个“经济区域”，在这个区域里的经济活动就是“区域经济”。古时候，人们的经济活动比较简单，聚集在一起的人比较少。以后随着生产活动的多样化、复杂化，居住在一起的人，加强了组织，形成了村落。生产力的不断提高，生产有了剩余，交换也就出现了，这时村与村之间发生了互通有无的经济联系，这种联系日益繁多，空间日益扩大。这些由经济活动联系在一起的地域就形成了一个经济区域。所以可以说，经济区域的产生，一开始就是与商品经济伴随生长起来的。在我们中国，我们的祖先长期以来一直是以家庭作为经济生活的单位、经济活动的细胞，也就是构成经济区域里最基本的质点。一个经济区域是由这样的许许多多的家庭结合起来组成的。正如一个机体要健壮起来，就必须激活每一个细胞。我国经济的生命也一直依赖于家庭经济这个细胞，现在回过头来看，我们在农村推行家庭联产承包责任制，它之所以能发挥巨大的作用，可以说是它使每个细胞活了起来，负起责任。

商品经济把村与村联系起来了，这种联系开始的时候并不是通过商店进行的，而是在一定的时间，比如逢五、逢十，大家来到一个地方进行交换、买卖，这就是所谓的赶集、赶街，这里叫赶墟，在古书上称“日中而市”。通过这个“市”由于经济关系把人们连接在一起，形成一个区域，也就是人们经济活动的空间。这种经济区域由聚民为市，集村为镇地不断扩大，形成多层次的区域结构。到现代已接近于一个全球性的大区域。

解放后，我们实行了一套计划经济的体制。人们生产什么东西都由国家来安排，生产出来的产品也由国家分配。但是后来在实践中，计划经济出现了很多弊端，到公社制的后期整个国家的运行都发生了困难。所以我们实行改革开放的政策，发展社会主义的市场经济。实行改革开放以后，中国社会经济发生了巨大的发展，15 年来中国的经济每年都以两位数字的速度在增长，这在世界上都是罕见的。同时，社会主义商品经济在我们的经济活动中也起着越来越重要的作用。我们看到中国广大农村正在出现两个大的发展趋势，一个是正走上工业化的道路，第二个是正在走上一条城市化的道路。

农村工业化的意思就是说，农民已经不仅仅耕种土地即普通所谓第一产业、第二产业，而且还进行农产品的加工和其他制造业的生产，并且参与了商品经济的和其他服务性活动，即普通所谓第三产业。农民从单纯耕地到进行工业生产和商品流通这个过程，我们都是亲眼看到的。开始的时候是很小，很简单的。我初访长乐时就看到过这样的例子，我在一家农户看到他们从常州买来一部针织机，就放在家里，由家里人操作生产针织品供应市场，这种家家户户都干，扎根在千家万户的小小工业作坊，当时我称它是“草根工业”，是乡镇企业的初期功能。十几年后，这种草根工业已经长成了参天大树。现在我们看得清楚了，这个过程就是我们走上的一条具有中国特色的与西方国家不同的工业化道路。西方走上工业化是以大批农民被赶出农村，离开土地进城做工来实现的。那时大批农民在城市的贫民窟里生活的情景，我们还可以从英国狄更斯的小说里看到。现在由于技术的发展已经可以用电力来发动机器，我们可以做到把机器搬到家里来凑人，把小型的工厂搬进了农家，实现机器下乡，也就是工业下乡，开辟了一条工业化的新路子。

中国是个农业国，解放前是没有多少现代工业的。解放后，“一五”时期，在苏联的援助下，我们才打下了现代工业的基础，但是由于历史的原因，这些大中型企业都是按计划经济的体制建立起来的，逐渐不能适应中国经济的发展了。十一届三中全会以后，工业下了乡，很快在中国发展起来，乡镇企业异军突起，成了中国经济的一个支柱。乡镇企业的发展，使农村发生了很大变化，农民从开始的“离土不离乡”逐步发展到“离土又离乡”，虽然离土离乡，可离得又不很远，因为工厂是集中在离村不很远的镇上。这样原来只进行商品交换的小镇，逐步变成了既进行交换又进行生产的地方了。镇里边人和管理机构多起来了，需要更多的服务设施。所以小城镇的建设随着农村工业化的发展，成了今天的一个热点，这种工农结合、城乡结合，一二三产业同时发展的道路，就是中国走向工业化的一条具有中国特色的道路，而且这条道路越走越宽，所办的企业从小到大，总合起来成了巨大的国力。因此已引起了世界各方的注意，有人认为这条工业化的道路可以适合世界上众多的第三世界国家，具有跨国界的意义。

社会主义市场经济的推行，引起了我国经济运行的很大的变化，过去的行政区已经不能适应经济发展的要求。因此许多地区产生了跨越行政区划的地区性的协作和联合，这些地区感到在互利互惠，有无相济基础上的合作，能够提高各方的生产力，大家都能得到好处。近 10 多年来，全国各地出现的许多协作区都是自发自愿组织起来的。除了你们这里的四省九方经济区之外，中原地区、淮河地区还有其他地区都不约而同地，在几乎同时组织起来的。到现在这种经济协作区都已有十几年的历史，事实证明这种协作对各地区的经济发展起了积极的作用，因此引起了人们的注意，最近党的十四届五中全会用文件的形式肯定了地区协作是克服地区差别的一条可行的路子。

我们知道，一个经济区域的形成是要有一定条件的，如果用一个人体来比喻，就是要有一个“心”，一个“肚子”，一张“嘴”，还要有“脉络”。心就是中心城市；肚子是腹地，即众多的农村、市镇和其中的农田、工厂企业；嘴就是出口，可以使区域与区域之间的物产出纳吞吐自如，以对外贸易来讲就是进出口岸；脉络就是交通运输的渠道、通讯联系和流通网络。

经济区域又有层次之分。如果按我前面讲的，最小的经济区就是拥有若干村的市镇。一个市镇就以它所拥有的村为它的腹地，我的老家江苏吴江市的老百姓叫它作“乡脚”，就是农民的双脚能伸得到的地方。农民要买什么样的东西就会到什么地方去买，比如买小东西就到附近的镇上去，要买大东西、贵重的东西就要到县里，甚至跑到苏州或上海去，一层一层地升上去。就拿吴江市来说，它的下面就有七个镇，这七个镇围绕着吴江市。吴江市和其他的市又围绕着苏州，这是个大的中等城市。在长江三角洲最大的中心城市就是上海，上海同时还是一个对外贸易最大的进出口岸。上海周围有八员大将，苏(州)、(无)锡、常(州)、(南)通和浙江的杭(州)、嘉(兴)、湖(州)、甬(宁波)。以这个地区为基础，沿长江这个水道下去，形成以上海为龙头，江、浙为两翼，长江流域为脊梁的长江经济区。虽然现在上海还没能起到带动整个长江流域腾飞的作用，但是这“势”已经出现了。在我看来这是“势所必至”的，什么时候“至”现在还难说。

另一个是华南经济区，目前也已经形成了强大的势头。1997 年香港回归，必然会增强珠江三角洲的经济实力。现在香港对内地的辐射力大约还在这样一个范围里：北到韶关、西到肇庆。东还没有越过惠州和梅县。当然这个范围还在扩大，在变化。所以我们说的经济区域也是个动态的实体。从全国范围来看，除了这两大经济区域之外，还应该形成东北、西北、西南、华北等和长江、华南经济区大小相当的经济区域。要形成这些经济区域，就必须营造经济区必需的腹、口、脉络这些部件。

上面讲到了最小的经济区域“村”和“镇”以及从全国一盘棋的角度看的最大的全国性的经济区域。在这些层次之间还有很多像闽、浙、赣、皖四省九方经济区，晋、冀、鲁、豫四省 13 个地市的中原经济协作区，苏、鲁、豫、皖 17 个地市的淮河经济协作区等这样地区性经济协作区域等等。

我们福建的情况怎样？它的出口在哪里？是厦门还是福州？是一个还是两个？目前它的腹地还不够结实。厦门和深圳同样都是特区，但是厦门没有起到深圳那样的作用。就是因为腹地没有发展起来，缺乏足够配套的交通等流通的物质基础设施。从这里我们也可以看到，一个经济区域的硬件和软件的建设是个不可忽视的问题。所谓硬件，就是我们通常指的基础设施，它包括土地、房屋建设、交通、通讯、能源、供水等。我去新加坡访问的时候，曾经听新加坡人说：凡是飞机 6 小时之内能够到达的地方，那里资源都是他们可以利用的资源。这样，飞机在 6 小时之内能到的地方就成了他们的腹地。新加坡人很有气魄，同时也表明交通是多么重要。

当前区域经济发展进入了一个新阶段，我们要以市场经济为主导思想来规划下一步的建设工作。我完全同意你们提出的各项措施，要强化企业联合，突出联合实效，加强对外联系，与上海、杭州、福州、厦门、武汉、九江接通，找到出口。同时注意改善交通条件，完善流通网络。我听说你们打算在浦城搞一个大市场，一般地说在省与省交界的地方都是搞交流的好地方。我们可以依靠经济区，通过协作的力量把市场建设起来。

还有一个重要的工作，那就是努力发展我们腹地的实力，要开发我们的资源，使老百姓尽快富裕起来。这些年我到全国各地调查，亲眼看到很多过去穷困的地方，经过这十几年的努力都富起来了。这些地方都是根据自己的某一些优势，抓住市场从小做起，逐渐壮大起来。不要瞧不起小的东西，小东西开发出来找到市场，就可能发挥大作用。我记得曾经在鹰潭参观过一家小的竹材加工厂，他们利用新技术把竹子加工成三合板，这是很好的建筑材料，你们这里竹木资源丰富，完全有条件做好竹材的文章。我想当前我国的中部地区正在迅速发展起来，那里是个大市场，我们这里离这个市场很近，就看我们能不能在供应几亿人吃、穿、住等基本消费品市场里占领一席之地。

我们作为干部，有责任帮助老百姓富裕起来，让老百姓口袋里有钱。我们这里是山区，资源丰富，有木材、竹林、药材，山区不应该穷啊！关键是我们要改变观念，到群众中去，到老百姓中间去找致富的路子，跟他们商量怎样能够富起来。我们的责任就是发现这些致富的路子，总结起来加以推广。并且引导帮助他们走上富裕之路。一旦老百姓口袋里有了钱，他们就会愿意起来办工业，很快就能走上工业化的道路，腹地就壮大起来了。

还有软件的问题，就是要注意地区的生态平衡、环境保护、文化教育以及城镇的卫生，居民的文化娱乐，各类服务等，我就不展开讲了。

1995 年 11 月 22 日

长江三角洲的发展前景

最近有些朋友知道我刚从家乡回来，特地来找我，要我说说这次旅行的观感，出了个题目，叫《长江三角洲的发展前景》。

长江三角洲是个地理概念。在行政区划上说，包括上海市、江苏省的苏、锡、常、镇、通五市和浙江省的杭、嘉、湖、绍、甬五市。我很乐于把我这段时间所有的有关想法提出来，同大家商量商量，所以一口气谈了大约有一个多小时。朋友中有人带着录音机。把我讲的话都录了下来，又整理成文交给我。

我们这次谈话时间是在 1997 年 10 月 30 日，在美国还是 10 月 29 日，正是江泽民主席在华盛顿和克林顿总统会谈的日子。所以我这次谈话开始就说，1997 年这一年里，我们有三件大事：一是香港回归，二是中共十五大，三是中美首脑高级会谈。这三件事都是划时代的，继往开来的。从 7 月到 10 月短短三个月这段时间，是中国的一个历史转折点。在我们面向 21 世纪的时候，这是一段非常重要的日子。这个转折点的背景，是上下几千年的中国和世界历史。

1933 年，我在燕京大学读到四年级的时候，选读了 de Vags 教授开的一门课，叫“中国的文艺复兴”。他是以 19 世纪后期到 20 世纪初来中国的外国人写的书做基础，来讲他们眼中看到中国的大变化。讲这门课的时候，他指定我们去看哪本书中的哪一段，我就按着所指定的章节去看。现在回想起来，印象最深的有一段。太平天国的时候，曾国藩攻打南京，他手下有一员大将，名叫胡林翼，胡林翼在采石矶那里看地形，看到一艘外国轮船从长江里开上来，逆流而上。他一看到这个场面，就昏了过去，只说了一句话：这个世界要变了。他这话很有意思，说明这个人看得很远。他看到了一个转折点，历史的转折点。一方面是中国几千年的文明史，一方面是来自西方世界的工业力量。这个工业力量已经进来了。这是工业文明的力量，比太平天国的力量要大得多。这个力量才是真正的对手。从长江水面上的一艘外国小火轮，看到一个新的世界就要到来，这确实需要相当的远见。

我在今年访问马鞍山时回想起这段往事，是什么意思呢？是说长江三角洲这一带，是当年那个历史转折点的具体空间。那艘外国小火轮从长江口往里边走，是一个象征，轮船象征西方工业文明，长江象征源远流长的中国历史。当时轮船作为一种兵器，驶进长江，预示着一场历史的转折。一个兵法家，看到了一种新兴力量。从太平天国到现在，大概150年了。150年的中国历史，证明他看得不错。他预料的局面成了事实。

事隔150年后的这三个月，中国和世界历史又走到了一个转折点上。这是20世纪向21世纪的转折。这两个世纪有什么区别呢？我从经济上看，有一个想法，算是老叟狂言吧，就是要从国际经济转向洲际经济。前不久我去看了北仑港，又到马鞍山访问，去看李白墓，也去了采石矶。从采石矶下来，我讲了一段话，说是到21世纪，我们面对的将是洲际经济，而不仅仅是国际经济了。这在接近20世纪末的时候，已经可以看出一点苗头。最近两年看得更清楚了。最清楚的是欧洲共同体，欧盟。冷战时代的局面已经完全改变了。俄国加入不加入已成了个热门话题，里边就有洲际经济的背景。这次江泽民主席访问美国之前，克林顿到南美跑了一趟。在他的想法当中，想把南、北美洲搞成一个共同体。21世纪开始的时候，世界经济的一个基本格局，将是欧洲、北美、东亚三大块为基地的工业力量，利用非洲、澳大利亚、南美洲的资源，形成一个远洋交通所联系的全球社区。在这样一种格局中，中国要适应这个变化，要跟得上去，至少要有个深水港，有能停靠20万吨级以上货轮的码头。有了这样的接触点，中国才能进入洲际经济。

孙中山是有眼光的，他提出要搞个东方大港。我最近一个时期出去调查就注意这个问题。我们现在应该就把这件事做起来了。东方大港建在哪里，具体内容是什么，都要弄清楚。我跑了几趟，在内容上清楚了一点，东方大港就是个20万吨级以上轮船能停靠的港口。在长江三角洲这块地方，有几个地方具备搞20万吨级以上大船停靠的港口？已经发展起来，具有相应规模的地方，是宁波的北仑港。现在，北仑港的深水码头成了宝钢运送原料的一个转运站。澳大利亚的矿砂用20万吨的大船运到北仑港，再从这里换2万吨的船送到上海，供应宝钢。这样转运，每吨货物的运费要增加1元美金。这是个具体例子，说明洲际经济时代的一个特点，原料从很远的地方来，利用巨轮，大进大出。有了深水码头，才能适应这一局面。新加坡能成为东亚的一只小龙就是个实例。

有人主张现有的北仑港可以发展成东方大港的底子或一部分。当然并不排斥在上海附近的海域进行更深入的勘测，看看是否还有更合适的港口。中山先生所提出的东方大港也可能是个由若干港口联合组成的。这主要是决定于地理定势和现代建港科技的发展。如果以北仑港为底子来建立东方大港，当前的问题是怎样把北仑港和上海这个经济中心结合起来。上个月我去北仑港访问时，听说在搞一条高速公路，越过钱塘江，以缩短沪甬之间流通距离的设想。当然也可以考虑采取江底隧道的方式来解决这个问题。至于采取哪种方式，主要决定于哪种方式便宜和投资有没有来源。但无论如何现在应当早日为长江这条黄金水道在21世纪洲际经济的格局中定个位。无疑的是，它将成为东亚地区和世界五大洲经济往来的一个重要的门户。

在洲际经济中，东亚地区可以成为中心和门户的地方，香港也是一个。但是香港的发展要依靠华南这一块腹地的开发。没有腹地是不行的。长江三角洲是一块东方大港的广大腹地，是中国历史上开发了很长时间的地方，是块熟地，不是生地。有这样的优势，如果现在定位比较准确，将来搞得好的话，可以超过香港。香港不过是个洲际经济的联络点，它自己没有腹地，要靠华南。珠江三角洲比起长江三角洲来，长江三角洲要更“熟”一些。江、浙两翼的熟地，加上长江的出口，是个不错的结构。

全球经济的眼光，也许还要进一步扩大，那就是去利用太空资源。人类发展自己的下一步，不但是跨出大洲，而且要走出地球，利用月球、金星这类星球的资源，即太空资源。这在21世纪可能会成为现实。全球经济一体化的意思，一方面是以洲际经济为特点，全球五大洲成为一个联系密切的整体，另一方面是这个整体不仅利用分布在各洲大陆上和各大洋水底的资源，而且要去利用地球之外的太空资源。

最近几天中美两国首脑在华盛顿的见面和会谈，象征了人类社会进入洲际经济时代的开始。将来要经常面临的问题，不光是国与国的关系，还有洲与洲的关系问题。现在的洲际关系中的问题，首先是经济发展的不平衡。20世纪帝国主义采用了通过掠夺别人发展自己这个模式，至今还没有一个可行的方式来替代它，工业中心吃原料中心的事情还在继续。现在美国想以北美为中心，搞出南北两个美洲的经济联合体，困难很多，就是因为原来的帝国主义发展模式是地区剥削地区。这个模式的残余还在发挥作用，还没有转过来。洲际之间的不平衡，可能是洲际经济时代开始的第一个阶段里避免不了的。从发展上看，工业中心快，资源中心慢，这是历史事实。20世纪里，印度、中国、非洲这些资源中心，供应欧美这样的工业中心，是一种不平等的局面，造成了不平等的结果。为什么要打鸦片战争？还不是人家要我们的资源和市场嘛。

在中国历史上，长江三角洲这一带，是文化发源很早的一块地方，可以回溯到旧石器时代和新石器时代。新石器时代已经有很好的手工艺制品了。我在宁波附近看了河姆渡文化遗址，看到那时已经有种植、纺织、玉器，还有建筑在木桩上的集体居住区。农业出来了，手工业出来了，建筑业也出来了。六七千年以前已经有这么发达的文化，很了不起。可是当时各地文化并不统一，而是一个区域一个区域分开的。各个区域之间不平衡，经过夏、商、周各代发展下来，直到秦、汉，成为了一个统一体，成了一个多元一体的强大国家。多元一体的观点，也可以用来看待今天的中国和世界。从中国文明起源和发展的历史，一直看到今天这样一个大转折，出现了一个以大洲为单位的合作体系，一个洲际经济时代。当然里边会有许多曲折，短则一个世纪，长则 1 000 年，现在只是洲际经济的起步阶段。今天在中美两国首脑会谈的时候，讲这个话，可以作个纪念，算是我们对今后历史的一个展望。

在这个宏大的格局下讨论长江经济带的发展，中国经济的发展，就要树立起区域经济的观点。东亚地区的一个经济中心应该落在上海。上海应该瞄准这个大格局和大目标去做事情，不要分心。把贸易、金融、科技、信息抓上去，把工业分出去，一层层地分出去，利用贸易中心的力量把腹地一层层地带起来，这才是区域经济中的大上海，一个中国经济的龙头。这个大的格局，我从早年到现在一直在用心思，带着问题到处走，到处看，到处问，一步一步看出来的。回想起来这个思想的根子，可能就是我在燕京大学选修“中国的文艺复兴”这门课里讲的采石矶那一节。从那个时候开始，我就在一生当中的实地调查里边，一步一步地跟着历史的发展看，从一个地方到几个地方，到全国，再到全球，看这段历史的整个发展变化过程。总的思想格局是多元一体。一直到前些天，从北仑港到采石矶，想法又有所发展。说起来很有意思，从采石矶下来，我从南京上高速公路去苏州，一路上看到的城乡外貌，是一个从小农经济到初步工业化、现代化的过程。就像我一生看到的这段中国历史发展变化的一个缩影。西方文明的影响，已经深入我们生活中衣食住行的各个方面了，都在那儿变。在这个全球趋向一体的局面下，我们中国文化能为人类社会贡献点什么，应该认真想一想，不能光等着穿西服，喝可口可乐，看西方电影。

1997 年 12 月 3 日于北京医院

为京九路沿线城乡发展提供一些意见*

京九铁路建成之后，大家对它有个寄望，希望经过一段时间的努力，京九沿线地区能成为今后我国经济格局里边一个比较发达的地带。我个人想得更多的，是京九铁路沿线地区的加快发展对我国实现共同富裕的重要意义。小平同志提出共同富裕的目标，把它作为有中国特色社会主义的一个标志。江泽民同志在党的十五大上提出“继承小平同志遗志”，“促进地区经济合理布局和协调发展”，“中西部地区要加快改革开放和开发，发挥资源优势，发展优势产业。国家要加大对中西部地区的支持力度，优先安排基础设施和资源开发项目”。在这个会议上重温小平同志的共同富裕思想和十五大的有关内容，我们有理由相信它最终将成为现实。更重要的是我们应该为此而拿出实际行动，多动脑筋，多想办法，多做实事，多做好事。

京九铁路正式通车之前，我随统战部组织的各民主党派中央领导人考察团沿路走过一趟。我体会这次考察活动的意图，是希望民主党派的同志为这条铁路沿线地区的经济发展出些力量，体现执政党和参政党

* 本文是作者在深圳举行的“京九沿线地区经济合作与社会发展研讨会”上的发言。

在经济建设这个中心上的密切合作。怎么出力量呢？我想，民主党派的一个特点和优势，是知识分子比较集中，智力密集。这个特点，要求我们在多知实情的基础上，多出主意，多想办法，提供决策参考。秉着这个想法，在那一次团体考察之后，我又接着去看，走了许多地方，看到了不少当地群众想办法发展生产、增加收入的实际例子，对我很有启发，也成了我今天这个讲话的思想营养和一些具体设想的依据。

京九铁路的两个端点很有意思，一个点是北京，代表中国改革开放的政策；一个点是九龙，代表我们通过改革开放要融进去的国际市场。香港回归以后，九龙代表的这个市场就和祖国大陆更好地联系起来了，中间的桥梁就是深圳。深圳的经济实力和经济素质已进入全国大中城市前列。希望深圳的同志看到这个关键地位，发挥优势，创造条件，为京九沿线地区发展多做贡献。南中国的进一步发展与繁荣，必须扩大它的腹地的实力，加快腹地的发展，只有腹地发展起来，南部的经济重镇才能根基牢靠。京九铁路的通车，香港主权的回归，为南中国扩大腹地提供了难得的机遇，也为我国广大中西部地区加快发展提供了很好的机遇。我理解这个机遇的意思，就是一条铁路为沿线地区接通了一个大市场的门径。接下来的任务是带货上路，进入市场。带货就是我们要拿得出市场所要的东西，上路就是把已有的交通条件利用起来，进入市场就是把拿上路的东西变成财富，增加农民收入，增强地方的经济实力。只有这样，机遇才有实际意义，否则就落空了，也很难证明这个路是个机遇。

为了让机遇真正变成实际的生产力，现在要赶紧动作起来，抓几个基地，也就是抓好京九线上的几个经济增长点。京九线东西两边各有一条铁路大动脉做邻居。京沪线上有天津、济南、徐州、南京、无锡、苏州、上海等城市，京广线上有石家庄、邯郸、郑州、武汉、长沙、株洲、广州等城市。比较起来，京九线上现在还缺乏类似的已有相当发展的大中规模的经济中心。我们常讲地区差距，这就是差距的具体内容。要缩小差距，就要加强这个方面的工作。所以我们现在应该考虑这个问题，叫做线上选点，以点连线。

怎么选点呢？ 我想总的应该是全线统筹，分段处理；以省为主体，以市(地区)为重点；列入规划，实际操作；定计划，交任务，给条件，查落实。 具体讲，我认为应该从有底子、有基础的地方发展起来。 我想根据自己实际看到的情况讲一点具体想法，讲讲我认为有点底子、可供选择的几个点。

山东省的菏泽、聊城，我都去看过。 这两个地方，在历史上运河通畅的时代，都曾经繁荣发展过，都是汉代就设县置的地方。 后来的衰落，与交通条件的变化很有关系。 可是菏泽悠久的园艺栽培历史传统还保持着，菏泽牡丹还是名满天下。 近年来菏泽发展了兔肉出口，已有一定规模。 传统的优势如果能加上现代科技，再利用现代交通条件，进入大市场和老百姓的日常生活，是很有希望形成京九沿线地区的基地的。

河南省的商丘和信阳，我都去过不止一次。 民权和信阳发展起来的公司＋农户，给我留下了很深的印象。 我写文章介绍他们的办法，认为这是当地群众根据当地特点找到的发展生产、增加农民收入的一条路子。 今年夏季麦收后我第五次去商丘，看到商丘福源集团对公司＋农户的模式做了新的发展，他们在农民自愿的前提下租赁 1 000 亩责任田，成立农业公司，真正搞起了农业产业化。 效果很好，农民增加收入，公司也有利润，而且带动了一片。 如果能趁势巩固，加以延伸、发展，很快就可以形成基地。

湖北省的麻城、黄冈，我去的时间短，了解的情况不充分，但我从小读《黄冈竹楼记》时就知道了这个地方。“黄冈之地多竹，大者如椽，竹工破之，刳去其节，用代陶瓦，比屋皆然，以其价廉而省工也。”这段开头的话，现在重读，感到很切题。 多竹，是讲资源丰富，有发展竹产业的基础；用代陶瓦，是说可以当作建筑材料和工业原料。 我亲眼见过的用竹片做胶合板的生产，就是高档的地板材料和集装箱的底板材料。 另外，竹笋又是很好的食品。 多方面运用现代科技加以开发，将能形成一个很有特色的竹品产业基地。

安徽的阜阳、蒙城，是养牛出名的地方。京九铁路建成之前，我去那里做实地调查时，希望当地群众把养牛和对牛肉、牛皮的加工办成一项优势产业，念牛经，当牛王，发牛财。后来又和统战部组织的各民主党派领导人一起到阜阳。那一天座谈，大家看了蒙城发展养牛业的录像，都很感兴趣，谈得很热闹，我印象很深。大家有共识，更能证明阜阳、蒙城有条件搞起一个肉牛、奶牛的饲养、加工基地。中国人民正处于从温饱向小康的过渡当中，食品结构正在发生变化，养牛基地会大有作为。

江西省的九江、南昌等地，我上个月参加全国人大《科技进步法》执法检查组时，专门召集有关部门进行了座谈。省委、省政府对强化京九线江西段沿线地区的生产力布局很重视，制订了《江西省京九线农业区域开发规划》，并经国家科委批准，实施了《江西京九线星火产业带建设》。他们注重在起步阶段抓农业，我认为路子对了。在访问中，我还看到农科所的科技成果结合到传统农产品上的例子，品尝了生产出的茶色素和板鸡。这是从农业里边长出工业的两个实际例子，抓住苗头，扩大规模，就能发展成为基地。

发展不是空的，是有实际内容的。所以我们不能忽视像茶色素、板鸡这类事情。京九铁路沿线地区大部分是老区，欠发展地区，传统农业地区，发展的起步阶段还是要从农业开始，向副业、庭院经济、农业产业化基地、乡镇企业逐步过渡。在这个过程中，需要的主要还不是高新科技，而是实用技术和适用技术，这样才能尽快抓出实效，才有利于从农业里长出工业，有利于培养出几个基地。

为了促进基地的培育，我觉得应该有一个机构来具体推动这项工作，比如可以考虑组建一个京九沿线地区发展服务集团公司，以深圳为基地，各省设分公司，连接起国际和国内两个市场。这个机构的经营，和以省为重点、市(地区)为操作单位的分段处理，是相辅相成的。京九发展服务集团的目标是推进沿线的基地建设，基地的发展又可以支持集团公司的壮大。总之，现在是有土地，有原料，有劳动力，有现代交通条件，这些生产要素有待一个现代市场的组合。深圳已初步建立起了社会主义市场经济体制的基本框架，又处在连接祖国大陆和香港的桥梁地位，从发展看，深圳可以建设成为我国南方的区域性金融中心，经济发展中心，完全有条件也有实力拿出些力量投向京九沿线地区的发展。这既是沿线地区的发展，也是为深圳自身的发展，是一种互利互惠的共同发展。现代经济是你中有我，我中有你的经济，画地为牢的时代已经过去了。

最后一点想法是，在考虑建立基地、组建机构的同时，还要考虑设立基金，设立用于加快京九沿线地区发展的专项基金，列入国家计划经费，可由中央政府和省、市政府分别承担，以形成京九沿线地区开发的第一推动力。另外，中央还应该制订出具体政策，形成政策的推动力。江泽民同志在十五大报告中提出："逐步实行规范的财政转移支付制度，鼓励国内外投资者到中西部投资。进一步发展东部地区同中西部地区多种形式的联合和合作。从多方面努力，逐步缩小地区发展差距。"我体会这里边的意思，多方面的努力也包含了制定相应政策的努力。只有制定出能让投资者有机会获得收益的政策，才能真正有效地鼓励国内外投资者向京九沿线地区投资，才能有效地发展东部地区同中西部地区多种形式的联合与合作，比如京九线左邻右舍京广线和京沪线上已发展起来的中心城市同京九沿线地区的合作。

以上所讲，是我个人的几点意见。总起来看，是四个问题：机遇，基地，机构，基金。国家投了几百亿元建成了京九铁路，我觉得应该尽快设立基金、组建机构、开发基地、抓住机遇，让京九线体现出它巨大的经济效益和社会效益，为实现中国的跨世纪发展和共同富裕的目标多做贡献。

1997 年 12 月

区域经济发展的新思考

——再访珠江三角洲

中国城乡发展的道路是我一生的重要研究课题，随着这个研究的发展，我"行行重行行"，从基层农村逐步进入城镇，又从城镇逐步进入经济中心，经历了60年，不断加深认识了乡镇工业与小城镇、中等城市与经济中心之间协调发展的重要联系。近年来出现的经济全球化和信息产业化对中国沿海地区产生的深刻影响，使我感到要迈出更大的步伐，跨入更大的区域，站到更高一层去关注和思考经济中心的未来作用，以及它的腹地如何建设的新问题。

今年10月，我去了长江三角洲，发现那里的城市和企业发展正面临新的环境和市场的挑战，这个挑战要求人们更重视经营手段的现代化，以加快腹地的变化促进中心的辐射。因此，我自问：现时的中国农村经济发展在根本上靠的是一些什么力量？应该把这个发展的战略放在一个什么样的大背景里去考虑更为合适？我在试图解答这些问题的同时，扩展并提高了我对大经济区域中城乡协调发展的思考，使我从乡土社会走进了工业社会，又从工业社会走向了工业社会的发展前沿。

由于经济社会里的变化太快太复杂，而真正认识这个现实又不那么容易，在这种情况下，为了更好地把握新形势，我在长江三角洲访问结束后不久，趁去香港参加“21世纪中国文化学术研讨会”之便，顺道访问了珠江三角洲。前些年，我听说珠江口两岸的深圳与珠海之间的大桥将要建成。深圳毗邻香港，珠海毗邻即将回归祖国的澳门，这座桥开通后会在区域经济发展上出现一个新形势，所以，我早就期待着再去实地看一看。

在近一个月的行程中，我先后走访了深圳、东莞、广州、顺德、中山、珠海，最后又回到深圳。这是我第三次专访珠江三角洲，离上一次访问已时隔6年了，与6年前相比，那里的经济实力有了明显的提高，特别是深圳这个新兴经济中心，以及东莞、顺德、中山和珠海这些新兴的中等城市的发展速度使人有出乎预料之感。历史地看，珠江三角洲的工业化和城市化在很大程度上离不开香港经济的辐射作用。而现在看来，这种互相依赖关系的传统方式将会发生变化，其实，香港自身的经济需要更深一层地考虑如何进入国际市场，珠江三角洲地区新兴

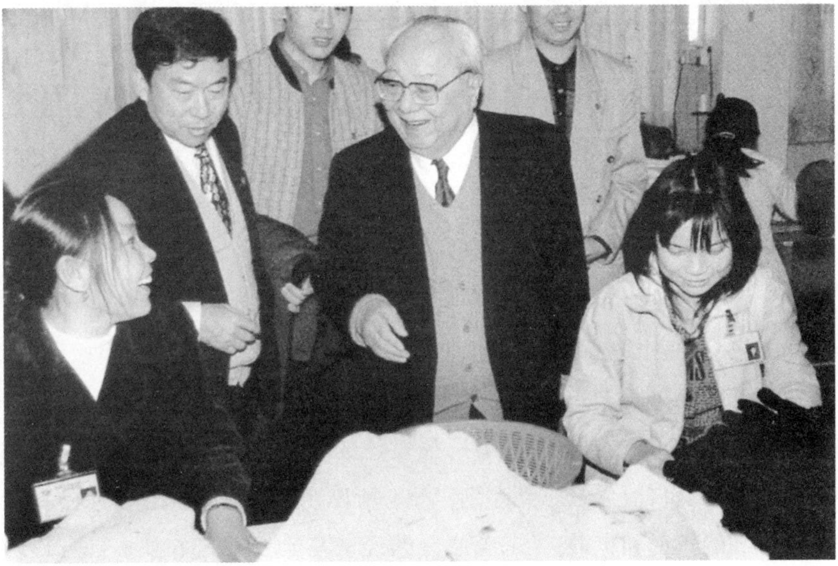

1999年12月，费孝通在惠州市考察城镇工业

的经济中心和中等城市也需要从战略上考虑其腹地的建设。我想这些可能的变化很值得我们去观察和分析，因为它们不仅关系到包括珠江三角洲、香港和澳门在内的经济区域的未来发展，而且还关系到华南大经济区域的未来发展，甚至会与21世纪的国际性经济格局相联系。我的这篇文章是对这方面研究的开头，希望能形成与大家讨论的新课题。

从“造船出海”再前进一步

珠江三角洲是我国最早创办经济特区和开放沿海港口城市的地区，也是我国的农村得到香港经济辐射和扩散最多的地区。1980年中央决定成立四个经济特区，有3个在广东：深圳、珠海、汕头。珠江三角洲经济开发区于1985年建立，由4市12县构成，其中的4市是东莞、顺德、南海和中山。东莞是以外商经营的“三来一补”企业为主，顺德以镇办企业为主，南海以村办企业为主，中山则以市属企业为主。它们的发展路子各有特色，但在90年代初都成为三角洲上的四只“经济小老虎”。

改革开放初始，珠江三角洲农村经济发展的主要特点是“三来一补”式的小型加工厂与香港的公司密切相联构成的“前店后厂”。“三来一补”的经营方式是香港经济对珠江三角洲最早采用的一种途径。通过这种经营方式，香港企业可以利用大陆较低的地价和工资，把在香港的工厂搬到内地乡镇生产，产品运回香港向外销售。由于前店设在香港，从事对外营销活动，其订货单大部分是来自外国（也就是说，香港公司的订户是外国人），因而公司的市场有大部分在外国。

“三来一补”式的小型加工厂最发达的地区是东莞，从深圳这个向香港开放的窗口要经过东莞才到广州，所以东莞与深圳一样首先受到了香港经济的辐射和扩散。东莞原有的经济基础主要是农业，自身缺乏发展乡镇工业的力量，早年就向香港输出劳动力，到90年代初，东莞籍的香港居民已有65万人。这批侨民中不少在香港发了财，大陆实行改革开放政策之后，他们返乡投资。在东莞办厂的港商中有一半是回乡的本地人，我称他们是推动东莞地方工业经济的第一个“波浪”。东莞1988年从县级市升格为地级市，1994年已初步实现了农村工业化，工业总产值占到工农业总产值的92.1%，第二、三产业从业人员占全市劳动力的80%左右，并吸纳了外地近百万劳动力。用东莞人的话说，这个发展是他们紧紧抓住了世界经济特别是亚太地区经济新变化提供的有利机遇，积极接纳来自香港乃至亚太地区的经济辐射和产业转移，发挥了人缘、地缘的优势，大力发展“三来一补”的业务和“三资”企业的结果。

在“三来一补”的经营方式中，内地城乡不需要投入启动资金，只需提供土地和劳动力，来料加工也不需垫付流动资金，产品由港商包销，不用承担市场风险，可以说是一种“无本生意”，而工厂的生产一旦启动，地方和农民都可以得到报酬。这对当时缺乏资金、技术和企业管理能力的内地农村来说是一个求之不得的机遇。就其收入的分配而言，留在内地的部分是工资、地租和税，据估计约占总数的20%，另外80%的得主是香港的公司，尽管内地只拿了小头，但由于对启动内地农村经济的发展有重要作用，所以两头都有利可图。当时，这种经营方式适应了珠江三角洲城乡经济的水平，因此发展得很快，成为珠江三角洲实行改革开放后城乡经济起飞的突破口。

东莞人称“三来一补”的发展方式为“借船下海”，这反映了东莞工业经济发展的起点比较低，但这个低起点与东莞当时以农业为主的经济基础是相适应的。通过“借船下海”，东莞市在最初的9年里，累计收入公缴费达5.4亿美元，乡镇集体方面取得的收入达6.7亿元人民币，成为这段时期里东莞工农业发展的资金，从而积聚了一定的经济实力。1992年，我访问东莞时，“三来一补”的加工业仍是那里城乡经济的主要支柱，但在这个基础上已开始发展技术密集的外向型合资企业。也就是说，一些企业从“借船下海”向“造船出海”转化了，由外商独资的企业和外商合资经营的企业也在逐年增加。据东莞市提供的资料，1994 年实现了农村工业化的东莞市，已是东南亚最大的咖啡饮料生产基地，全世界 40%的微型马达和 30%的录像磁头在这里生产，正在形成一个国际性的加工制造业基地，每天有近 4 000 车次货物进出，每年进口约 40 亿元的原材料。1981 年至 1994 年，全市利用外资累计 39 亿美元，1997 年实际利用外资累计增加到 79.6 亿美元。

20 年来东莞的工业发展速度是惊人的。依我的看法，这个惊人的发展离不开香港的资金、技术和经营方式的辐射，而辐射的成功也离不开东莞这个侨乡作出的有效回应。但我在想，如果东莞“三来一补”的加工厂能够改变“前店后厂”的分配原则，在所得的 20%(即留在本地的工资、地租和税)的基础上争取到更多的份额，那么东莞工业经济发展的速度还会更快；如果能够进而改变“前店”与其客户之间的分配原则，那么东莞工业经济还可能会有成倍的增长。总之，要使东莞的经济发展更上一层楼，还需要使其企业的经营从“造船出海”再前进一步。

提高经营大市场的能力

一年前，我在浙江金华访问时曾听到两位年轻老板谈论了一件有关产与销之间分配收益的事。这两位年轻人中有一位是在金华办了一家制造成套家用机器修理工具的小厂。他发现一箱成套机器修理工具在美国能卖到 200 元，可到他这个生产厂家手里的只有 40 元，还有 160 元被订货的人在销售过程中掌握了。他们说这种分配方式不够公平，但他们知道若不给订户拿这 160 元，厂家的工具产品就没办法卖出去，因为市场在订户的手上。

我有个姓李的亲戚 60 年代从大陆去香港继承父母的家产，之后，他在香港开了个制衣厂，就是那种我在《港行漫笔》中曾经说过的香港大楼里的“蜂窝”小厂。70年代末，他将这个制衣厂迁移到老家东莞，成为第一批来大陆开“三来一补”式加工厂的老板。他的公司留在香港，东莞工厂的原料采购、资金供应和产品营销也都在香港，东莞厂里的生产由聘用的经理代管。他的儿子负责订货单的组织，专门与一批订户打交道。公司把这批订户当成每天都要供香的关公，而这个关公实际上是外国的关公，由于外国关公接触买客，所以是公司真正的上帝和财源。公司特别重视与他们保持良好的关系，还不能让别人知道他们是谁，其实，公司老板心里明白，失去了这些订户，很难再找到国外的销售门路，新订户是不易找到的。

由于世界性的经济不景气，这些外国关公对利用中国厂家的对策也在发生变化。金华的那两位年轻人对我讲起，外国的订户开始研究中国的生产厂家，他们从中进行挑选，并让生产厂家之间发生竞争，以使它们能压低出价。当时，我问那两位年轻人为什么自己不去做这个订户，成为拿“160元”的人呢？他们回答说，做订户很不容易，因为订户要掌握营销的网络，这个网络里面有很多复杂的“戏法”，完全是另一种世界，而且对外是封闭的，很难打进去。由此可以看出，这些制造性的企业要进入外国的消费市场还必须越过好几道“围墙”，才可能得到消费者拿出来的“200元”。香港的公司从“三来一补”经营方式的分配中拿到的份额，实际上还是在那个“40元”中的，也就是说，在“三来一补”和“前店后厂”的经营方式里，香港的老板所获得的大头，也只是其产品在外国市场上出售后得到的“200元”里，除去外国上帝拿走“160元”之后留下的“40元”再扣除“后厂”的费用之后的那笔余额。可见，制造过程中产生的价值只是产值的一部分，还有一部分产值是从流通里出来的。至于香港老板在“40元”中拿到的这个大头到底是多少，是不肯讲的，这是商业秘密。对于东莞“三来一补”的加工厂来说，要想获得“40元”和“160元”，最起码的条件是要同时掌握香港老板的这个秘密和了解外国上帝所掌握的订户网络里那些众多复杂的“戏法”。

据我所知，美国的一些老板现在不愿自己来中国开厂，认为管理中国的工人太麻烦。其实，他们发现中国沿海一些省份有小制造业工厂，所以出来调查，想挑选生产质量和技术水平好的企业，并弄清楚哪些企业家有培养前途。我在金华访问时，看到几个被选中的，作为美国老板生产代理的年轻中国人。在与他们的交谈中，我意识到被美国老板选上的中国企业实际成了车间式的工厂。这些生产代理人现在明白了，他们说："我们在为外国老板打工"，但他们只知道产品卖给美国老板，而不知道最后卖给具体的哪些消费者。可以说，生产代理人的"鼻子"由美国的订户牵着，而这些订户还只不过是些中间商。

从金华企业的这些变化中，我似乎看到了一种新式的跨国经济联系。这种联系从初级的"三来一补"的经营方式，逐步发展成既掌握市场信息，又掌握消费者构成的基层购销网络，从而进入一个一手包揽与消费者直接打交道的营销机构，另一手以分发订货单为手段控制自营的(适应制造市场所需商品生产的)小工厂，以商品和资本的流通为导向的经营方式。我觉得这种新式的跨国经济联系的本质及其作用可能带来的后果，应该引起我们的注意。在某种意义上说，这是关系到中国在未来国际市场竞争中的自主权和主动权的问题。

现在，那些作为美国老板生产代理的年轻中国人想自己打到外国去，做美国老板的事。我对他们说："你们可以去试一试，直接与外国零售商和消费者接触，先摸索出一些经验来。"但我想，要学到真正的经验不是一般知识，也不是高等学府的文凭就能够达到的，他们还必须亲身到实践中不断体会和摸索，使自己直接了解市场网络的构成和熟悉市场体系的运作方式，因为市场网络的实际构成方式和市场体系的具体运作方式不会固定不变的，而且，关于它们的知识在书本里是不易找到的。

广东"四小虎"之一的顺德市有个万和集团，该集团的老总给我介绍道，他们开始通过商业信息网与买客有了一些直接联系，也开始见面洽谈生意了。看来，万和集团的经营活动通过商业信息上网，已经进到了现代工业经济的前沿，也就是西方人通常所说的后工业社会。我想商业信息网的有效利用将会发生的作用，有可能使拿走“160元”的人，把手里的“160元”逐步交给拿“40元”的人；原来只拿“40元”中20%的小老板，也有可能成为拿回80%的人了，也有可能逐步增加分享“160元”里的份额了。不过，中国新一代企业家虽然意识到“200元”中的大头在外国老板那里，也试图通过直接销售拿回这个大头，但由于他们过去缺乏在这种阵地上进行较量的经验，和缺乏对这种阵地复杂性的认识，因而他们要真正进到拿“160元”这一层人里，要在后工业社会的“权力游戏”里掌握主动权，还有很长的路要走。从某种角度来看，这需要具备一系列的能力，比如能够灵活地运用最新的经济学、社会学、管理学等科学的综合知识，能够有效地反映现代工业经济及其社会的实际运行逻辑，能够影响对手的决策，并使对手决策的变化朝着对自己有利的方向发展，等等。

面对如此多的高要求，我联想起几十年前苏州吴江开弦弓村往返震泽镇的航船，航船的这一头有几千年的文化传统，虽然航船已经失去了原有的功能，但几千年的文化传统依然还在。这个联想使我脑海里又呈现出一个问题：从中国几千年文化史的这一头到来自西方世界的现代电子信息网，还需要中国农村在物质和精神上拿出多少投资？去年吴江的东方丝绸集团公司第一次进入股票市场，经办此事的吴江老乡说，他们开始明白银行(即资本经营)原来也是一种企业。这个明白虽然来迟了，但我想它对于中国乡村里的人来说却是一个不得了的进步。温州的企业家说：“我们不抓住销售不行了。”他们把生产管理交给了经理层，使自己在经营上又上了一层，成为销售管理的组织决策者。这个变化对于在农村家庭作坊基础上发展起来的企业来说，也是一个了不得的进步。然而，吴江和温州在历史上就属于中国沿海经济较富裕的地区，而且走过了20多年的农村工业化道路，具有它们这样经历的地区在中国农村并不多。中国有广大的农村地区还处在经济较贫困的状态，这些农村地区的大部分人口仍以小农业耕种为主，并习惯于乡土社会的生活方式。因此，要使他们的意识和生活跟上现代化的步伐，就不能不考虑如何帮助他们找到快速发展生产力的有效办法。

从珠江三角洲的东莞和深圳看，它们的企业在销售上虽然可以上网了，但现在还处于引进技术和资金，开始可以希望拿回“40 元”中的 80%，还谈不到进入拿“160 元”人的这一层。这表明企业在现代市场经营方面要学的东西还很多，何况现实中，最新现代工业本身还在不断发展，而且会继续在社会生活的一切领域中产生影响，由此带来的复杂化以及控制这种复杂化的手段将是难以充分想象的，连西方人也感到他们的认识已跟不上这种变化了。所以，加强研究如何提高珠江三角洲地区接受香港经济辐射的能力，以及如何更好地使香港这个经济中心对大陆发挥更大作用的问题，应该被提到议事日程上来。我想这些问题在长江三角洲和上海浦东新区也会被提出来。我们必须看到，香港与大陆的经济关系在世界经济总体里是有分工的，而它是中国的一个行政特区，其经济对未来的中国经济乃至世界经济将会产生特殊的影响。因此，我觉得重新考虑香港经济在世界经济中的定位问题已到时候了。

加强中心与腹地的相互作用

信息产业的发展和它带来的影响正使人们感到一种十分严峻的挑战：美国 10 多年来发展起来的那个“微软”公司的实力就有几千亿美元。“微软”公司是当代信息技术的密集型产业，可以说，也是最新现代化技术的一个世界级“龙头”，它的作用已使城市中的许多产业的传统操作技术面临一种深刻的危机。在这样的形势下，人们不能不重新考虑中国农村工业化和城市化的联系问题。经济社会生活的现实已经在提醒人们，小城镇似乎不具备接受信息产业的能力，城乡互相交流的经济中心不能光是靠小城镇的发展了，应当使一批紧密联系城镇和为城镇服务的中心城市赶快兴起。因此，我想现在是强调大区域经济综合发展的时候了，并应该考虑作为一个区域经济中心城市如何进一步带动腹地的农村和城镇发展的问题了，也就是如何使中心对腹地加强辐射的问题。

香港究竟在我们中国经济里要起什么作用，是我这次访问珠江三角洲提出的一个重要问题。香港已经实现了“一国两制”，解决了它的政治地位。接下去需要考虑的是其经济地位怎么确定的问题，这个问题的思考实际是要研究大陆如何能够充分有效地利用香港的经济、金融、商贸和企业经营方式(包括这些企业与订户的关系方式等方面的资源)来提高全国经济实力，而且，要研究大陆在接受香港经济辐射时如何建立香港的经济腹地的问题。依我的看法，这些问题的解决不仅涉及它与深圳经济特区的关系，而且关系到华南经济区里深圳与广州的关系，华南经济区与中部经济区之间的关系。总之，这是南中国的这个大区域经济发展的一个重大问题，直接关系到香港的经济在亚太地区乃至在世界范围的地位问题。

我们提出上述这些问题，实际反映了珠江三角洲经济开发区在与国际经济接触的同时，也需要内地城乡经济在发展方式上的配合，更确切地说，内地新消费市场的培育和农村城市化的步子要跟上发达地区当前经济发展提出的要求。但现实中，由于中国农村工业化和城市化有不同的起点和速度，因而使各地经济的发展水平也有所不同，在某种意义上说，现时的中国农村同时存在着层次不同的工业社会的逻辑。因此，在决定大区域经济的发展决策时，不仅要注意引导城市之间的经济联动方式，而且要考虑引导它们与周边农村之间的经济联动方式。

这次访问中，顺德市的领导同志对我介绍说，乡镇企业的概念在他们这里已经过时了，意思是说，顺德的企业发展提出的主要问题不再是所有制，而是经营机制上的。可以看出，顺德的经济体制改革已走在了全国的前面，其企业已经纳入竞争性的市场经济体制。这从另一方面也表明，在当前的新形势下，再从乡镇企业或从适应于乡镇企业的小城镇为出发点，来考虑顺德企业的未来发展是不够了，可见，新兴中等城市的发展思路也需要更上一层楼了。

顺德市属于珠江三角洲经济开发区范围，地处珠江的西岸，与东岸的东莞隔江相望，东岸的窗口是深圳而西岸的窗口是珠海，深圳的经济靠山是香港而珠海的经济靠山是澳门。由于澳门这个经济靠山不够硬，西岸乡镇的经济发展还得去靠香港。顺德在80年代中期开始接受“三来一补”的方式，但由于它原来的集体经济实力较强，又不甘心让外商在收益分配上拿大头，所以较快地使“三来一补”方式，通过消化吸收或嫁接，成为自主经营的合资企业。相比于东莞，顺德是上了一个台阶，同时也改造了乡镇企业，更有意思的是，顺德还用“三来一补”的方式把本地劳动密集型工厂扩散到内地山区的乡镇去，使本地的企业可以向技术密集型转化。这说明顺德的企业发展虽然在时间上比东莞迟了一步，但它们从“借船下海”向“造船出海”转化的速度要比东莞快，也就是说，它们的体制创新力度比较大。

1992年起，顺德就进行了机构改革，政府把三大产业分别交给新成立的“工业发展公司”，“农业发展公司”和“贸易发展公司”经营。1993年，顺德改革了集体性乡镇企业的体制，使包括乡镇企业在内的全部企业都明晰了产权，并实行了股份合作制。与此同时，顺德还改革了企业原来的医疗保险和养老保险制度，由于它们大幅度地社会化，使政府和企业减轻了负担。对负债太大的企业，政府采取公开拍卖的形式转让，实际上等于使它们破产。在所有这些改革实施之前，政府制定了“产权明晰、权责明确、政企分开、贴身经营、利益共享、风险共担”的方针，以使企业避免过去那种“负盈不负亏”的状况。经过一系列的改革，顺德80%的企业分别成为上市公司、股份公司、股份合作制公司和合伙公司，它们是按照现代企业制度建立，由董事会决定发展决策的。由于投资体制的改变，政府过去要负责全部投资的90%，现在只管基础设施的投资，其他部分的投资基本实现了社会化。政府的财政来源过去是企业上缴的利润，现在是税收，政府的职能也从原来的直接经营企业转向了为企业提供服务，所谓服务就是“政府搭台，企业唱戏”。这些改革在当时叫“转换经营机制”，由于比较早就转换了经营机制，顺德的经济有了明显的发展。

现在，全国正开始进行机构改革，当人们为机关人员的分流感到压力重重时，顺德却早已没有这方面的负担了，政府也因此可以集中精力思考社会经济的进一步发展所需要的新条件，比如发展高新技术的企业和为附加值高的企业创造良好的投资环境。近三年来，顺德企业的资产重组越来越普遍，出现了大企业优势互补的“强强联合”的趋势，还出现了大企业向经济发展较慢的地区“低成本扩张”的趋势，其实，人们是想抓住内地一些企业不景气的机会搞兼并。比如“科龙”集团在辽宁、营口、成都共投入几亿元建空调厂；“美的”公司到安徽芜湖投资几千万元建分厂，想利用自己的技术和管理优势逐渐占领华东一片，还到重庆收购了一家风扇厂；“万和”企业跑到邻近地区办厂生产热水器。

据顺德的领导介绍，企业解决了体制问题后，接着就要解决市场问题，企业家们开始认识到只懂生产经营而不善于市场经营已经不行了，他们过去注重技术的上水平和产值的增长，而现在更感兴趣的是对扩大产品在消费市场上的比重。因此，他们试图将企业的生产部分不断转移出去，尤其转移到经济发展较慢的地区。听他们说，经济发展较慢的地区的企业设备先进，但缺乏好的经营管理，那里十分需要引进技术和经营管理，甚至有点“饥不择食”。为了吸引投资企业进来，顺德市府向来投资办厂的企业提供了各种优惠政策，比如低税收、低价土地、廉价水电等(对于投资企业来说，使它们感兴趣的还有那里的廉价劳动力)。他们在扩大对腹地辐射的同时，尽力加强中心的实力。经济发达地区与经济落后地区之间的这种合作关系，使我联想到拿“40 元”大头的香港公司与“三来一补”的加工厂之间的利益分配，进而使我意识到了竞争市场经济的规则对这种合作关系所产生的作用、这种合作关系所显示的不同工业文化之间交融的背景，以及作为这种合作关系结果的市场可能提出的城市化问题。总之，区域之间发展经济联系的深刻意义，以及预测这个发展可能提出的新要求，都需要进一步加以全面的思考。

大区域建设需要加强中心城市的实力

珠江三角洲是中国将来的一个很重要的经济区域，近 10 年来，这里发展了一些经济实力较强的中等城市。不过，相比于长江三角洲，珠江沿线地区尽管有比较容易接受市场经济的历史传统，但缺乏城市文化的历史传统和专门技术精英队伍，而且还缺乏能够接受城市经济辐射的广大腹地。因此，珠江三角洲要保证将来持续发展的活力和后劲，就应该在争取参与国际市场竞争的同时，也要更多更好地考虑建立、推进和带动内地经济腹地和加强贸易中心的建设。

珠海与深圳是珠江三角洲的两个面对港、澳的左右“眼”，但由于它们的经济靠山不同，各自走了不同的经济发展路子。深圳因为受到香港经济的直接辐射而发展得比较快：1980 年到 1997 年的 18 年间，全市国内生产总值年均递增 33.2%；固定资产投资总额年均递增 43.4%；社会消费品零售总额年均递增 45.4%。1997 年，全市口岸入出境人数 7 329 万人次，入出境车辆 883 万辆次，分别占全国的 50%和 80%；深圳机场旅客吞吐量 443.9 万人次，居全国第四位；港口货物吞吐量 3 357 万吨，其中集装箱吞吐量 114.8 万标箱，居全国第二。由此可以看出，深圳正形成区域性的人流、物流和信息流的经济中心。这两年，深圳在高新技术产业上又找到了新的经济增长点，走在全国的前列。然而，从长远看，深圳在香港与华南经济区中的作用怎样确定更为合适的问题，以及它与广州在珠江三角洲经济区域的位置怎么确定更为合适的问题，还需要进一步的明确认识。

珠海也发生了很大变化，特别是交通的发展较快。由于澳门的工业不太发达，因而对珠海的经济没有产生什么重大的影响。然而，珠海依山傍海，有得天独厚的自然条件。到了珠海，我一看见大海就觉得心旷神怡，走进珠海如同走进了一个美丽的花园。其实，珠海正在创建一个花园式的城市。我想若能把珠海建成中国的夏威夷，再加上中国烹调的优势和提供舒适的生活设施，那就可以吸引更多的中外客人来旅游和休闲，甚至可以吸引人们来工作和生活。连接珠海与深圳的大桥建成通车后，珠海这个花园城市的优势会更加突出，珠海的港口正在建设中，使人可以想象未来的珠海会不会发展成一个中国式的新加坡。因此，如何利用好这个美丽城市，如何使这个美丽的城市产出更大的社会经济效益，对于珠江三角洲来说，是一篇大文章，这方面的研究也应该被提到议事日程上来了。

由于珠海与深圳走活各自那个“眼”的方式不同，使珠江两岸的城市发展战略也产生了不同。就这些城市的风格而言，中山与其隔江相望的东莞和顺德有明显的差别。中山位于毗邻澳门对口的珠海和中国南大门的广州之间，从战略上看，对它的发展方式进行合理的定位具有一定的重要性。

1983年中山从一个农业县上升为县级市，1988年经国务院批准又升格为地级市，这个变化使中山市的一些领导意识到：“既然国务院和省委省政府批准中山从小城市发展成为一个中等城市，说明上级领导给了我们一个信息，就是要求我们建立一个高标准和高品位的中等城市。”我想这些领导有这个意识，是因为他们看到了中山所处的经济地理位置，而且也看到了澳门回归后的社会文化和经济的辐射问题，总之，他们感到了中山在珠江三角洲可以扮演的角色，与毗邻香港的深圳相比，是应该有所不同的。由于有了这样的判断，中山采取了与珠江东岸的几个中等城市不同的发展方式，就像它首先建立和荣获了“全国园林城市”和“全国卫生城市”这些称号，而没有走“三来一补”或“低成本对外扩张”的路子。在中山，给我留下较深印象和引起我兴趣的是它的精神文明建设，特别是其步行街上的供应充足而又彬彬有礼的商业经营，和它在每年年初七（即当地称为“人日”）进行的“慈善万人行”捐助行动。这些富有特色的活动使我看到了，传统乡土文化在现代城市精神文明的建设中被利用的实际效果。这是一个值得人类学和社会学的研究者从理论上加以总结的经验。

中山与东莞和顺德尽管各有特色，但与它们同样都是在 80 年代中期以后新兴的中等城市，都达到了小康水平，都会对珠江三角洲经济区产生作用，都是珠江三角洲经济区的重要组成部分。再则，这些中等城市都需要解决人口不足的问题，解决实现小康后怎样进一步发展的问题，以及解决如何使农民变成现代化市民的问题，等等。

据我所知，改革开放之前，珠海是一个渔业村，中山是一个农业县，两地都没有较好的工业基础。现在，它们已经从渔村和农村发展到有一定经济实力的中等城市，而且分别成为园林城市和花园城市。但是，它们都不可避免地要解决一个问题：如何使渔民和农民变成具有现代城市文明的市民和公民。这是一个需要从物质和精神上同时考虑其解决办法的大问题，中山市在这方面动了不少脑筋，并进行了一些尝试，而且也已获得了一些成功经验。我想中山市在农村基础上创建文明城市和引导农民现代化的思考、办法和实践，都应该加以分析和总结，以便为其他农业地区正在兴起的城市提供一些可参考的依据。

珠江三角洲的这次访问虽然只有 20 多天，可是，此行对我的思想来说，却似乎在不同的工业时代往返了好多回。我从这里获得了一些前所未有的深刻认识，使我更加清楚地看到了中国内部不同区域间的经济联系越来越密切的趋势，而且看到了这个联系的手段越来越多样化的趋势。我感到这个联系能否有效地进一步发展升级，对于形成中国参与 21 世纪国际市场竞争的能力，将会产生重要的影响。

1998 年 12 月

上海作为国际大都市的回顾与前瞻

一

大概十多年前，在上海提出开发浦东时，我就参加了几次讨论这一问题的会议，当时关于上海发展战略方向，存在着两种不同看法，一是深圳式，一是香港式。所谓深圳式，就是要把上海建设成为“通向国际市场的一个窗口”，一个连接中外的枢纽，通过它，再达到当时香港等国际大都市；而所谓“香港式”，是指直接把上海建设成为国际贸易、金融的中心，主要目标不在于连接内外的“窗口”或“纽带”，而是具有中心作用的国际大都市。我当时赞成第二种路子，也就是所谓“香港式”道路。我当时认为，上海与香港一样，完全可以成为位于中国大陆的一个国际经济、贸易、金融和航运中心，成为一个名副其实的国际大都会。这种看法的深层含义是，上海长远发展的战略目标应该比“深圳式”的目标要高一层，也要比当时还是英国殖民统治的香港提高一层。当时我就感觉到，上海要达到这种中心都市的目标，还需要在现有的基础上，在各个方面都向前发展一大步，要再上一个新台阶。

回顾历史，长江三角洲这一带，是中国文化发源很早的一块地方，可以回溯到旧石器时代和新石器时代，新石器时代已经有很好的手工艺制品了。我在宁波附近看了河姆渡文化遗址，最近又到太湖流域，看了良渚文化的遗址，看到那时已经有农耕、纺织、玉器，还有建筑在木桩上的集体居住区。在这种条件下，农业出来了，手工业出来了，建筑业也出来了。六七千年以前已经有这么发达的文化，很了不起。可是另一方面，上古时代这里在文化上并不统一，而是一个区域一个区域分开的，但已经有交流的融通。各个区域之间的不平衡，经过夏、商、周各代的发展才逐步消除，到了秦、汉已形成一个统一体，成了一个多元一体的强大国家的一部分。

这种从区域到统一的多元一体的观点，也可以用来看待今天的中国和世界。从中国和世界各文明起源和发展的历史，一直看到今天世界正在经历的这样一个全球化的大转变，出现了一个以大洲为单位的合作体系，形成一个洲际经济的趋势，当然，这里边会有许多曲折需要很长时间，短则一个世纪，长则 1 000 年，现在只是洲际经济的起步阶段。

我们应当在这样一个宏大的格局下讨论上海和长江经济带的发展，来探讨中国经济的发展。因之就要树立起从区域经济到全球经济的意识和观点。我们东亚地区将成为一个经济区域，构成世界经济的一部分，这个大经济区域中还可以从不同层次分为多个区域，需要几个经济中心，其中一个区域就是长江流域，经济中心应该落在上海，上海的发展宜更上一层楼，应该瞄准这个大格局和大目标去做事情，不要分心。简言之，上海应该在更高层次上，从区域经济发展的观点出发，考虑成为长江流域的贸易、金融、信息、科技、运输中心。

总的来说，上海应该把贸易、金融、科技、信息抓上去，而把层次比较低的工业分出去，一层层地分出去，同时，要充分利用贸易、金融中心的力量，把腹地一层层地带动起来，这才是区域经济中的大上海，这样的上海，就成为一个中国经济的龙头。换句话说，要使上海在经济上成为长江三角洲和沿江地带工农业商品总调度室或总服务站。十多年前，正是以这个思路为底子，我提出了关于建立长江三角洲经济开发区的建议，后来又更具体地提出了以上海为龙头，江、浙为两翼，长江为脊梁，以“南方丝绸之路”和西出阳关的欧亚大陆桥为尾闾的宏观设想。这个大的格局，是我从早年到现在一直在用心思考，带着问题到处走，到处看，到处问，一步步看出来的。

我对上海的这种期望，使我常常考虑到的一个问题，就是一个现代化意义的中心都市必须同时拥有其“腹地”。这方面的理论我在考察沿海城市的时候讲了多次，最近几年中央又提出了西部大开发的战略，在这一战略的实施过程中，会更显出建设“中心”和“腹地”之间关系的重要。对于一个区域的发展来说，一方面，有“中心”才能发展腹地，另一方面有腹地，“中心”才能站稳，才能不断提升，中心与腹地二者是互相紧扣的环节。现在摆在我们面前的任务，正是如何发展上海这个中心，并由这个中心带动它背后广阔的腹地，特别是长江三角洲一带，进而带动中国经济更好地进入世界经济。这样我们可以从上海的发展中看到中国整个的发展，我们需要有不同层次的小、中、大城市和特大城市，层层连同中心，全面又有重点的塔型发展，上海的定位和它的发展为我们展示了中国经济发展的一个理想的蓝图。

正是在这种思路下，20 年前民盟中央曾经提出长江三角洲区域发展战略方案：以上海为龙头，以江浙两省为两翼，苏、锡、常、通、杭、嘉、湖、甬等中等城市为卫星城市，同时进一步开发利用长江的水道，并加快发展公路和铁路运输，有如京九铁路穿糖葫芦式的形式，在交通沿线上发展一批中等城市。当时这些设想还仅仅是一种远景式的蓝图，但经过这么多年的发展，已经使得这种蓝图逐步变成实际操作的计划和规划了。

我今天来参加这个讨论会，寄托了很大的希望，一方面把多年来追踪研究的想法归纳一下提供讨论，也希望在大家的讨论中吸收意见，把这个蓝图更加具体化，提供政府参考。

二

谈到上海和长江三角洲的发展，就不能离开全球化这个背景。现在大家都在谈论全球一体化的问题。可是在现实中，要在全球一体化中获得有利的位置，每个国家首先要实现本国国内的一体化，至少是主要区域的一体化，也就是要建立起若干个全国性的、统一的大市场，要建立起这样规模的大市场，就要有与之相匹配的大城市作为中心。有的同志讲我国有三个经济较发达的地区，就是珠江三角洲、长江三角洲和环渤海湾地区。现在看来，这三个地区要形成区域经济实力，都需要发展各个层次的中心城市，拿长江三角洲来说，它必然要以上海为中心，周围还要有许多低一级的中心城市，有了这些城市，整个区域的经济才能发展起来。

上海的优势，有地理的因素，但主要是特定的历史造成的。在近现代史上，上海很早就成为全国的一个经济中心，同时也是东亚地区的一个国际贸易中心。20 世纪 30 年代十里洋场的上海，已经有 168 家银行，当时世界上 58 家比较大的外国银行在上海设了分行，上海已经是亚洲金融的中心。我本人是苏南人，对这一带比较熟悉，我很小的时候就来过上海，那时我住在吴江县松陵镇，听大人说要到上海来，就兴奋得几个晚上睡不着觉。在镇上我们算是“城里人”，但到了“十里洋场”的上海，就成了“乡下人”，就是北方话说的“土包子”。当时上海的各种商品的进出口量，占全中国的 50%～60%，是中国最大的外贸中心，也是东亚最重要的物流、人流和信息流的交汇中心和集散地之一，这就是有些海外学者所说的，在国际化的话语中，“上海”不仅仅是一个“城市”的名字，它更是一个“概念”，一种“记忆”，一个“品牌”，这是其他城市——比如台北或香港——所没有的。

但是自从抗日战争以后一直到 20 世纪 80 年代，由于种种原因，上海的地位发生了很大的变化，它不再是国际贸易的主要城市了。一方面香港迅速崛起，取代了上海的地位。一方面大陆形势发生了急剧的变化。新中国成立后，上海由殖民地半殖民地性质的城市，变成了社会主义的城市，之后，国家投下大量资金，把上海建成了以国有企业为主的工业城市，工业发展很快，是全国最大的工业基地，计划经济下每年曾经向国家上缴高达200亿的利润。建国以来，包括计划经济时期，上海对中国作出的贡献是很大的。但是，我们也要看到，之后，我国面临着极特殊的情况，先是被西方国家封锁，后来自己又关上了大门，上海历史上最重要的一项功能——外贸的地位长期没有恢复。同时，在改革开放初期，作为中国最大工业基地的沉重负担，使得上海没有力量重新改造自己的城市，自身的城市基础设施无法跟上去，曾经欠了很多账，人们的生活质量受到很大影响。几十年下来，上海确实变得陈旧了。但是，上海内在的优势，特别是优良的人口素质、蕴藏在市民生活中的深层次的现代性、都市性并没有消失。当小平同志提出要再造几个香港，提出要恢复上海的地位的时候，促使人们必须重新认识上海在全国经济格局中的地位，同时也意识到了上海在整个亚太地区的经济地位。从上世纪90年代以来的发展实践看，只要条件恢复，上海的活力会立即迸发出来。事实表明，要在大陆上再建一个香港、东京、巴黎或纽约式的大都市，实在非上海莫属。现在经过近20年的奋斗，上海已经恢复了常青常新的面貌。

上海最直接的腹地就是长江三角洲，这里从来就是我国加工业和商业高度发达的地区，是盛产粮食、经济作物和畜产品的鱼米之乡；这个地区通过便利的水陆交通，又能联上中国中部和西部的广大腹地。上海和长江三角洲还有条件通过内河航运和铁路公路运输成为全国性的对外贸易中心。说到这里，长江三角洲经济开发的内涵已经逐步明确起来。我还想强调一点，为了充分发挥这个区域的功能，区域内将会存在“分”与“统”的双层结构：基层是多种所有制的企业，包括国营、集体、个体、独资、合资、合作等所有制，是多元化结构，而上层可以是上海与江浙合作，并和国家配合形成高层次的贸易、金融、运输、科技服务中心体系，只有强化这个区域层次和国家层次的服务体系，才能实现经济结构的统一协调。不难看出，这种双层结构既体现了本区域市场经济中多种经济体制和多种经济体并存竞争的总格局，又保证了本地社会在总体上与国家发展和国际化的同步和协调。

目前以上海为中心的长江三角洲的发展，也标志着中国现代化和城市化发展的一个重要阶段，我们有必要从这样一个社会变迁的宏观背景下来理解这一区域的发展。

我在过去20年研究中国的社会经济发展时，曾经花了很多时间关注小城镇的发展建设问题，这是因为中国现代化的起步和发展，是一个从“乡土中国”向现代化都市逐步发展的过程，鉴于中国的历史、人口、城镇规模、发展速度等因素和条件，我们不得不走从农村小城镇开始，逐步发展城市化的过程，必须自下而上地发展起多层次的犹如金字塔形的经济中心，以此来最大程度地减低高速现代化和都市化对整个社会的冲击和震荡，保证中国改革开放这一人类历史上最大规模的社会变迁的平稳进行。我当时提出新型的小城镇可能成为防止人口超前过度集中的蓄水池的设想，就是这个意思。鉴于农业经济水平的提高不可避免地会释放出长期关闭在传统农村里的大量人口，如果这股激流没有缓冲和蓄积的中间体，势必会发生显而易见的社会恶果，也正是因此，大约在上个世纪的80年代，我们国家采取“限制大城市，适当发展中等城市和大力发展小城镇”的基本国策，这是当时的历史条件下符合实际的最佳选择，避免了不加限制地放任人口向大城市集中所可能引起的社会灾难。正是在这种有控制的速度和节奏下，我们在农村建立星罗棋布的小城镇，发展中等城市，又在发展中等城市的条件下有步骤地发展上海式的特大城市，这样层层缓解压力，避免了全面的冲击和混乱，在这种“护航”下，上海才能健康地发展成国际水平的经济、贸易、金融、科技中心。

现在，我们经过了这20多年的建设和发展，中国的社会经济状况已经有了很大的变化，社会结构也有了很大的调整，人口综合素质获得了很大提高，目前已经有条件提出建立国际化中心都市的问题。特别是在中国成功地进入WTO之后，更有必要和可能这样做。近几年，上海的结构调整和社会经济发展已经跨入一个良性可持续发展的高度，浦东新区已经建成现代都市社会，上海原来的市区也正在经历全面现代化的改造，新的意义上的上海，已经成为中国特大的经济中心，其城市形态、经济实力、都市性、内在活力等已经进入了一个新的阶段，我们有必要从一个新的高度、新的视角，来考虑上海及长江三角洲地区各层次城市发展的意义。

近几年我经常说，我本人“从农村进了城”，指的是这几年我越来越多地把中等城市和大城市作为我研究的一个重点，并且在研究中加深了对各类城市的认识。在21世纪中，全球经济一体化进程越来越快，像上海这样作为经济中心的大城市，必须充分发挥自己的潜力，成为中国和东亚经济社会体系中一个重要的支撑点，具有国际辐射力。历史上帝国主义、殖民主义侵入中国，强迫我们开放五个通商口岸，上海和长江三角洲就是当时外国势力最集中的地带，被动地被纳入国际经济体系。今天，我们中国人以完全不同的姿态，在全新的意义上，自主地书写我们的历史，把上海和长江三角洲建设成一个真正“中国的”国际大都会，这种历史和现实的意义，远远超越了经济发展本身。

三

目前上海和长江三角洲地区，具有强烈的国际化和全球化背景，但越是在这种氛围中，我们越要提醒自己，要充分考虑中国的历史、文化和现实国情，保持我们思考的自主性和现实性，一切从中国目前的实际情况出发。

比如，长江三角洲地带的城乡关系格局究竟怎样最好？移民问题究竟如何处理才有利？ 城市发展规模多大合适等等，这些问题，都不能简单地从别国经验或教科书中获得答案，我们必须到上海和长江三角洲的社会实际中去进行深入的、持续的、多角度的调查研究，弄清“是什么”这一基本问题，在此基础上，结合别人的经验，提出我们的制度设计和创新。

举个实例，这几年大家看到巨大的民工潮，几千万民工从内地涌向沿海比较繁荣的城市，这也是世界范围内创纪录的人口流动，很多人都担心会出问题，但是至今没有引起大的混乱，也没有出现某些国家出现的贫民窟、无家可归者、大规模犯罪等趋势，我国的情况，是世界上这种市场经济发展早期阶段中一个十分罕见的例外，为什么呢？ 我们不妨从中国特定的社会结构、家庭制度和文化传统中去找原因。 我曾推敲这个原因，我看到了一个稳定的因素，那就是在新兴城市打工的民众，几乎每人在内地都有一个家，他们得到工资后，除了生活必需的开销之外，通常都定期寄回家去，过年过节有可能的话就回家去呆上几天。 如果城里找不到工作，如果停工了，他们有家可回。 有工作，心里踏实，工停了也不用着慌。 通过对这个问题的研究，我发现了过去对农村研究工作中被忽视的一些东西：过去我就没有理会到农村里的一些承包责任制，在新兴的城市里也会有这样强大的安定民工的力量；换一句话说，我没有估计到农村现行的制度实际上对建设现代都市具有一种重要的支持作用。

像这一类知识和问题，西方人是不太容易理解的，他们的著作中也很少有这样的分析，但它对我们的发展具有十分重要的意义，应该成为我们关注的重点。 根据中国当前的实际情况，我们把以农户为基础的家庭联产承包责任制和中国传统的乡土文化及家族制度综合起来考虑，就可以从一种文化的内部，发现千百万移民“有家可归”的社会基础，发现西方人士所不易理解的社会保险的巨大力量。 这是从中国实际情况里总结出来的社会学知识。 这一类社会学知识使我们能够发现我们自身的传统在现代化过程中的优势和劣势，发现如何发掘自身社会内在的潜能，比较顺利地承受和度过改革开放过程中不可避免的阵痛和压力。中国的历史和现实使得我们注定要成为不同于西方模式的现代化过程的探索者，也就是所谓“摸着石头过河”。在这种探索和奋斗中，深切理解自己的社会和文化，是十分重要的。

又比如，我们说中国经济要发展，就必须要充分发挥长江三角洲，乃至整个长江流域的力量，但这个力量的基础究竟在哪儿？是国际经济的刺激还是国家政策的推动？关于这个问题，我还是相信我说过的一句老话：力量在老百姓中间。要靠存在于民间的、普遍的、真实的实力。区域发展的真正持久的、广泛的动力，永远来自千千万万普通人追求幸福生活的最基本的愿望。因此，我觉得我们努力的方向，就是要想一个办法，把长江三角洲这块地方的各种基层力量释放出来，联合起来，变成促进区域发展的持久动力。按照这种寻求动力的路径，上海周围的中小城市和广大农村就不是被动等待“开发”的地域，而是蕴藏着巨大活力的源泉了，像苏、锡、常、通、杭、嘉、湖、甬八员大将，都蕴藏着很强的实力，这种实力，包括资金、技术等，也包括人们的文化、习俗、组织、心理、热情、信心、信任等等，它们本身就有推动上海向上提升的作用，上海应该积极主动地联合这八大将的人力物力和社会文化力，这股力量是了不起的；同样，在比这些中等城市更小一级的诸多小城市和小城镇中，也蕴藏着向上推动的社会力量，所以这一点我要重新提一提，上海除了致力于吸引“有形的”外国资金之外，也要以积极的态度，开展对内的联系，在互利互惠的基础上吸引内地“软”的和“硬”的“无形的”力量。

就人力来说，上海要发展成为全国的经济中心，需要大批专业人士，除了自己培养以外，还要靠全国各地的支持，怎样能做到既吸引了外地人才，又不会引起地区间的矛盾，这必须要有一套好的办法。上海名声越来越响，慕名而来的人会越来越多，大陆内的、港澳台的，世界各国的人都会涌进来，不仅人数多，而且各种不同的文化传统和风俗习惯会突然汇集到一起，社会压力会越来越大，上海这个城市究竟能容纳多少人口？ 周围的居民点有多少人口住在一起，他们做什么事？ 在哪里做事？ 这些人需要多少供给？ 随之而来的还有社会保险、福利、老年问题等，都需要我们加以调查、研究、做到心中有数。 上海越来越成为一个国际性的社区，不同文化的冲突、交往、交流，相互间的宽容问题也会被提出来，怎么解决？ 我们必须考虑到这些问题，通过实际调查研究来解决这些问题。 近年来，我在上海提倡社区建设和研究就是为了追求合理地解决这些问题。

腹地中各类城市、乡村和中心城镇的互动关系，仍然是值得我们注意的问题，它不仅关系到区域的一般发展，还在一定程度上决定着区域内社会结构的演变、社会生活的优化和可持续发展的内在动力的问题。在与上海这个中心大都市的互动中，当前长江三角洲大量的中等城市、小城市、小城镇、村庄的演变方向，就会对三角洲未来的基层社会产生历史性的影响。 比如，过去上海曾经比较封闭，加上体制方面的原因，对外的辐射力不够，后来情况变了，从浦东开发开始，全上海开放了，上海人在心理上也开放了，邻近的昆山接受上海的辐射，很快就发展起来了，没有几年就成了中等经济发达地区；江阴大桥通了车，苏北就能比较顺畅地接受苏南地区的经济辐射，很快也会发展起来，这座大桥的建成，使这个区域的经济变化加快，以致对江苏省的经济发展会产生很大的影响，而江苏的经济发展必然对整个长江三角洲范围的发展产生影响，又反过来推动上海的发展。 这种复杂的关系，值得我们学者和政界人士考虑。 每一个城市、乡村的负责人，都不妨看看我们自己在整个格局中是占什么位置，各个地区要发展什么产业，发挥什么功能，都要做到心中有数，这样长江三角洲作为一个整体才能持续发展下去。

在我看来，现在上海发展所缺少的，还是作为中心都市的上海和作为腹地的长江三角洲之间的中间层次的纽带，缺少一批围绕它的、能把它托起来的中等城市。 目前的这些中等城市，虽然存在，但是在各方面没有形成完美的配合和互动，很多东西没有理顺，影响了综合系统能量的释放，如果上海周围有了一个职能搭配完好的中等城市群，它们就可以一方面推动上海向上提升，同时又把上海的经济能量扩散到周围腹地，促进整个区域基层社会的优化和发展。

总之，上海和长江三角洲的发展，不仅仅是一个地区经济发展的问题，它实际上是中国几百年来社会经济文化最繁华地带所面临的又一次重要的历史性的社会改革。中国现代化的奋斗，并不是在一片平整的空地上随意建造新的楼房，而是在传统经济、社会、文化参差不齐的区位格局里选择、培育出适于未来文化、社会、经济发展的新的生命园地，中国传统的农业文化与现代工业文化、古老的东方文化与现代的西方文化将在这里发生强烈的碰撞、交流、吸收和融合，这是一个世界文化融合的大问题，我想这也是下个世纪世界上将要碰到的大问题，我以为我们应该未雨绸缪，做好准备迎接新的挑战。只有对这项巨大社会变革工程的根本性质有深入的理解和领悟，我们才有可能最经济、最有效地设计出这个巨大工程的蓝图。

2002年6月18日定稿

期待巨龙腾飞时

明年，我发表《小城镇　大问题》这篇文章就要满 20 年了，这 20 年里，我国的小城镇发生了翻天覆地的变化，我很想用一些时间再到各地的小城镇去走走，看看小城镇的建设现在到了什么样的程度，从中可以总结出什么好的经验，还存在什么问题。可是岁月不饶人，如今我已年老体衰，眼睛、耳朵的功能大大减退，腿力不济，走不动路了。只好请家乡的朋友把这些年来小城镇的变化讲给我听，并到力所能及的地方去走走，亲身感受一下这种变化。

于是今年清明节刚过，我就回家乡吴江市向那里的朋友们请教，并且访问了我国丝绸纺织业生产基地之一的盛泽镇。暑热退去，金秋时节，趁着天高气爽，我又回乡，打算从更大一些的范围里了解小城镇的变化。抵达吴江以后，略事休息，于 9 月 15 日出发去张家港访问，然后沿长江一路南下，第二站到了常熟，21 日抵达上海市的邻居——太仓。

太仓市位于江苏省东南部长江入海口南岸，处于沿江开放带和长江经济带的交汇点；面积 648 平方公里，人口近 45 万人。太仓的程书记是我的老朋友，他告诉我，改革开放以来，太仓的干部、群众在党的领导下，艰苦奋斗，锐意进取，经济、文化等各方面都取得了很大成绩。2001 年全市实现国内生产总值 157.9 亿元，农民人均年收入 5 796 元，各项经济指标在江苏省均排在前面。通过这些年的实践，全市干部对小城镇建设同发展经济两者之间相辅相成、互相促进、同步提高的关系有了更深刻的认识。在全市人民的努力下，太仓的建设发展蒸蒸日上，农村城镇化、城乡一体化正在一步一步变成现实。

程书记还告诉我，太仓依仗“江尾海头”的地理位置和悠久的航运传统，正紧紧抓住上海洋山深水港建设和黄浦江整治货运外移的有利时机，打一个“时间差”，在年内全面启动 3 个万吨级以上和 1 个 5 000 吨级的泊位建设；还要确保太仓环保电厂的 3.5 万吨级煤炭专用码头在明年竣工投运；到“十五”期末，要建成万吨级以上泊位 19 个，千吨级泊位 7 个，港口吞吐能力将达到 3 000 万吨，其中集装箱吞吐能力达 150 万标箱。不久的将来，太仓港将真正成为上海国际航运中心的组合港、集装箱运输的干线港。他说这是我国加入 WTO 以后，太仓要走向世界所采取的措施之一。

这几天在张家港、在常熟，我看到了拔地而起的新建筑、平坦的新公路，听到了乡亲们充满信心的规划、高瞻远瞩的目标。我注意到他们都把目光投向世界，要趁我国加入 WTO 的东风，到国外去闯出一片天地，他们都把建设港口作为达到目的的一个办法……此情此景使我感到无比的振奋，同时也引起了我的一些思考。

据说太仓的刘家港是苏南地区的一个天然良港，六朝时期就已经有了海运和海上贸易，航船通往大小琉球、日本、高丽、安南、暹罗等国，一时间各地商人“辐辏云集”，被称为“天下第一码头”。明代永乐年间，三宝太监七下南洋就是从这里出发的。鸦片战争后，上海被帝国主义辟为通商口岸，经过 100 多年的变化，刘家港逐渐衰落了，上海成了国际大都市，成了中国的一个最重要的经济中心。

1990 年初，我曾经提出建立长江三角洲经济开发区的设想，意思是在这个区域里，以上海为龙头，江、浙为两翼，长江流域为腹地，通过相互间的合作，加快长江三角洲的社会经济的发展，使上海更上一层楼，逐步发展成为世界上一个重要的经济中心。作为龙头的上海，应该加大经济扩散、扩大自己的腹地。听说近年来，上海已经采取措施将劳动密集型产业扩散到郊区的八个县，以壮大自己的腹地。这是上海扩大腹地的第一步。这次我访问的毗邻上海的这几个小城镇(包括昆山)都在想方设法吸引上海企业到他们那里落户，接受上海的经济辐射，成为上海的腹地，我想这个腹地应该越大越好。当上海发展成为一个洲际贸易的中心的时候，一个繁忙的、以洲际交通为主的局面出现的时候，上海必须用全国一盘棋的眼光来看待这个变化，那时长江成为经过上海通向世界的物流渠道，上海将是国际贸易上的一个“点”，是这个点上的总调度室。那时候，上海的功能应该是国际人流、物流的中心调度室，它的内容不在制造业方面，而是在信息交流、金融流通的活动上。因此，上海在地域上要打破现有的“上海＋浦东”的格局，产业结构和行政上也要作适当调整。这就是我理想中的“大上海”。大上海就是 Greater Shanghai。

未雨绸缪要早作准备。以长江沿岸的港口为例，张家港、常熟、太仓都在积极建设港口。如果溯江而上还有江阴港、常州港以及张家港对面的南通港等港口，这样众多的港口怎样在洲际贸易的大格局里合理配置，在互惠互利的前提下合理分工？同样，对沿海港口的层次、分工，也要在这样一个局面里统筹安排。这需要领导者以高屋建瓴的眼光作出决策，防止因为疏忽而分散了力量。

在这里我首次提出“大上海”的观点，留待身后实现，现在预先做个登记。我相信，当上海这个龙头高高昂起的时候，即“大上海”实现之时，以江浙为两翼、长江流域为脊梁的东方巨龙就会腾空而起。

2002 年 10 月

发展如蜕变，说城镇与区域经济

1983 年我写的《小城镇　大问题》和后来的三篇关于讨论小城镇建设的文章发表以后，引起了有关领导和一些同志的极大关注，从而推动了学界对我国城镇化和乡镇工业应该走什么样的发展道路的问题的讨论。同时也促使我自己的研究思路，从小城镇进入到大中城市再到区域经济，进而产生了“全国一盘棋”的观点。

从那时起到现在的 20 年里，尽管学界对中国小城镇建设和中国城镇化该走怎样一条路子的问题，见仁见智，观点不尽相同，甚至相悖，但是，中国的城镇化还是按着自己的规律在发展。以苏南为例，从社队企业转变而成的乡镇企业，在经历了“民进公退”的改制以后，已经形成了一个分散在一家一户和集中在城镇的工业群体；外资的大量引进促使乡村工业发生蜕变，发展壮大，工业的兴旺又导致地区性产业结构的变化。与此同时，地区人员流动和职业的改变也直接影响了人们生活方式的转变，使得城镇化的水平不断提高。

由于乡镇企业的崛起、城镇化的迅速推进，目前在苏南已经形成了一个包括南京、苏州、无锡、常州、南通、扬州、镇江和泰州这样的大中城市以及它们所辖的小城镇密切结合的城镇带，这个城镇带与上海这个国际大都会相得益彰。如果把苏南的这条城镇带与浙江的杭州、嘉兴、宁波、湖州、绍兴和舟山等地放在一起来看，这里就是当前我国经济活力最强劲的，被称为“长江三角洲”的地区。这里已经形成了一个城镇密布，大中小城市相衔接的网络。事实上已经形成了一个“经济区域”。

苏南是我的家乡。党的十一届三中全会以后，我重新回家乡搞农村调查，几乎走遍了家乡的大小乡镇。如今我已经九十有三，失去了继续下乡搞实地调查的条件，但是我对家乡社会经济持续发展的关切之心丝毫没有减少。所以我从 2002 年秋开始，利用回家乡的机会做了一些调查，并且把家乡 20 年来的变化和我的一些思考记录下来，写成了《家乡小城镇大发展的二十年》一文。

文章写完之后，觉得意犹未尽，还有一些问题没有说清楚，于是就请了几位北京大学的研究人员来讨论。讨论中大家认为“蝉蜕壳则能飞”，20 年来我国的乡镇工业和城镇建设有如蝉儿一般，经过几次蜕变，完成了几次飞跃，从而使我国的经济格局发生了很大的变化。

我觉得这一场讨论可以补充我上篇文章中“言犹未尽”的那部分内容，所以就请参加讨论的邱泽奇同志，以问答的形式整理成文，经我修改后定稿。

一

邱：我们说，城乡的发展与支持城镇的社会经济体系是密不可分的，您在《小城镇　大问题》这篇文章里对小城镇进行分类的时候，依据的就是这一点，在讨论城镇兴衰的时候依据的也是这一点。您还认为，20 世纪 80 年代初期，小城镇的复苏和繁荣是“小型工业，特别是社队工业带动的结果”。

您在相当长的一段时间里，花了很多精力研究家乡的从社队工业发展起来的乡镇企业，并把这种以集体经济为主体发展起来的乡镇企业归纳成“苏南模式”。后来您又扩大了自己的研究范围，提出了以个体和私营经济为主体的“温州模式”和以外资企业为主体的“珠江模式”。20年来，这三种模式的乡镇企业都发生了巨大的变化。

费：历史正在不断地向前发展，我们每一个人所接触到的事物也在不断地扩大。拿我来说，上个世纪80年代，我从苏南出发，跟着我国社会经济的发展形势跑，一个地区一个地区地看，把看到的东西加以分析研究。我看到了一些地方各不相同的发展情况，其中比较典型、引起我特别注意的，就是刚才你提到的三种模式。“模式”是指一定时空条件下事物的模样。现在我们不妨把这三种模式放在一起来看，或许可以更清楚地了解我国乡镇企业和小城镇建设“脱壳蜕变”的过程。

先看看“苏南模式”。改革开放的初期，农村实现了以家庭为单位的联产承包责任制，与这个制度相应的变化就是公社时期的社队企业变成了集体所有制的乡镇企业。苏南模式一度成了集体经济的代名词，其历史根源就在于此。

邱：在您早期的著作《江村经济》里，您就讨论过在地少人多的条件下出现的农民办的合作工厂的情况；在《小城镇　大问题》中，您又特别强调了当时苏南乡镇企业的基础就是公社时期的社队企业，苏南的乡镇企业采用集体所有制是顺理成章的事，也是它早期能够获得快速发展的制度保证。

费：是的，保持集体所有制为苏南工业的发展提供了积极的制度保证，同时也为后来的乡镇企业改制和工业的升级换代积累了原始资本。到上个世纪90年代中后期实施“改制”的时候，苏南的经济已经获得了巨大的发展。以吴江市为例，1997年吴江市乡镇企业(不包括村)的固定资产原值已经达到100多亿元。从劳动力的分布上也可以看到这一点：1996年，吴江市的36万个劳动力中，有近20万人在企业里工作；据统计，1997年吴江市从事种植业的劳动力只有8万人，而且这些人在农闲的时候，还会到“工业”里去找活干。

由此可见，苏南模式的乡镇企业不仅为这一地区后来的发展提供了原始积累，而且还为引进外资和高新技术产业后的新一轮发展，准备了高素质的劳动力。

邱：1997 年～1999 年的乡镇企业改制，看起来好像是不得已而为之，其实是一件水到渠成的事情。从社队企业到乡镇企业都为后来的现代企业制度的发展提供了各种准备。除了您提到的资本和高素质的工人以外，还培养了一批成熟的、有经验的管理人员。

1997 年～1999 年吴江民营资本的投资只有 30 亿元，但 2000 年这一年，就增加了 30 亿元，以后逐年攀升——2001 年 40 亿元，2002 年上半年已经突破 36 亿元。据统计，在这些投资中，外地资本仅占 25%，绝大多数都是本地的投资。大量资本的投入除了说明本地的投资实力之外，更重要的是体现了对资本的管理能力。

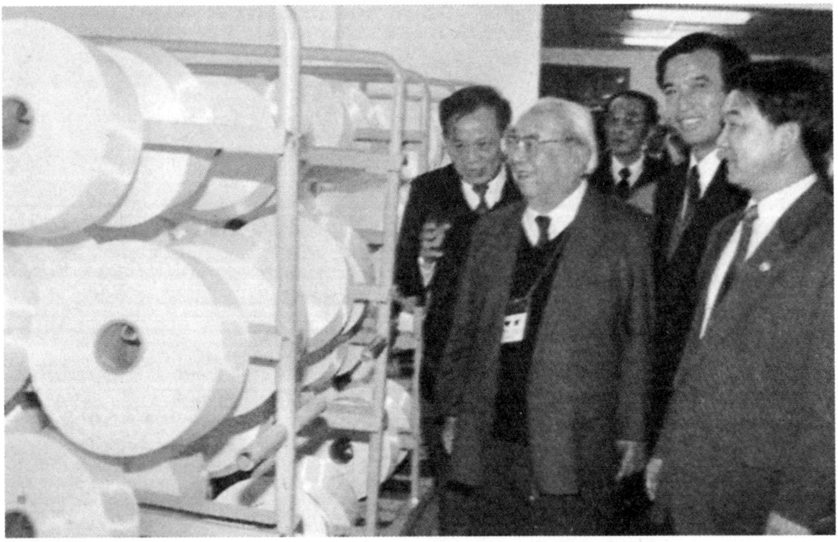

1994 年，费孝通在江苏吴江盛泽镇新民丝织厂考察

费：经过 20 年的发展，特别是乡镇企业改制以后，苏南的广大乡镇已经形成了一个从家庭工厂到现代大企业的、多层次的工业网络。

邱：2002 年秋，我又一次去了吴江市的横扇镇。您是知道的，那个镇的家庭工厂生产的羊毛衫很出名。5 年前，我在那里看到的是车间建在家里的作坊，最大的一家只有 10 多台手工织机，没有见到有什么大规模的企业。可是 2002 年，我在那里看到不仅有连片的工业厂房，而且连“家庭作坊”也发展成了现代化的车间，先进的电动横机、喷水织机大量进入了家庭企业。

费：总的来讲，苏南模式通过所有制改造和外资的引进，已经形成了多种所有制并存、多层次工业并存的格局。苏南模式与温州模式、珠江模式已经没有什么本质区别了。

下面我们来谈“温州模式”。温州经济的发展开始于改革开放，政府放松了对于个体贩运的限制后，人口和商品流动起来了，使善于经商的温州人得到了积累资本的机会。家庭工业也应运而生。但它与苏南不同，温州的工业一开始就同商业结合在一起，形成了它独有的特色。

邱：关于温州您写过三篇文章。第一篇是 1986 年写的《小商品大市场》（又称《温州行》）。当时社会上对于“姓资姓社”的争论很激烈，您明确地提出了“小商品，大市场”这个观点，鼓励温州人发展商品经济，并希望温州的家庭工业能够走向联合。

1995 年写了《家底实　创新业》。充分肯定了温州推行的股份合作制，称它是“富有东方色彩的‘经济结义’”；您还鼓励温州人要进行第二次创业，发展城镇建设，占领更大的市场。

第三篇是 1999 年写的《筑码头　闯天下》。时隔四年，您看到了一个与过去完全不同的温州——眼前是大型的厂房、规模化的企业、漂亮的城镇。您敏锐地看出温州这个“码头”在变化。形势要求温州人建造一个更大的、更现代化的、实力雄厚、能够跟世界各地连接的流通基地。您希望在经济走向全球化的时代，温州人要把眼光看得更远一些。

费：我写这篇文章，是想鼓励他们在继续扩大国内市场的同时，要打到国外去，走出去参与世界市场的竞争。温州人是有这个传统的，我相信用不了多长时间，他们就会像先辈那样，到世界各地去发展他们的事业。

邱:20世纪90年代，经过“产业整合”，温州的家庭工业完成了如同蝉儿蜕壳般的改造，形成了一些庞大的企业集团，如正泰集团、人民集团、康奈集团、奥康集团，又如打火机和烟具行业的“大虎”、“东方”集团等。温州人在把企业做大的同时，也发挥了擅长做生意的传统，把自己的产品打进了世界市场。

据报道，现在已经有几种温州产品在世界市场上占有一定的份额，如2欧元以下的金属外壳打火机已经占到全球市场的70%；此外还有眼镜、鞋类、服装、文具、灯具、皮革、泵阀、低压电器等产品也已打入国际市场。有消息称，不少温州人在第二次海湾战争还没有完全结束的时候，已经在积极寻找重建伊拉克的商机。

但是在温州模式发展的过程中，有一个被忽视的方面，那就是对外资的引进。温州市的领导说，引进外资一直是他们工作中的一条“短腿”。2002年温州引进的外资虽然同比增长了50%，但总量很小，只有8 000万美元，大约只相当于吴江市一个镇的水平；这20年来，温州引进的外资累计还不足6亿美元，不敌吴江市的一半。

尽管温州民间资本很充裕，但是我们应当看到，外资的引进不仅仅是个资金的问题，它还是一个向外国学习先进管理和先进技术的机会，甚至会影响到一个地方产业升级换代，参与国际市场竞争的大事情。

费:进入世界市场这个问题很重要，要发展，不参与国际市场是不行的。中国虽然有庞大的国内市场，但也不能忽视了国际市场的开发，特别是高附加值产品的市场，基本上还掌握在发达国家的手里。我希望温州人不仅要开发、巩固国内市场，更要打出去，占领国际市场。打火机那样的市场要重视，高附加值产品的市场更要花力气去开发。相信不久的将来，温州人和温州产品会出现在世界各地的市场上。

接下来谈谈“珠江模式”。珠江三角洲的发展得益于“前店后厂”

这样一种形式。简单地说，就是香港人在香港开“店”，对外接订单，然后拿到劳动力和土地价格都比香港便宜得多的珠江三角洲的工厂来生产，生产出来的产品由香港卖到世界各地。我们称之为“借船出海”。以后随着改革开放的不断深入，广州、深圳等地实现了直接参与国际贸易。我们称它是“造船出海”。

邱:您最早谈到“珠江模式”的文章是1985年写的《港行漫笔》。1988年您访问东莞的时候，就已经看到香港的小型工厂向内地扩散的趋势。1989年在《四年思路回顾》一文中，您提出了香港与珠江三角洲的关系的问题，并提出了围绕香港的三个环形带的构想。1992年您在《珠江模式的再认识》中，进一步比较系统地论述了对珠江模式的看法。前不久，我到珠江三角洲的几个地方跑了一趟。

费:有什么新看法?

邱:有。近来长江三角洲的快速崛起，引起了大家的关注。由于长三角地区的技术工人和人才优势，对于外资，特别是台资很有吸引力。事实上也的确有一些原来在珠三角投资的台商，把他们的工厂向长三角转移。比如转移到苏南的昆山、太仓、吴江和浙江的嘉兴一带。如此一来，珠三角吸引的外资就会大打折扣。一些人认为，长此下去，珠三角的经济发展将会减缓甚至衰退下去。

但是我在珠三角所看到的，依然是很旺盛的发展势头。其中最引起我兴趣的是一些外资纷纷进军珠三角的房地产业。有一个例子很典型：一个香港人在番禺投资开发了一大片住宅小区，小区里刚刚竣工的3万多套住房，很快就销售一空，10多万人住进这个小区，使这个小区俨然成了一个小城市。还有在历来是台商投资的热点地区——东莞，最近几年里，外商对各项产业的投资都有所增长，其中增长最明显的也是房地产业。除此，珠三角的其他一些乡镇，房地产业发展得也很快，我去的樟木头镇，公寓塔楼连成了片。小乡镇纷纷建起了五星级宾馆，有的乡镇还不止一家。

我还了解到，在这里建造的住房有相当多的一部分是被香港人买走了，这一现象给了我一个启示：20 世纪 80 年代初，香港人把工厂搬到了珠江三角洲，到了 21 世纪，香港人把家也搬过来了，他们把自己的生活空间转移到了珠江三角洲。所以，香港和珠江三角洲的关系进入了一个新的时期，值得我们很好地加以研究。

二

费：这不仅仅是香港和珠江三角洲两家关系的问题，它还会牵涉到华南地区的区域经济问题。

从前面的讨论中，我们可以看到产生这三种模式的地区都已经走上了现代工业化的道路，但是由此也引发出了许多新的现象和问题。我一直认为，在这三个经济发达的范围内，应该可以各自联合成为区域性的经济共同体，但是现在看来，一时还形不成这样的联合。

邱：正如您指出的那样，这三种模式中有两种是依托了大城市才发展起来的。苏南模式与上海的关系，珠江模式与香港的关系都是密不可分的。您说的区域性的经济共同体，指的就是由大城市带动起来的区域性经济吧。

费：改革开放的早期，苏南经济是在上海的技术力量帮助下发展起来的，逐渐形成了具有自己特色的苏南模式。

邱：您在《小城镇　大问题》和后来写的多篇文章里都提到了这一点。早期的苏南经济能够迅速发展还有一个重要因素，就是计划经济给乡镇工业留下了很大的发展空间。苏南的乡镇企业在上海的技术力量支持下，通过“拾遗补缺”的产品而兴起。

费：我们也要看到苏南模式是从社队企业发展起来，是从公社制度中走出来的，具有很强的地方性。比如昆山开始的时候，因为当地的农业搞得很好，所以并不想发展工业，他们错失了苏南乡镇企业发展最有利的时机，以致比周围地区落后了。事实迫使昆山人转变观念，想到要依靠上海的力量发展工业，但是上海实行“肥水不流外人田”的做法，限制上海的企业与昆山合作。其实在底下，在民间，上海人同周边乡镇来往是很多的。记得1990年的时候，吴江有一位县长跟我说过，表面上看吴江官方与上海官方没有多少来往，但是我们的乡镇企业同上海的民间倒是来往密切，难解难分。现在看来，那个时候上海丢掉了一次与周边地区合作的机会。上海的做法也迫使苏南地区的企业和当地政府绕开上海，纷纷自找合作门路、自找外资，自己与外界建立联系，进入国际市场。

邱：的确如此。1999年我跟随您去昆山访问。那时听昆山人说，他们如果再沿袭苏南模式的路子走，是很难实现经济快速增长的。于是他们利用昆山农业基础好的优势，从农产品加工入手，引进外资，建立起当时颇具规模的地方性工业园区，营造出苏南地区最具吸引力的外商投资环境。昆山还充分利用其靠近上海的地缘优势，积极开展对外联络工作，因此在很短的时间里，就吸引了大批外商来投资。在我们去访问的时候，已经有不少台资进入昆山了。

乡镇企业改制后，苏南工业发展的主导力量之一是外资的大量进入和外向型经济的增长。20世纪90年代以来，昆山累计实有外资企业2 000多家，总投资额130多亿美元，注册资金65亿美元；在这些外资企业中，投资超过1 000万美元的有300多家，超过3 000万美元的有100多家，其中台湾南亚集团投资的电子材料生产基地，预计总投资25亿美元。总之，昆山50%以上的财政收入、60%的利税、70%以上的销售额、80%以上的投资、90%以上的进出口贸易都来源于外资。

费：苏州工业园区也是一个例子，它撇开上海，找到一个大的投资机会，直接进入了国际市场。当时我们并没有看到这一点，现在回过头看，事情就比较清楚了。

邱：有关资料表明，2002年苏州市合同利用外资101亿美元，实际利用外资48亿美元，居同等规模城市第二。苏州工业园区的GDP达到252亿元人民币，财政收入达32.6亿元人民币，占全市的11%强。

建园以来，园区经济以年均近50%的速度增长，实现合同引资135亿美元，实际利用外资57亿美元，每个项目的平均投资规模都超过3 000万美元，几乎每10家世界500强的跨国公司中，就有一家在苏州园区有投资。

费：到了20世纪90年代，上海人看出了这种势头，他们赶紧建立起浦东开发区，但是当浦东开发区发展到一定规模的时候，他们又碰到了困难，那就是感到自己的腹地不够大了。

邱：乡镇企业发展的初期，我们以为苏南将成为上海的腹地，因为当时苏南的社队企业，技术基本上来自上海；生产的产品也大都是为上海大工厂配套服务，但是随着计划经济向市场经济转变的过程中，上海放弃了这块腹地的建设，以致把自己的腹地缩小到了只有上海行政区划内的地区。

费：地方主义阻碍了他们向周边地区的辐射。本来江苏省是想要和上海联合起来一起搞，但是上海没有响应，单独建设浦东，希望把浦东的几个县发展成自己的腹地。忽略了身旁的江苏和浙江。一个时期内，通过房地产开发和交通、通讯等基础建设的不断完善，浦东具有了很强的投资吸引力，上海也确实发展得不错。但是随着浦东可用的土地越来越少，吸引投资的优势不再那么突出了。

这时上海就面临一个大问题，在开发浦东之后，虽然上海开始着手开发自己的远郊县，但是要把这些地方的投资环境建设得能与苏南和浙东的投资环境相竞争，还需要相当长的一段时间。看来，现在具备比较成熟的投资环境的地方是苏南和浙东。

邱：目前整个苏南地区已经形成了一个从无锡、常州、苏州直逼上海的工业带；在浙东也形成了宁波、杭州、嘉兴、湖州的经济带。尤其是杭州湾跨海大桥的建设，必将会进一步影响这一地区的经济发展。这座大桥北起浙江嘉兴，南至宁波，全长36公里，总投资118亿元，是目前世界上最长的跨海大桥。有消息称，绍兴也将投资62亿元建造杭州湾绍兴通道及跨江大桥。这两项工程竣工后，宁波至上海的距离将缩短120公里，而从绍兴到上海只需要90分钟。这样就把350平方公里的杭州湾与上海联成了一片，形成一个庞大的工业集群。

费：正因为如此，我们不能忽视了上海这个龙头同江浙两翼之间的矛盾。龙头不联合这两个翅膀，想单独发展自己的郊县，另外造一个翅膀出来，可是这个翅膀力量太小了，想飞又飞不起来。

江浙这两个翅膀失去了上海这个龙头的指挥，不得不自己找出路、求发展，结果起飞了，而且同龙头形成了竞争的局面。在目前的形势下，龙头如何当好龙头，两翼如何配合龙头，共同振翅高飞，是长三角地区必须解决好的问题。

由此看开去，“苏南模式”引出的区域经济的问题目前碰到了难题，龙头和两个翅膀之间没有很好地联系起来，龙头遇到了麻烦。看来，出路在于龙头要帮助翅膀发展，使这一地区在经济上形成一个有不同层次、分工合作、互惠互利的经济区域，在经济全球化的大潮中，打造成世界的经济中心。

邱：刚才谈到两翼的时候，我们讲了很多苏南这一翼的情况，其实近年来浙东的发展快得令人惊讶。

有资料说，1990年这个地区的国内生产总值只有562.7亿元，2002年增加到了5 481.8亿元，在全省占据了举足轻重的地位。1990年的时候，杭州和宁波两市生产总值占全省经济总量的38.1%，到2002年提高到了42.8%。2002年浙东的财政收入占到了全省财政收入的62.6%。2001年，国家统计局农调总队对全国2 000多个县(市)的社会经济发展状况的调查表明，浙江省26个经济发展最具活力的县中，浙东地区有19个。可以说，浙东和苏南已经真正成为长江三角洲发展的两翼。

费：十几年前我提出两翼的时候，并没有想到浙东会这么快发展起来。我们不是“算命先生”，不能未卜先知，我们只是根据事实看出事物本身的发展规律。这些年，浙东的确发展得很快，与苏南的经济实力不相上下，在这种情况下，如果龙头和两翼之间的关系不及时做出调整，还维持原来的格局，恐怕龙头就会变形。

邱：我们知道，除了要解决好龙头与两翼之间的矛盾之外，两翼之间也有一个分工合作的问题，尤其是当两翼分属两个不同的行政区域的情况下，如果这个问题解决不好，就很难避免发生矛盾。两翼之间发生矛盾，翅膀的力量就会大打折扣。

不过可以庆幸的是，近年来，我们不断看到有关长江三角洲地区打破行政区划的藩篱，积极开展跨地区合作的消息。例如2003年2月，浙江省领导同志在接受记者采访时，充分肯定了上海对长江三角洲的影响力，提出“虚心学习、接轨上海、真诚合作、互利共赢”的思路，希望进一步加强浙沪两地的合作、交流，共同推进长江三角洲地区的经济一体化。

同时我们也看到了这一地区已经开展合作的一些具体行动，如上海、浙江、江苏所属的19个城市的人事部门，联合发布了《长江三角洲人才开发一体化共同宣言》；2003年8月，这些城市的人事局长又共同签署了关于高层人才智力共享、专业技术职务任职资格互认、专业技术人员继续教育资源共享、博士后工作合作机制、公务员互派交流学习、人才服务合作等六项合作协议。此外，三地的科技、交通、旅游等部门也签署了具体合作的有关协议。

但是我们还是有理由担心长三角地区的合作进程，能不能与它的经济发展形势相适应。虽然江浙两省和上海市的有关领导，都表示了良好的合作愿望，而且如上所述，在部分具体事务上也开始有了合作，但是在一些重要的领域里，比如像重要的港口这样的基础设施的布局、对整个长三角地区产业的调整等方面，要做到实质性的合作，还有相当艰难的路要走。

费：因此，上海一定要找到一个适合自己的位置，当好龙头，使得两翼的力量能够与它相辅相成，共同发展。作为龙头，上海要把两翼当成自己的力量，让它们充分发挥作用；而且上海的眼光不能局限于长江三角洲，要从世界经济的发展进程中，捕捉新的苗头、新的机遇。

上海要通过信息加工和转移，在金融、科技、人才等方面为两翼服务。龙头和两翼分工合作，形成一个整体。龙头掌握方向，引导以长江流域为脊梁的东方巨龙腾空而起。

邱：希望我们刚才讨论的问题，能够引起人们的警觉，使得长三角地区在今后的发展过程中，少一点波折。顺便说一句，温州人在总结这些年来发展的经验教训时，提出了今后他们要积极主动参与到与长三角的合作和发展中去，争取成为长三角经济区中的一员。据说，目前温州已经有4 000多家企业在上海设立了办事处，有40多万人在上海和江苏地区从事工商业。我想，温州人的加入，必然会增强长三角的经济实力。

费：我们再说说“珠江模式”。从借船出海到造船出海，珠江模式跨上了一个大台阶。特别是深圳的发展，为珠江三角洲其他地区提供了一个很好的榜样。

但是，现在香港出了问题，好像被“抽”空了，人都走了；香港由于受到土地面积的制约，发展空间很小了。

邱：有专家说，到2050年，香港将没有一英寸土地可以用来盖房子了。这个说法虽然有些夸张，但是却道出了实情——在相当长的一段时间里，香港的发展会受到土地狭小这个因素的制约。

费：香港如何巩固和发展自己的地位，这是个大问题。要研究这个问题必须了解这个地区发展的历史。现在香港在世界贸易中占有特殊的地位，我们希望香港今后仍然能够保持住这个地位，发挥它的长处。但是我们要看到，香港的这个优势，说到底是因为大陆在20世纪40年代末实行了闭关锁国的政策，把上海原来的地位送给了香港。上海从一个国际贸易中心，转变成了一个国营企业的中心，背上了沉重的包袱。上海衰落了，香港兴起了。这是人人皆知的一段历史过程。

香港发展起来是一件好事，它好像在中国的南部安了一部经济发展的发动机。后来珠江三角洲的发展，不就是直接得益于这部发动机的带动吗？

改革开放以后，上海恢复过来了，多一个发动机，也就多一份力量，对于中国来说这是件有百利而无一害的事。我们同样看到，长江三角洲也正是在上海这部发动机的带动下振兴起来的。

邱：最近一个时期以来，香港乃至珠江三角怎样持续发展的问题，一直是当地和一些媒体讨论的热门话题。有专家提出，实现珠江三角洲经济一体化，已经到了刻不容缓的地步了。

费：既然这个问题已经提了出来，就应该正视它。不要造成香港同上海彼此“争雄”，更不要造成此兴彼衰的局面，要共同发展。当然，在这个问题上还需要澄清一些误解。

邱：在香港同上海的关系上，人们确实有些不同的看法。比如有人把目前香港发生的一些现象与上海挂钩，说是上海的崛起对香港构成了威胁，造成了香港当前的困境；还有人认为香港的问题是因为实行一国两制的结果，是政治体制约束了香港的发展。我认为，香港的问题，是与经济全球化，使得香港在世界经济格局中的地位发生了变化密切相关的。

我们知道，从整个东南亚地区来看，具有与香港竞争实力的城市并不只有上海一个，况且香港和上海本是一家人，谁也不愿意看到“煮豆燃豆萁”的局面。其实真正与香港竞争的是新加坡和高雄。多年来新加坡一直把香港作为自己的竞争对手，企图在国际贸易、电子业、精密制造业方面与香港一争高低。

目前，有人提出，珠江三角洲与长江三角洲之间已经形成了相互竞争的格局，他们提出的理由中有一条是很敏感的“台资北移”现象。据了解，近年来苏南和浙东的外来投资中，台资占了很大的比例，但是这些台资是不是从珠三角转移过来的呢？进一步说，即便这些台资是从珠三角转移过来的，但是这些资金转移后，是不是造成了“彼长此消”？目前，要证实这些问题还缺少事实根据。

2002年4月，广东省政府曾经召开过一个记者招待会，专门就这个问题做了说明。省政府发言人说：近期，台资工厂整厂搬出广东的有两家，然而，也有两家台资工厂从外地整个搬到了广东；此外，截至2001年底，有14 000家台资到广东建厂，协议吸收台资222亿美元，实际吸收台资超过110亿美元，分别占大陆引进台资和台资企业总数的1/4以上。广东省政府还强调说，改革开放以来，广东省一直是全国实际吸收外资最多的省份。

费：讲到这里，我们也不妨说点将来的事，就是一国两制前途的问题。从长远来看，香港必须同大陆加强联系，加深融合。香港人可以根据自己的需要，密切同大陆的联系。什么时候香港感觉到一定要依靠大陆的时候，再来依靠大陆也不迟。因为不管什么时候，不管发生什么事，大陆都是香港的腹地和后盾。

同时，香港应该利用一国两制和作为国际贸易港口的优势，向东南亚国家多开辟一些交往的通道，要抓紧时间向南发展，到东南亚去。

但是，无论在什么情况下，香港不能为了谋求一地的发展而拖了大陆发展的后腿。

邱：陈水扁曾经鼓励台湾商人"向南挺进"，但应者寥寥。这是因为台湾太小没有腹地。香港就不同了，它有广阔的大陆作为腹地，但是香港也少有向南的动作，反而不断地探讨同内地的合作，要向北发展。

费：是否要依靠大陆，这要香港人自己提出来，我们不能提，我们要是提了，就有悖于一国两制的原则。如果香港进一步靠拢大陆，很可能成为大珠江三角洲经济圈的龙头。但是目前我们还不能这么说，深圳与香港的竞争还是很激烈的。

邱：实际上广州市也在争。广州市提出了"南拓、东进、北优、西联"的发展策略，希望在未来10年里，通过新机场、深水港区及南沙开发区的建设，使广州成为"最宜创业和生活居住的地方"，形成以广州为龙头，以深圳和珠海为两翼的"三角洲生活圈"。显然，这个策略将对香港的地位形成直接冲击。

费：是的。我们要看到"龙头"问题不仅仅是香港的问题，而且是关系到整个珠三角发展的大事。记得几年前，我曾经问过广东省的同志：你们考虑过香港同广州、深圳之间的关系没有，比如三者之间如何分工？

邱：我们相信珠三角地区和香港地区的政府和有关人士会妥善处理好这一问题。今年8月，广东省省长和特区行政长官在第六次粤港经济合作联席会后宣布，粤港已经就今后各自的发展地位达成共识，确立了香港为“店”，广东为“厂”的前店后厂的关系。

此外，我们还可以看到粤港加强合作的一些动向，比如有消息说，今年7月，港澳珠大桥的建设已经获得了国家有关部门的同意，目前正在对建桥方案进行评估。然而就在一年前，广东方面对这座超级大桥的建设并不热心，甚至搞得董特首在2002年底向媒体公布了港澳珠大桥将会延缓建设的消息。

费：谈到这里，我想要作一个说明：我们在这里议论香港，只是想从经济发展的客观规律里探讨一些问题，在探讨这些问题的时候，我们不带有任何政治的或地方利益的考虑。我们主张应当加强对香港、深圳和广州(包括澳门)之间的关系的研究，订个协议，加大彼此间的联系和合作。这种联系和合作不是势力的扩张，更不是政治权力的扩大，而是经济力量的覆盖和前进。

三

邱：除了两个三角洲之外，您还提出过好几个区域经济和建立跨地区经济开发区的建议。比如1966年您提出了环渤海经济区的问题。

费：这个问题提出来已经好多年了，但环渤海地区还没有看到哪个地方已经形成了经济中心。从目前的情况看，显然天津还没有成为这样的中心。

邱：最近这些年，似乎北京正在试图扮演这个角色。有几件事很能说明问题。

一是一改过去制造产业不突出的状况，把汽车、电子、制药等制造业放到了非常重要的位置上，尤其特别重视如光机电一体化、生物工程和新医药、新材料、新能源、环境保护这样的高新技术产业的建设。据北京市的说法，到2002年，高新技术产业的产值占全市工业总产值的40%左右；2003年全市出口额中，有70%是来自高新技术企业；到2010年，北京力争在一些重点行业、关键领域方面，接近或赶上世界先进水平。

二是加强生产基地和工业园区的建设。比如开辟了汽车生产基地、光机电生产基地、生物新药生产基地和微电子产业基地；建立了空港工业园、韩国工业园等开发区。

三是加快调整全市的工业布局。北京在改造传统企业的同时，要把中关村科技园区建设成国家科技创新示范基地、高新技术孵化和辐射基地、高素质创新人才的培养基地。北京的工业布局是：北部和东北部以生产电子、汽车、食品饮料、轻纺服装为主；南部和东南部以生产医药、化工、机械、仪表为主；西部和西南部以生产石化、冶金、新型建材产品为主。

费：尽管如此，还不能说北京已经是京津冀地区的经济中心了。事实上，我们还看不出这个中心在哪里。不过这个经济中心是一定会出来的。

邱：1993年您还向有关部门提出了关于加快发展环渤海地区的若干建议。

费：这些建议都没有下文，大概是时间未到吧。

邱：不过，您的这个观点仍然引起很多有关人士的兴趣，特别是人们考虑到东北亚经济发展的契机时，认为环渤海地区的钢铁、原油、原盐等资源优势和电子、信息、生物制药、新型材料等产业，具有极好的发展潜力。

同时，一段时期以来，到这一地区投资的外商也日渐活跃，据统计，全球近百家跨国公司在华的研发机构中，有40%以上设立在北京；在天津和大连等地也吸引了大批的外资企业。此外，京津两地政府都表示要积极开展合作，北京提出要突出京津冀经济联合圈的概念；天津提出要积极靠拢北京促进京津地区的一体化建设。

当然，环渤海地区的合作，和两个三角洲的合作一样，也受到诸如行政体制、产业分工、流通渠道等等问题的掣肘。显然，这些问题不是一朝一夕能够解决的。

费：除了华北地区之外，还有几个地区的问题应该提出来。一个是东北。今年夏天，我去大庆访问。近年来大庆市由于油田资源减少而发生了一些困难，如何抓紧时间发展替代产业，保持大庆继续发展的势头，成了刻不容缓的大事。大庆市要发展，要争取成为一个区域的中心城市。其实，更重要的是在整个东北地区建立起一个经济中心，迅速增强东北的综合实力，为今后我们参与在东北亚地区的国际竞争中做好准备。

要认清我们在世界经济格局中所处的地位，对我们的优势、弱点，都应该要有应对的措施。比如我们有便宜的劳动力，但是，如果不做好准备，到时候这个优势就可能发挥不出来。20世纪80年代初，我曾经到哈尔滨访问，想同当地同志讨论关于东北地区的人口问题，但是，那个时候他们听不进去，请我不要谈人口和移民问题。其实这个事情早晚要提出来的。

时隔20年，现在再提出来讨论，还来得及。我认为东北要做好人口力量的储备，集聚人力为将来开发东北亚做准备。东北地区的各级政府，应当制定出相关的政策，把这项工作认真抓起来。

邱：您还向中央提出过建立黄河上游多民族经济开发区的建议。

费：是的。除了我们讨论过的地区以外，还有西北和西南两个地区，也就是我们通常称作“西部”的地方。西部一个突出的特点就是地处边疆和它的多民族性，我国的大多数少数民族聚居在这里，因此开发西部不仅仅是个经济问题，还是巩固边疆、实现民族平等的大事。

从历史上看，我国历代的中央政府都很重视对西部的开发，比如汉武帝把甘肃的河西走廊开发成农业区，使这里成为抵御北部和西部少数民族入侵的基地。如今世界进入到21世纪，我们应该再造一个河西，在欧亚大陆桥上建设起一个中心，解决好我国西北的发展问题。

开发大西南的重点，是开辟出一条通向东南亚各国的通道。我通过多次到西南地区作调查，逐渐形成了“一点一线一面”的开发设想，其中的一线就是要开辟出一条大西南通向缅甸、印度、孟加拉等国的交通动脉。这条通道形成的时间可以推溯到秦汉以前，历史上称之为“南方丝绸之路”。

邱：近几年来，由于中央实施西部大开发的战略，西部的建设有了很大的发展。在这期间，您多次在表达了对开发西部的喜悦之情后，一再提醒人们在搞西部大开发的时候，千万要关注那里的历史经验、重视那里的多民族性，同时要充分利用西部地区“三线建设”时留下的基础，那是我们的老本钱。

是不是可以这样说，我们搞西部大开发，就是要重开南北两条丝绸之路，这两条丝绸之路把西部的历史和现实贯穿在了一起。

费：总之，对于中国各个经济区域的发展问题，我们要站得高一些、看得远一些。举个例子说，香港发生的问题并不会因为回归了，就一切都解决了。我看，要等到香港人自己认为自己是大陆的一部分，同大陆进一步联合起来，问题才能真正解决。

这一段时间以来，我们在这里“坐而论道”，讨论了几乎整个中国大陆20年来城镇化和乡镇企业发展所走过的道路和发展前景。我们为我们取得的成绩欢欣鼓舞，但是在今后的经济建设中，就不能光靠“坐而论道”了，它需要我们踏踏实实地把一件一件事做好，力争在以后的岁月中取得更大的成绩。作为社会学工作者也要与时俱进，为我国社会的不断进步做出贡献。

2003年8月

我的思路框架*

近来身体不适，不宜出远门，所以我不能亲自来参加这次座谈会了。听说，这次参加座谈会的，有很多位是20年前我开始搞小城镇问题研究时，就一起工作的老朋友，也有后来参加进来的年轻朋友，但是由于我不能到会而失去一次见面的机会，深感遗憾。为了开这次会，我先后写了两篇文章，一篇是《家乡小城镇大发展的二十年》，一篇是《发展如蜕变，说城镇与区域经济》。另外还想在开会时再谈谈我的学术思路和不久前去广东考察后的收获。同时，也十分希望能和大家互相交换意见，听听大家对当前区域经济发展形势的看法。但是这些愿望都不能兑现了，只好把我本想在会上说的话，概括地写出来贡献给大家。

最近一段时期，我把自己多年来的一条基本思考路线打通了，理出了一个框架，就是“江村经济—行行重行行—文化自觉—天下大同”，其中包括了大家比较熟悉的一条具体路线，即“江村—小城镇—中小城市—以大中城市为中心的经济区域”，有朋友打趣地说我是“从乡下进

---

* 本文是作者在2003年11月6日江苏省举行的《小城镇　大问题》发表20周年纪念会上的书面发言。

了城”。对于我研究的以大中城市为中心的经济区域，比如长江三角洲、珠江三角洲这样的地区，我们对于它们今后发展的方向、目标以及采取的办法、步骤都有比较清楚的认识了。这些认识不是随意想出来或写出来的，而是随着我所生活的这个时代近100年的发展变化，从实求知所得来的。人的思想很难能够超出这个时代的实践，我们做一切事情都要从实际出发，从历史的经历中总结出一个框架，研究出一个发展的格局。它是一个历史的说明，说得对不对还得看事实的发展。

我想，今后中国的事情还会有曲折，会比现在更复杂。我年纪大了，将来的事不是我所能看到的了。但是，在我一生中所思考的和对事物的看法，却是我靠扎扎实实的，一个个地方、一个个问题去研究，去落实而得出来的。如果我的想法和看法能够得到证实，能够成功，能够实现，我是很高兴的。我想，我应该做得更好一点，但是没有做到，主要还是自己不够努力，不够认真。我这一生得之于社会的多，回报社会的少了。

回过头谈谈我9月份去广东访问的收获。2003年6月，北京同香港特区政府正式签署了内地与香港更紧密经贸关系安排(CEPA)。这个“安排”给了我很大启发，它把我的思想总合起来，又向前推进了一大步。很高兴在我的学术生命即将告一段落的时候，能有机会看到中国经济社会发展的一个比较清楚的轮廓。

我在《发展如蜕变，说城镇和区域经济》一文中谈到珠江三角洲从“借船出海”到“造船出海”，是向前迈了一大步。深圳的发展又为珠江三角洲和其他地区树立了一个很好的榜样。问题是在这样的局面下，香港怎样巩固自己的地位，这是个大问题；说得远一点，这个问题也是关系到“一国两制”前途的大事。

从长远的观点看，香港必须同大陆加强联系、加强融合。广东的同志告诉我，他们正紧紧抓住CEPA这个机遇，全面推进包括粤港澳在内的“大珠江三角洲”的区域合作。目前还在着手研究和推动“泛珠三角”经济区的形成和发展，大力拓展广东的经济战略腹地。“泛珠三角”指的是广东、福建、江西、广西、海南、四川、湖南、云南、贵州九个省(区)。接着他们还将努力推动“9+2”计划的实施。就是在“泛珠三角”九个省区的基础上，再把香港和澳门拉进去。这样一来，可以说整个中国的南部就构成了一个经济区域。

“9+2”这样的一个格局，看来用的还是“前店后厂”的原则。利用香港和澳门，尤其是香港在世界贸易中占有的地位和它的关系网络，把内地的9个省区建设成它们的广阔的腹地，积极开展对外贸易。这是一个总的思路，大约也是制定和落实CEPA大方针的根据吧。

依我看，要实现“9+2”计划并不容易。首先，内地的各项工作要和香港接得上轨；第二，香港要能继续保持并发挥其在世界和中国经济中的地位和作用，也就是能够扮演好中国南部经济区域龙头这个角色。为此，我们还需要做大量艰苦细致的工作。

另外，我们还应当从政治的角度来看CEPA这个问题。CEPA是内地和香港在一国两制的情况下磋商的结果，可以说它是一国两制的续篇。这是我们国家实施的一项相当重大的国策，这就不可避免地会影响到台湾问题的解决，也会对我们内地的政治体制改革发生影响。

可见，不论是从经济方面还是从政治方面来看，CEPA都是需要我们认真对待的大事。广东省的领导同志对我说，他们感到担子很重。改革开放初期广东靠了香港的带动，发展起来了，现在在“9+2”的格局里，广东一头要推动香港继续繁荣，另一头要拉动内地8个省区的发展，在这个过程中，它们之间的关系既有竞争，又要互相补充。

在这种形势面前，我们很自然地就会想到，我们生活在其中的、那么熟稔的长江三角洲要怎样来应对这种新形势呢？我在《发展如蜕变，说城镇和区域经济》一文中谈了自己的看法。我看到江苏、上海、浙江都已经行动起来了，两省一市之间有了不少具体的合作。最近又听说安徽也“渴望”加入到“泛长三角”中来。当前安徽省正施以前所未有的力度争取融入“长三角”。安徽“加盟”长三角，必然会给安徽省和长三角带来一次新的变革。说不定会出现一个“泛长三角”、“大长三角”。

可以毫不夸张地说，这20年来是我们国家有史以来发展得最快的时期，而且这种发展的势头至今没有减弱。对于今后的发展，我们可以多方面分析，试加推断，但是最终还是要根据事实来判断。再过10年、20年，或者半个世纪，我们国家必然会更加强大、更加繁荣。我年纪大了，赶不上那个时代，但是，在我即将谢幕的时候，能够看到我们国家在今后相当长的时期里要努力的方向和要达到的目标，可以说是很幸运的。

同时我也希望年轻一代的社会科学工作者，能够紧紧跟上时代的发展，认真观察，开动脑筋积极思考。比如对CEPA框架的研究，就要从当前中国经济在全球化中所处的地位和一国两制为导向的实践中去探讨。

我企盼着我国的两个“三角”，能尽快地成为中国经济腾飞的两个翅膀，使我们国家富强起来，让中华民族永远屹立在世界上。

2003年11月

附录：费孝通1978年以来城乡考察足迹一览

北京市

宣武　崇文　海淀　东城　石景山　通县　大兴　通州

天津市

天津

河北省

石家庄　邯郸　沧州　黄骅港　邢台　广宗　衡水　廊坊　秦皇岛　肥乡　藁城　无极　青州　西柏坡

山西省

太原　大同　阳泉　晋城　清源　代县　五台山

内蒙古自治区

呼和浩特　赤峰　包头　阿拉善左旗　呼伦贝尔盟　巴林右旗　宁城　鄂伦春族聚居区　大兴安岭林区

辽宁省

沈阳　鞍山　大连　铁岭　阜新　丹东　营口　旅顺

吉林省

长春　四平　延吉　图们　珲春

黑龙江省

哈尔滨　牡丹江　佳木斯　同江　黑河　大庆

上海市

浦东新区　虹口　徐汇　卢湾　长宁　金山　奉贤　青浦

江苏省

南京　高淳　苏州　吴江　吴县　昆山　张家港　太仓　常熟　无锡　江阴　南通　镇江　丹徒　扬中　丹阳　句容　常州　武进　金坛　溧阳　邳县　淮安　淮阴　泰州　靖江　扬州　盐城　大丰　射阳　滨海　泗洪　连云港　徐州

浙江省

杭州　温州　瑞安　苍南　乐清　永嘉　丽水　台州　金华　兰溪　义乌　东阳　绍兴　诸暨　宁波　舟山　嘉兴　湖州　长兴

安徽省

合肥　阜阳　亳州　蒙城　蚌埠　马鞍山　凤阳　黄山

福建省

福州　福清　长乐　南平　武夷山　泉州　厦门　莆田　闽江口

江西省

南昌　九江　景德镇　鹰潭　赣州　吉安　井冈山

山东省

济南　聊城　淄博　潍坊　烟台　威海　济宁　陶县　青岛　日照　临沂　莒南　费县　泰安　曲阜　肥城　滨州　无棣　邹平　菏泽　德州　东营　惠民　青州　昌邑　滕县

河南省

郑州　洛阳　焦作　濮阳　商丘　民权　兰考　漯河　舞阳　新密　项城　安阳　中牟　新乡　信阳

湖北省

武汉　孝感　黄冈　麻城　恩施　咸丰　来凤　潜江

湖南省

长沙　常德　株洲　衡阳　岳阳　吉首　湘潭　湘西土家族苗族自治州　鄂西土家族自治州

广东省

广州　番禺区　连南　韶关　梅县　汕尾　陆丰　惠州　东莞　深圳　珠海　中山　江门　佛山　南海　顺德　阳江　茂名　高州　信宜

广西壮族自治区

南宁　金秀瑶族自治县　柳州　梧州　玉林　恭城

海南省

海口　三亚　通什　兴隆　山崖

四川省

成都　乐山　攀枝花　西昌　昭觉　盐源　凉山州　秀山　酉阳　黔江（后3个县1997年6月18日纳入重庆直辖市）

贵州省

贵阳　毕节

云南省

昆明　呈贡　玉溪　大理　丽江　楚雄　禄丰　宁蒗

陕西省

西安　宝鸡

甘肃省

兰州　定西　武威　酒泉　张掖　临夏回族自治州　甘南藏族自治州　东乡　白银　永登　靖远

青海省

西宁　平安　乐都　互助土族自治县　民和回族土族自治县　化隆回族自治县　循化撒拉族自治县

宁夏回族自治区

银川　固原　西海固

新疆维吾尔自治区

乌鲁木齐　吐鲁番

香港特别行政区

香港

澳门特别行政区

澳门

资料来源：①《费孝通文集》；②《费孝通同志大事年表》；③马戎、潘乃谷主编：《社区研究与社会发展》下册，天津人民出版社 1996 年版；④费孝通秘书张荣华提供。

编　后　记

社会学家费孝通“志在富民”，把中国城乡发展的道路作为自己一生研究的课题，不懈地探索70余年，留存了《江村经济》《绿村农田》《内地(的)农村》《乡土重建》《小城镇四记》《边区开发与社会调查》《行行重行行(乡镇发展论述)》《志在富民》等著作和数十篇论文、考察报告。借用费孝通导师布·马林诺斯基对《江村经济》的评论之意，这些论著紧密反映中国时代特征，指导中国社会文化变迁，不是在异国他乡的猎奇之作，而是一个公民对自己的人民生产实践和社会活动进行观察的结果。这些论著是“中国的社会学派”实地调查工作者的最珍贵成果，影响至为深远。

费孝通“勇于抛弃一切学院式的装腔作势”，坚持理论联系实际，长期从中国国情、民情出发，主张科技下乡、工业下乡，不断探索富民强国之路。“真理能够解决问题，因为真理不是别的而是人对真正事实和力量的实事求是。”费孝通早期的“人多地少，农工相辅”、“发展乡村工业”、“增加农民的收入”、“相成相克的城乡关系”、“科技下乡”、“工业下乡”等见解依然具有重要的意义。晚期提出的“小城镇　大问题”、“区域发展”（如以上海为龙头、江浙为两翼、长江为脊梁，西出阳关的欧亚大陆桥“重开丝绸之路”和以“南方丝绸之路”为尾闾的全国一盘棋思想)、“无工不富，无农不稳，无商不活”、“因地制宜，多种模式”、“重开丝绸之路”、“左右开工，两个市场”、“农民工是工人阶级队伍新成员”、“自然生态和人文生态”、“新型城镇化建设”等许多学术思想受到党和国家领导人以及地方政府的重视，已在很大程度上转化成中国的社会实践。费孝通高度的社会责任感和卓著的学术成就，验证了科学的价值在于真正为人类服务。

去年 11 月，为研究、弘扬费孝通的学术思想，纪念费孝通江村调查 80 年，经与费孝通女儿费宗惠、女婿张荣华面商，筹划编辑《中国城乡发展的道路》一书；在上海人民出版社领导及历史与文献编辑中心孙瑜、范晶的努力下得以完成。费孝通中国城乡发展道路的论著丰硕，有一百几十万字，限于篇幅仅选取其中一部分编辑成本书。先前已编辑出版的《江村经济》(纳入《绿村农田》)、《乡土中国》(纳入《皇权与绅权》《内地的农村》《乡土重建》《生育制度》)除为反映早年乡土工业、城镇与乡村关系论述的代表性章节外，其他不再辑入；《志在富民》一书有许多直接的论述，舍彼割爱，只辑入了部分。

本书辑录文章 45 篇，分“代序”和中国农村工业化的道路、中国农村城市化的道路、中国城镇和乡村的关系、中国区域发展的设想四部分，首次比较系统地展现了费孝通中国城乡发展道路的思想。另有一附录：《费孝通 1978 年以来城乡考察足迹一览》。各部分文章以发表时间为序，正文前辑有“本篇关键词”和几段代表性论述，能否起引导阅读作用，相信读者自能体察、质疑。

编辑过程中，对一些错别字作了订正。彩插和部分文章辑入费孝通实地考察访问的照片，其中有的照片因缺乏资料，未能说明具体时间和地点。所选照片主要由费宗惠和张荣华提供。为直观了解费孝通早期文章发表的情况，在复旦大学图书馆期刊室的协助下，拍制了部分报刊发表的文章片段，置于彩插之中。

由于编者对费孝通中国城乡发展道路思想尚在学习过程中，辑录的文章难免轻重欠妥、不尽人意，祈盼读者批评指正。

复旦大学社会发展与公共政策学院的刘勇参与了本书辑录的工作。

刘豪兴

2016 年 5 月，于复旦大学中心村

图书在版编目(CIP)数据

中国城乡发展的道路/费孝通著;刘豪兴编.
—上海:上海人民出版社,2016
ISBN 978-7-208-13859-9

Ⅰ.①中… Ⅱ.①费… ②刘… Ⅲ.①城乡一体化-研究-中国 Ⅳ.①F299.2

中国版本图书馆 CIP 数据核字(2016)第127767号

责任编辑 孙 瑜 范 晶
封面设计 范昊如

中国城乡发展的道路
费孝通 著 刘豪兴 编
世 纪 出 版 集 团
上海人民出版社出版
(200001 上海福建中路193号 www.ewen.co)
世纪出版集团发行中心发行 常熟市新骅印刷有限公司印刷
开本 635×965 1/16 印张 34.25 插页 12 字数 471,000
2016年9月第1版 2016年9月第1次印刷
ISBN 978-7-208-13859-9/D·2882
定价 88.00元